Windows 7

Windows 7

leicht – klar – sofort

GÜNTER BORN

Markt+Technik

Bibliografische Information der Deutschen Nationalbibliothek
Die Deutsche Nationalbibliothek verzeichnet diese Publikation in der
Deutschen Nationalbibliografie; detaillierte bibliografische Daten
sind im Internet über http://dnb.d-nb.de abrufbar.

10 9 8 7 6 5 4 3 2

11 10

ISBN 978-3-8272-4485-7

© 2010 by Markt+Technik Verlag,
ein Imprint der Pearson Education Deutschland GmbH,
Martin-Kollar-Straße 10–12, D-81829 München/Germany
Alle Rechte vorbehalten
Covergestaltung: Thomas Arlt, tarlt@adesso21.net
Titelfoto: Corbis
Lektorat: Birgit Ellissen, bellissen@pearson.de
Korrektorat: Marita Böhm
Herstellung: Monika Weiher, mweiher@pearson.de
Satz: Reemers Publishing Services GmbH, Krefeld
Druck und Verarbeitung: Kösel, Krugzell (www.KoeselBuch.de)
Printed in Germany

Inhaltsverzeichnis

Liebe Leserin, lieber Leser,

besitzen Sie einen Computer mit Windows 7? In diesem Buch lade ich Sie zu einem Streifzug ein, bei dem Sie Windows 7 samt den wichtigsten Funktionen auf leichte und lockere Art kennenlernen. Das reicht von den einfachsten Grundlagen zum Umgang mit der Maus, mit Fenstern oder Dokumenten bis hin zum Arbeiten mit Programmen, zur Bearbeitung von Texten, Fotos, E-Mail und mehr. Sie werden staunen, was Windows 7 alles zu bieten hat. Und das Stöbern in seinen Funktionen kann sogar Spaß machen, denn dieses Buch führt Sie schrittweise in die benötigten Techniken ein.

Sie erfahren, welche Programme Windows 7 Ihnen bietet, wie diese aufgerufen werden und wie man sie verwendet. Nehmen Sie sich etwas Zeit und gehen Sie die Sache locker an. Dann klappt der Einstieg bestimmt – vieles lernt sich durch Wiederholen quasi nebenbei. In dieser Hinsicht wünsche ich Ihnen viel Erfolg mit Windows 7 und diesem Buch.

G. Born

Die Tastatur

Auf den folgenden drei Seiten sehen Sie, wie Ihre Computer-
tastatur aufgebaut ist. Damit es für Sie übersichtlich ist, werden
Ihnen immer nur bestimmte Tastenblöcke auf einmal vorgestellt.
Ein großer Teil der Computertasten funktioniert wie bei der
Schreibmaschine. Es gibt aber noch einige zusätzliche Tasten,
die auf Besonderheiten der Computerarbeit zugeschnitten sind.
Sehen Sie selbst ...

Schreibmaschinen-Tastenblock

Diese Tasten bedienen Sie genauso wie bei der Schreibmaschine.
Mit der Eingabetaste schicken Sie außerdem Befehle an den Computer ab.

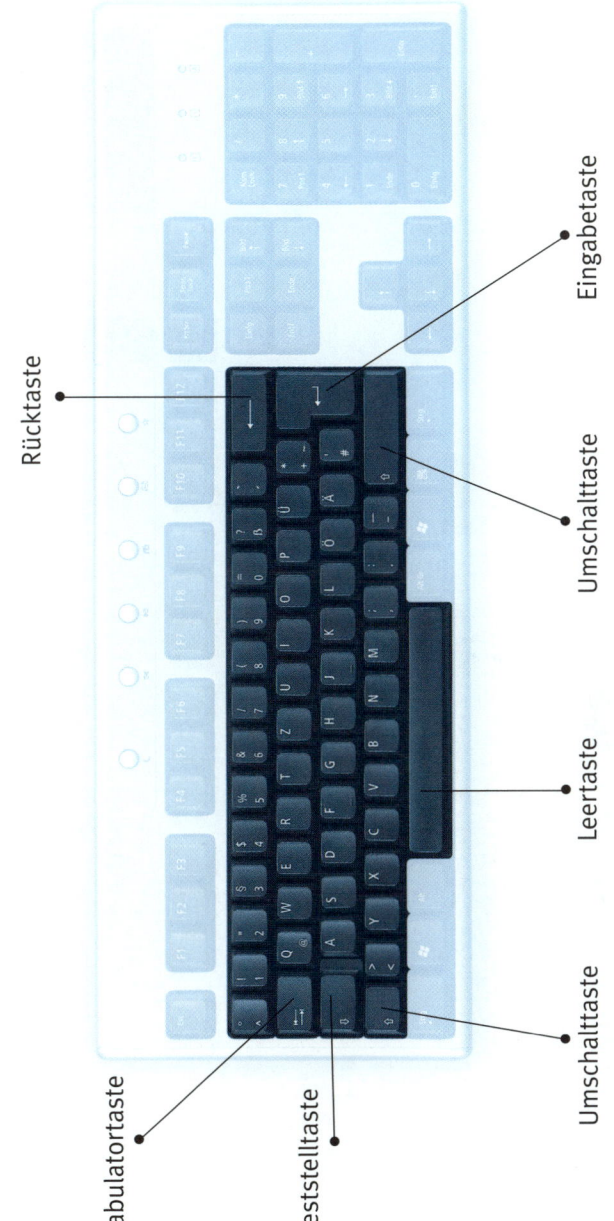

Rücktaste

Eingabetaste

Umschalttaste

Leertaste

Tabulatortaste

Feststelltaste

Umschalttaste

9

Sondertasten, Funktionstasten, Kontrollleuchten, Zahlenblock

Sondertasten und Funktionstasten werden für besondere Aufgaben bei der Computerbedienung eingesetzt. Strg -, Alt - und AltGr -Taste meist in Kombination mit anderen Tasten. Mit der Esc -Taste können Sie Befehle abbrechen, mit Einfügen und Entfernen u.a. Text einfügen oder löschen.

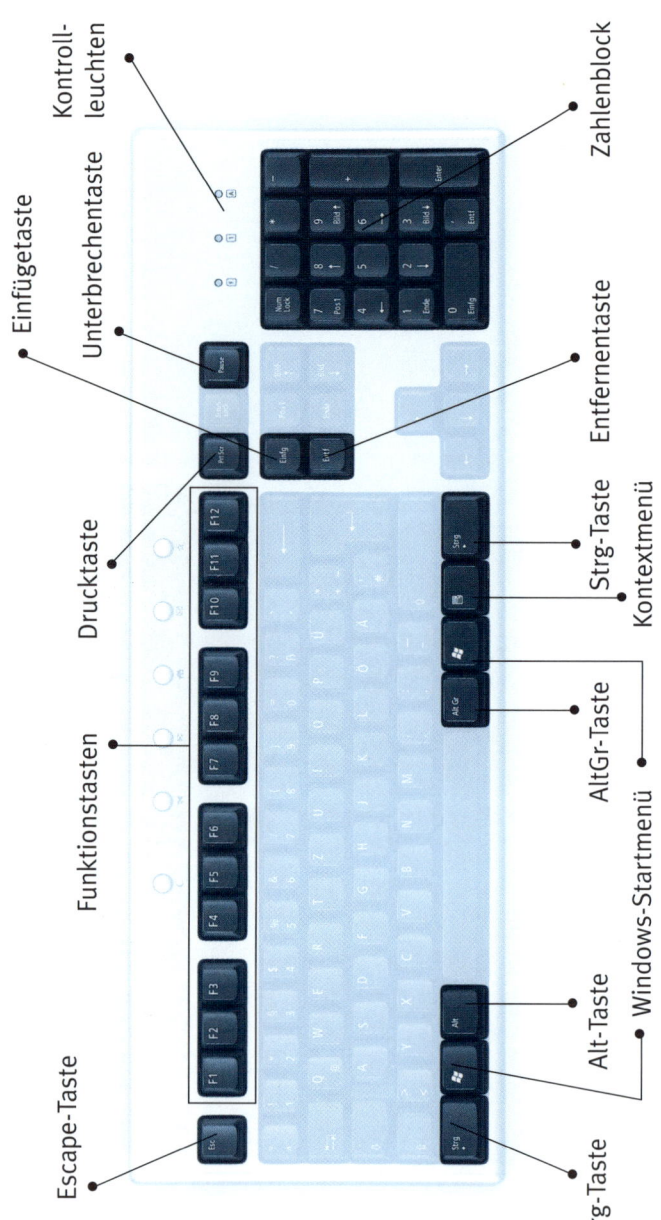

Navigationstasten

Mit diesen Tasten bewegen Sie sich auf dem Bildschirm.

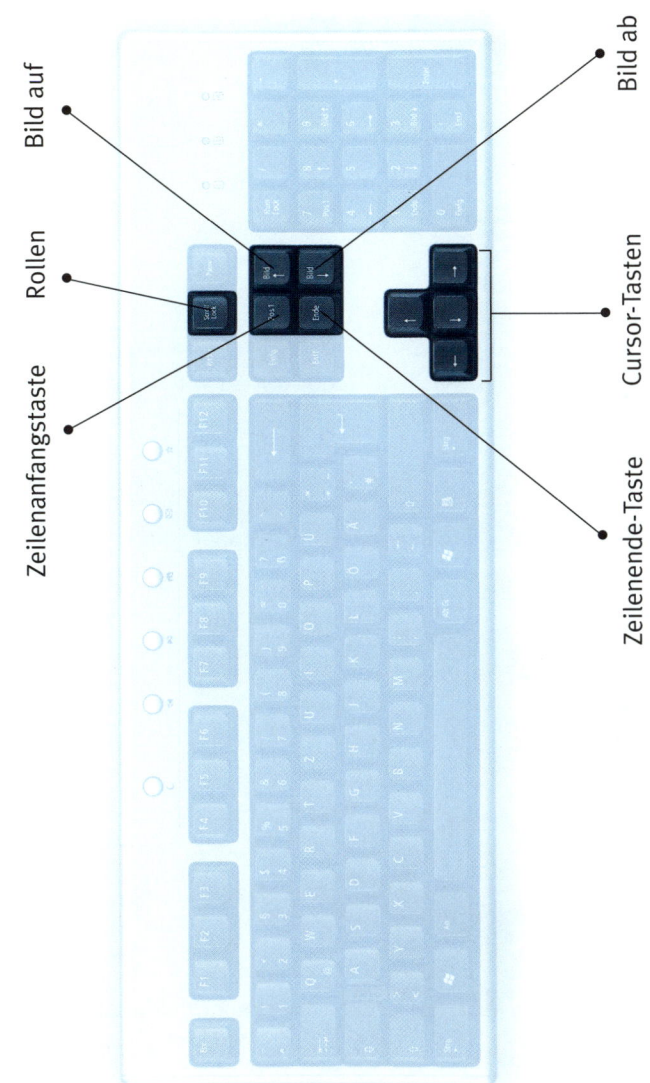

Bild auf

Bild ab

Rollen

Cursor-Tasten

Zeilenanfangstaste

Zeilenende-Taste

Die Maus

»Klicken Sie ...«

heißt: einmal kurz
auf eine Taste drücken.

Mit der
linken Maustaste
klicken ...

Mit der
rechten Maustaste
klicken ...

»Doppelklicken Sie ...«

heißt: die linke Taste zweimal
schnell hintereinander
ganz kurz drücken.

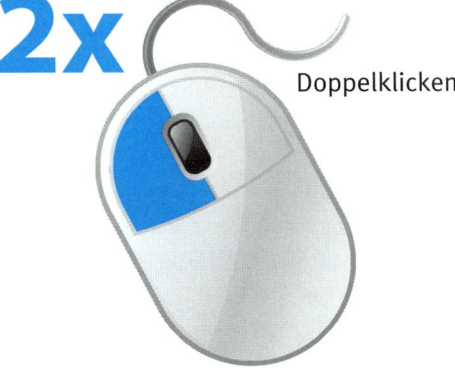

Doppelklicken

»Ziehen Sie ...«

heißt: auf bestimmte Bildschirmelemente
mit der linken Maustaste klicken, die Taste
gedrückt halten, die Maus bewegen und
dabei das Element auf eine andere Position
ziehen.

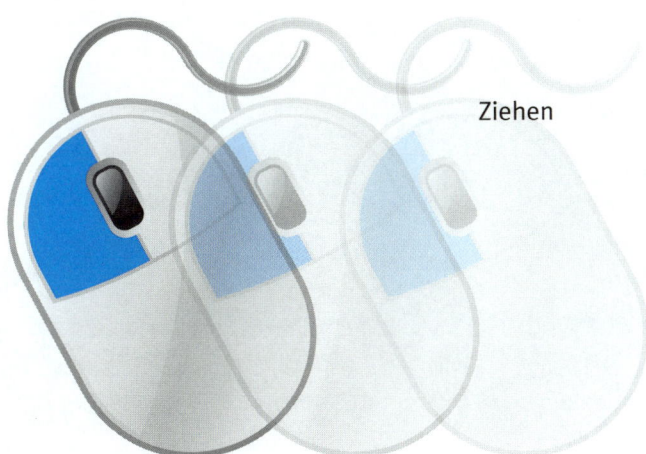

Ziehen

Das lernen Sie neu

Kapitel 1

Erste Schritte mit Windows 7

Dieses Kapitel zeigt Ihnen, wie Sie sich unter Windows anmelden und wie Sie mit der Maus umgehen. Anschließend erhalten Sie eine Einführung in die Grundlagen zum Umgang mit Fenstern sowie zum Starten von Programmen. Weiterhin können Sie die Hilfe verwenden und Windows auch wieder korrekt beenden.

Nun geht's los

Ist alles bereit? Dann kann es mit dem Einstieg in Windows bzw. mit den ersten Schritten losgehen. Sie müssen den Rechner mitsamt dem Betriebssystem (also Windows 7) starten.

1 Schalten Sie den Rechner ein.
Bei einem Computer mit separatem
Bildschirm sollten Sie diesen ebenfalls
einschalten.

2 Warten Sie, bis der Computer hoch-
gefahren und Windows gestartet ist.

Bereits wenige Sekunden nach dem Einschalten wird Windows geladen. Sie sehen dies an einigen Meldungen auf dem Bildschirm. Wenn alles klappt, erscheint irgendwann diese (oder eine ähnliche) Darstellung auf dem Bildschirm.

Die Darstellung und das Verhalten der Anmeldeseite hängt davon ab, wie Windows eingerichtet wurde. Standardmäßig wird nur das Symbol des bei der Installation eingerichteten Benutzerkontos zu sehen sein. Wurde für jeden Benutzer ein eigenes Konto eingerichtet (zu empfehlen, siehe Kapitel 9), tauchen in der Anmeldeseite Symbole für diese Benutzerkonten auf. Hier ist noch die Standardeinstellung von Windows 7 nach der Installation mit einem Benutzerkonto *BornAdmin* zu sehen. Auf den nachfolgenden Seiten gehe ich jedoch davon aus, dass ein zusätzliches Benutzerkonto (auf meinen Systemen mit *Born* benannt) zum Arbeiten vorhanden ist.

Zum Arbeiten unter Windows brauchen Sie ein sogenanntes Zeigegerät wie eine Maus, einen Trackball oder das Touchpad eines Notebooks. Bewegen Sie die Maus auf einer Unterlage, wandert am Bildschirm ein Mauspfeil ▷ (als **Mauszeiger** bezeichnet) mit. Bei einem Trackball bewegen Sie den Mauszeiger über die Rollkugel und beim Touchpad streichen Sie mit dem Finger über die Sensorfläche. Neben der Positionierung des Mauszeigers können Sie die am Zeigegerät angebrachten Tasten drücken. Zur Windows-Bedienung benötigen Sie nur die linke und die rechte Taste.

Windows erwartet nun von Ihnen eine Anmeldung an einem Benutzerkonto, unter dem Ihnen eine persönliche Arbeitsumgebung bereitgestellt wird.

1 Verschieben Sie den Mauszeiger (per Maus, Trackball oder Touchpad) so lange, bis er auf das Symbol eines Benutzerkontos (hier *BornAdmin*) zeigt.

Dieses **Verschieben** des Mauszeigers wird als **Zeigen mit der Maus** bezeichnet. Dies ist sprachlich zwar etwas ungenau, Sie zeigen ja mit dem Mauszeiger, wird aber allgemein verwendet. Sie können mit der Maus in Windows auf verschiedene Elemente zeigen. Wenn also auf den nachfolgenden Seiten von Zeigen oder Klicken die Rede ist, bezieht sich dies auf alle Zeigegeräte wie Maus, Touchpad, Trackball etc.

Hinweis

Manchmal ändert Windows beim Zeigen auf ein bestimmtes Element die Form des Mauszeigers (z. B. in eine stilisierte Hand) und hebt das Element, auf welches gerade gezeigt wird, ggf. hervor. Dadurch können Sie besser erkennen, welches Element sich unter dem Mauszeiger befindet.

2 Drücken Sie jetzt kurz die linke Taste an der Maus, am Touchpad oder am Trackball und lassen Sie sie sofort wieder los.

Dies wird als **Klicken mit der Maus** bezeichnet und Ihnen noch häufig unter Windows begegnen.

Hinweis

Wurde nur ein Benutzerkonto ohne Kennwort eingerichtet, reicht ein Mausklick auf das Kontensymbol, um direkt zum Desktop zu gelangen. Existiert unter Windows nur ein Benutzerkonto, aber mit Kennwort, brauchen Sie die Schritte 1 und 2 nicht auszuführen und können direkt mit Schritt 3 weiter machen. Bei mehreren Benutzerkonten mit Kennwortschutz sind die hier beschriebenen Schritte 1 bis 4 auszuführen.

Was jetzt passiert, hängt etwas von den Windows-Einstellungen ab. Wurde Windows aus Sicherheitsgründen so eingerichtet, dass zum Arbeiten ein Kennwort eingegeben werden muss?

Dann erscheint das hier gezeigte Textfeld *Kennwort* zur Kennwortabfrage. In dem weißen Feld bleibt jetzt ein blinkender senkrechter Strich stehen, egal ob Sie die Maus bewegen oder nicht. Dies ist der sogenannte Textcursor, der Ihnen anzeigt, dass eine Texteingabe erwartet wird.

3 Tippen Sie über die Tastatur das zu Ihrem Benutzerkonto gehörende Kennwort unter Beachtung der Groß-/Kleinschreibweise ein.

Für jedes eingetippte Zeichen erscheint im Kennwortfeld ein Punkt. Dies verhindert, dass Dritte das Kennwort mitlesen.

4 Klicken Sie anschließend auf die Schaltfläche mit dem Pfeil rechts neben dem Textfeld oder drücken Sie die `Eingabe`-Taste.

Fachwort

Die kleinen runden oder viereckigen Symbole (z. B. die mit dem Pfeil) nennt man **Schaltflächen**. Durch Klicken mit der Maus lässt sich eine Funktion einschalten. Schaltflächen begegnen Ihnen unter Windows an vielen Stellen. Die weißen Rechtecke (z. B. zur Kennworteingabe) werden als **Eingabefelder** oder **Textfelder** bezeichnet.

Ist Ihnen ein Fehler unterlaufen, erscheint eine solche Meldung, die Sie durch Anklicken der *OK*-Schaltfläche bestätigen. Anschließend zeigt Windows erneut das Textfeld zur Kennworteingabe an.

Der Benutzername bzw. das Kennwort ist falsch.

OK

Hinweis

Falls das Kennwort vergessen wurde, ist keine Anmeldung am Benutzerkonto mehr möglich. Daher sollte beim Einrichten des Benutzerkontos ein sogenannter Kennworthinweis als Gedankenstütze eingetragen werden. In diesem Fall erscheint nach einer fehlerhaften Kennworteingabe der betreffende Kennworthinweis unter dem Textfeld zur Kennworteingabe. Vergessene Kennwörter lassen sich auch über ein Kennwortrücksetzmedium oder vom Verwalter des Computers (Administrator) zurücksetzen. Die Beschreibung dieser Techniken sprengt aber den Umfang dieses Buches.

Bei korrekt eingegebenem Kennwort erfolgt die Anmeldung unter Windows, und Sie gelangen zum **Desktop** (siehe den folgenden Abschnitt). So ganz nebenbei haben Sie bereits den Umgang mit der Maus kennengelernt, denn Sie können bereits **zeigen** und **klicken**. Weitere Maustechniken lernen Sie auf den folgenden Seiten kennen.

Der Windows-Desktop, was muss ich wissen?

Nach einer erfolgreichen Anmeldung präsentiert Windows Ihnen den Arbeitsbereich, auch als **Benutzeroberfläche** oder **Desktop** bezeichnet (Desktop ist der englische Name für Schreibtisch).

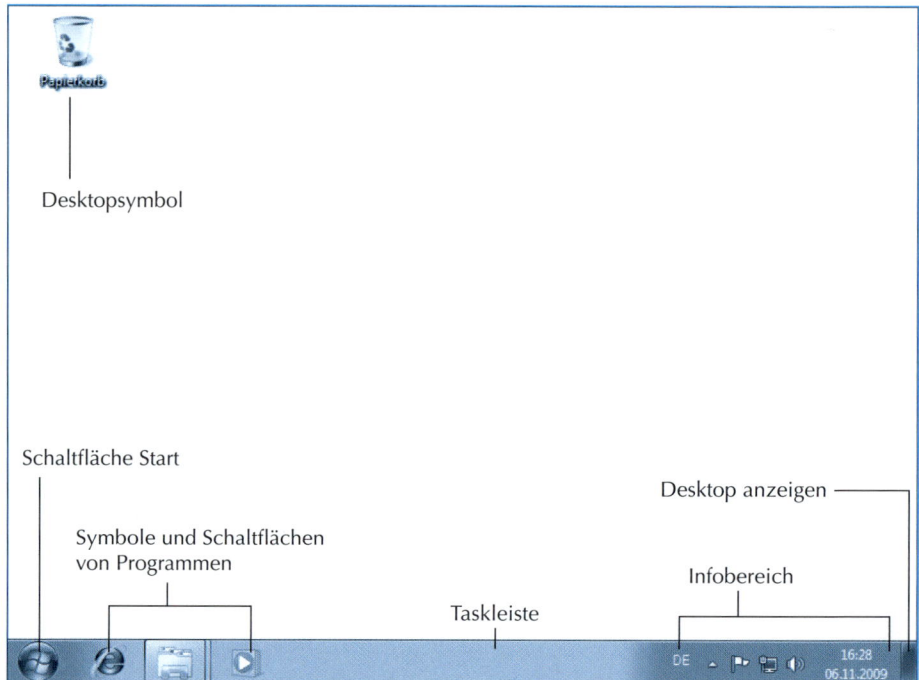

Der Desktop besteht typischerweise aus einem Hintergrundbild, dem Symbol des Papierkorbs sowie einer Art »Balken« am unteren Bildrand. Dies ist die Umgebung, unter der Sie zukünftig arbeiten. In den verschiedenen Kapiteln dieses Buches lernen Sie die Elemente dieser Umgebung und deren Funktionen kennen.

Hinweis

Enthält der Desktop bei Ihnen mehr Symbole, Fenster oder einen anderen Hintergrund? Dies ist nicht weiter tragisch. Jeder Benutzer kann Windows bzw. den Desktop entsprechend seinen Bedürfnissen anpassen, und bei der Installation von Programmen wird der Desktop ebenfalls häufig verändert. Das obige Bild zeigt die Ausgangskonfiguration des Windows-Desktops, wobei wegen der besseren Erkennbarkeit das sicherlich bei Ihnen vorhandene Hintergrundbild in diesem Buch durchgängig durch eine weiße Fläche ersetzt wurde. Zudem habe ich in den Abbildungen aus drucktechnischen Gründen auf die Verwendung transparenter Fenster (Aero-Anzeigeschema) verzichtet.

Der »Balken« am unteren Rand des Bildschirms wird als **Taskleiste** bezeichnet. In dieser Leiste zeigt Ihnen Windows verschiedene Informationen an und stellt zudem Schaltflächen zum Abrufen von Funktionen bereit:

- Die **Schaltfläche** *Start* in der linken Ecke der Taskleiste wird zum Beispiel benutzt, um Programme über das sogenannte Startmenü aufzurufen (siehe die folgenden Seiten).

- Daneben befinden sich die Symbole zum Aufruf verschiedener Programme und Funktionen (z. B. zum Anzeigen von Internetseiten oder zum Wiedergeben von Musik).

- Rechts in der Taskleiste befindet sich der **Infobereich**. Dort werden der Zustand verschiedener Geräte und ggf. die Uhrzeit angezeigt.

- Am äußersten rechten Rand der Taskleiste finden Sie zudem noch die Schaltfläche *Desktop anzeigen*, über die Sie mit einem Mausklick zur Desktopansicht und mit einem zweiten Klick zur vorherigen Darstellung (mit Programmfenstern) umschalten können.

Die Funktionen der Taskleiste lernen Sie auf den folgenden Seiten kennen.

Dies ist das Symbol des Papierkorbs. Brauchen Sie etwas (z. B. einen Brief) nicht mehr, »verschieben« Sie dieses Dokument einfach in den Papierkorb.

Am Symbol des Papierkorbs lässt sich übrigens erkennen, ob dieser leer ist oder ob Sie bereits etwas »gelöscht« haben. Wie Sie mit dem Papierkorb arbeiten, erfahren Sie in Kapitel 2.

Lockerungsübungen mit der Maus ...

Auf den vorhergehenden Seiten hatte ich Ihnen einige Elemente des Desktops vorgestellt und auch gezeigt, wie Sie sich unter Windows anmelden. Falls Sie ganz neu eingestiegen sind, haben Sie so ganz nebenbei den Umgang mit der Maus geübt. Sie können bereits **zeigen** und auch **klicken** (d. h. kurz die linke Maustaste drücken und wieder loslassen).

> **Hinweis**
>
> Falls es noch etwas Schwierigkeiten mit der Maus gibt, hier zwei Tipps: Nehmen Sie die Maus so in die Hand, dass der Zeigefinger auf der linken Taste und der Mittelfinger (oder der Ringfinger) auf der rechten Taste liegen. Verwenden Sie eine Maus mit einer Rollkugel? Achten Sie darauf, diese Maus möglichst auf einer Unterlage aus Gummi oder Schaumstoff (**Mauspad**) zu bewegen, da sich diese Unterlage besser als eine glatte Tischplatte zum Arbeiten mit der Maus eignet. Bei optischen Mäusen führen transparente Unterlagen wie Glasplatten zu Funktionsproblemen.

Jetzt wissen Sie schon eine ganze Menge und es kann weitergehen. Aber vielleicht haben Sie zu Beginn noch etwas Schwierigkeiten, sich zu merken, wofür ein bestimmtes Symbol steht? Dies ist nicht weiter schlimm, Windows greift Ihnen unter die Arme, wenn Sie einmal nicht weiterwissen. Lassen Sie uns einmal einige Versuche unternehmen.

1 **Zeigen** Sie mit der **Maus** in der **Taskleiste** auf die Schaltfläche *Start*.

Windows blendet beim Zeigen auf das Element eine sogenannte **QuickInfo** mit Hinweisen zur Funktion dieser Schaltfläche ein.

2 **Zeigen** Sie jetzt mit der **Maus** im **Infobereich** der **Taskleiste** auf ein Symbol (z. B. die **Uhrzeit**).

Dann erscheint eine QuickInfo über der Uhrzeit, die den **Wochentag** und das **Datum** enthält. Sobald die Maus nicht mehr auf das Element zeigt, wird das QuickInfo-Fenster automatisch wieder geschlossen.

> **Hinweis**
>
> Eine **QuickInfo** ist ein Fenster mit Hinweisen. Solche QuickInfos lassen sich häufig beim Zeigen auf ein Element einblenden und geben Ihnen Zusatzinformationen zu einer Funktion. Zum Schließen müssen Sie nur auf einen Bereich neben der »Sprechblase« zeigen.

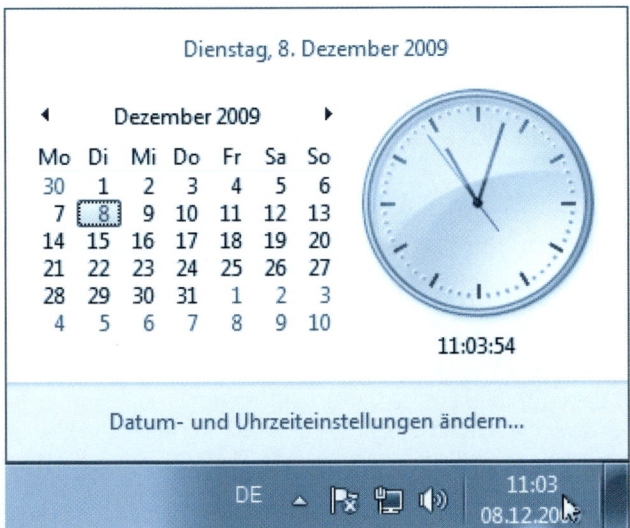

3 **Klicken** Sie jetzt mit der **Maus** im **Infobereich** der **Taskleiste** auf die **Uhrzeit**.

Windows blendet ein Kalenderblatt samt Uhrzeitanzeige auf dem Desktop ein. Ein weiterer Klick auf eine freie Stelle des Desktops blendet das Kalenderblatt wieder aus.

Beim Anmelden unter Windows haben Sie bereits das **Klicken** mit der Maus kennengelernt. Schauen wir uns jetzt an, was sich mit der Mausfunktion **Klicken** noch machen lässt.

1 Klicken Sie mit der Maus
auf das Symbol *Papierkorb*.

Das Symbol, welches Sie gerade angeklickt haben, wird farblich hervorgehoben. Wenn Sie ein Element farblich hervorheben, nennt man dies auch
markieren.

2 Klicken Sie mit der Maus auf
eine freie Stelle des Desktops.

Windows hebt jetzt die farbige Markierung des Symbols auf, das Symbol
sieht dann wie vorher aus.

> **Hinweis**
>
> Windows hebt ein Desktopsymbol bereits beim Zeigen optisch (durch Aufhellen
> oder Abdunkeln) vor dem Hintergrund hervor. Zeigen Sie mit der Maus auf einen an-
> deren Desktopbereich, verschwindet diese Markierung wieder. Ein Mausklick mar-
> kiert das Element aber so lange, bis Sie etwas anderes auf dem Desktop anklicken.

Der Rechtsklick für Kontextmenüs

Neben dem Klicken mit der linken Maustaste können Sie aber noch mit
der **rechten Maustaste klicken**. Dies möchte ich jetzt mit Ihnen in einem
weiteren Beispiel probieren.

1 Klicken Sie versuchsweise mit der linken - - - - - - - - - - - - - - - ▶
Maustaste auf die Schaltfläche Start.

Es öffnet sich ein als **Startmenü** bezeichnetes Fenster.

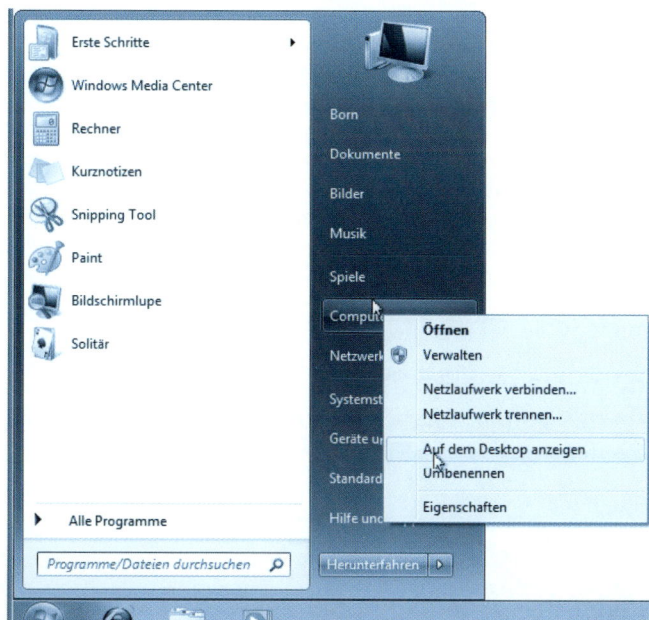

2 Klicken Sie jetzt im Startmenü den Menüeintrag
Computer mit der **rechten Maustaste** an.

Windows öffnet ein sogenanntes **Kontextmenü** mit verschiedenen Befehlen.

3 Klicken Sie im Kontextmenü den
Befehl *Auf dem Desktop anzeigen* mit
der **linken Maustaste** an.

Windows blendet nun das Symbol **Computer** auf dem Desktop ein. Auf die
gleiche Weise können Sie auch das Startmenüsymbol mit dem Namen des
Benutzerkontos (hier *Born*) anwählen, um dieses auf dem Desktop einzublenden. Öffnen Sie das Startmenü und dann das Kontextmenü der betreffenden Befehle erneut, zeigt ein kleines Häkchen vor dem Menüeintrag
an, dass das Symbol momentan eingeblendet wird. Durch Anklicken eines
mit einem Häkchen markierten Menüeintrags können Sie die Markierung
löschen und das Symbol wieder vom Desktop entfernen.

Fachwort

Der Begriff **Menü** wird Ihnen in Windows häufiger begegnen. Es handelt sich dabei um ein kleines Fenster, welches verschiedene Namen (der abrufbaren Funktionen) enthält. Ähnlich wie bei einer Speisekarte können Sie auch unter Windows etwas per Mausklick aus einem Menü wählen. Ein **Kontextmenü** ist ein Menü, welches grundsätzlich mit der **rechten Maustaste** geöffnet wird. Windows stellt Ihnen in diesem Menü die im aktuellen Zusammenhang nutzbaren Befehle bereit, die sich mit der linken Maustaste anwählen lassen. Ein Menü oder ein Kontextmenü wird geschlossen, sobald Sie einen Befehl anklicken, neben den geöffneten Menübereich klicken oder einfach die Esc-Taste auf der Tastatur drücken.

Über das **Startmenü** können Sie Programme oder andere Windows-Funktionen aufrufen. Wie das genau funktioniert, erfahren Sie auf den folgenden Seiten.

Ziehen mit der Maus, so geht's

Anhand der bisherigen Beispiele haben Sie gesehen, dass das Klicken mit der Maus durchaus unterschiedliche Reaktionen auslösen kann – und dass es davon abhängt, ob die linke oder rechte Maustaste gedrückt wird. Beim Klicken auf eine Schaltfläche (oder einen Menübefehl, wie Sie weiter unten lernen) wird eine Funktion ausgeführt. Klicken Sie dagegen auf ein (Desktop-)Symbol, markiert Windows dieses. Aber mit der Maus lässt sich neben Zeigen und Klicken noch mehr tun. Nach der Windows-Installation befindet sich standardmäßig bereits das Symbol des Papierkorbs auf dem Desktop. Haben Sie die obigen Schritte durchgeführt, sind vielleicht weitere Symbole (z. B. Computer) zu sehen – und je nach Konfiguration kann Ihr Windows-Desktop noch mehr Symbole enthalten. Diese Symbole lassen sich per Maus beliebig auf dem Desktop verschieben. Ganz nebenbei lernen Sie eine weitere Mausfunktion kennen, das **Ziehen mit der Maus**:

1 Zeigen Sie mit dem Mauszeiger auf das Symbol des Papierkorbs.

2 Drücken Sie die linke Maustaste, halten Sie diese aber weiterhin gedrückt und **ziehen** Sie jetzt das Symbol des Papierkorbs über den Bildschirm.

Unter dem Mauszeiger wird ein zweites Symbol des Papierkorbs angezeigt, welches mit dem Mauszeiger mitwandert.

3 Sobald Sie das Symbol des Papierkorbs an eine andere Stelle auf dem Desktop gezogen haben, lassen Sie die linke Maustaste wieder los.

Windows verschiebt jetzt das Symbol des Papierkorbs an die Stelle, an der Sie die linke Maustaste losgelassen haben.

> **Hinweis**
>
> Das **Verschieben** der Maus **bei gedrückter linker** (oder manchmal auch rechter) **Maustaste** nennt man **Ziehen**. Beim Ziehen mit der rechten Maus öffnet Windows nach dem Loslassen der rechten Maustaste ein Kontextmenü zur Auswahl eines Befehls. Nach dem Ziehen eines Symbols oder Fensters ist dieses noch markiert. Um die Markierung des Symbols nach dem Ziehen aufzuheben, klicken Sie mit der Maus auf eine freie Stelle des Desktops.

Arbeiten mit Fenstern

Sie kennen jetzt die wichtigsten Handgriffe zum Umgang mit der Maus, wissen, was ein Desktop ist und wie Sie mit Menüs und Kontextmenüs umgehen. War doch nicht schwierig, oder? Jetzt können wir einen Schritt weitergehen. In Windows werden von Programmen und Funktionen Fenster (engl.: »windows«) zum Anzeigen von Informationen verwendet. Um sich schnell zurechtzufinden, sollten Sie die wichtigsten Elemente eines Windows-Fensters kennen. Weiterhin müssen Sie wissen, wie sich solche Fenster öffnen, in der Größe verändern und auch wieder schließen lassen.

Fenster öffnen ...

Es gibt viele Möglichkeiten, um unter Windows Fenster zu öffnen. Da der Umgang mit Fenstern aber immer gleich ist, möchte ich für die folgenden Übungen einfach den Papierkorb benutzen. So ganz nebenbei lernen Sie noch eine weitere Maustechnik kennen: den **Doppelklick**. Diese Technik brauchen Sie später, um mit Dokumenten und Ordnerfenstern etc. zu arbeiten.

1 Zeigen Sie auf das Desktop-symbol *Papierkorb*.

2 **Drücken** Sie **kurz** hintereinander **zweimal** die **linke Maustaste**.

Dieses zweimalige Drücken der linken Maustaste wird als Doppelklicken bezeichnet. Wichtig ist, dass beim **Doppelklicken** diese beiden Tasten-drücke ganz schnell aufeinanderfolgen.

> **Hinweis**
>
> Gerade für Anfänger ist das Doppelklicken etwas schwierig. Häufig dauert es zwischen dem ersten und dem zweiten Tastendruck zu lange oder die Hand wird verrissen. Im Anhang »Kleine Hilfen bei Problemen« zeige ich, wie sich die Empfindlichkeit eines Doppelklicks anpassen lässt. Wenn es überhaupt nicht klappen will, versuchen Sie folgenden Trick: Markieren Sie das Symbol mit einem Mausklick und drücken Sie dann die Eingabe -Taste. Dies wirkt wie ein Doppelklick.

Wenn alles geklappt hat, öffnet Windows ein Fenster mit dem Namen *Papierkorb*. Der Inhalt des jeweiligen Fensters hängt dabei vom zugehöri-gen Programm ab (oder hier, was der Papierkorb gerade enthält).

Um mit Windows zu arbeiten, sollten Sie die wichtigsten Elemente eines Fensters kennen. Das Schöne an Windows ist aber, dass der grundlegende Aufbau der Fenster bei allen Windows-Programmen und -Funktionen gleich ist. Das Fenster *Papierkorb* ist deshalb typisch für viele Windows-Fenster, d. h., wir können es quasi als Stellvertreter für (fast) alle Windows-Fenster nutzen, um die Grundlagen kennenzulernen.

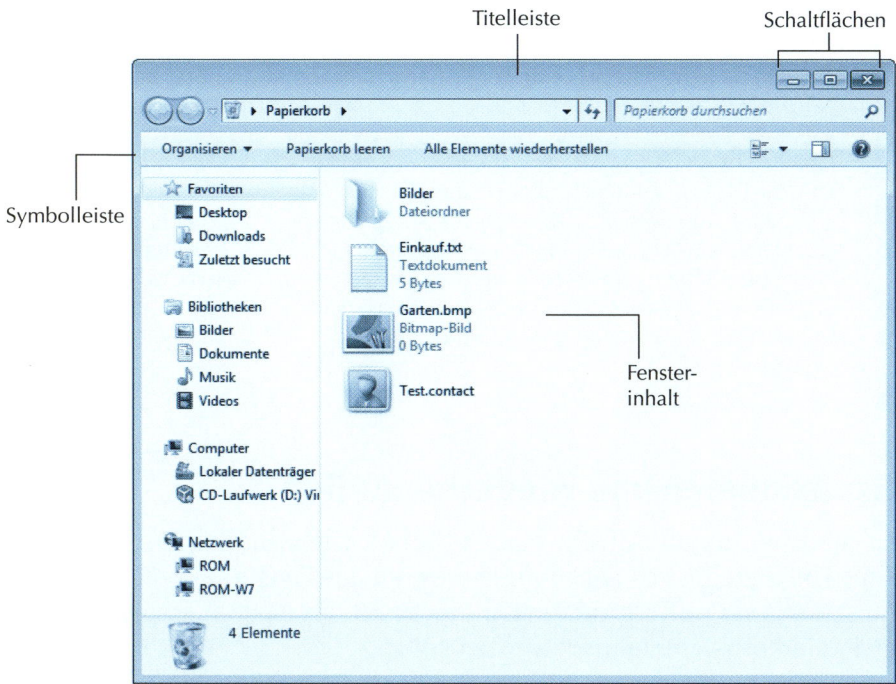

Am oberen Fensterrand finden Sie die sogenannte **Titelleiste**, in der Windows Ihnen bei manchen Programmen den Namen des Fensters oder geöffneter Dokumente (z. B. eines Fotos) anzeigt.

■ Die Schaltflächen in der rechten Ecke der Titelleiste dienen zum Abrufen bestimmter Fensterfunktionen (z. B. Schließen). Manche Fenster besitzen zudem in der linken Ecke der Titelleiste noch das Symbol des sogenannten Systemmenüs (was beim Papierkorb aber fehlt).

■ Unterhalb der Titelleiste ist bei vielen Fenstern eine (oder mehrere) **Symbolleiste(n)** zu sehen. Über deren Symbolschaltflächen können Sie häufig benutzte Funktionen direkt anwählen.

Innen im Fenster wird dann dessen Inhalt dargestellt. Details zu den einzelnen Funktionen lernen Sie im Verlauf dieses Buches noch kennen.

Hinweis

Am unteren Rand besitzen viele Fenster noch eine (optionale) **Statusleiste** bzw. bei Ordnerfenstern den Detailbereich zur Anzeige zusätzlicher Informationen. Weiterhin findet sich bei manchen Fenstern unterhalb der Titelleiste noch eine **Menüleiste** mit Namen wie *Datei*, *Bearbeiten*, *Ansicht* etc. Über die Menüs lassen sich Funktionen aufrufen. Windows blendet beim Papierkorb diese Menüleiste aber standardmäßig aus. Drücken Sie kurzzeitig die Alt-Taste, wird diese Menüleiste ein- und nach Anwahl eines Befehls wieder ausgeblendet. Soll die Menüleiste dauerhaft angezeigt werden, klicken Sie in der Symbolleiste auf die Schaltfläche *Organisieren* und wählen im nun eingeblendeten Menü die Befehle *Layout/Menüleiste*. Auf die gleiche Weise können Sie die Menüleiste auch wieder abschalten.

... maximieren und wiederherstellen

Für manche Aufgaben (z. B. das Schreiben eines Briefs, das Bearbeiten eines Fotos etc.) ist es ganz hilfreich, wenn das Fenster auf die Größe des Bildschirms vergrößert wird. In Windows 7 ist das ein Kinderspiel, wie jetzt am Papierkorb demonstriert werden soll.

1 Ziehen Sie das geöffnete Fenster *Papierkorb* über dessen Titelleiste einfach zum oberen Bildschirmrand (bis der Mauszeiger den Rand erreicht) und lassen Sie die linke Maustaste los – oder klicken Sie in der rechten oberen Fensterecke auf die mittlere Schaltfläche *Maximieren*.

Windows vergrößert das Fenster so weit, bis es den gesamten Bildschirm einnimmt. Man sagt, das Fenster ist **maximiert**.

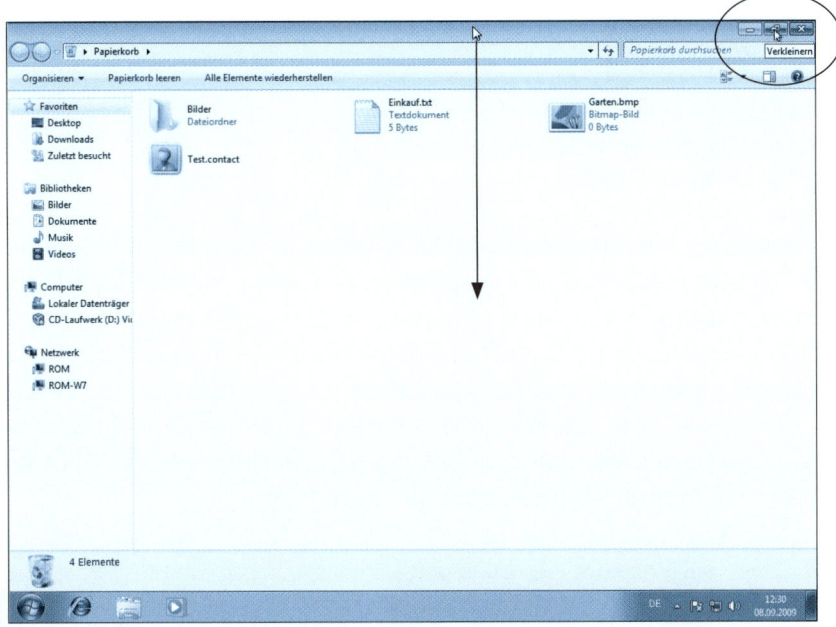

2 Um das Fenster auf die vorherige Größe zurückzusetzen, ziehen Sie die Titelleiste einfach per Maus vom oberen Bildrand in Richtung Bildschirmmitte – oder klicken Sie in der rechten oberen Fensterecke auf die jetzt mit **Verkleinern** bezeichnete Schaltfläche. Maus links.

Fertig! Schon wird das Fenster auf die vorherige Größe reduziert.

> **Tipp**
>
> Das Vergrößern auf Vollbildmodus und das Reduzieren auf die vorherige Fensterdarstellung ist auch per Doppelklick auf die Titelleiste des Fensters möglich. Zudem können Sie die Tastenkombinationen `Win`+`↑` und `Win`+`↓` für diesen Zweck verwenden.

Fenster ein-/ausblenden, so geht's

Das Schöne an Windows ist, dass man gleichzeitig mit mehreren Programmen arbeiten kann (z. B. etwas im Internet nachsehen, während ein Schreibprogramm geöffnet ist oder Musik wiedergegeben wird). Brauchen Sie ein Programmfenster für kurze Zeit nicht mehr, lässt sich dieses ausblenden.

1 Klicken Sie in der rechten oberen Ecke des Fensters *Papierkorb* auf die Schaltfläche **Minimieren**.

Das Fenster verschwindet vom Desktop und stört nicht mehr. Benötigen Sie das Programmfenster zu einem späteren Zeitpunkt wieder? Da Windows 7 für jedes geöffnete Fenster ein Symbol in der Taskleiste als Schaltfläche anzeigt, ist der erneute Zugriff auf das minimierte Fenster kein Problem. Sie müssen lediglich wissen, unter welcher Schaltfläche der Taskleiste sich das Fenster verbirgt. Windows 7 sortiert das Fenster des Papierkorbs z. B. automatisch unter dem Symbol eines Ordnerfensters ein. Bei anderen Programmen können weitere Symbole auftauchen.

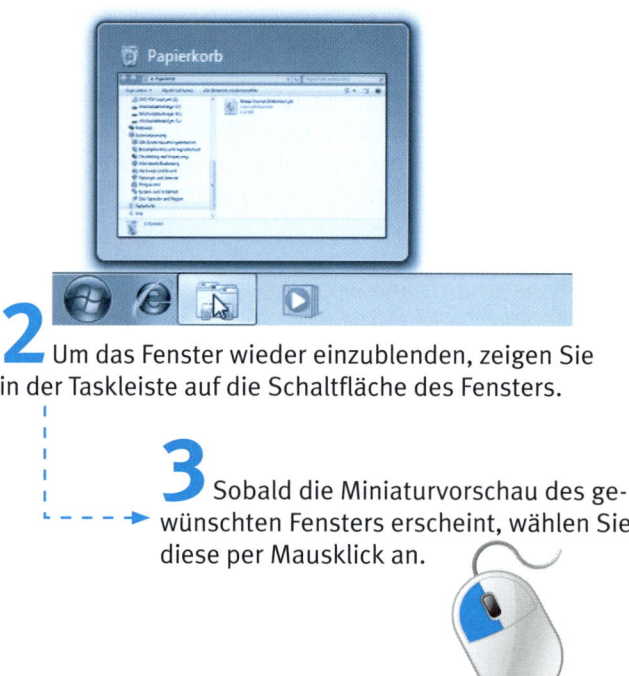

2 Um das Fenster wieder einzublenden, zeigen Sie in der Taskleiste auf die Schaltfläche des Fensters.

3 Sobald die Miniaturvorschau des gewünschten Fensters erscheint, wählen Sie diese per Mausklick an.

Schon ist das ausgeblendete Fenster wieder auf dem Desktop sichtbar und zum Weiterarbeiten bereit.

Hinweis

Wenn Sie mit der Maus auf die Miniaturvorschau eines Fensters zeigen, wird das Fenster auf dem Desktop eingeblendet. Da die Anzeige aber wieder verschwindet, sobald der Mauszeiger von der Vorschau wegbewegt wird, müssen Sie die Miniaturansicht per Mausklick anwählen, um das Fenster dauerhaft in den Vordergrund zu holen.

Ist der Schaltfläche in der Taskleiste nur ein geöffnetes Fenster zugeordnet, reicht ein Mausklick auf die Schaltfläche, um ein minimiertes Fenster wiederherzustellen. Ein zweiter Mausklick auf diese Schaltfläche bewirkt, dass das im Vordergrund geöffnete Fenster erneut minimiert wird. Dies klappt aber nicht, wenn mehrere geöffnete Fenster des gleichen Programms unter einem Taskleistensymbol gruppiert sind.

Erkennen lässt sich dies an einer leicht überlappenden Darstellung, wie hier am Symbol des Ordnerfensters gezeigt.

Dann verwenden Sie die oben skizzierte Vorgehensweise über die eingeblendete Miniaturvorschau zum Zugriff auf das gewünschte Fenster.

Erscheint beim Zeigen auf eine Gruppenschaltfläche der Taskleiste nur ein Menü statt der Miniaturansicht des Fensters? Dann ist das Aero-Anzeigeschema nicht verfügbar und Sie müssen den Befehl mit dem Namen des Fensters anwählen.

Fachwort

Aero ist ein besonderer Darstellungsmodus von Windows 7, der z. B. bei Windows 7 Home Basic fehlt und bei Windows 7 Home Premium nur bei genügend Grafikleistung des Rechners zur Verfügung steht. Ist Aero verfügbar, werden Fenster transparent und mit einem Schatten dargestellt sowie die hier erwähnten Miniaturansichten mit dem Fensterinhalt beim Zeigen auf Schaltflächen der Taskleiste eingeblendet.

Tipp

Um schnell etwas auf dem Desktop nachzusehen, brauchen Sie nicht die Fenster einzeln auszublenden und danach wieder zu öffnen.

Klicken Sie einfach auf die am rechten Rand der Taskleiste befindliche Schaltfläche *Desktop anzeigen*. Schon sind alle Fenster verschwunden.

Ein zweiter Mausklick auf die Schaltfläche schaltet zur vorherigen Darstellung mit den geöffneten Fenstern zurück.

Ein Fenster schließen

Bleibt nur noch die Aufgabe, ein geöffnetes Fenster endgültig zu schließen.

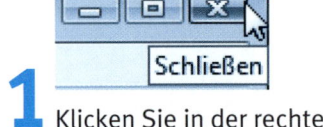

1 Klicken Sie in der rechten oberen Ecke des Fensters auf die Schaltfläche *Schließen*.

Dann verschwindet nicht nur das Fenster, sondern das zugehörige Programm wird auch beendet.

Hinweis

Die meisten Fenster weisen die Schaltfläche ▣ auf. Möchten Sie also ein **Programm beenden** oder ein **Fenster schließen**, genügt ein Mausklick auf diese Schaltfläche. Besitzt das Programmfenster eine Menüleiste, können Sie auch das Menü *Datei* öffnen und den mit *Schließen* oder *Beenden* benannten Befehl anwählen.

Die Fenstergröße stufenlos verändern

Auf den vorhergehenden Seiten haben Sie ein Fenster über die Schaltflächen in der rechten oberen Ecke zum Vollbildmodus vergrößert oder ausgeblendet. Häufig ist es jedoch vorteilhafter, ein Fenster stufenlos auf die gewünschte Größe einzustellen. Dies ist in Windows sehr einfach möglich.

1 Öffnen Sie erneut das Fenster *Papierkorb* durch einen Doppelklick auf das gleichnamige Desktopsymbol – achten Sie aber darauf, dass das Fenster nicht maximiert geöffnet ist.

2 Zeigen Sie mit der Maus versuchsweise auf die rechte untere Ecke des betreffenden Fensters.

3 Zeigen Sie auf den unteren und den linken Rand.

Hinweis

Sobald Sie auf die richtige Stelle am Fensterrand zeigen, nimmt der Mauszeiger die Form eines Doppelpfeils an. Notfalls müssen Sie die Maus etwas verschieben, bis dieser Doppelpfeil erscheint. Der Doppelpfeil zeigt dabei die Richtung an, in der sich das Fenster in der Größe verändern lässt. Sie können daher den linken/rechten Fensterrand zum Verändern der Fensterbreite verwenden. Der untere/obere Fensterrand ändert die Höhe, und mit den Ecken lässt sich die Fenstergröße proportional einstellen.

4 Zeigen Sie erneut auf den Rand des Fensters. Sobald der Doppelpfeil erscheint, ziehen Sie den Fensterrand bei gedrückter linker Maustaste in die gewünschte Richtung.

5 Erreicht das Fenster die gewünschte Größe, lassen Sie die linke Maustaste los.

Windows passt bereits beim Ziehen die Größe des Fensters entsprechend an. Sie können auf diese Weise die Größe eines Fensters beliebig verändern. Ziehen Sie den Rahmen per Maus nach außen, wird das Fenster größer. »Schieben« Sie den Rahmen in das Fenster hinein, verkleinert Windows dieses.

Fenster verschieben

Eine der Stärken von Windows liegt darin, dass Sie gleichzeitig mit mehreren Programmen oder Fenstern arbeiten können. Dann kommt es aber vor, dass ein Fenster die dahinter liegenden Teile des Desktops oder andere Fenster verdeckt. In diesem Fall kann das Verschieben eines Fensters notwendig werden.

1 Falls erforderlich, öffnen Sie das Fenster *Papierkorb* durch einen Doppelklick auf das Desktopsymbol. Achten Sie darauf, dass das Fenster nicht maximiert ist. **2x**

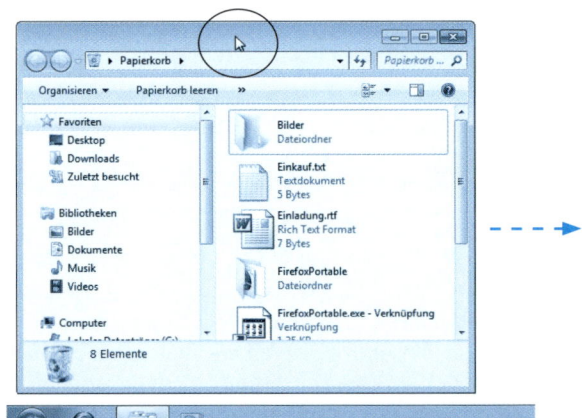

2 Passen Sie notfalls die Größe des Fensters etwas an, sodass dieses nur einen Teil des Desktops einnimmt.

3 **Ziehen** Sie anschließend das **Fenster** über dessen **Titelleiste** per Maus zur gewünschten Position.

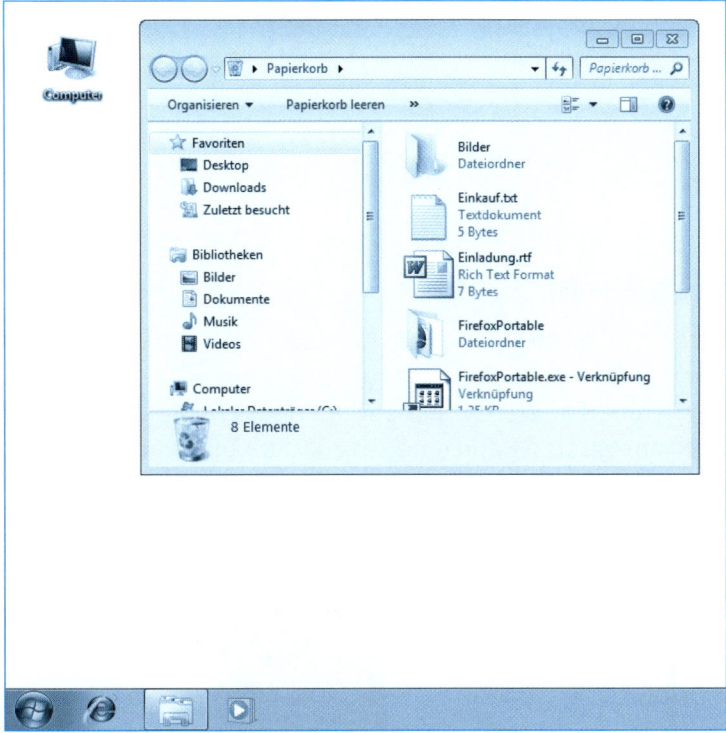

4 Sobald sich das Fenster an der gewünschten Position befindet, lassen Sie die linke Maustaste los.

Windows verschiebt das Fenster an die neue Position. Auf diese Weise können Sie jedes Fenster durch Ziehen der Titelleiste zur gewünschten Position auf dem Desktop schieben.

Tipp

Sind mehrere Fenster gleichzeitig auf dem Desktop geöffnet, die aber gerade nicht benötigt werden und stören? Wenn Sie in Windows 7 die Titelleiste eines Fensters per Maus anklicken, die linke Maustaste gedrückt halten und dann das Fenster »schütteln«, werden alle im Hintergrund geöffneten Fenster minimiert.

Schütteln Sie das Fenster erneut über dessen Titelleiste, stellt Windows die mini-mierten Fenster wieder her. Den gleichen Effekt erzielen Sie mit den Tastenkom-binationen `Win`+`M` und `Win`+`Umschalt`+`M`. Ziehen Sie das Fenster über dessen Titelleiste zum rechten oder linken Rand des Desktops (bis der Mauszei-ger den Rand erreicht) und lassen dann die Maustaste los, passt Windows die Fenstergröße automatisch auf die Hälfte des Desktops an. Das Gleiche bewirken die Tastenkombinationen `Win`+`→` und `Win`+`←`. Auf diese Weise können Sie also zwei Fenster nebeneinander auf dem Desktop anordnen. Weiterhin können Sie noch das Kontextmenü der Taskleiste mit einem Klick der rechten Maustaste öffnen. Im Kontextmenü finden Sie ebenfalls Befehle, um geöffnete Fenster zu stapeln, zu minimieren oder nebeneinander anzuordnen.

Blättern im Fenster

Manchmal ist der Inhalt eines Fensters zu umfangreich, um angezeigt zu werden (z. B. ein mehrseitiger Brief, ein Papierkorb, der sehr viele Ele-mente enthält, etc.). Dann enthält das Fenster am rechten oder manchmal auch am unteren Rand eine sogenannte **Bildlaufleiste**. Diese Bildlaufleiste ermöglicht Ihnen das Blättern im Fenster, um andere Dokumentteile anzu-zeigen. Sehen wir uns dieses Verhalten einmal an.

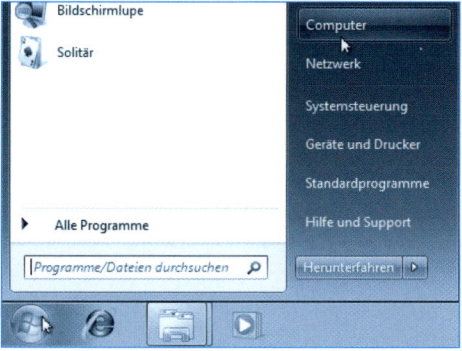

1 Klicken Sie in der Taskleiste auf die Schalt-fläche *Start* und im Startmenü auf das Symbol *Computer*. Oder wählen Sie (sofern eingeblen-det) das Desktopsymbol *Computer* per Doppel-klick an.

Windows öffnet jetzt ein Fenster mit dem Namen *Computer*.

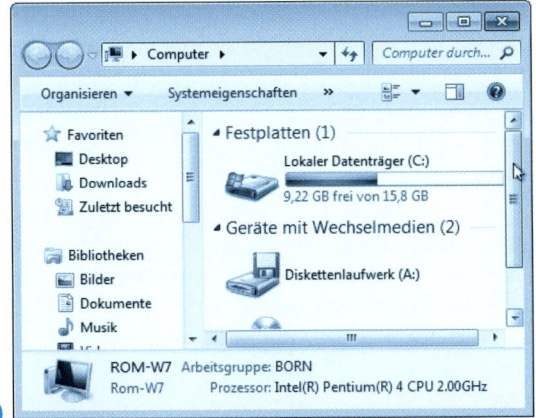

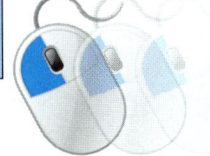

2 Verkleinern Sie das Fenster *Computer*, bis ein Teil des Inhalts verschwindet.

Hier sehen Sie das Fenster *Computer*, welches entsprechend verkleinert wurde. Die Bildlaufleiste findet sich am rechten Fensterrand.

3 Zeigen Sie mit der Maus auf die rechteckige, als **Bildlauffeld** bezeichnete Fläche innerhalb der Bildlaufleiste.

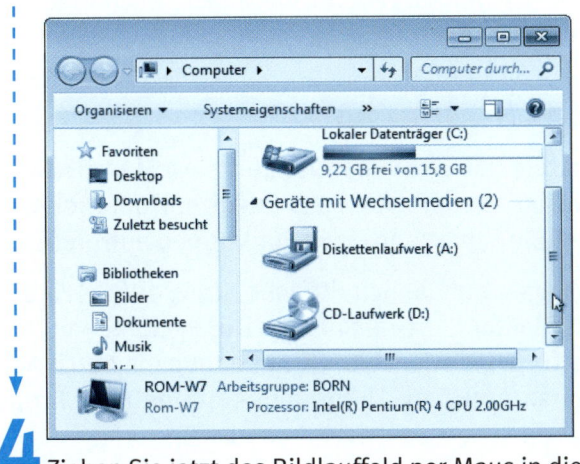

4 Ziehen Sie jetzt das Bildlauffeld per Maus in die gewünschte Richtung.

Windows zeigt dann andere Ausschnitte des Fensterinhalts an.

Hinweis

In den beiden obigen Bildern wird nur die vertikale Bildlaufleiste verwendet. Fenster können jedoch auch eine horizontale Bildlaufleiste aufweisen. Über diese lässt sich der Fensterinhalt nach rechts oder links verschieben. Beim Schreiben von Text können Sie beispielsweise über diese Bildlaufleiste im Text blättern.

An den Enden der Bildlaufleiste sehen Sie die zwei Schaltflächen 🔼 und 🔽. Ist Ihnen das Blättern mit dem Bildlauffeld zu grob, können Sie mit einem Mausklick auf die jeweilige Schaltfläche schrittweise im Dokument blättern. Die Spitze des Pfeils zeigt dann die Richtung an, in die geblättert wird.

Programme im Griff

Wenn Sie mit Windows arbeiten, einen Brief schreiben, ein Foto anzeigen etc., werden die betreffenden Funktionen durch Programme bereitgestellt. Diese Programme können im Lieferumfang von Windows enthalten sein oder separat erworben werden. Nachdem Sie nun die grundlegenden Funktionen zum Umgang mit Fenstern kennen, ist es an der Zeit, die Techniken zum Umgang mit Programmen zu lernen. Auch wenn die Programme unterschiedliche Funktionen aufweisen, sind die Techniken zum Aufrufen und Arbeiten mit Programmen weitestgehend identisch. Nachfolgend lernen Sie das Wichtigste im Umgang mit Programmen.

So nutzen Sie das Startmenü

Zu Beginn dieses Kapitels haben Sie bereits kurz das **Startmenü** kennengelernt. Das Startmenü ist so etwas wie das »Regiezentrum« von Windows, über das Sie verschiedene Programme und Funktionen aufrufen.

Klicken Sie in der Taskleiste auf die Schaltfläche *Start*, öffnet Windows das nachfolgend gezeigte Fenster des Startmenüs. Die Symbole mit den zugehörigen Texten stehen für Windows-Befehle, mit denen Sie durch Anklicken verschiedene Funktionen aufrufen, Untermenüs öffnen oder Programme starten können.

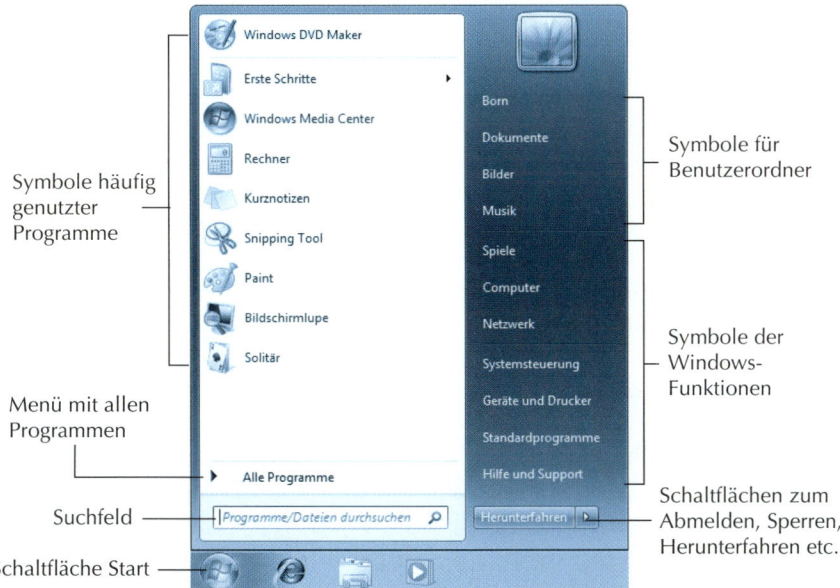

Symbole häufig genutzter Programme

Menü mit allen Programmen

Suchfeld

Schaltfläche Start

Symbole für Benutzerordner

Symbole der Windows-Funktionen

Schaltflächen zum Abmelden, Sperren, Herunterfahren etc.

- In der linken Spalte finden Sie im oberen Bereich die Symbole häufig benutzter Programme. Diese Symbole werden automatisch durch Windows (z. B. beim Start von Programmen) verwaltet. Sie haben aber die Möglichkeit, Symbole mit der rechten Maustaste anzuklicken und diese über den Kontextmenübefehl *An Startmenü anheften* im oberen Bereich der linken Spalte dauerhaft zu verankern.

- Der Eintrag *Alle Programme* in der linken Spalte des Startmenüs ermöglicht Ihnen, über Untermenüs die meisten der unter Windows installierten Programme aufzurufen. Auf diese Funktion kommen wir gleich zu sprechen.

- Die unterste Zeile der linken Spalte enthält noch ein Textfeld (als **Suchfeld** bezeichnet), in das Sie Suchbegriffe eintippen und so nach Befehlen, Programmen, Dokumenten wie Fotos, Briefe etc. oder anderen Daten suchen können.

- In der rechten Spalte finden Sie eine Gruppe mit Befehlen wie *Dokumente*, *Bilder*, *Musik* und *Spiele*. Diese öffnen Ordner, in denen Dokumente, Fotos, Musikdateien und die Symbole zum Aufrufen von Spielen abgelegt wurden. Das oberste Symbol (hier *Born*) gibt einmal den Namen des Benutzerkontos an. Gleichzeitig öffnet das Symbol aber ein Fenster, über welches sich auf die Dokumente und Einstellungen des Benutzers zugreifen lässt.

41

- Die rechte Spalte des Startmenüs weist im unteren Teil noch eine Liste mit häufig benötigten Windows-Funktionen (*Systemsteuerung* etc.) sowie zum Zugriff auf die Fenster *Computer* und ggf. *Netzwerk* auf.

- Die Schaltflächen am unteren rechten Rand des Startmenüs dienen dazu, Windows herunterzufahren, den Computer in den Ruhezustand zu schalten oder einfach den Benutzer abzumelden (siehe die folgenden Seiten).

Wie Sie mit den einzelnen Einträgen des Startmenüs umgehen, erfahren Sie im Verlauf der folgenden Seiten und Kapitel noch detaillierter. An dieser Stelle reicht es, wenn Sie die grundlegenden Techniken kennen.

Programme starten

Ein Doppelklick auf das Desktopsymbol einer Anwendung (z. B. *Papierkorb* bzw. *Computer*) oder ein Mausklick auf die angehefteten Symbole in der Taskleiste (z. B. Windows-Explorer oder Windows Media Player) sowie auf einen Startmenüeintrag (z. B. *Computer*) öffnet das zugehörige Fenster. Letztlich haben Sie mit diesen weiter oben beschriebenen Techniken Programme gestartet.

Sicherlich möchten Sie aber weitere Programme unter Windows nutzen, die nicht über Desktop- bzw. Taskleistensymbole oder die »erste Ebene« des Startmenüs erreichbar sind. Viele dieser Programme erreichen Sie über den Befehl *Alle Programme* des Startmenüs. Dies soll am Beispiel des Windows-Rechners demonstriert werden.

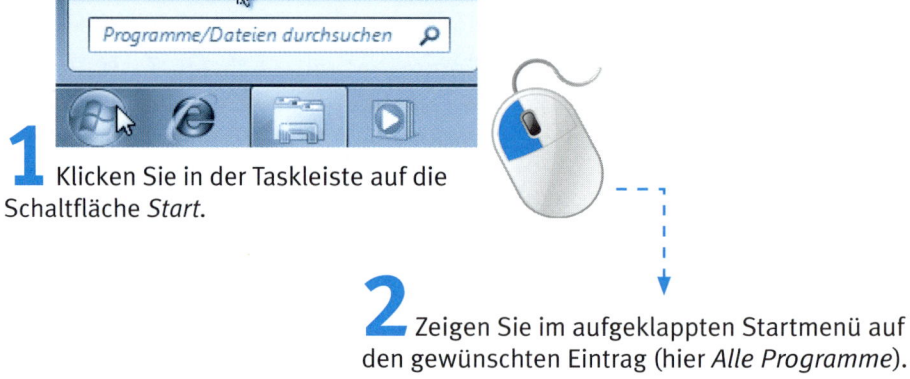

1 Klicken Sie in der Taskleiste auf die Schaltfläche *Start*.

2 Zeigen Sie im aufgeklappten Startmenü auf den gewünschten Eintrag (hier *Alle Programme*).

Windows hebt diesen Eintrag farblich hervor. Nach kurzer Zeit oder sobald Sie auf den Eintrag *Alle Programme* klicken, verschwindet der Befehl *Alle Programme* und wird durch den Text *Zurück* ersetzt. Durch Anklicken dieses Befehls *Zurück* gelangen Sie zur Grunddarstellung des Startmenüs zurück.

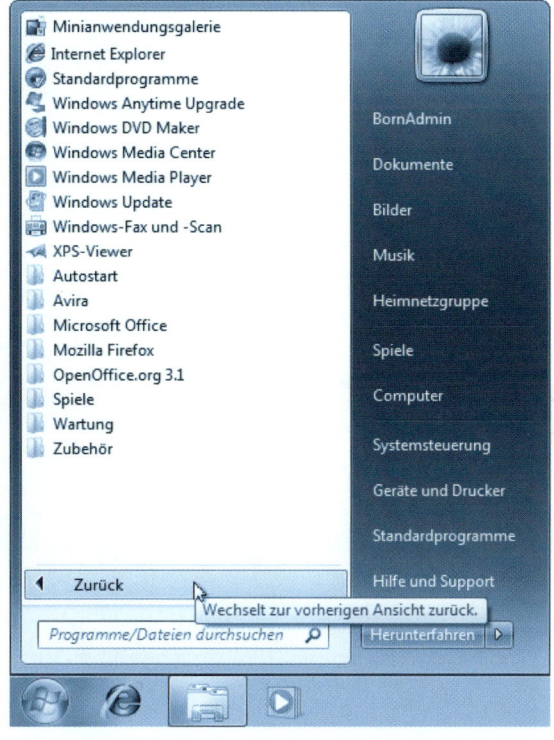

Ist der Befehl *Zurück* (wie hier gezeigt) sichtbar, blendet Windows gleichzeitig die Elemente des Menüs *Alle Programme* in der linken Spalte des Startmenüs ein. Sie sehen Einträge wie *Windows Media Player*, *Windows Media Center* etc., je nachdem, welche Programme auf Ihrem Computer installiert sind.

Neben den Einträgen für Programme enthält das Startmenü noch (am oberen oder unteren Rand) Einträge, die mit dem Symbol 🔽 versehen sind. Dieses Symbol kennzeichnet sogenannte **Programmgruppen** (z. B. *Autostart, Zubehör* etc.).

Programmgruppen fassen mehrere Programmsymbole (oder weitere Gruppen) zu einem **Untermenü** zusammen. Klicken Sie auf das Symbol einer Programmgruppe, öffnet sich ein sogenanntes **Untermenü**, welches Symbole für weitere Programmgruppen oder Programme aufweisen kann. Welche Menüs und Untermenüs bei Ihnen im Startmenü zu sehen sind, hängt von den installierten Programmen ab.

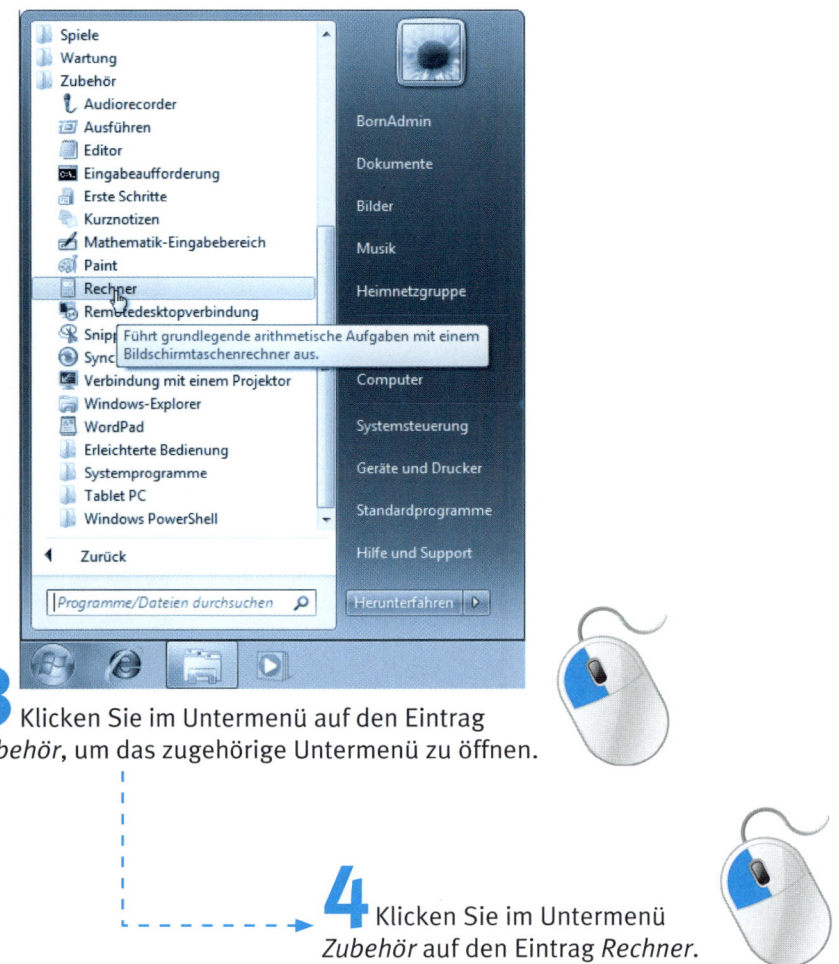

3 Klicken Sie im Untermenü auf den Eintrag
Zubehör, um das zugehörige Untermenü zu öffnen.

4 Klicken Sie im Untermenü
Zubehör auf den Eintrag *Rechner*.

Windows schließt beim Anklicken eines Programmeintrags das Startmenü.
Gleichzeitig wird das betreffende Anwendungsprogramm gestartet.

Hinweis

Beim Zeigen auf einen Programmeintrag des Startmenüs blendet Windows vielfach bereits eine QuickInfo mit Hinweisen zur Programmfunktion ein.

Mit den obigen Schritten des Beispiels erscheint das Fenster des Windows-Rechners auf dem Desktop.

Sie können anschließend den Rechner benutzen. Tippen Sie Rechenanweisungen wie 13 + 14 = einfach per Tastatur ein oder »klicken« Sie per Maus auf die betreffenden »Tasten«. Das Ergebnis wird im Rechner angezeigt.

Auf diese Weise lassen sich alle als Symbol im Startmenü eingetragenen Programme starten. Entsprechende Beispiele hierzu finden Sie auf den folgenden Seiten dieses Buches.

Hinweis

In den nächsten Kapiteln lernen Sie den Umgang mit Dokumenten (Briefen, Fotos etc.) kennen. Wird das Symbol einer Dokumentdatei auf dem Desktop oder in einem Fenster gezeigt, können Sie dieses per Doppelklick anwählen. Dann startet Windows die zugehörige Anwendung, die das Dokument automatisch lädt. Zudem können Sie einen Befehl in das Suchfeld des Startmenüs eintippen (z. B. *WordPad*) und durch Drücken der ⌈Eingabe⌋-Taste ausführen. Dies ist aber nur etwas für erfahrene Benutzer.

Möchten Sie ein solches **Programm wieder beenden**? Die Schritte zum Beenden eines Programms kennen Sie bereits vom Schließen eines Fensters. Klicken Sie einfach auf die in der rechten oberen Ecke des Programmfensters angezeigte Schaltfläche *Schließen* ⌈✖⌋. Windows schließt das Fenster des Rechners und beendet gleichzeitig das zugehörige Programm.

Manche Programme bieten eine Menüleiste, in der Sie das Menü *Datei* anklicken und dann im geöffneten Menü einen Befehl wie *Schließen* oder *Beenden* aufrufen können. Enthält ein Programmfenster noch ungespeicherte Daten (z. B. einen gerade geschriebenen Brief), erhalten Sie die Gelegenheit, diese Daten zu speichern. Wie dies geht, erfahren Sie in den folgenden Kapiteln.

Arbeiten mit Minianwendungen

In Windows 7 lassen sich noch spezielle Programme, als **Minianwendungen** bezeichnet, auf dem Desktop einsetzen. Um mit einer Minianwendung zu arbeiten, müssen Sie diese erst auf dem Desktop **einblenden**.

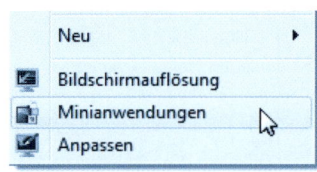

1 Klicken Sie mit der rechten Maustaste auf eine freie Stelle des Desktops und wählen Sie den Kontextmenübefehl *Minianwendungen*.

Windows öffnet dann ein Dialogfeld mit einer Sammlung verfügbarer Minianwendungen. Neben der Uhr sehen Sie z. B. einen Kalender, die Wettervorschau etc.

2 Ziehen Sie das Symbol der gewünschten Minianwendung (z. B. *Uhr* oder *Kalender*) einfach per Maus aus dem Dialogfeld zum Desktop.

Sobald Sie die linke Maustaste loslassen, wird die Minianwendung auf dem Desktop verankert. Alternativ können Sie das Symbol einer Minianwendung im Dialogfeld per Doppelklick anwählen, um diese auf dem Desktop einzublenden. Anschließend beenden Sie das Dialogfeld durch Anklicken der *Schließen*-Schaltfläche.

Tipp

Über den am unteren rechten Fensterrand sichtbaren Eintrag *Weitere Minian-wendungen online beziehen* können Sie eine Internetseite von Microsoft öffnen. Dort stehen Minianwendungen zum kostenlosen Herunterladen bereit.

Fachwort

Ein **Dialogfeld** ist ein spezielles Fenster, in dem Windows oder eine Anwendung Ihnen etwas signalisiert oder Eingaben entgegennimmt. Im Gegensatz zu den weiter oben vorgestellten Fenstern besitzen Dialogfelder keine Schaltflächen zum Minimieren oder Maximieren und Windows zeigt auch kein Symbol in der Taskleiste. Beenden lässt sich ein Dialogfeld über die Schaltfläche *Schließen* in der rechten oberen Dialogfeldecke.

Die jeweilige **Minianwendung** lässt sich auf dem Desktop **verschieben**, **vergrößern** und auch wieder **ausblenden**.

1 Zeigen Sie per Maus auf das Minifenster, um die hier gezeigte kleine Leiste am rechten Rand der Minianwendung einzublenden.

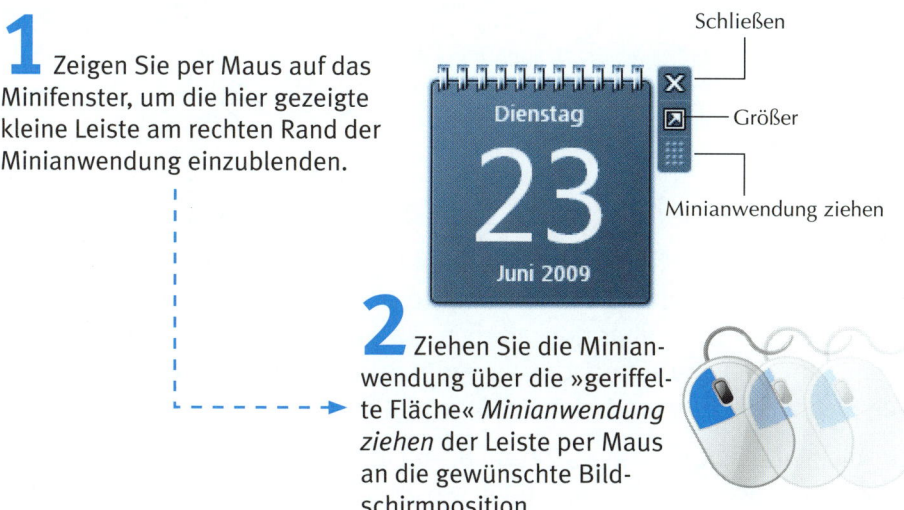

Schließen

Größer

Minianwendung ziehen

Dienstag

23

Juni 2009

2 Ziehen Sie die Minian-wendung über die »geriffel-te Fläche« *Minianwendung ziehen* der Leiste per Maus an die gewünschte Bild-schirmposition.

Sobald Sie die linke Maustaste wieder loslassen, wird die Minianwendung an der betreffenden Desktopposition verankert. Über die *Größer*-Schaltflä-che der Leiste lässt sich die Anzeigefläche vieler Minianwendungen leicht vergrößern und ggf. in einen besonderen Anzeigemodus (beim Kalender

z. B. die Monats- oder Tagesanzeige) schalten. Ein weiterer Mausklick auf die Schaltfläche stellt die vorherige Darstellung wieder her. Die *Schließen*-Schaltfläche beendet die Minianwendung.

Hinweis

Bei Minianwendungen wird übrigens keine Schaltfläche in der Taskleiste angezeigt.

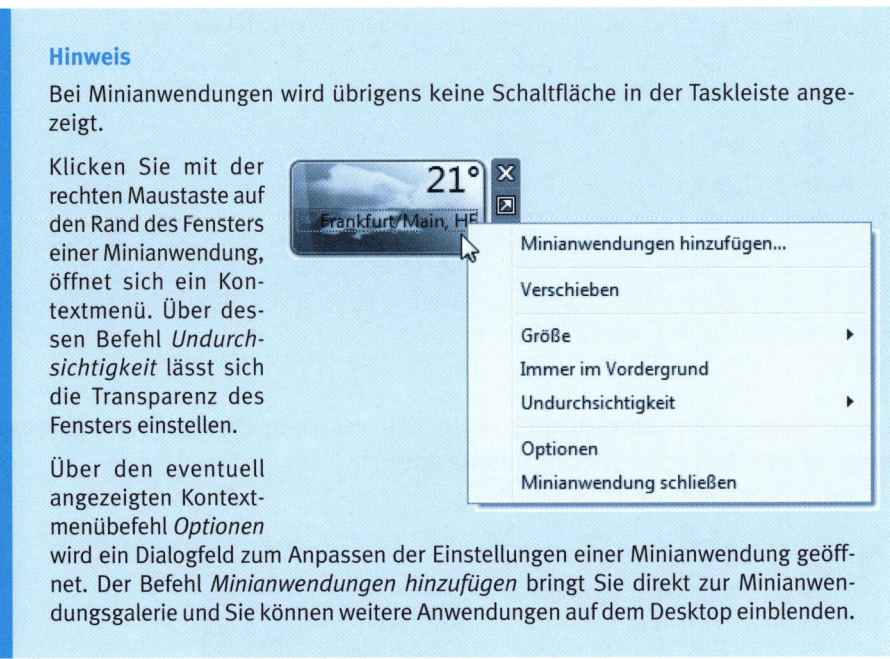

Klicken Sie mit der rechten Maustaste auf den Rand des Fensters einer Minianwendung, öffnet sich ein Kontextmenü. Über dessen Befehl *Undurchsichtigkeit* lässt sich die Transparenz des Fensters einstellen.

Über den eventuell angezeigten Kontextmenübefehl *Optionen* wird ein Dialogfeld zum Anpassen der Einstellungen einer Minianwendung geöffnet. Der Befehl *Minianwendungen hinzufügen* bringt Sie direkt zur Minianwendungsgalerie und Sie können weitere Anwendungen auf dem Desktop einblenden.

Programmwechsel, das sollten Sie wissen!

Mit den auf den vorhergehenden Seiten beschriebenen Schritten können Sie mehrere Programme starten und deren Fenster gleichzeitig geöffnet halten. Es lässt sich aber nur mit dem jeweils im Vordergrund geöffneten Programmfenster arbeiten. Um ein anderes Programm zu verwenden, müssen Sie dessen Fenster in den Vordergrund holen.

■ Am einfachsten ist es sicherlich, auf einen sichtbaren Teil des Programmfensters (z. B. die Titelleiste) zu klicken, um dieses in den Vordergrund zu holen.

■ Sie können auch in der Taskleiste auf die Schaltfläche mit dem Symbol des Programms zeigen und dann die eingeblendete Miniaturvorschau anklicken, um das Fenster in den Vordergrund zu holen. Dies klappt auch in den Fällen, wo Windows mehrere Fenster eines Programms zu einer Gruppe zusammenfasst.

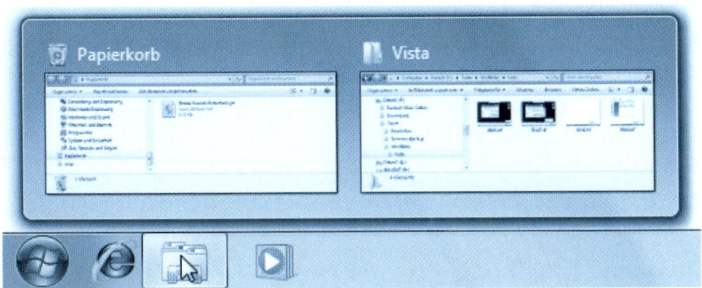

Wer sich etwas besser mit Windows auskennt, kann noch die Tastenkombination ⌨Alt⌨+⌨Tab⌨ zum Umschalten zwischen Programmen verwenden.

1 Halten Sie die ⌨Alt⌨-Taste gedrückt und betätigen Sie die ⌨Tab⌨-Taste.

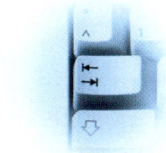

Windows blendet dann eine Taskliste mit den Symbolen der geöffneten Programmfenster und Dialogfelder ein. In der »Aero«-Darstellung erscheinen die (hier gezeigten) Miniaturansichten der Programmfenster in der Taskleiste.

2 Halten Sie die ⌨Alt⌨-Taste gedrückt und tippen Sie auf die ⌨Tab⌨-Taste, um schrittweise die Programmeinträge in der Liste zu markieren.

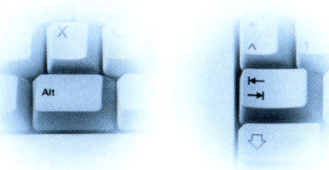

Lassen Sie die ⌨Alt⌨-Taste los, wird das zuletzt gewählte Programmfenster in den Vordergrund »geholt«.

49

Hinweis

Sie können auch direkt schrittweise zwischen den geöffneten Fenstern umschalten, indem Sie die Tastenkombination [Alt]+[Esc] drücken. Jeder Druck der [Esc]-Taste bei gleichzeitig gedrückter [Alt]-Taste holt ein anderes Fenster in den Vordergrund.

Im Darstellungsmodus »Aero« lässt sich auch die als »Flip 3D« bezeichnete Funktion zur Programmumschaltung verwenden. Halten Sie die [Win]-Taste auf der Tastatur gedrückt. Wenn Sie dann zusätzlich die [Tab]-Taste drücken, kippen die geöffneten Fenster in eine Art 3D-Darstellung.

Sie können den Fensterinhalt also sehr leicht identifizieren, was besonders bei vielen geöffneten Fenstern ein großer Vorteil ist. Besitzt Ihre Maus ein Rädchen, können Sie dieses drehen (oder die [Tab]-Taste antippen), um die schräg gekippten Fenster schrittweise in den Vordergrund zu holen. Sobald Sie die [Win]-Taste loslassen, verschwindet die 3D-Darstellung wieder und das zuletzt sichtbare Fenster wird auf dem Desktop im Vordergrund angezeigt.

Tipp

Klicken Sie die Schaltfläche eines laufenden Programms in der Taskleiste mit der rechten Maustaste an, öffnet sich ein Kontextmenü. Sofern die Anwendung dies unterstützt, enthält das Kontextmenü auch Einträge, um direkt auf zuletzt geöffnete Dokumente (hier z. B. Webseiten) der Anwendung zuzugreifen.

Der Befehl *Dieses Programm an Taskleiste anheften* richtet dauerhaft eine Schaltfläche des laufenden Programms in der Taskleiste ein. Dies ist zum schnellen Aufruf häufig benötigter Anwendungen ganz hilfreich. Der Befehl *Dieses Programm von der Taskleiste lösen* macht die Anheftung rückgängig.

Zudem können Sie die Schaltflächen in der Taskleiste per Maus (bei gedrückter linker Maustaste) nach links oder rechts ziehen und die Reihenfolge der Symbole nach Belieben sortieren.

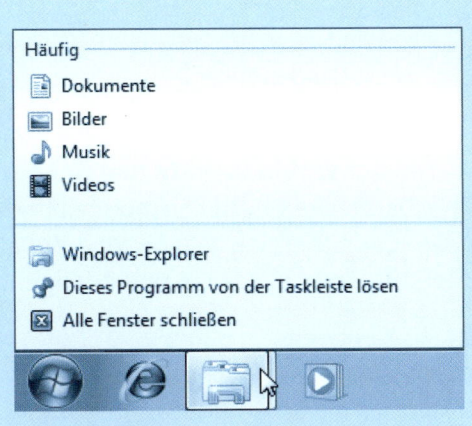

Hilfe und Support gefällig?

Benötigen Sie bei der Lösung einer Aufgabe weitere Unterstützung oder bleiben nach der Lektüre dieses Buches noch Fragen offen? Dann bringen das Windows-Hilfe- und Supportcenter oder die Programmhilfe Sie vielleicht weiter.

1 Öffnen Sie das Startmenü durch Anklicken der Schaltfläche *Start*.

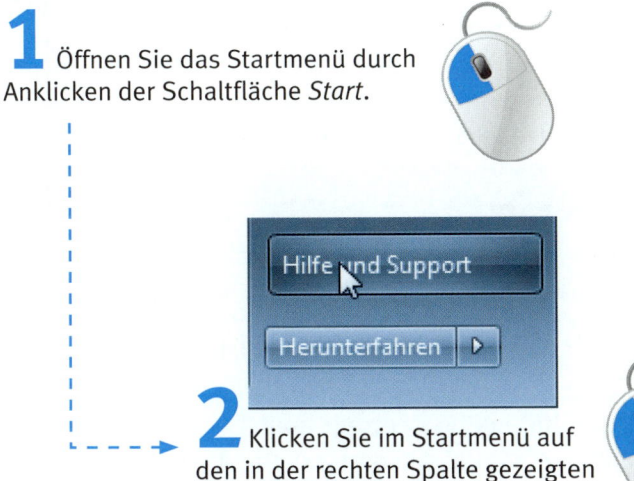

2 Klicken Sie im Startmenü auf den in der rechten Spalte gezeigten Befehl *Hilfe und Support*.

51

> **Hinweis**
>
> Falls kein Fenster geöffnet ist, können Sie auch die Funktionstaste F1 drücken, um die Hilfe abzurufen.

Das Fenster **Windows-Hilfe und Support** erscheint auf dem Desktop. Über die Schaltflächen in der Symbolleiste des Fensters oder über die Einträge im Dokumentbereich lassen sich Zusatzinformationen zu Windows oder Unterstützung bei der Lösung bestimmter Probleme abrufen.

1 Klicken Sie in der Symbolleiste des Fensters auf die Schaltfläche *Hilfe durchsuchen*, erscheint das hier gezeigte Inhaltsverzeichnis mit der Themenübersicht der Hilfe.

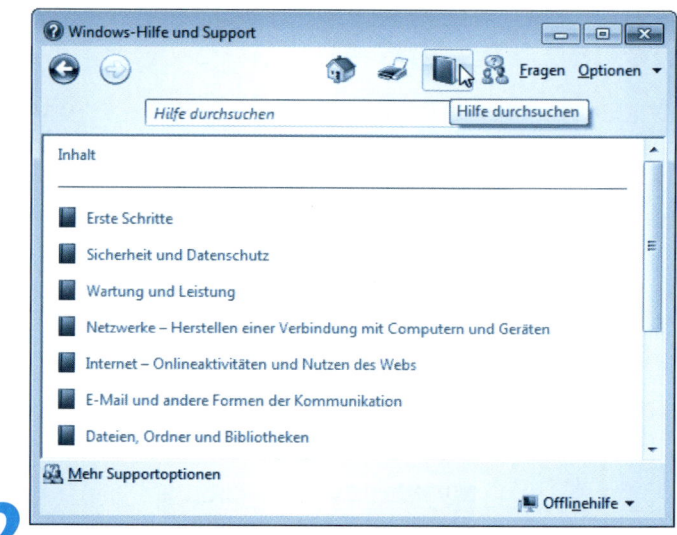

2 Klicken Sie im Kopfbereich des Fensters auf das Textfeld *Hilfe durchsuchen*, tippen einen Suchbegriff ein und drücken die Eingabe-Taste, werden die zugehörigen Hilfethemen aufgelistet.

Im Dokumentbereich des Hilfefensters werden manche Textstellen blau dargestellt. Wenn Sie mit der Maus auf eine solche Textstelle zeigen, nimmt der Mauszeiger die Form einer stilisierten Hand an. Gleichzeitig wird der Text unterstrichen dargestellt.

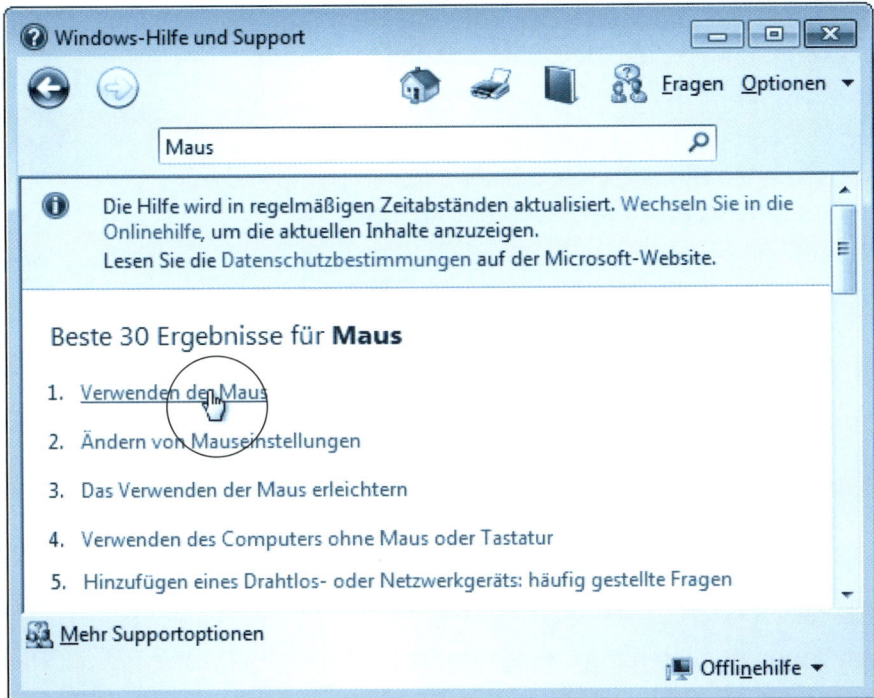

3 Klicken Sie auf eine solche als sogenannter **Hyperlink** ausgeführte Textstelle,
um die Folgeseite abzurufen.

Fachwort

Ein **Hyperlink** definiert einen Verweis auf eine andere Dokumentstelle. Die Tech-
nik der Hyperlinks wurde ursprünglich bei Internetseiten verwendet, um über
Verweise andere Webseiten abrufen zu können. Daher ähnelt die Bedienung der
Hilfeseiten auch der Navigation in Webseiten (siehe auch Kapitel 8).

Im Grunde funktioniert die Bedienung der Hilfe wie das Arbeiten mit dem In-
halts- oder Stichwortverzeichnis eines Buches, nur wesentlich komfortabler.
Sie brauchen einfach nur die als Hyperlinks ausgeführten »Überschriften«
des Inhaltsverzeichnisses oder die Suchergebnisse (entspricht dem Stichwortverzeichnis) anzuklicken, um zur gesuchten Hilfeseite zu gelangen.

Möchten Sie zur Startseite der Hilfe mit dem Inhaltsverzeichnis zurückkehren, reicht ein Mausklick auf dieses Symbol.

Über die beiden Schaltflächen mit dem nach links und rechts zeigenden Pfeil in der oberen linken Ecke des Hilfefensters können Sie zwischen einzelnen bereits aufgerufenen Hilfethemen zurück und vorwärts blättern.

Hinweis

Wenn Sie den Inhalt der aktuellen Seite ausdrucken möchten, klicken Sie im Hilfefenster auf das *Drucken*-Symbol und im anschließend geöffneten Dialogfeld *Drucken* auf die Schaltfläche *Drucken*. Über eine weitere Schaltfläche *Fragen* rufen Sie eine Hilfeseite auf, über die Sie Unterstützung von Dritten per Internet anfordern können – die Beschreibung dieser Funktion führt aber über den Ansatz dieses Buches hinaus.

Hilfe für Programme gefällig?

Neben Windows bieten auch **Programme** häufig eine eigene Hilfe an. Die Hilfe lässt sich dann bei geöffnetem Programmfenster durch Drücken der Funktionstaste F1 aufrufen.

Auf Windows 7 abgestimmte Programme weisen zudem am rechten Rand der Symbolleiste eine Schaltfläche zum Aufrufen der Hilfe auf.

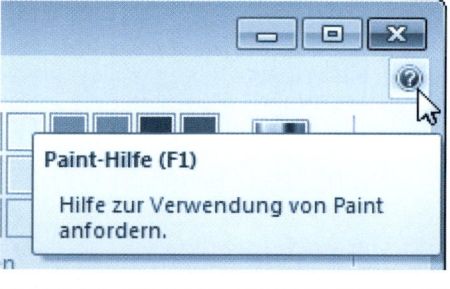

Bei Programmfenstern, die noch eine Menüleiste aufweisen, öffnen Sie das Hilfemenü (Fragezeichen in der Symbolleiste anklicken). Im Hilfemenü müssen Sie dann einen mit *Hilfe anzeigen*, *Hilfethemen* oder ähnlich bezeichneten Befehl wählen.

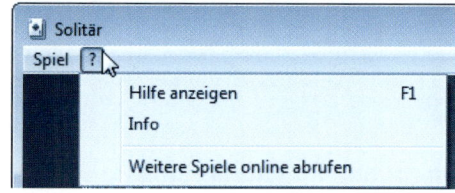

Das Hilfefenster sieht bei auf Windows 7 abgestimmten Programmen wie im vorhergehenden Abschnitt gezeigt aus. Manche Programme besitzen aber ein eigenes, in zwei Spalten geteiltes Hilfefenster.

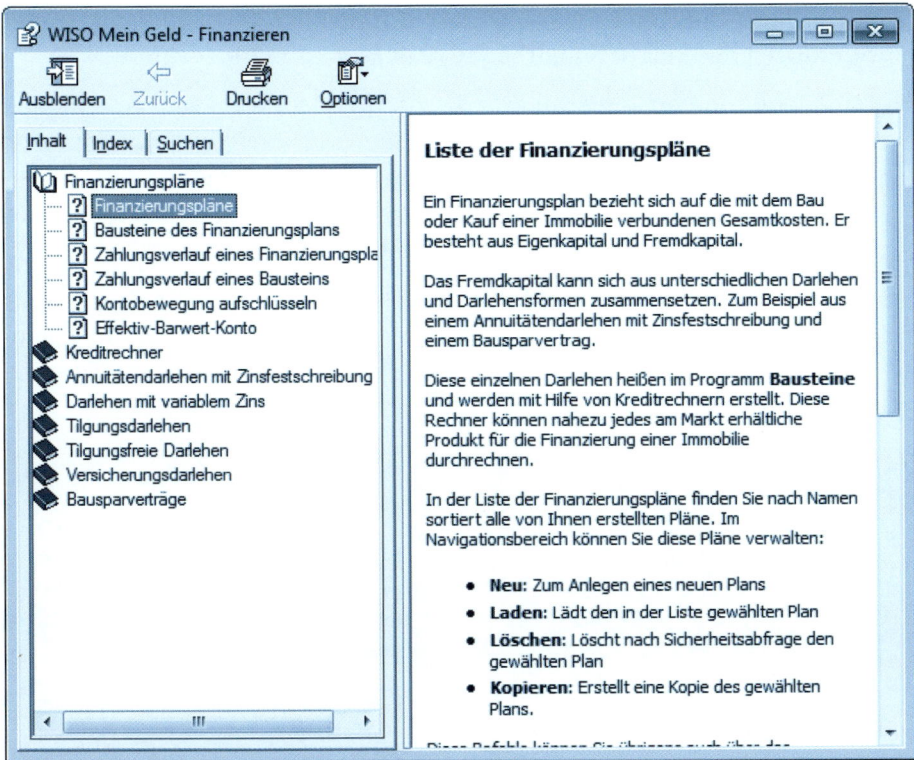

Über die **Registerkarten** *Inhalt, Index, Suchen* und, je nach Programm, zusätzlich *Favoriten* können Sie auf unterschiedliche Weise auf den Inhalt der Hilfe zugreifen.

■ Die Registerkarte *Inhalt* ermöglicht den Zugriff auf die Hilfe über eine Art Inhaltsverzeichnis. Klicken Sie auf der Registerkarte *Inhalt* auf das Symbol eines »geschlossenen« Buches, um zu einem Thema untergeordnete Überschriften zu sehen. Ein Mausklick auf das Symbol eines »geöffneten« Buches reduziert die Anzeige auf die Hauptüberschrift. Klicken Sie auf das Symbol einer Buchseite, wird deren Inhalt im rechten Teil des Hilfefensters eingeblendet. Die Navigation in einem solchen Hilfefenster ist ebenfalls über Hyperlinks möglich.

■ Die Registerkarte *Index* entspricht dem Stichwortverzeichnis eines Buches. Klicken Sie auf den Registerreiter, können Sie ein Stichwort in das Feld *Zu suchendes Schlüsselwort* eintippen. Gefundene Stichworteinträge lassen sich in der linken Spalte per Mausklick markieren. Die zugehörige Hilfeseite lässt sich per Doppelklick oder über die in der Spalte eingeblendete Schaltfläche *Anzeigen* abrufen.

■ Auf der optionalen Registerkarte *Suchen* finden Sie ein Feld zur Eingabe eines Suchbegriffs. Über die Schaltflächen der Registerkarte lässt sich nach dem Begriff suchen. Klicken Sie in der Liste der gefundenen Themen einen Eintrag an und wählen dann die Schaltfläche *Anzeigen,* wird die Hilfeseite im rechten Teil des Fensters dargestellt.

Im Hilfefenster können Sie per Bildlaufleiste blättern und über Hyperlinks Folgedokumente abrufen. Die Schaltflächen *Vorwärts* und *Zurück* der Symbolleiste ermöglichen es, zwischen besuchten Seiten zu wechseln – also alles ähnlich, wie Sie dies von der Windows-Hilfe her kennen.

> **Fachwort**
>
> In vielen Fenstern reicht der Platz zur Darstellung aller Informationen nicht aus. Windows benutzt daher sogenannte **Registerkarten** zur Anzeige. Diese Registerkarten werden hintereinander angeordnet und lassen sich jeweils durch Anklicken des zugehörigen Registerreiters in den Vordergrund holen. Sie sehen dann immer nur den Inhalt der obersten Registerkarte.

Abmelden und Beenden

Bevor Sie sich mit den nächsten Schritten befassen, bleibt noch eine Frage: Wie wird Windows eigentlich beendet? Zudem haben Sie die Möglichkeit, sich vorübergehend vom Computer abzumelden, wobei Windows allerdings weiterhin aktiv bleibt. Zudem können Sie den Computer in den Ruhezustand versetzen, in dem nur wenig Energie benötigt wird.

1 Um eine dieser Funktionen anzuwählen, klicken Sie in der Taskleiste auf die Schaltfläche *Start*.

2 Anschließend wählen Sie im Startmenü die Schaltfläche *Herunterfahren*.

Windows wird beendet und der Computer ausgeschaltet. Sie können aber auch auf das rechts neben *Herunterfahren* befindliche Dreieck klicken.

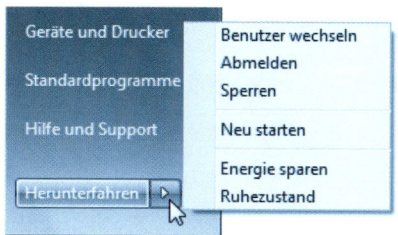

Dann öffnet sich das hier gezeigte Menü mit weiteren Befehlen.

- Wird der Rechner für kurze Zeit nicht benutzt, wählen Sie den Befehl *Sperren*. Dann erscheint sofort die Anmeldeseite, während die zuletzt benutzten Programme weiter geladen bleiben. Zum Weiterarbeiten muss sich der Benutzer erneut bei seinem Konto anmelden.

- Wählen Sie dagegen den Menübefehl *Abmelden*, gelangen Sie ebenfalls sofort zur Anmeldeseite. Im Gegensatz zur Funktion *Sperren* werden aber alle laufenden Programme vor dem Abmelden beendet.

- Der Befehl *Benutzer wechseln* im Menü der rechten Schaltfläche belässt ebenfalls alle laufenden Programme im Speicher und zeigt die Anmeldeseite an. Im Gegensatz zur Funktion *Sperren* werden aber die Symbole aller Benutzerkonten in der Anmeldeseite eingeblendet. Dies ermöglicht Ihnen, die Arbeit kurz am System zu unterbrechen, und ein zweiter Benutzer kann sich während dieser Zeit an seinem eigenen Konto anmelden.

- Um nach längeren Pausen schneller wieder betriebsbereit zu sein, können Sie auf Wunsch die Befehle *Ruhezustand* oder *Energie sparen* im Menü der rechten Schaltfläche wählen. Im Modus *Energie sparen* wird der Windows-Zustand im Arbeitsspeicher gesichert und das System in einen Stromsparmodus versetzt. Dies ist bei Notebooks sinnvoll, wenn diese im Akkubetrieb laufen und für kurze Zeit unbenutzt sind. Der Modus *Ruhezustand* sichert den Windows-Zustand auf der Festplatte und schaltet das Gerät ab. Nach dem erneuten Einschalten wird dieser Zustand geladen und Sie können sofort mit den zuletzt benutzten Programmen weiterarbeiten.

Die Funktionen zum Abmelden und Sperren verhindern die unbefugte Benutzung des Systems während einer kurzen Abwesenheit. Die Schritte zur erneuten Anmeldung an einem Benutzerkonto sind am Kapitelanfang beschrieben.

Der Ruhezustand benötigt etwas länger zum Starten, hat aber bei Notebooks den Vorteil, dass bei nachlassender Akkuladung keine Informationen verloren gehen. Beim Modus *Energie sparen* wechselt das Notebook bei erschöpftem Akku automatisch in den Modus *Ruhezustand*.

> **Hinweis**
>
> Haben Sie sich unter Windows abgemeldet oder wurde die Schaltfläche *Sperren* gewählt? Im Anmeldefenster finden Sie einmal eine Schaltfläche *Benutzer wechseln*, über die Sie zur Anmeldeseite mit allen Benutzerkonten wechseln können. Misslingt die Anmeldung, weil Sie das Kennwort vergessen haben, können Sie Windows über die in der rechten unteren Ecke der Anmeldeseite eingeblendete Schaltfläche (siehe Kapitelanfang) gezielt herunterfahren.

Testen Sie Ihr Wissen

Sie kennen jetzt die wichtigsten Windows-Funktionen und Arbeitstechniken. Zur Überprüfung Ihrer bisherigen Kenntnisse können Sie die folgenden Fragen bearbeiten (die Lösung finden Sie in Klammern).

- **Wie erreichen Sie, dass ein Fenster den gesamten Bildschirm einnimmt?**

  (Die Titelleiste des Fensters so weit nach oben ziehen, bis der Mauszeiger den oberen Desktoprand erreicht, oder auf die Schaltfläche *Maximieren* des Fensters klicken.)

- **Wie wird ein Programm oder Fenster beendet?**

  (In der rechten oberen Ecke auf die Schaltfläche *Schließen* klicken.)

- **Nennen Sie die Alternativen, um ein Programm zu starten.**

  (Über das Startmenü, den Zweig *Alle Programme*, über das Textfeld *Programme/Dateien durchsuchen* im Startmenü, durch Doppelklicken auf das Programm- oder Dokumentsymbol.)

- **Wie lässt sich ein Fenster verschieben?**

  (Durch Ziehen der *Titelleiste*.)

- **Wie wechseln Sie zwischen Fenstern?**

  (Das Fenster oder dessen Schaltflächen in der Taskleiste anklicken. Bei gruppierten Fenstern auf die Schaltflächen der Taskleiste zeigen und dann die gewünschte Miniaturvorschau anklicken.)

Wenn es an einigen Stellen mit der Beantwortung der Fragen noch etwas hapert, ist dies auch nicht sonderlich tragisch. Lesen Sie einfach bei Bedarf die vorhergehenden Seiten nochmals. Viele Abläufe sind in Windows ähnlich, d. h., Sie lernen vieles nebenbei, wenn Sie die nächsten Kapitel bearbeiten.

Das können Sie schon

Das lernen Sie neu

Kapitel 2

Laufwerke, Ordner und Dateien

In diesem Kapitel lernen Sie den Umgang mit Ordnerfenstern kennen. Sie wissen anschließend, welche Laufwerkstypen es unter Windows gibt und wo Dokumente gespeichert werden. Sie können Ordner und/oder Dateien anzeigen, kopieren, löschen, verschieben, umbenennen oder suchen. Weiterhin wird das Brennen von CDs, DVDs und BDs (Blu-ray Disc) behandelt.

Laufwerke unter Windows

Briefe, Bilder, Fotos, Programme etc. werden auf Festplatten oder Wechseldatenträger (USB-Speichersticks, Speicherkarten, CDs bzw. DVDs) abgelegt. Welche Laufwerke auf Ihrem Computer verfügbar sind, sehen Sie im Fenster *Computer*.

1 Um die verfügbaren Laufwerke anzuzeigen, öffnen Sie das Startmenü (siehe Kapitel 1).

2 Anschließend klicken Sie im Startmenü auf das in der rechten Spalte angezeigte Symbol *Computer*.

Windows öffnet ein sogenanntes Ordnerfenster mit dem Inhalt des »Computers«.

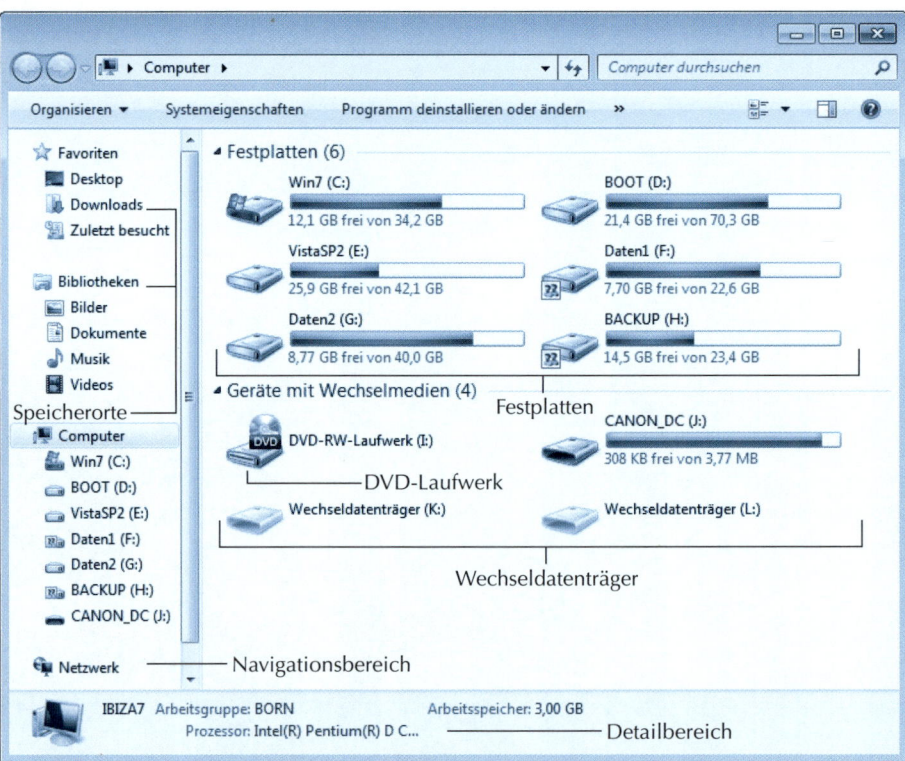

■ Das Ordnerfenster enthält in der linken Spalte den **Navigationsbereich**, über dessen Symbole Sie zu verschiedenen Speicherorten gelangen.

■ Die auf dem Computer gefundenen **Laufwerke** werden in der rechten Spalte (**Inhaltsbereich**) des Ordnerfensters jeweils mit einem Namen und einem Symbol angezeigt.

■ Der am unteren Fensterrand sichtbare **Detailbereich** liefert Ihnen Informationen zum aktuell angewählten Element des Ordnerfensters.

Die im Ordnerfenster angezeigten Symbole liefern Ihnen einen Hinweis auf die Laufwerkstypen. Wie viele und welche Symbole Sie sehen, hängt von Ihrem System ab. Die am häufigsten vorhandenen Laufwerkstypen sind aber wohl Festplatten und CD- bzw. DVD-Laufwerke. Die Einschübe eines Lesegeräts für Speicherkarten von Digitalkameras werden bei eingelegten Medien als Wechseldatenträger im Ordnerfenster *Computer* aufgelistet. Das Gleiche gilt für USB-Speichersticks, die Sie in die USB-Buchsen des Computers einstecken können.

Zum Abschluss bleibt noch die Frage: **Wie werden Laufwerke benannt?** Windows versieht Laufwerke mit den Buchstaben A bis Z, gefolgt von einem Doppelpunkt, wobei A: und B: für (meist nicht mehr vorhandene) Diskettenlaufwerke reserviert sind.

■ Die **erste Festplatte** wird mit der Bezeichnung **C:** versehen. Existieren **weitere Festplatten** (oder ist die Festplatte in mehrere, als Partitionen bezeichnete logische Laufwerke unterteilt), erhalten diese fortlaufend die Buchstaben **D:, E:, F:** etc. zugewiesen.

■ Danach weist Windows den Wechseldatenträgern wie **CD-/DVD-/BD-**Laufwerken, USB-Sticks und Speicherkartenlesern die nächsten freien Buchstaben (**D:, E:, F:** bis **Z:**) zu.

Dem letzten Laufwerk kann maximal der Buchstabe **Z:** zugewiesen werden, es sind also höchstens 26 Laufwerke möglich. Dabei stellt Windows sicher, dass jedes Laufwerk durch einen eindeutigen Laufwerksbuchstaben gekennzeichnet ist.

Zusätzlich kann jedem Laufwerk noch eine Bezeichnung (Datenträgername bzw. Volumebezeichnung), bestehend aus Buchstaben und Ziffern, zugewiesen werden. Die im Fenster *Computer* angezeigten Bezeichnungen für das Laufwerk können daher computerspezifisch voneinander abweichen

(z. B. *Daten1 (F:)*, *Win7 (C:)* etc.). Über den Laufwerksbuchstaben lassen sich die zugehörigen Laufwerke aber immer eindeutig identifizieren.

Der Umgang mit Wechseldatenträgern

Moderne Computer verfügen neben Festplatten über Wechseldatenträgerlaufwerke, bei denen sich das Medium einlegen und wieder entnehmen lässt. Verfügt Ihr Computer über ein CD-/DVD- oder ein Blu-ray-Disc(BD)-Laufwerk und möchten Sie einen entsprechenden Datenträger mit Fotos, Musik, Videos oder Daten einlesen?

1 Betätigen Sie die Auswurftaste am Laufwerk.

2 Fassen Sie den Datenträger am Rand an und legen Sie das Medium mit der spiegelnden Seite nach unten in die Schublade ein.

Auswurftaste

Die Schublade weist bei normalen CD-/DVD-/BD-Laufwerken und -Brennern eine Vertiefung auf, in die das Medium hineinpasst. Bei Notebooks muss das Medium dagegen auf eine Art Fixierungsdorn aufgesteckt werden.

3 Anschließend fahren Sie die Schublade des Laufwerks ein, damit Windows auf das Medium zugreifen kann.

Bei normalen Laufwerken drücken Sie die Auswurftaste am Laufwerk erneut, um die Schublade in das Laufwerk einzufahren. Die Auswurftaste bei Notebook-Laufwerken unterstützt das Einfahren der Schublade nicht – Sie müssen daher die ausgefahrene Schublade mit der Hand einschieben, bis diese hörbar einrastet.

> **Fachwort**
>
> Das Kürzel **CD** steht für **C**ompact **D**isc, während **DVD** die Abkürzung für **D**igitale **V**ersatile **D**isc ist. **BD** ist die Abkürzung für **B**lu-ray **D**isc. Es handelt sich um optische Speichermedien.

> **Achtung**
>
> Achten Sie auf jeden Fall darauf, dass das Medium korrekt in das Laufwerk eingelegt wurde und die spiegelnde Unterseite der CD/DVD/BD frei von Staub, Schmutz, Kratzern und Fingerabdrücken bleibt. Andernfalls lässt sich das Medium u. U. nicht mehr lesen. »Rattert« und »klappert« die CD/DVD/BD im Laufwerk, drücken Sie sofort die Auswurftaste und prüfen, ob das Medium korrekt eingelegt wurde. Aufgeklebte Etiketten (Labels) können Unwuchten und so das Rattern des Laufwerks verursachen. Solche Medien sollten Sie nicht mehr im Laufwerk verwenden, da die Gefahr von Beschädigungen besteht.

Besitzt Ihr Computer ein (externes oder internes) Lesegerät für Speicherkarten, die in Digitalkameras, MP3-Playern etc. benutzt werden?

4 Entnehmen Sie die Speicherkarte der Kamera oder dem Abspielgerät und schieben Sie diese mit leichtem Druck in den entsprechenden Schlitz des Speicherkartenlesers, bis das Speichermedium Kontakt bekommt.

Achten Sie darauf, die Speicherkarten in der richtigen Richtung in den passenden Einschub zu schieben.

5 Benutzen Sie USB-Speichersticks, stecken Sie diese in eine USB-Buchse des Computers ein.

Bei Wechseldatenträgern erkennt Windows das eingelegte Medium und zeigt das Dialogfeld *Automatische Wiedergabe* an.

6 Klicken Sie im Dialogfeld auf den gewünschten Befehl (z. B. *Ordner öffnen, um Dateien anzuzeigen*).

Windows schließt das Dialogfeld und öffnet dann, je nach gewähltem Befehl, ein Ordnerfenster oder startet die Anwendung zur Anzeige von Bildern bzw. zur Wiedergabe von Musik und Videos.

Haben Sie den Befehl zur Anzeige eines Ordnerfensters im Dialogfeld *Automatische Wiedergabe* gewählt, zeigt dieses den Inhalt des Speichermediums (CD/DVD/BD, USB-Stick, Speicherkarte) an. Sie können dann mit dem Speichermedium wie mit einer Festplatte arbeiten und die Inhalte ansehen, verschieben, kopieren oder löschen (siehe die folgenden Abschnitte).

Hinweis

Wenn Sie im Dialogfeld *Automatische Wiedergabe* das Kontrollkästchen *Immer für »Medieninhalt« durchführen* (*»Medieninhalt«* ist hier ein Platzhalter, der in Abhängigkeit vom Inhalt des Datenträgers durch Windows mit Begriffen wie »Bilder«, »Musik«, »Videos« etc. ersetzt wird) markieren und dann einen Befehl anklicken, merkt sich Windows dies. Beim nächsten Einlegen des Wechselmediums wird dann der betreffende Befehl automatisch ausgeführt, ohne das Dialogfeld mit der Anfrage zu öffnen. Diese Zuweisung lässt sich aufheben, indem Sie in der Systemsteuerung in der Kategorie *Hardware und Sound* den Befehl *Automatische Wiedergabe* wählen und dann die Zuordnung für das betreffende Medium auf den Wert »Jedes Mal nachfragen« zurücksetzen (siehe Kapitel 9).

Arbeiten Sie mit USB-Speichersticks oder Speicherkarten, sollten Sie vor dem Entfernen sicherstellen, dass keine Schreibzugriffe mehr auf das Speichermedium stattfinden.

Öffnen Sie das Kontextmenü des Laufwerks über einen Klick mit der rechten Maustaste auf dessen Symbol im Ordnerfenster *Computer* und wählen Sie anschließend den Kontextmenübefehl *Auswerfen*. Warten Sie ggf. einige Sekunden, bis die Anzeige des Datenträgernamens in »Wechseldatenträger« geändert wird oder bis keine Schreibzugriffe mehr stattfinden.

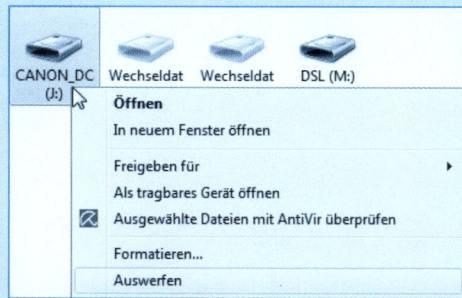

Schreibzugriffe lassen sich häufig an einer blinkenden Anzeige am Lesegerät bzw. Speicherstick erkennen.

Danach können Sie den USB-Speicherstick, eine Speicherkarte oder auch eine externe Festplatte ohne Gefahr des Datenverlustes entfernen.

Wissen zu Ordnern und Dateien

Dateien werden vom Computer **benutzt, um etwas** (z. B. einen Brief, ein Foto, ein Musikstück, ein Video, ein Programm) aufzuheben – oder **zu speichern**, wie man dies auch nennt. Diese **Dateien werden unter** einem **eindeutigen Namen** auf der Festplatte des Computers, auf CDs bzw. DVDs oder anderen Speichermedien **abgelegt**. Der Name der Datei ermöglicht dem Computer und letztlich auch Ihnen, die betreffende Datei wiederzufinden.

Hinweis

Regeln für Dateinamen

Die **Namen** für Dateien müssen in Windows bestimmten Regeln genügen. Ein Dateiname darf samt dem Pfadnamen (Laufwerksbuchstaben und Ordnernamen) maximal 260 Zeichen lang sein. Um sich unnötige Tipparbeit zu ersparen, sollten Sie Dateinamen aber auf ca. 20 Zeichen begrenzen. Sie dürfen im Namen die Buchstaben A bis Z, a bis z, die Ziffern 0 bis 9, das Leerzeichen und verschiedene andere Zeichen verwenden. Ein gültiger Name wäre *Brief an Müller vom 20.11.2009*. Nicht zulässig sind aber die Zeichen „ / \ | < > : ? * im Dateinamen.

Neben dem Namen dürfen Dateien noch eine sogenannte **Dateinamenerweiterung** (oder kurz Erweiterung bzw. Extension genannt) aufweisen. Hierbei handelt es sich um einen Punkt, dem meist weitere (meist drei bis vier) Buchstaben folgen (z. B. *.TXT*, *.BMP*, *.EXE*, *.BAT*, *.INI*, *.DOC*, *.JPEG*, *.TIFF* etc.). Diese Erweiterungen legen den Typ der Datei fest, d. h. mit welchem Programm eine Datei bearbeitet werden kann.

Standardmäßig zeigt Windows die Dateinamenerweiterungen nicht an. Weiter unten lernen Sie aber, wie Sie die entsprechende Darstellung einrichten können. Sie dürfen den Dateinamen und die Erweiterung übrigens mit Groß- und Kleinbuchstaben schreiben. Dieses wird von Windows nicht unterschieden, d. h., die Namen »Brief an Müller.doc« und »brief an müller.doc« werden in Windows gleich behandelt.

Über die Dateinamenerweiterung und damit über den Dateityp werden den Dateien unter Windows noch verschiedene Symbole zugewiesen. Hier sehen Sie einige Beispiele für solche Dateinamen samt Dateinamenerweiterungen und Symbolen.

Bild.bmp

Brief.docx

Einkaufen.txt

Video.mpg

An den Symbolen lässt sich meist erkennen, was die Datei enthält. Das Symbol eines stilisierten Schreibblocks sowie die Erweiterung *.txt* stehen für Dateien, die einfache Texte enthalten. Solche Dateien können Sie zum Beispiel mit dem Windows-Programm *Editor* erstellen. Ein stilisiertes Gemälde mit Pinseln weist auf Grafiken hin, die sich oft mit dem Windows-Programm *Paint* bearbeiten lassen (siehe Kapitel 3).

Dateien mit dem hier zu »Brief« gezeigten Symbol und der Erweiterung *.doc* bzw. *.docx* enthalten ebenfalls Texte, die aber zusätzlich Bilder oder speziell formatierte Wörter bzw. Buchstaben (fett, kursiv etc.) enthalten können. Solche *.doc(x)*-Dateien lassen sich mit dem Programm *Microsoft Word* oder mit dem Windows-Programm *WordPad* erstellen (siehe Kapitel 3). Die Erweiterung *.exe* steht für ausführbare Programmdateien.

Hinweis

Es gibt noch viele andere Symbole für Dateien, die allerdings von den Dateierweiterungen und den unter Windows installierten Programmen abhängen.

Ordner (gelegentlich auch Verzeichnisse genannt) dienen zur Organisation der Dateiablage. Genau wie im Büro, wo man Ordner zum besseren Auffinden von Briefen und Dokumenten verwendet und in einem Aktenschrank aufbewahrt, nutzt der Computer Ordner zur Strukturierung der Dateiablage.

Eigene Bilder
Dateiordner

Eigene Dokumente
Dateiordner

Eigene Musik
Dateiordner

Eigene Videos
Dateiordner

Windows ist dabei sehr flexibel, ein Ordner kann nicht nur Dateien, sondern seinerseits weitere Ordner (sogenannte Unterordner) enthalten.

Ordner werden auf Laufwerken angelegt und besitzen wie Dateien einen Namen sowie ein Symbol. Je nach Inhalt kann Windows dabei sogar verschiedene Ordnersymbole verwenden.

> **Hinweis**
>
> **Ordner** werden nach den gleichen Kriterien wie Dateien benannt. Allerdings entfällt bei Ordnern in der Regel die bei Dateien benutzte Dateinamenerweiterung. Dateien und Ordner müssen mit einem eindeutigen Namen versehen werden. Sie können in einem Ordner keine zwei Ordner oder Dateien gleichen Namens ablegen. Eine Datei darf jedoch unter ihrem (gleichen) Namen in unterschiedlichen Ordnern gespeichert werden.

Wo lassen sich Dokumente speichern?

Letztendlich können Sie Dateien und Ordner auf jedem Speichermedium (Festplatte, CD, DVD, BD, Speicherkarten etc.) finden.

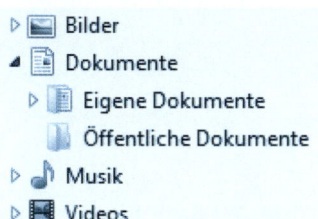

▷ Bilder
▲ Dokumente
  ▷ Eigene Dokumente
    Öffentliche Dokumente
▷ Musik
▷ Videos

Windows stellt zur Ablage von Dateien aber spezielle Speicherorte für die Dokumentkategorien Bilder, Dokumente, Musik und Videos bereit. Beim Speichern von Dokumenten können Sie folgende Kriterien zur Auswahl der Speicherorte verwenden.

■ *Dokumente:* An diesem Speicherort können Sie Dokumente wie Briefe, Kalkulationstabellen, Notizen, Präsentationen etc. ablegen.

- *Bilder:* Dieser Ort ist zur Aufnahme von Fotos und Grafiken, die Sie z. B. von Digitalkameras und Scannern übernehmen oder aus dem Internet oder per E-Mail erhalten, vorgesehen.

- *Musik:* Hier können Sie Ihre digitale Musiksammlung anlegen und über spezielle Funktionen abspielen oder verwalten. Musik können Sie als Dateien von Audio-CDs kopieren oder von Musikseiten aus dem Internet herunterladen.

- *Videos:* Besitzen Sie Videos (z. B. von Digital- oder Videokameras bzw. aus dem Internet), sollten Sie die Dateien hier ablegen.

Der Navigationsbereich eines Ordnerfensters enthält zudem noch einen Ordner *Downloads*, der zum Speichern von Dateien, die aus dem Internet heruntergeladen wurden, dient.

Hinweis

Windows ermöglicht beim **Speichern von Dateien** zudem noch die Auswahl, ob diese **öffentlich**, durch alle Benutzer zugreifbar sein sollen, oder ausschließlich **privat** sind und nur durch den aktuell an einem Benutzerkonto angemeldeten Benutzer bearbeitet werden dürfen. Die Unterscheidung erfolgt dabei über Ordnernamen wie *Eigene Bilder* oder *Öffentliche Bilder*. Der Teilbegriff »Eigene« signalisiert, dass es sich um den (privaten) Ordner des Benutzerkontos handelt, während »Öffentlich« auf den gemeinsamen Speicherort für alle Benutzer des Computers hinweist. Speichern Sie also ein Foto im Ordner *Öffentliche Bilder*, können sich andere Benutzer unter deren Benutzerkonto an Windows anmelden und über den Zweig *Bilder/Öffentliche Bilder* das Foto sehen, löschen oder bearbeiten. Dieser Zugriff auf die öffentlichen Ordner funktioniert bei einer Freigabe auch innerhalb eines (Heim)netzwerks, nicht jedoch über das Internet. Möchten Sie das Foto dagegen vor dem Zugriff durch andere Benutzer schützen, legen Sie es im Zweig *Bilder/Eigene Bilder* ab. Dieser Ansatz gilt auch für die anderen Ordner *Eigene Videos*, *Öffentliche Videos*, *Eigene Musik*, *Öffentliche Musik*, *Eigene Dokumente* und *Öffentliche Dokumente*.

Arbeiten im Ordnerfenster

Zur Anzeige des Inhalts von Laufwerken und Ordnern werden in Windows die bereits erwähnten **Ordnerfenster** verwendet. Diese Ordnerfenster bieten Ihnen die Möglichkeit, auf Laufwerke, Ordner und Dateien zuzugreifen. Führen Sie zur Übung die nachfolgenden Schritte aus.

1 Öffnen Sie das Ordnerfenster *Computer* (z. B. über den betreffenden Befehl des Startmenüs).

Windows zeigt dann im Ordnerfenster *Computer* die gefundenen Laufwerke an.

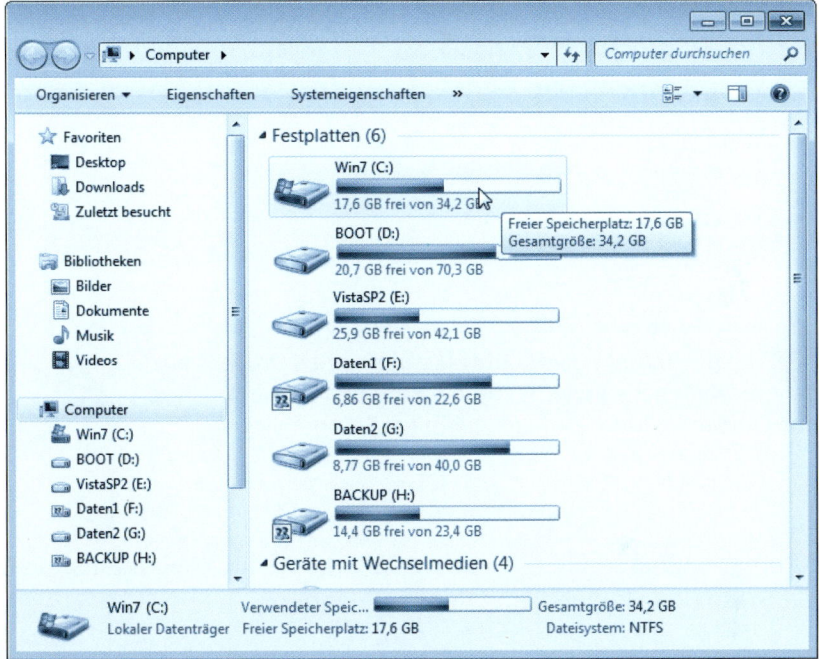

2 Zeigen Sie im Ordnerfenster auf ein Laufwerkssymbol, blendet Windows dessen Größe (oft auch als Kapazität bezeichnet) sowie den noch freien Speicher in einem QuickInfo-Fenster ein.

3 Markieren Sie ein Laufwerkssymbol in der rechten Spalte des Ordnerfensters per Mausklick, blendet Windows Detailinformationen im Detailfenster (am unteren Rand) ein.

71

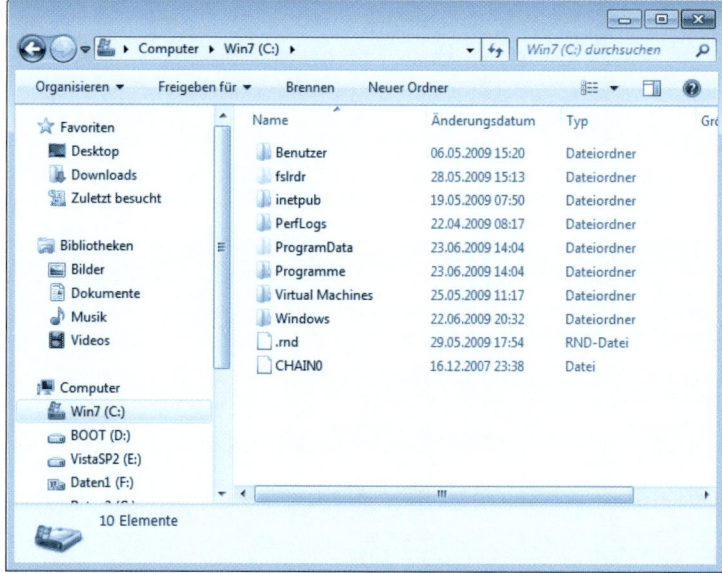

4 Um den Inhalt eines Laufwerks oder eines Ordners anzusehen, wählen Sie in der rechten Spalte des Ordnerfensters
das Laufwerks- oder Ordnersymbol per Doppelklick an.

Alternativ können Sie die Laufwerkssymbole im Navigationsfenster anklicken, um den Laufwerksinhalt einzublenden.

Zu Speicherorten navigieren

Möchten Sie sich ansehen, welche Dokumente
an Speicherorten wie *Bilder*, *Dokumente* etc.
abgelegt sind? Windows bietet mehrere Möglichkeiten, die gewünschten Ordnerfenster zu
öffnen oder zu Speicherorten zu navigieren.

■ In der rechten Spalte des Startmenüs ermöglichen Einträge wie *Born*, *Bilder*, *Dokumente*
und *Musik* den direkten Zugriff auf das Ordnerfenster der betreffenden Speicherorte.
Der oberste Eintrag (hier *Born*) öffnet dabei
das Ordnerfenster mit den privaten Ordnern

Eigene Bilder, *Eigene Dokumente* etc., während die anderen Befehle sich auf Bibliotheken beziehen, die den Inhalt des privaten und öffentlichen Ordners im Ordnerfenster zusammenfassen.

■ Weiterhin können Sie im Navigationsbereich eines geöffneten Ordnerfensters gezielt über die einzelnen Symbole auf Laufwerke oder spezielle Speicherorte zugreifen. Der Zweig *Bibliotheken* enthält z. B. Einträge zum Zugriff auf Bilder, Musik, Dokumente oder Videos.

Wird im Navigationsbereich ein kleines Dreieck vor dem Laufwerks- oder Ordnersymbol angezeigt? Klicken Sie auf dieses Dreieck, um den Zweig mit den Unterordnern ein- bzw. auszublenden.

Hinweis

Windows 7 unterscheidet in Ordnerfenstern noch zwischen Ordnern und Bibliotheken. Ordner werden direkt auf einem Speichermedium angelegt und dienen zum Speichern von Unterordnern oder Dateien. **Bibliotheken** sind dagegen Verwaltungsstrukturen, über die sich der Inhalt mehrerer Ordner zusammenhängend im Ordnerfenster darstellen lässt (ohne deren Inhalt zu verändern). Dies erleichtert die Verwaltung mehrerer Speicherorte (wie *Eigene Bilder* und *Öffentliche Bilder*). In Windows 7 sind die Bibliotheken *Bilder*, *Dokumente*, *Musik* und *Videos* eingerichtet. Sie können über Startmenüeinträge wie *Bilder*, *Musik* und *Dokumente* oder den Zweig *Bibliotheken* im Navigationsbereich eines Ordnerfensters darauf zugreifen. Die vier Standardbibliotheken *Bilder*, *Dokumente*, *Musik* und *Videos* zeigen die Inhalte der betreffenden privaten und öffentlichen Ordner an. Sie erhalten dann z. B. über die Bibliothek *Bilder* oder den gleichnamigen Startmenüeintrag Zugriff auf die Inhalte der Ordner *Eigene Bilder* und *Öffentliche Bilder*. Expandieren Sie den Bibliothekszweig (z. B. *Bilder*) im Navigationsbereich, sehen Sie die einbezogenen Ordner. Über den Kontextmenübefehl *Neu/Bibliothek* des Zweigs *Bibliotheken* lassen sich auch eigene Bibliotheken einrichten und mit dem Kontextmenübefehl *Eigenschaften* einer Bibliothek wie *Musik* lassen sich auch weitere Ordner hinzufügen. Die detaillierte Behandlung dieser Funktionen sprengt aber den geplanten Umfang dieses Buches. Für die praktische Arbeit brauchen Sie sich lediglich zu merken, dass Sie über Bibliotheken Zugriff auf die Ordner mit den Benutzerdaten erhalten.

73

Zur Navigation innerhalb des Ordnerfensters können Sie den Navigationsbereich oder den Inhaltsbereich verwenden.

■ Um den Inhalt eines Ordners im rechten Teil des Ordnerfensters einzublenden, reicht ein Mausklick auf ein Symbol (z. B. *Downloads*) des Navigationsbereichs.

■ Alternativ können Sie die Laufwerks- und Ordnersymbole im rechten Teil des Ordnerfensters per Doppelklick anwählen, um deren Inhalt im Inhaltsbereich anzuzeigen.

Zeigen Sie im Inhaltsbereich (rechte Spalte) des Ordnerfensters per Maus auf Ordnersymbole oder Dateien, blendet Windows eine QuickInfo mit Zusatzinformationen zum betreffenden Element ein. Wenn Sie Ordner oder Dateien dagegen per Mausklick im Inhaltsbereich des Ordnerfensters markieren, erscheinen im Detailbereich (unterer Fensterrand) Zusatzinformationen zum angewählten Element.

Hinweis

Bei Laufwerken mit Wechseldatenträgern müssen Sie lediglich vor der Anwahl des Laufwerkssymbols sicherstellen, dass ein Datenträger (Speicherkarte, CD, DVD) eingelegt wurde.

Andernfalls kann Windows nicht auf das Medium zugreifen und fordert Sie über ein Dialogfeld zum Einlegen des Datenträgers auf. Das Dialogfeld wird beim Anklicken der Schaltfläche *Abbrechen* oder nach dem Einlegen des Mediums automatisch geschlossen.

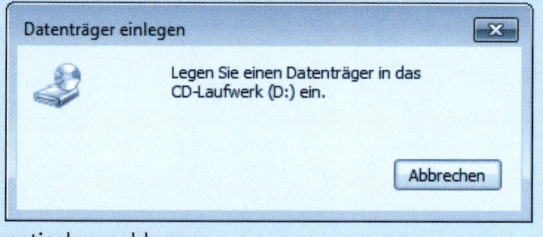

Wenn Sie Unterordner durch Doppelklicken auf die Symbole im Inhaltsbereich des Ordnerfensters geöffnet haben, stellt sich vielleicht die Frage, wie Sie zum vorherigen Ordner zurückkommen. Am einfachsten ist es, die Taste ⎿Rück⏌ zu drücken, um in der Ordnerhierarchie eine Ebene nach oben zu gehen. Die Windows-Ordnerfenster bieten aber weitere Möglichkeiten, um Ordner zu öffnen.

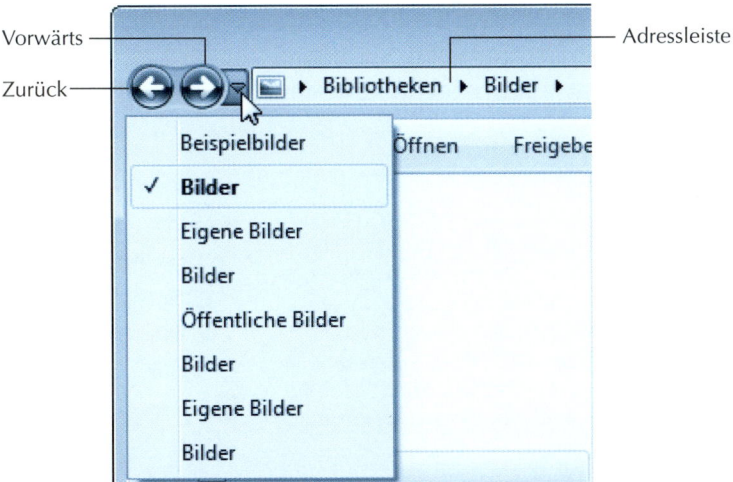

■ Windows merkt sich, welche Ordner im Ordnerfenster bereits während der aktuellen Sitzung geöffnet wurden. Klicken Sie in der Symbolleiste des Ordnerfensters auf die Schaltflächen *Vorwärts* und *Zurück*, können Sie schrittweise zwischen besuchten Ordnern blättern. Klicken Sie auf die Schaltfläche rechts neben der Schaltfläche *Vorwärts*, öffnet sich ein Menü mit den Namen der zuletzt besuchten Ordner und Sie können diese durch Anwahl des betreffenden Menüeintrags abrufen.

■ In der Adressleiste des Fensters wird der aus den jeweiligen Ordner-namen bestehende Ordnerpfad (hier z. B. *Bibliotheken/Bilder*) einge-blendet. Klicken Sie in der Adressleiste auf einen Ordnernamen (z. B. *Bilder*), wird dessen Inhalt im Ordnerfenster abgerufen.

■ Klicken Sie dagegen in der Adressleiste auf das rechts neben einem Ordnernamen eingeblendete kleine Dreieck, öffnet sich ein Menü mit den Namen aller im betreffenden Ordner enthaltenen Unterordner (z. B. *Öffentliche Bilder*). Sie können dann einen Ordnernamen im Menü an-wählen, um direkt zum betreffenden Ordner zu wechseln.

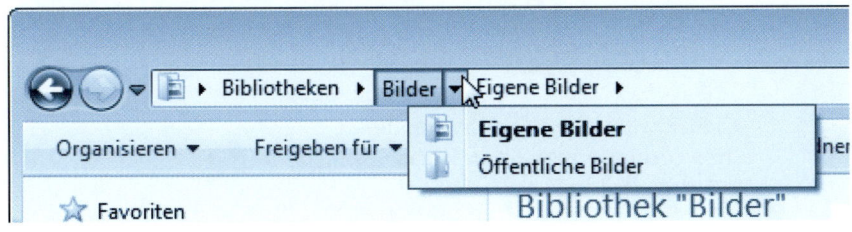

Mit den hier angesprochenen Techniken können Sie recht komfortabel in Ordnerfenstern navigieren. Wenn Sie etwas häufiger mit Windows arbeiten, gehen diese Navigationstechniken schnell in »Fleisch und Blut« über.

Hinweis

Navigieren Sie über die Laufwerks-, Bibliotheks- und Ordnersymbole des Navigationsbereichs zu Ordnern, erweitert Windows automatisch die Darstellung des betreffenden Zweigs. Öffnen Sie Unterordner im rechten Teil des Ordnerfensters durch Doppelklicken, unterbleibt standardmäßig die automatische Erweiterung der Anzeige im Navigationsbereich.

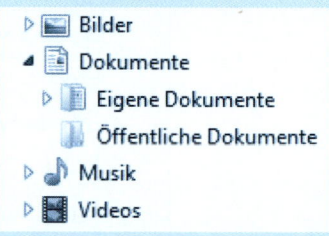

Um dieses Expandieren im Navigationsbereich zu erzwingen, klicken Sie auf die Menüschaltfläche *Organisieren* und wählen den Befehl *Ordner- und Suchoptionen*. Anschließend müssen Sie auf der Registerkarte *Allgemein* das Kontrollkästchen *Automatisch auf aktuellen Ordner erweitern* in der Gruppe *Navigationsbereich* markieren und über die *OK*-Schaltfläche bestätigen.

Anpassen der Ordneranzeige

Sieht die Darstellung des Ordnerfensters bei Ihnen etwas anders aus? Fehlen z. B. Teilfenster oder werden die Ordner- und Dateisymbole kleiner dargestellt? Windows kennt verschiedene Darstellungen für Ordnerfenster.

Anpassen der Symbolgröße im Ordnerfenster

Windows ermöglicht Ihnen, **unterschiedliche Symbolgrößen** in Ordnerfenstern zu verwenden. Dies ist mit wenigen Handgriffen erledigt.

1 Klicken Sie in der Symbolleiste des Ordnerfensters auf die Schaltfläche *Ansicht ändern*.

Bei jedem Mausklick schaltet Windows das Ordnerfenster in einen anderen Darstellungsmodus um.

2 Um gezielt einen Darstellungsmodus zu wählen, klicken Sie in der Symbolleiste des Ordnerfensters auf das Dreieck *Weitere Optionen* (neben *Ansicht ändern*).

3 Wählen Sie in der angezeigten Palette eine der Darstellungsoptionen, indem Sie auf einen Eintrag klicken oder den Schieberegler zur Option ziehen.

Windows passt dann die Darstellung der Dateianzeige des jeweiligen Ordnerfensters entsprechend an. Die Darstellungsoption *Details* zeigt Ihnen z. B. den Ordnerinhalt als Liste, bestehend aus den Ordner- und Dateinamen, ggf. dem Änderungsdatum, der Größe der jeweiligen Datei und weiteren vom Dateityp abhängige Informationen, an. In den Modi *(Extra) große Symbole* und *Mittelgroße Symbole* wird bei manchen Dateien (z. B. Fotos) eine Miniaturvorschau des Inhalts eingeblendet.

> **Tipp**
>
> Verwenden Sie eine Maus mit einem Rädchen? Dann können Sie die angezeigte Symbolgröße ändern, indem Sie bei gedrückter `Strg`-Taste am Rädchen drehen.

Ordneranzeige sortieren und filtern

Ist der Anzeigemodus *Details* eingestellt, lässt sich die Anzeige über die Spaltenüberschriften oberhalb des Anzeigebereichs nach bestimmten Kriterien sortieren.

1 Stellen Sie bei Bedarf den Anzeigemodus des Ordnerfensters auf *Details* (siehe vorheriger Abschnitt).

2 Klicken Sie auf die betreffende Spaltenüberschrift, um die Ordneranzeige nach dem gewünschten Kriterium zu sortieren.

Die Sortierung erfolgt standardmäßig nach dem Namen, kann aber über die Spaltenüberschriften auf andere Kriterien wie Größe, Datum etc. ausgedehnt werden.

Um die Anzeige nach dem Namen zu ordnen, klicken Sie auf die Spaltenüberschrift *Name*. Entsprechend können Sie die Spalte *Typ* verwenden, um **nach Laufwerks- oder Dateitypen** zu **sortieren**.

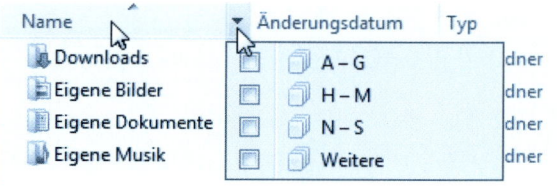

Jeder Mausklick auf einen Spaltenkopf schaltet zwischen einer auf- und absteigenden Sortierung um.

3 Alternativ können Sie auf das kleine Dreieck rechts neben dem betreffenden Spaltenkopf klicken und anschließend im eingeblendeten Menü ein **Filterkriterium auswählen**.

Sie müssen dazu die Kontrollkästchen der gewünschten Filterkriterien durch Anklicken markieren. Im hier gezeigten Beispiel würde das Kontrollkästchen *A-G* nur Dateien und Ordner anzeigen, deren Name mit den betreffenden Anfangsbuchstaben beginnt. Bei Laufwerken können Sie z. B. über den Laufwerkstyp (nur Festplatten) filtern. Oder Sie verwenden die

Spalte *Typ*, um sich bestimmte Dateitypen (z. B. nur Fotodateien) anzeigen zu lassen.

Hinweis

Auch der Windows-Desktop ist letztendlich nichts anderes als ein Ordner, dessen Inhalt Sie nach verschiedenen Kriterien sortieren lassen können.

Klicken Sie mit der rechten Maustaste auf eine freie Stelle des Desktops oder des Inhaltsbereichs eines Ordnerfensters, lässt sich im **Kontextmenü** der Befehl *Sortieren nach* und im Untermenü eine Sortieroption (z. B. Name, Datum etc.) auswählen.

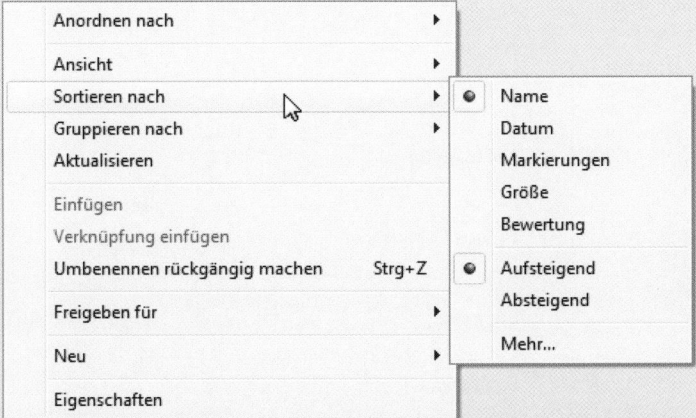

Beim Desktop erreichen Sie mit dem Kontextmenübefehl *Ansicht/Symbole automatisch anordnen*, dass die Desktopsymbole automatisch in der Anzeige ausgerichtet werden. Sie können anschließend die Desktop- bzw. Ordnersymbole nicht mehr an beliebige Positionen ziehen, da Windows diese sofort an die alte Position zurückschiebt. Wählen Sie den Kontextmenübefehl *Ansicht/Symbole am Raster ausrichten*, richtet Windows die Desktopsymbole an einem »gedachten« Raster aus. Bei Ordnerfenstern ermöglicht Ihnen der Kontextmenübefehl *Gruppieren nach* zudem, die Ordnerinhalte nach Kriterien wie Name, Laufwerkstyp etc. in Gruppen anzeigen zu lassen. Eine gruppierte Anzeige beenden Sie, indem Sie das Kontextmenü öffnen und dann die Befehle *Gruppieren nach/(Keine)* wählen.

Haben Sie eine Bibliothek im Ordnerfenster geöffnet, finden Sie zudem eine Menüschaltfläche *Anordnen nach* im Inhaltsbereich, über deren Befehle sich der Bibliotheksinhalt sortieren lässt.

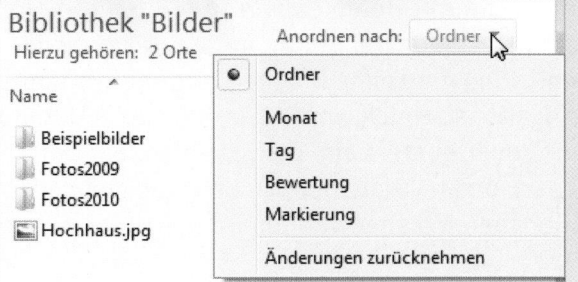

Das Layout des Ordnerfensters anpassen

Fehlt in Ihren Ordnerfenstern der Navigationsbereich? Oder möchten Sie die in anderen Windows-Anwendungen häufig vorhandene Menüleiste zum Abrufen von Befehlen anzeigen? Das Aussehen der Ordnerfenster lässt sich mit wenigen Handgriffen anpassen.

1 Klicken Sie in der Symbolleiste des Ordnerfensters auf die Menüschaltfläche *Organisieren*.

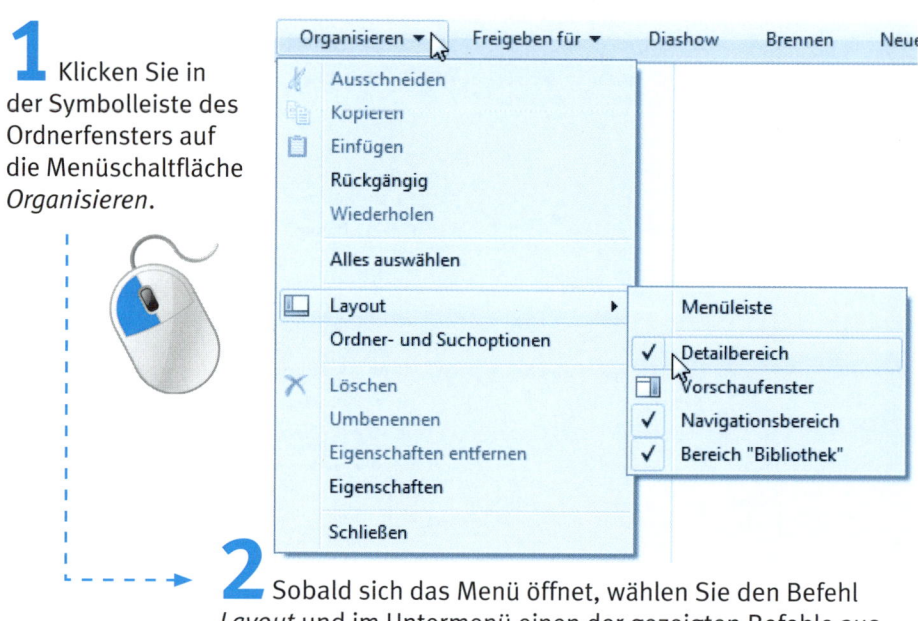

2 Sobald sich das Menü öffnet, wählen Sie den Befehl *Layout* und im Untermenü einen der gezeigten Befehle aus.

Ein mit einem Häkchen versehener Eintrag signalisiert, dass das betreffende Element eingeblendet wird. Durch erneute Anwahl des Befehls lässt sich die Option wieder ausblenden.

Der Befehl *Menüleiste* zaubert die in anderen Anwendungen gebräuchliche Menüleiste mit Befehlen wie *Datei*, *Bearbeiten*, *Ansicht* oder *Extras* permanent in die Anzeige (Sie müssen also nicht mehr die Alt-Taste zum Einblenden der Leiste drücken). Über die anderen Befehle können Sie den Navigationsbereich am linken oder den Detailbereich am unteren Rand des Ordnerfensters ein- bzw. ausblenden. Der Befehl *Bereich "Bibliothek"* steuert, ob im Inhaltsbereich eine Kopfzeile mit Informationen zur im Navigationsbereich angewählten Bibliothek angezeigt wird.

Dateinamenerweiterungen und versteckte Dateien einblenden

Es gibt eine weitere Stelle, an der Sie die Anzeige im Ordnerfenster beeinflussen können. Standardmäßig zeigt Windows keine Dateinamenerweiterungen und auch keine versteckten Dateien und Ordner im Ordnerfenster an. Persönlich bevorzuge ich die Anzeige dieser Informationen (wie hier im Buch gezeigt) und schalte die Darstellung mit folgenden Schritten ein.

1 Klicken Sie in der Symbolleiste auf die Menüschaltfläche *Organisieren* und wählen Sie im Menü den Befehl *Ordner- und Suchoptionen*.

2 Wählen Sie im Eigenschaftenfenster die Registerkarte *Ansicht*, indem Sie auf den betreffenden Registerreiter klicken.

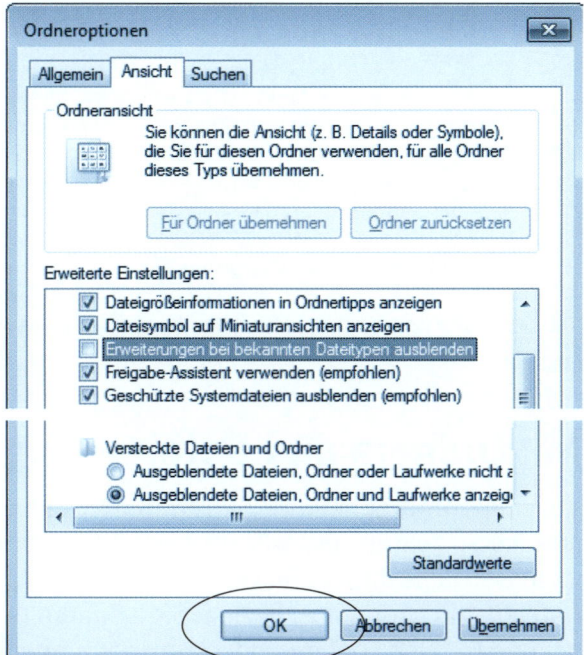

3 Wählen Sie die gewünschten Optionen aus und schließen Sie die Registerkarte über die *OK*-Schaltfläche.

Auf der Registerkarte *Ansicht* finden Sie verschiedene **Kontrollkästchen** und **Optionsfelder,** mit denen Sie die Anzeige beeinflussen können. Verwenden Sie den Bildlaufpfeil am rechten Rand der Liste *Erweiterte Einstellungen*, um in den Optionen zu blättern.

■ Sie müssen sicherstellen, dass das Kontrollkästchen *Erweiterungen bei bekannten Dateitypen ausblenden* **nicht** markiert ist (notfalls per Maus anklicken), um die **Dateinamenerweiterungen** immer anzuzeigen.

■ Markieren Sie (z. B. per Mausklick) im Zweig »Versteckte Dateien und Ordner« das Optionsfeld *Ausgeblendete Dateien, Ordner und Laufwerke anzeigen*. Dies stellt sicher, dass Windows im Ordnerfenster auch versteckte Dateien darstellt.

Die Markierung des Kontrollkästchens *Geschützte Systemdateien ausblenden* sollten Sie dagegen nur aufheben, wenn Sie wirklich Zugriff auf solche Dateien benötigen. Der Grund: Windows blendet bei gelöschter Markierung zwei Dateien *desktop.ini* auf dem Desktop ein, was doch sehr störend ist.

> **Fachwort**
>
> Windows verwendet **Eigenschaftenfenster**, um Einstellungen über verschiedene Registerkarten anzuzeigen. **Kontrollkästchen** sind kleine viereckige Steuerelemente ☑ Verschlüsselte in Dialogfeldern und Registerkarten, über die sich eine Option ein- oder ausschalten lässt. Ein Häkchen im Kontrollkästchen signalisiert, dass die Option eingeschaltet ist. Löschen lässt sich die Markierung durch erneutes Anklicken des Kontrollkästchens. Das andere Element zur Auswahl von Optionen stellen die runden **Optionsfelder** ◉ Eingegebenes dar. Durch Anklicken der Optionsfelder lässt sich eine Option aus einer Gruppe von Optionen auswählen. Die betreffende Option wird durch einen Punkt markiert.

Mit Ordnern und Dateien umgehen

Auf den vorhergehenden Seiten haben Sie den Umgang mit dem Ordnerfenster gelernt und wissen auch, wie sich die Darstellung bei Bedarf anpassen lässt. Jetzt ist es an der Zeit, einige Grundlagen zum Umgang mit Dateien und Ordnern zu lernen. Sie erfahren beispielsweise, wie sich Ordner und Dateien kopieren, löschen oder umbenennen lassen. Zudem zeige ich Ihnen, wie Sie die Eigenschaften von Laufwerken, Ordnern und Dateien ansehen bzw. ändern können.

Eigenschaften ansehen und ändern

Laufwerke, Ordner und Dateien besitzen **Eigenschaften** (z. B. einen Namen, eine Größe, ein Änderungsdatum, ein Symbol etc.). Diese Eigenschaften lassen sich ansehen und teilweise auch ändern. Bei Ordnern und Dateien gibt es zusätzlich noch sogenannte Attribute, die weitere Eigenschaften wie den Schreibschutz oder die Komprimierung verwalten. Um die Eigenschaften und Attribute anzusehen bzw. zu verändern, gehen Sie in folgenden Schritten vor.

1 Klicken Sie das Symbol eines Laufwerks, Ordners oder einer Datei mit der rechten Maustaste an und wählen Sie im Kontextmenü den Befehl *Eigenschaften*.

Windows blendet daraufhin ein Eigenschaftenfenster mit verschiedenen Registerkarten ein. Welche Registerkarten mit welchen Inhalten angezeigt werden, hängt vom gewählten Element ab. Hier sehen Sie das Eigenschaftenfenster eines Laufwerks (links oben) sowie eines Ordners (Mitte rechts).

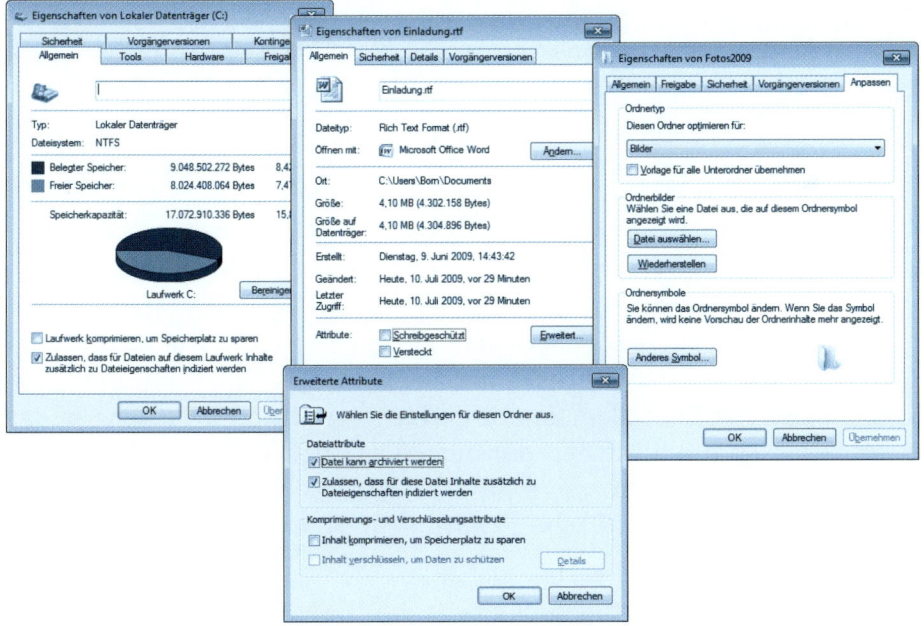

2 Anschließend passen Sie die Eigenschaften und Attribute auf den Registerkarten des Eigenschaftenfensters an.

83

Auf der Registerkarte *Allgemein* zeigt Windows bei Laufwerken die freie und belegte Kapazität sowie die Laufwerksbezeichnung an. Bei Bedarf lässt sich die Laufwerksbezeichnung im Textfeld ändern und durch Anklicken der *OK*-Schaltfläche übernehmen. Zudem können Sie durch Markieren der betreffenden Kontrollkästchen vorgeben, ob der Inhalt des Laufwerks komprimiert und für die schnelle Suche indiziert werden soll.

Hinweis

Eine Komprimierung von Laufwerken ermöglicht u. U., mehr Daten zu speichern, da bestimmte Dokumente wie Texte, Kalkulationstabellen etc. kompakter abgelegt werden. Bei Fotodateien oder komprimierten Ordnern (beispielsweise ZIP-Archiven) bringt die Komprimierung dagegen keine Vorteile mehr. Daher werden i. d. R. nur ausgewählte Ordner, nicht aber ganze Laufwerke, komprimiert. Die Indizierung bringt Vorteile, wenn Sie nach Dateien oder Ordner suchen (siehe Kapitelende).

Bei Laufwerken können Sie die Schaltfläche *Bereinigen* auf der Registerkarte *Allgemein* anwählen. Dann öffnet sich ein Dialogfeld, in dem Sie nicht mehr benötigte Dateien (z. B. im Papierkorb, in temporären Speicherordnern) entfernen lassen können. Dies schafft ggf. zusätzlichen freien Speicherplatz auf dem Laufwerk. Auf der Registerkarte *Tools* finden Sie Schaltflächen, um das Laufwerk auf Fehler zu prüfen oder um eine Defragmentierung bzw. Sicherung durchzuführen. Beim Defragmentieren werden die von Dateien belegten Speicherbereiche auf der Festplatte aufgeräumt und zusammenhängend angeordnet. Dies kann die Leistung von Windows eventuell verbessern, wobei Windows 7 allerdings bereits während des laufenden Betriebs automatisch defragmentiert.

Im Eigenschaftenfenster von Ordnern und Dateien zeigt die Registerkarte *Allgemein* die durch das jeweilige Element belegte Kapazität auf dem Speichermedium an. Bei Ordnern und Dateien lässt sich über die Attribute festlegen, ob diese schreibgeschützt, versteckt, zur Suche indiziert oder komprimiert werden sollen. Zum Anpassen der Attribute klicken Sie das betreffende Kontrollkästchen auf der Registerkarte *Allgemein* oder im Dialogfeld *Erweiterte Attribute* an. Das Dialogfeld *Erweiterte Attribute* lässt sich über die Schaltfläche *Erweitert* auf der Registerkarte *Allgemein* öffnen.

Über den **Ordnertyp bestimmt** Windows, welche **Funktionen** bereitgestellt **und** welche **Symbole** angezeigt werden. Bei Ordnern können Sie die Registerkarte *Anpassen* im Eigenschaftenfenster über den betreffenden Registerreiter anwählen. Auf der Registerkarte finden sich Schaltflächen und ein Listenfeld, um den **Ordnertyp sowie** das angezeigte **Symbol** zu **verändern**.

Das Listenfeld in der Gruppe *Ordnertyp* erlaubt Ihnen vorzugeben, ob der Ordner vorwiegend Bilder und Videos oder Musik bzw. unterschiedliche Dateien aufnehmen soll. Bei manchen Dokumentordnern (z. B. Ordner mit Fotos) blendet Windows Miniaturansichten des ersten gefundenen Dokuments (z. B. eines Fotos) im Ordnersymbol ein. Sie können also ggf. sehr leicht erkennen, welche Dokumente im Ordner gespeichert sind. Passt das angezeigte Minibild nicht zum Ordnerinhalt? Über die Schaltflächen der Gruppe *Ordnerbilder* können Sie festlegen, welche Bilder in einem Ordnersymbol eingeblendet werden sollen. Die Schaltfläche *Datei auswählen* öffnet ein Dialogfeld zur Auswahl der anzuzeigenden Bilddatei. Die Schaltfläche *Wiederherstellen* setzt die Anzeige wieder auf die Windows-Vorgaben zurück. Alternativ können Sie jedem Ordner ein individuelles Symbol über die Schaltfläche *Anderes Symbol* der Gruppe *Ordnersymbole* zuweisen.

Fachwort

Listenfelder sind spezielle Bedienelemente, die bei Anwahl der am rechten Rand gezeigten Schaltfläche mit dem Dreieckssymbol eine Liste mit Optionen anzeigen. Klickt der Benutzer auf einen Listeneintrag, wird der Wert in die Anzeige des Listenfelds übernommen. Alternativ gibt es noch sogenannte **Kombinationsfelder**, die sich bezüglich der Auswahl einer Option wie Listenfelder verhalten, aber zusätzlich, wie bei Textfeldern, die Möglichkeit der direkten Eingabe von Werten durch den Benutzer bieten.

Neue Ordner und Dateien anlegen

Um einen neuen Ordner auf einer Festplatte oder auf einem Wechseldatenträger anzulegen, gehen Sie in folgenden Schritten vor:

1 Öffnen Sie das Fenster mit dem Laufwerk oder dem Ordner (für dieses Beispiel können Sie den Befehl *Dokumente* im Startmenü anwählen).

Neuer Ordner

2 Klicken Sie in der Symbolleiste auf die Schaltfläche *Neuer Ordner*.

Tipp

Sie können auch eine freie Stelle im Ordnerfenster mit der rechten Maustaste anklicken und dann im Kontextmenü die Befehle *Neu/Ordner* wählen. Dies funktioniert auch auf dem Windows-Desktop und ermöglicht Ihnen zudem, über das Kontextmenü verschiedene Dokumentdateien anzulegen.

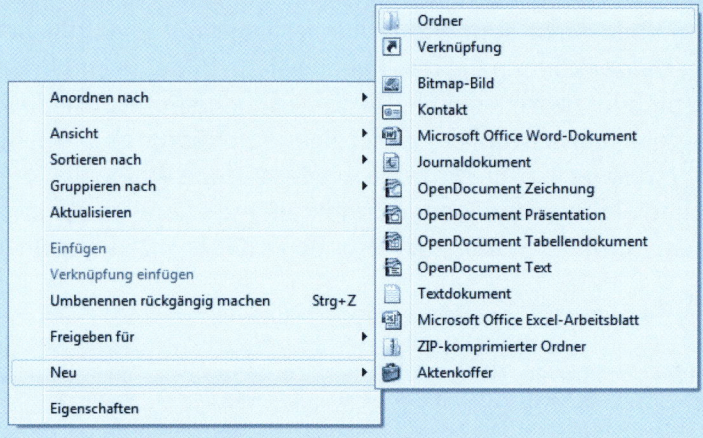

Windows legt einen neuen Ordner mit dem Namen *Neuer Ordner* im Fenster an. Der Name des neuen Ordners ist dabei farblich markiert, d. h., Sie können diesen Namen noch ändern.

3 Tippen Sie den neuen Namen für den Ordner per Tastatur ein.

In der nebenstehenden Abbildung wurde als Name *Briefe* gewählt. Sie können aber jeden gültigen Ordnernamen verwenden.

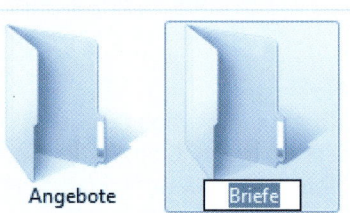

Bibliothek "Dokumente"
Hierzu gehören: 2 Orte

Angebote   Briefe

4 Klicken Sie anschließend auf eine freie Stelle im Fenster oder drücken Sie die ⌈Eingabe⌋-Taste.

Windows hebt die Markierung auf und weist dem neuen Ordner den eingetippten Namen zu.

Hinweis

Windows unterstützt sogenannte »ZIP-komprimierte Ordner«, die Sie über die Kontextmenübefehle *Neu/ZIP-komprimierter Ordner* anlegen können. Diese komprimierten Ordner lassen sich genauso wie normale Ordner handhaben.

Neuer
ZIP-komprimierter
Ordner

Kopieren Sie Textdateien oder Bilder im BMP-Format in einen solchen Ordner, benötigen diese wesentlich weniger Speicherplatz auf dem Datenträger als bei der Verwendung normaler Ordner. ZIP-komprimierte Ordner haben gegenüber Ordnern oder Laufwerken, bei denen das Attribut *Inhalt komprimieren, um Speicherplatz zu sparen* gesetzt ist, den Vorteil, dass die Komprimierung auch beim Versand per E-Mail oder beim Speichern auf Wechseldatenträgern erhalten bleibt. Zudem können Sie mehrere Dateien in einem ZIP-komprimierten Ordner zusammenfassen. Der Ordner lässt sich dann als einzelne ZIP-Datei weitergeben und der Empfänger kann dessen Inhalt mittels der betreffenden Windows-Funktion oder über ein ZIP-Programm als Einzeldateien in Ordner auf der Festplatte entpacken.

Ordner und Dateien umbenennen

Haben Sie beim Anlegen einer neuen Datei oder eines Ordners unbeabsichtigt neben das Symbol geklickt? Dann verwendet Windows einen vorgegebenen Namen. Oder möchten Sie der Datei bzw. dem Ordner einen neuen Namen geben? Die Namen von Dateien oder Ordnern lassen sich nachträglich sehr einfach ändern:

1 Markieren Sie durch einen Mausklick das Symbol des Ordners oder der Datei, den bzw. die Sie umbenennen möchten.

2 Klicken Sie die markierte Datei bzw. den Ordner mit der rechten Maustaste an und wählen Sie den Kontextmenübefehl *Umbenennen* aus.

3 Anschließend können Sie eine Stelle im markierten Text anklicken, damit Windows die Markierung des Namens aufhebt und den senkrechten blinkenden Strich der **Einfügemarke** anzeigt.

4 Korrigieren Sie den Text oder tippen einen neuen Namen ein und schließen die Änderung z. B. durch Drücken der Eingabe-Taste ab.

Der Eingabemodus wird beendet und der geänderte Name für die Datei bzw. den Ordner übernommen. Nur wenn der Name ungültig oder nicht eindeutig ist, zeigt Windows eine Fehlermeldung an und gibt Ihnen Gelegenheit, den Fehler zu korrigieren. Hat das Umbenennen geklappt? Bei Bedarf müssen Sie per Maus auf eine freie Stelle des Ordnerfensters klicken, um auch noch die Markierung des angewählten Datei- oder Ordnersymbols aufzuheben.

Achtung

Haben Sie die Anzeige der Dateinamenerweiterung eingeschaltet (siehe vorherige Seiten), müssen Sie beim Umbenennen einer Datei darauf achten, dass die vorher zugewiesene Dateinamenerweiterung erhalten bleibt. Andernfalls kann Windows den korrekten Dateityp nicht mehr erkennen und ruft eventuell ein falsches Programm zur Bearbeitung auf.

Ordner und Dateien kopieren bzw. verschieben

Dateien lassen sich zwischen Ordnern der Festplatte oder zwischen Festplatte und Wechseldatenträgern (z. B. Speicherkarte oder USB-Stick) kopieren und verschieben. Beim Kopieren liegen anschließend zwei Exemplare der Datei vor, beim Verschieben wird die Datei an die neue Position übertragen. Nehmen Sie z. B. Fotodateien, die von einer Speicherkarte zum Ordner *Bilder* der Festplatte übertragen werden sollen. Oder Sie möchten Musikdateien aus einem Ordner der Festplatte auf einen MP3-Player kopieren. MP3-Player lassen sich üblicherweise an eine USB-Buchse des Computers anstecken und werden von Windows als Wechseldatenträger erkannt. Drittes Beispiel ist eine CD, DVD oder Blu-ray Disc, die Dateien enthält, die in Ordner auf der Festplatte zu kopieren sind. Natürlich können Sie auch Dateien und Ordner der Festplatte zu anderen Speicherorten kopieren bzw. verschieben. Zur Demonstration soll jetzt eine Fotodatei aus dem Ordner *Bilder/Beispielbilder* in den Ordner *Dokumente* kopiert bzw. verschoben werden.

1 Öffnen Sie das Ordnerfenster *Bilder* durch Anklicken des betreffenden Symbols im Startmenü und wechseln Sie dann zum Ordner *Beispielbilder*.

2 Öffnen Sie zusätzlich das Ordnerfenster *Dokumente* durch Anklicken des betreffenden Startmenüeintrags.

3 Positionieren Sie die beiden Ordnerfenster nebeneinander, sodass beide Fenster zu sehen sind.

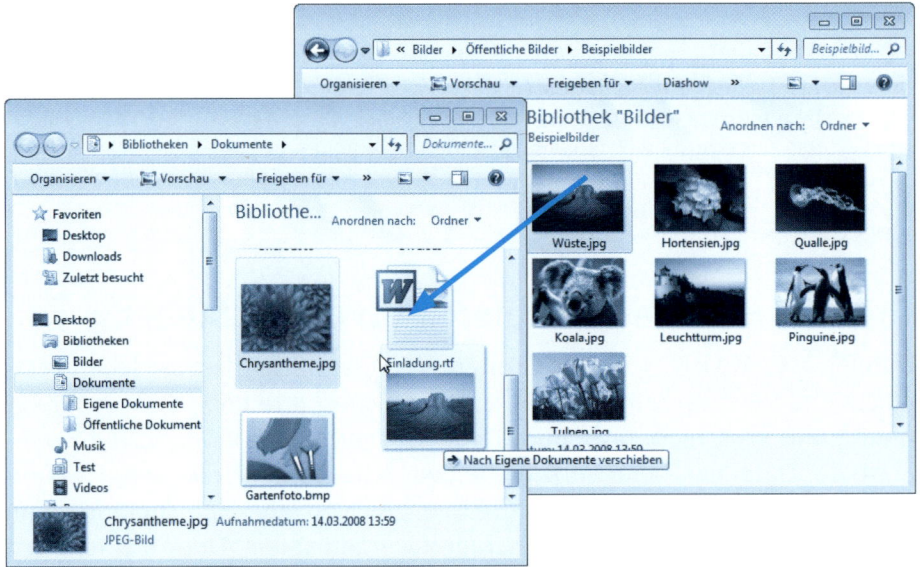

4 Markieren Sie im Ordnerfenster *Beispielbilder* eine Datei mit einem Mausklick und ziehen Sie diese bei gedrückter rechter Maustaste zum Ordnerfenster *Dokumente*.

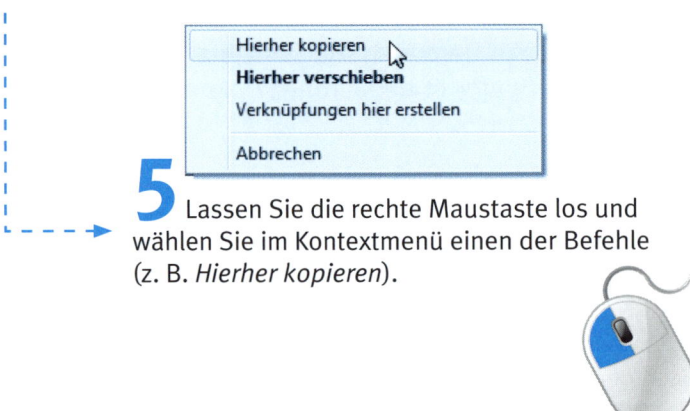

5 Lassen Sie die rechte Maustaste los und wählen Sie im Kontextmenü einen der Befehle (z. B. *Hierher kopieren*).

Windows kopiert dann beim Befehl *Hierher kopieren* die betreffende Datei in den Zielordner. Wurde der Befehl *Hierher verschieben* gewählt, verschwindet das Element aus dem Quellordner und wandert zum Zielordner.

Auf diese Weise können Sie nicht nur Dateien, sondern auch beliebige **Ordner** samt Inhalt von einem Speicherort zu einem anderen Ort **kopieren** bzw. **verschieben**. Dabei ist es egal, ob die Quell- und Zielorte auf einem Laufwerk oder auf unterschiedlichen Laufwerken liegen. Dies bedeutet, das Kopieren von Dateien von einer Speicherkarte oder einem USB-Stick in Ordner der Festplatte lässt sich mit den obigen Schritten genauso gut durchführen wie das Kopieren von Dateien zwischen Ordnern der Festplatte.

Bei sehr großen Dateien oder umfangreichen Ordnern wird während des Kopiervorgangs oder beim Verschieben zusätzlich der Fortschritt in einem kleinen Dialogfeld angezeigt.

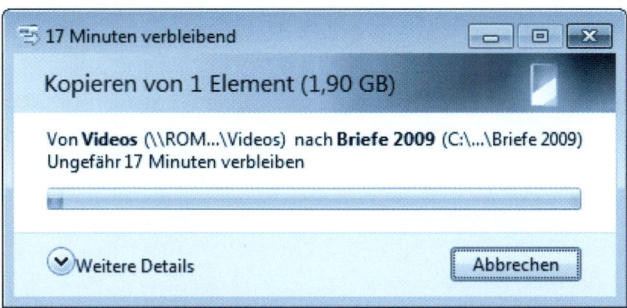

Tipp

Falls Sie beim Kopieren lieber mit einem Ordnerfenster arbeiten, können Sie die Datei oder den Ordner mit der rechten Maustaste anklicken und den Kontextbefehl *Kopieren* wählen. Windows merkt sich den Namen des markierten Elements in der sogenannten **Zwischenablage**, einem internen Arbeitsspeicher des Betriebssystems. Anschließend wechseln Sie im Ordnerfenster zum gewünschten Zielordner. Wenn Sie dann mit der rechten Maustaste auf eine freie Stelle des Ordnerfensters klicken und den Kontextmenübefehl *Einfügen* wählen, wird der vorher markierte Ordner bzw. die vorher markierte Datei in den Zielordner kopiert. Um die Eindeutigkeit des Dateinamens beim Kopieren im **gleichen Ordner** zu erzwingen, fügt Windows den Text »Kopie« in den neuen Namen hinzu. Die Befehle Einfügen und Kopieren stehen auch im Menü der Schaltfläche *Organisieren* zur Verfügung. Zudem können Sie die Tastenkombinationen $\boxed{\text{Strg}}$+$\boxed{\text{C}}$ (kopieren), $\boxed{\text{Strg}}$+$\boxed{\text{X}}$ (ausschneiden) und $\boxed{\text{Strg}}$+$\boxed{\text{V}}$ (einfügen) zum Kopieren bzw. Verschieben von markierten Dateien und Ordnern verwenden.

Hat das Kopieren bzw. Verschieben einer Datei oder eines Ordners geklappt? Dann soll noch ein Sonderfall besprochen werden.

1 Wiederholen Sie die letzten Schritte und kopieren Sie nochmals die gleiche Fotodatei aus dem Ordner *Beispielbilder* in den Ordner *Dokumente*.

Windows stellt beim Kopieren fest, dass bereits eine Datei mit einem identischen Namen am Zielort vorhanden ist. Es wird dann das nebenstehende Dialogfeld mit einer Warnung angezeigt.

2 Klicken Sie auf den Eintrag *Kopieren und ersetzen*, wenn die Datei im Zielordner überschrieben werden soll.

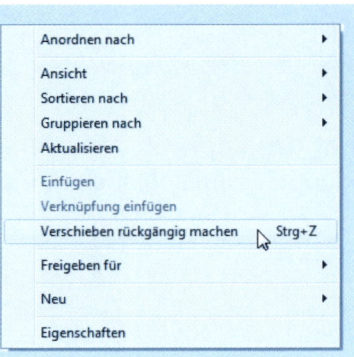

Über den Befehl *Nicht kopieren* oder mittels der Schaltfläche *Abbrechen* lässt sich der Vorgang ohne ein Kopieren der Datei beenden. Wählen Sie die Option *Kopieren, aber beide Dateien behalten*, benennt Windows die Kopie im Zielordner automatisch um, sodass kein Dateikonflikt mehr auftritt. Beim Verschieben werden Befehle wie *Verschieben und ersetzen* angezeigt, die gleiche Funktionen besitzen. Sind mehrere Elemente im Quellordner markiert, lässt sich das im Dialogfeld in der linken unteren Ecke eingeblendete Kontrollkästchen *Vorgang für alle Konflikte durchführen* markieren, um den Vorgang auf alle im Zielverzeichnis betroffenen Dateien anzuwenden.

Tipp

Haben Sie eine Datei oder einen Ordner irrtümlich verschoben oder kopiert? Fast alle **Dateioperationen** lassen sich sofort nach der Ausführung wieder **rückgängig machen**. Klicken Sie mit der rechten Maustaste eine freie Stelle im Ordnerfenster an und wählen Sie im Kontextmenü den Befehl *xxx rückgängig machen*, wobei *xxx* für den vorher ausgeführten Befehl steht.

Anordnen nach	▶
Ansicht	▶
Sortieren nach	▶
Gruppieren nach	▶
Aktualisieren	
Einfügen	
Verknüpfung einfügen	
Verschieben rückgängig machen	Strg+Z
Freigeben für	▶
Neu	▶
Eigenschaften	

Hinweis

Alternativ können Sie die Tastenkombination Strg+Z drücken. Windows nimmt dann den zuletzt ausgeführten Befehl zurück. Nach einem Kopiervorgang werden die Elemente im Zielordner gelöscht, beim Verschieben einfach an die ursprüngliche Position zurückgeschoben. Dies klappt aber nicht, falls beim Kopieren eine Datei überschrieben wurde.

Mehrere Dateien/Ordner gleichzeitig markieren

Sie können mehrere Dateien oder Ordner gleichzeitig bearbeiten (d. h. kopieren, verschieben, löschen etc.). Hierzu müssen Sie diese Elemente lediglich vorher gemeinsam markieren.

1 Öffnen Sie das Ordnerfenster *Beispielbilder* (z. B. über den Startmenüeintrag *Bilder*).

2 Schalten Sie die Anzeige des Ordnerfensters in den Modus »Details« (siehe vorhergehende Seiten, Abschnitt »Anpassen der Symbolgröße im Ordnerfenster«), da dies beim Markieren einige Vorteile bietet.

Jetzt benötigen Sie noch eine Methode, um **mehrere Dateien** (**oder Ordner**) zum Kopieren, Verschieben oder Löschen zu **markieren**:

3 Klicken Sie auf das erste zu bearbeitende Element (hier die Datei *Apfelbluete.jpg*).

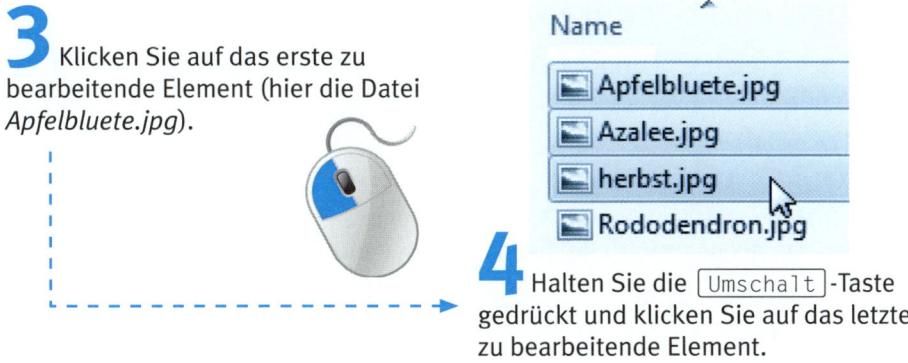

4 Halten Sie die Umschalt-Taste gedrückt und klicken Sie auf das letzte zu bearbeitende Element.

Windows markiert jetzt alle dazwischen liegenden Elemente. Sie sehen dies hier an der farbigen Hinterlegung der Dateinamen. Möchten Sie dagegen mehrere Dateien markieren, die nicht nebeneinanderliegen, dann gehen Sie so vor:

1 Halten Sie die $\boxed{\text{Strg}}$-Taste gedrückt.

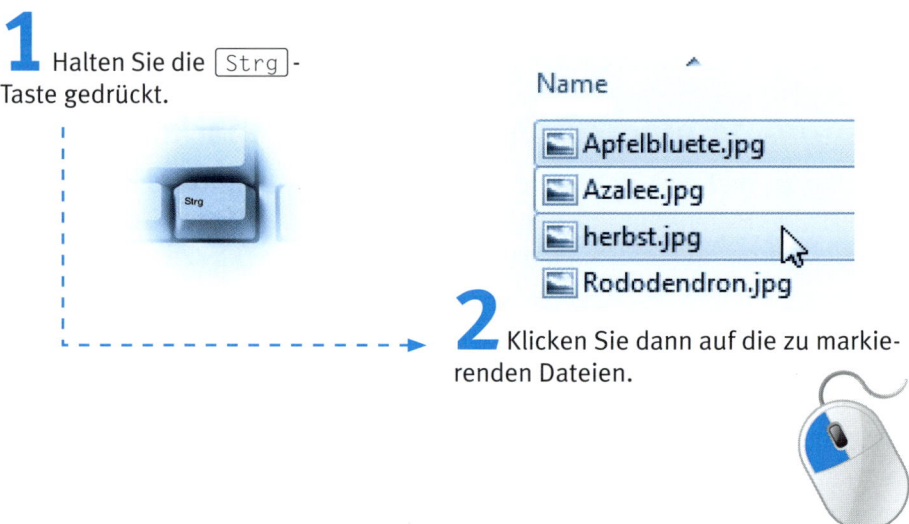

2 Klicken Sie dann auf die zu markierenden Dateien.

Bei jedem Mausklick wird die betreffende Datei (oder der Ordner) markiert. Klicken Sie auf ein markiertes Element, wird dessen Markierung aufgehoben. Anschließend können Sie die weiter oben oder die nachfolgend beschriebenen Schritte zum Kopieren, Verschieben oder Löschen der Elemente (Ordner, Dateien) ausführen.

Dateien und Ordner löschen

Benötigen Sie einen Ordner oder eine Datei nicht mehr? Dann können Sie diese auf einfache Weise löschen:

1 Öffnen Sie das Fenster des Ordners, welches die nicht mehr benötigte Datei oder den zu löschenden Ordner enthält.

2 Markieren Sie die zu löschende(n) Datei(en) oder Ordner. ---▸

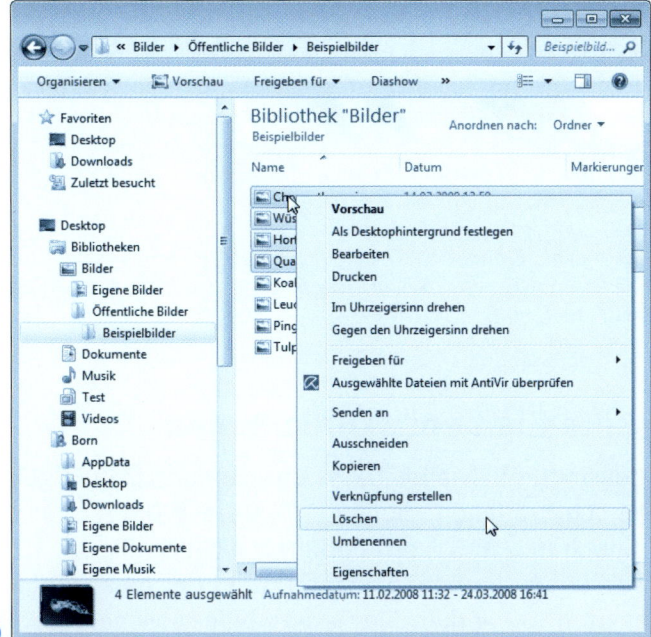

3 Klicken Sie die markierten Elemente mit der rechten Maustaste an und wählen Sie den Kontextmenübefehl *Löschen*.

Alternativ können Sie den gleichnamigen Befehl im Menü der Schaltfläche *Organisieren* wählen. Oder Sie drücken zum Löschen des markierten Elements die Entf -Taste.

Windows lässt sich das Löschen in einem Dialogfeld sicherheitshalber bestätigen.

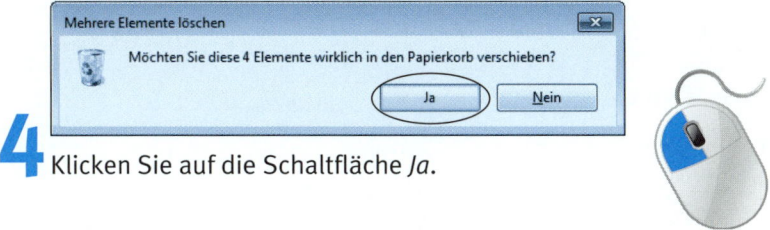

4 Klicken Sie auf die Schaltfläche *Ja*.

Windows verschiebt jetzt die markierte(n) Datei(en) bzw. den/die markierte(n) Ordner in den Papierkorb. Je nach zu löschendem Element erscheint ggf. kurzzeitig noch ein Dialogfeld mit einer Fortschrittsanzeige, welches Sie über den Löschvorgang informiert.

95

> **Hinweis**
>
> Falls der Desktop zu sehen ist, können Sie Dateien und Ordner auch löschen, indem Sie diese aus dem Ordnerfenster zum Symbol des Papierkorbs ziehen. Dann werden die Objekte ohne weitere Nachfrage gelöscht. Möchten Sie eine Datei oder einen Ordner löschen, ohne diesen in den Papierkorb zu verschieben, drücken Sie einfach gleichzeitig die beiden Tasten `Umschalt` + `Entf`. Das Dialogfeld zur Bestätigung des Löschvorgangs schließen Sie über die Ja-Schaltfläche. Elemente, die auf Wechseldatenträgern gespeichert sind, werden beim Löschen übrigens vollständig entfernt, da für diese Medien kein Papierkorb eingerichtet wird!

Gelöschte Elemente zurückholen

Haben Sie irrtümlich eine Datei oder einen Ordner gelöscht, die bzw. den Sie noch brauchen? Solange sich diese Datei bzw. die Dateien des Ordners noch im Papierkorb befinden, können Sie sie zurückholen. Zum Wiederherstellen einer gelöschten Datei oder eines Ordners gibt es zwei Möglichkeiten. Bemerken Sie bereits beim Löschen den Fehler, geht die »Wiederbelebung« ganz einfach.

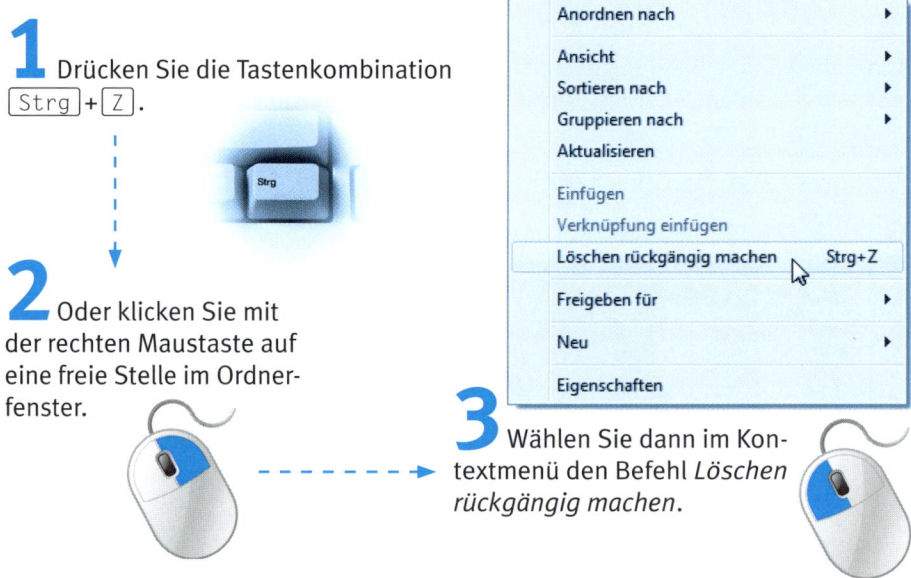

1 Drücken Sie die Tastenkombination `Strg` + `Z`.

2 Oder klicken Sie mit der rechten Maustaste auf eine freie Stelle im Ordnerfenster.

3 Wählen Sie dann im Kontextmenü den Befehl *Löschen rückgängig machen*.

In beiden Fällen holt Windows die zuletzt gelöschte(n) Datei(en) bzw. Ordner aus dem Papierkorb in das aktuelle Fenster zurück.

Hinweis

Diese Methode funktioniert aber nur, wenn Sie sonst noch nichts anderes gemacht haben. Der Eintrag *xxx rückgängig machen* bezieht sich immer auf den zuletzt ausgeführten Windows-Befehl im aktuellen Ordnerfenster. Weiterhin muss die Datei noch im Papierkorb vorhanden sein – was beim Löschen von Elementen von Wechseldatenträgern nicht der Fall ist.

Sofern Sie mehrere Schritte ausgeführt haben und erst später den Fehler bemerken, gibt es eine weitere Möglichkeit, um die gelöschten Dateien vielleicht doch noch zu »retten«.

1 Doppelklicken Sie auf das Symbol des Papierkorbs.

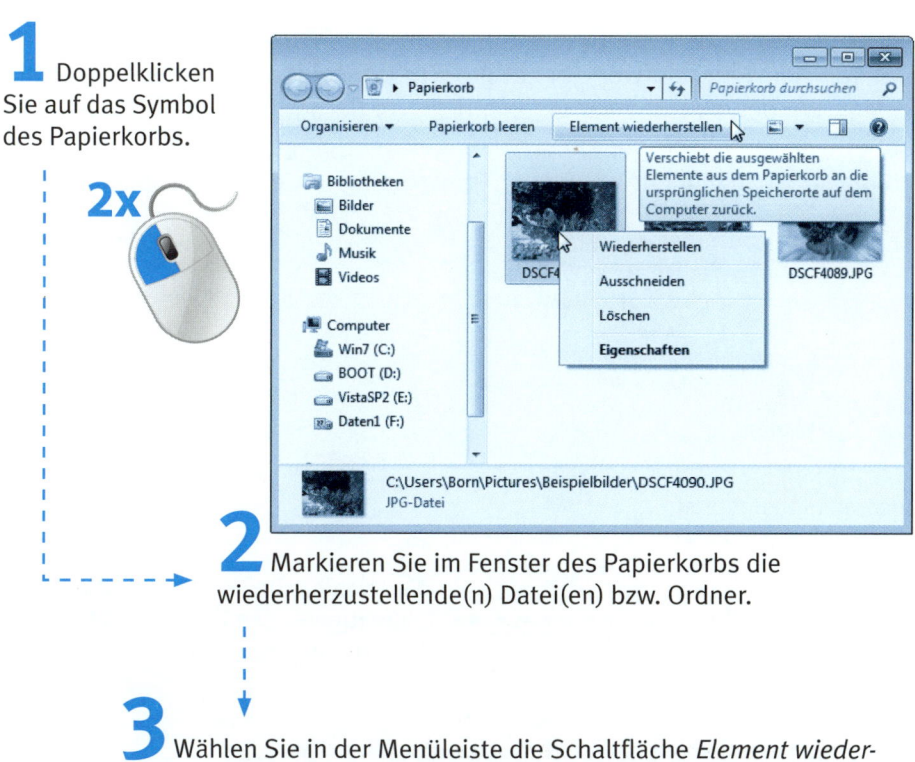

2 Markieren Sie im Fenster des Papierkorbs die wiederherzustellende(n) Datei(en) bzw. Ordner.

3 Wählen Sie in der Menüleiste die Schaltfläche *Element wiederherstellen* oder öffnen Sie das Kontextmenü mit der rechten Maustaste und wählen Sie den Kontextmenübefehl *Wiederherstellen*.

Windows verschiebt anschließend das jeweils markierte Element aus dem Papierkorb in den ursprünglichen Ordner zurück.

Hinweis

Dieses Wiederherstellen aus dem Papierkorb klappt aber nur so lange, wie die Elemente dort noch gespeichert sind. Wurde der Papierkorb z. B. zwischenzeitlich geleert, sind die Dateien verloren. Das Gleiche gilt, wenn die zu löschende Datei zu groß für den Papierkorb ist oder falls Sie Dateien auf Wechseldatenträgern löschen.

Den Papierkorb leeren

Beim Löschen einer Datei oder eines Ordners von der Festplatte verschiebt Windows dieses »Element« lediglich in den Papierkorb. Dadurch ist die Datei oder der Ordner zwar aus dem aktuellen Fenster verschwunden. Der von den Dateien auf dem Laufwerk benötigte **Speicherplatz** bleibt aber weiterhin belegt. Windows prüft zwar gelegentlich, ob der Papierkorb »voll« ist, und entfernt automatisch die ältesten als gelöscht eingetragenen Dateien. Sie können aber »nachhelfen« und den **Papierkorb** von Zeit zu Zeit selbst **leeren**.

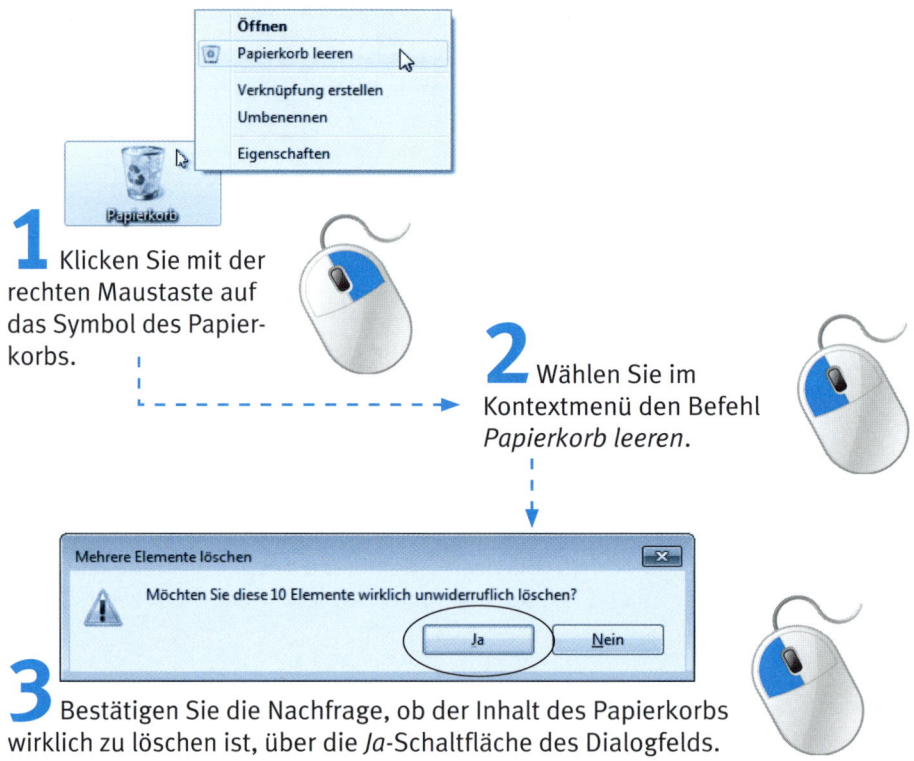

1 Klicken Sie mit der rechten Maustaste auf das Symbol des Papierkorbs.

2 Wählen Sie im Kontextmenü den Befehl *Papierkorb leeren*.

3 Bestätigen Sie die Nachfrage, ob der Inhalt des Papierkorbs wirklich zu löschen ist, über die *Ja*-Schaltfläche des Dialogfelds.

Die Elemente im Papierkorb werden gelöscht, und gleichzeitig wird der belegte Speicher auf dem Laufwerk freigegeben. Anschließend erscheint das Symbol eines leeren Papierkorbs.

> **Achtung**
> Nachdem Sie den Papierkorb geleert haben, sind die gelöschten Dateien endgültig verschwunden. Sie können am Symbol des Papierkorbs erkennen, ob dieser gelöschte Dateien enthält.

Dieser Papierkorb enthält mindestens eine gelöschte Datei.

Dieser Papierkorb ist leer und enthält keine gelöschten Dateien.

Suche und Netzwerkbetrieb

Haben Sie vergessen, in welchem Ordner sich eine Datei oder ein Unterordner befindet? Suchen Sie ein Textdokument (Brief, E-Mail), an dessen Namen Sie sich nicht mehr erinnern, von dem Sie aber bestimmte Textstellen kennen? Möchten Sie gezielt nach Fotos, Musik oder Videos suchen, die bestimmten Kriterien entsprechen? Windows unterstützt Sie bei der Suche nach Dokumenten und Ordnern auf dem lokalen Computer. Zudem kann der Rechner Teil eines Computernetzwerks sein. Dann können Sie über die Navigationsleiste eines Ordnerfensters auf Ordner anderer Computer dieses Netzwerks zugreifen. Nachfolgend werden die Suche nach Ordnern und Dateien sowie das Arbeiten im Netzwerk kurz vorgestellt.

So funktioniert die Suche

Zum Suchen nach bestimmten Dateien, Ordnern oder Dokumenten sind nur wenige Schritte erforderlich.

1 Öffnen Sie ein Ordnerfenster und navigieren Sie ggf. zum Laufwerk oder Ordner, auf das bzw. den sich die Suche beziehen soll.

2 Klicken Sie in der Symbolleiste des Ordnerfensters auf das Suchfeld und tippen Sie den Suchbegriff ein.

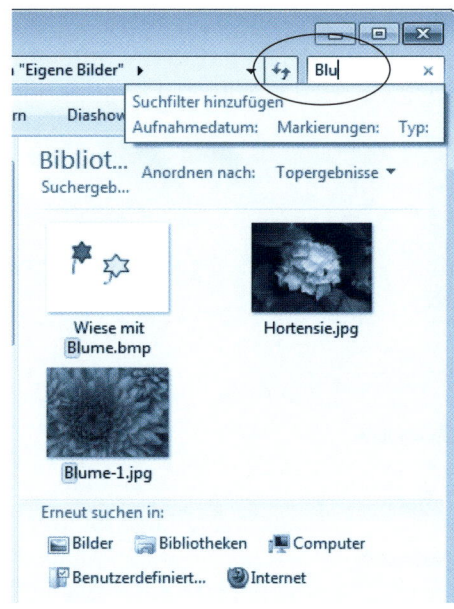

Windows blendet bereits bei der Eingabe der ersten Zeichen des Suchbegriffs die nicht zutreffenden Dateien und Ordner (des aktuellen Speicherorts sowie dessen Unterordner) aus. Hier sind drei Treffer beim Suchbegriff »Blu« übrig geblieben. Vielleicht werden Sie an dieser Stelle etwas stutzig, was die Treffer anbelangt. Die farbig unterlegten Treffer in den Dateien *Wiese mit Blume.bmp* und *Blume-1.jpg* kennzeichnen Buchstaben im Dateinamen, die mit dem Suchbegriff übereinstimmen.

Die Datei *Hortensie.jpg* weist im Dateinamen keine Übereinstimmung auf, taucht aber trotzdem in der Ergebnisliste auf. Die Ursache: Windows benutzt eine intelligente Suche, die neben dem Datei- und Ordnernamen auch Dateinamenerweiterungen, Dateiinhalte und Zusatzinformationen in die Suche einbezieht. Ein Suchbegriff »bmp« würde also alle Grafikdateien mit der Dateinamenerweiterung *.bmp* in die Trefferliste einbeziehen (auch wenn Dateinamenerweiterungen vielleicht ausgeblendet sind). Textdokumente tauchen auf, sobald diese das gesuchte Stichwort im Text enthalten. Bei manchen Dateien (Fotos, Musik etc.) lassen sich zusätzliche Informationen (als Markierungen bezeichnet) über Eigenschaften zuordnen (siehe z. B. die Hinweise zum Markieren von Fotos in Kapitel 4). Der im Beispiel benutzten Fotodatei »Hortensie« wurde eine Markierung mit dem Text »Blume« zugewiesen, die Datei wird also anhand dieser Markierung ausgefiltert und in der Ergebnisliste angezeigt.

Hinweis

Windows unterstützt neben der Suche nach Dateien und Ordnern über das Suchfeld in den Ordnerfenstern auch die Suche nach Startmenüeinträgen, nach Webseiten sowie nach E-Mails.

Sie finden das Suchfeld daher auch im Startmenü sowie im Internet Explorer (sofern installiert, siehe auch die folgenden Kapitel). Öffnen Sie z. B. das Startmenü und tippen einen Suchbegriff in das Suchfeld ein, werden die Treffer in der linken Spalte eingeblendet. Da Windows eine Liste der zuletzt geöffneten Dokumente führt, kann es auch vorkommen, dass die Ergebnisliste im Startmenü entsprechende Dokumenteinträge anzeigt. Hier sehen Sie z. B., dass auch Musikdateien über die (eingeblendete) Dateinamenerweiterung als Treffer gefunden werden.

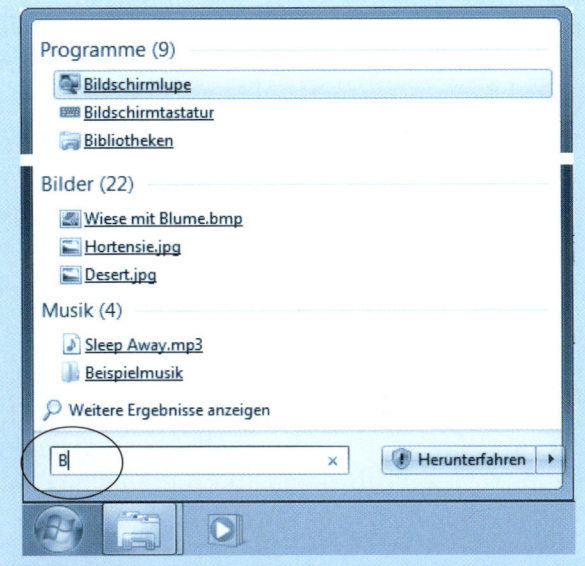

Über den Hyperlink *Weitere Ergebnisse anzeigen* des im Startmenü eingeblendeten Ergebnisbereichs öffnen Sie ein Ordnerfenster, in dem die Suchergebnisse aufgelistet werden.

Anpassen der Suchoptionen

Sie können die Suche gezielt steuern. Dies beginnt bereits bei der Eingabe des Suchbegriffs im Suchfeld eines Ordnerfensters (oder im Suchfeld des Startmenüs). Die Suche im Ordnerfenster bezieht sich auf den aktuellen Speicherort und dessen Unterordner. Eine Suche über das Suchfeld bezieht sich dagegen auf das Startmenü sowie alle Speicherorte, die für Windows erreichbar sind. Bezüglich der Suche gilt folgendes:

■ Tippen Sie einen Datei- oder Ordnernamen ein, lassen sich auch Teilausdrücke der Art »Brief« oder »Rechnung« verwenden. Dann listet die Suche Ergebnisse auf, die mit dem betreffenden Teilausdruck übereinstimmen.

■ Sie können im Suchmuster Platzhalterzeichen (sogenannte Wildcards) wie das Sternchen »*« oder das Fragezeichen »?« verwenden. Der Platzhalter wird dann bei der Suche durch beliebige Zeichen im Dateinamen ersetzt. Das Suchmuster »M*ier« würde in einem Ordner mit den drei Dokumenten »Meier«, »Maier« und »Meister« nur die beiden Ergebnisse »Maier« und »Meier« liefern.

- Beachten Sie, dass Windows die Suchbegriffe auch auf die – standardmäßig nicht angezeigte – Dateinamenerweiterung (z. B. *.bmp*, *.txt*, *.doc* etc.) ausdehnt. Der Suchbegriff »B« wird dann z. B. auch eine Bilddatei »Skizze.bmp« in der Ergebnisliste zeigen. Sie können dies nutzen, um gezielt nach Dateitypen zu suchen (z. B. indem Sie Suchmuster wie »*.doc«, »*.bmp«, »*.jpg« etc.) verwenden.

- Weiterhin bezieht Windows standardmäßig auch die Dateiinhalte in die Suche mit ein. Speziell bei Textdateien oder Dateien mit Markierungen (Fotos, Videos, Musik) beeinflusst dies die Ergebnisliste ebenfalls. Sie können also nach einem Interpreten eines Musikstücks, nach Beschriftungen von Fotos etc. suchen lassen.

Bereits beim Eingeben eines Stichworts in das Suchfeld blendet Windows eine Palette mit einigen Hyperlinks ein.

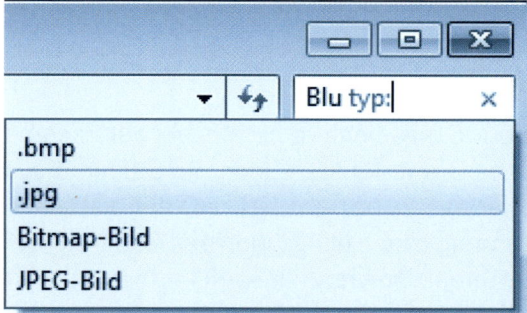

Klicken Sie auf einen solchen Hyperlink, blendet die Suche eine Palette zur Auswahl weiterer Suchkriterien ein (hier z. B. den Dateityp). Wählen Sie ein Kriterium, ergänzt Windows automatisch den Suchausdruck im Suchfeld um die betreffenden Begriffe.

Auf diese Weise können Sie recht komplexe Suchanfragen (z. B. nach Dateityp und Aufnahmedatum eines Fotos) erzeugen.

Suchorte festlegen

Wird bei der Suche das gewünschte Element nicht gefunden?

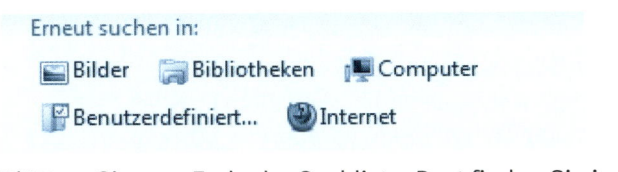

1 Blättern Sie zum Ende der Suchliste. Dort finden Sie in der Kategorie *Erneut suchen in* Einträge mit den Namen weiterer Speicherorte.

2 Klicken Sie auf einen dieser Einträge, wird die Suche auf den betreffenden Speicherort ausgedehnt.

Über *Bibliotheken* erstreckt sich die Suche auf Bilder, Dokumente, Musik und Videos samt deren private und öffentliche Ordner. Der Eintrag *Computer* dehnt die Suche auf alle Speichermedien des Rechners aus. Das Symbol *Internet* ermöglicht, die Suche auf Internetseiten auszudehnen. Die Ergebnisse werden dann im Browser (z. B. Internet Explorer oder Firefox-Browser) angezeigt. Der Eintrag *Benutzerdefiniert* öffnet ein Dialogfeld, in dem Sie über Kontrollkästchen verschiedene Speicherorte (Benutzerordner, Bibliotheken, Laufwerke des Computers etc.) in die Suche einbeziehen können.

Arbeiten im Netzwerk

Der Rechner kann über Kabel oder Funkverbindungen per WLAN-Router mit anderen Rechnern zu einem Computernetzwerk zusammengeschaltet werden. Die entsprechende Ausrüstung (CAT.5-Netzwerkkabel, (W)LAN-Router) gibt es im Fachhandel – eine LAN-Anschlussbuchse ist an modernen Computern vorhanden. Sind die Rechner verkabelt bzw. ist die WLAN-Verbindung zum WLAN-Router eingerichtet, lässt sich ein Windows 7-Netzwerk recht einfach in Betrieb nehmen.

> **Fachwort**
> **WLAN** steht für Wireless Local Area Network, also ein Funknetzwerk. Ein **Router** ist ein Gerät zum Koppeln mehrerer Rechner untereinander und mit dem Internet.

1 Öffnen Sie das Startmenü, geben Sie im Suchfeld den Begriff »Netz« ein und klicken dann im Startmenü auf den angezeigten Befehl *Netzwerk- und
Freigabecenter*.

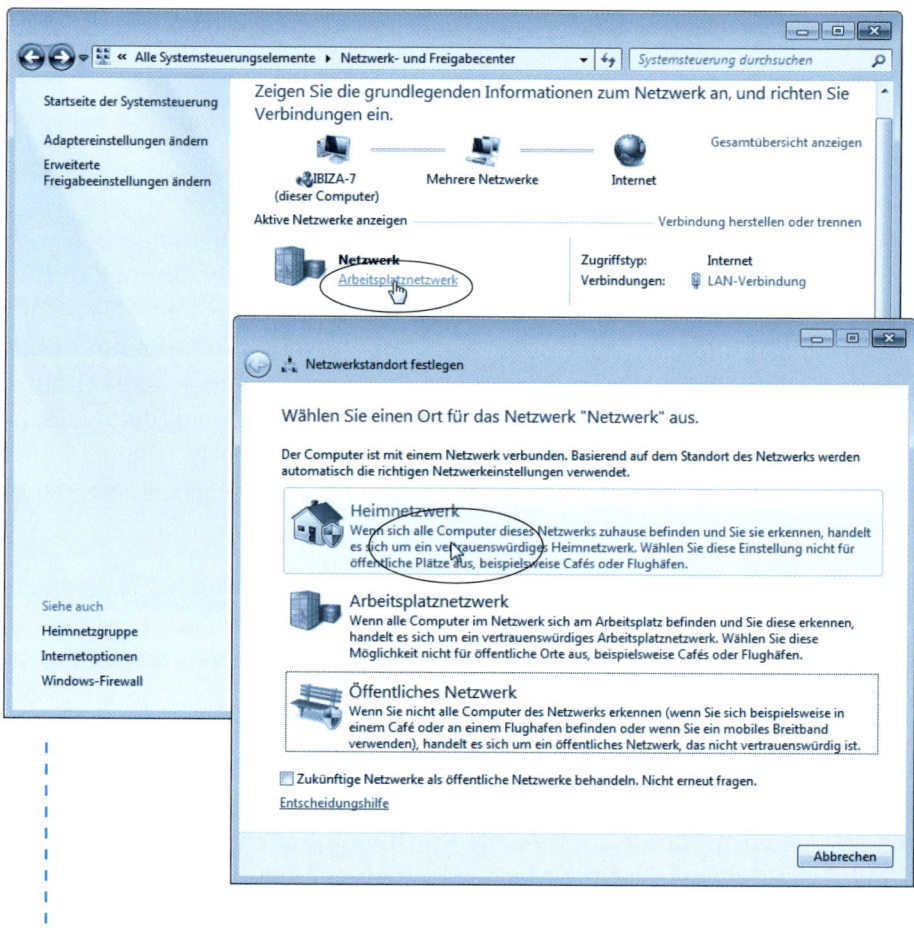

2 Klicken Sie im Fenster *Netzwerk- und Freigabecenter*
auf den Hyperlink der Gruppe *Netzwerk* und wählen Sie im
Dialogfeld *Netzwerkstandort festlegen* den Eintrag *Heimnetzwerk*.

Ein Heimnetzwerk wird automatisch eingerichtet, d. h. andere Windows 7-Rechner finden das Netzwerk, sobald der erste Rechner eingerichtet wurde.

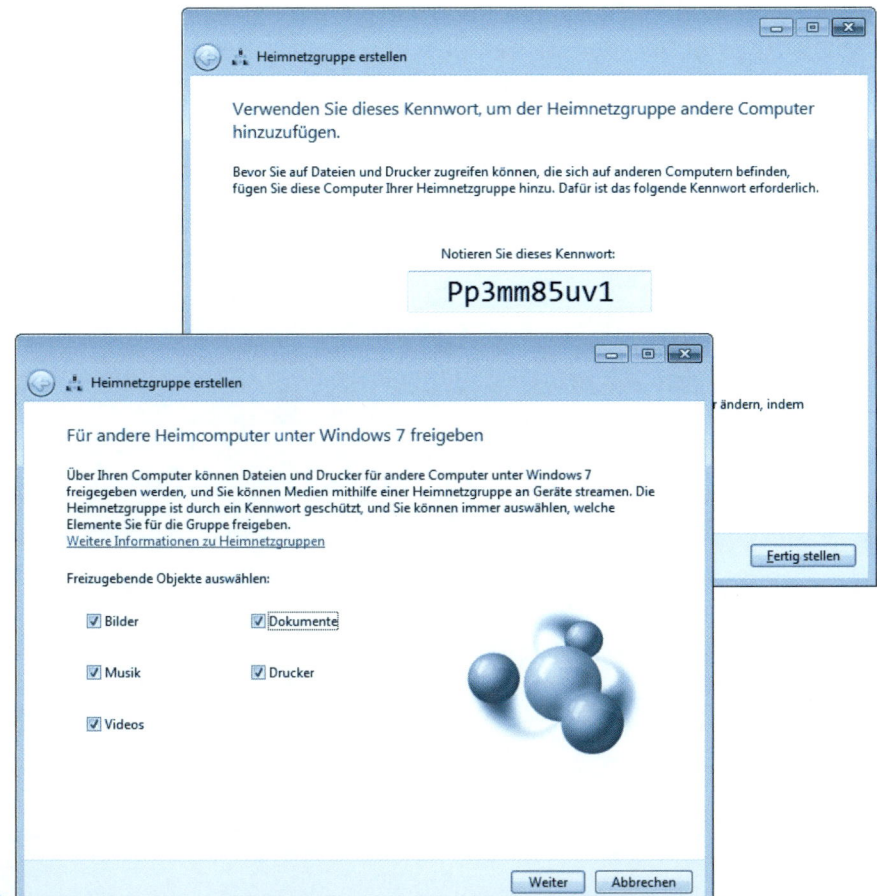

3 Markieren Sie im Dialogfeld des Einrichtungsassistenten (hier unten links sichtbar) die Kontrollkästchen der freizugebenden Objekte und blättern Sie über die *Weiter*-Schaltfläche zum nächsten Schritt.

4 Wenn das hier oben rechts gezeigte Dialogfeld erscheint, müssen Sie den von Windows angezeigten Sicherheitscode notieren und dann auf die *Fertig stellen*-Schaltfläche klicken.

105

Damit ist der erste Rechner des Heimnetzwerks arbeitsbereit. Um einen zweiten Windows 7-Rechner zum Netzwerk hinzuzufügen, führen Sie auf diesem die obigen Schritte 1 bis 3 aus. Windows 7 durchsucht das Netzwerk nach anderen Stationen und fragt im Dialogfeld *Heimnetzgruppen-Kennwort eingeben* den Sicherheitscode für das Heimnetzwerk ab. Wird der korrekte Code eingegeben, tritt der Rechner der Heimnetzgruppe bei und Sie können das Dialogfeld schließen.

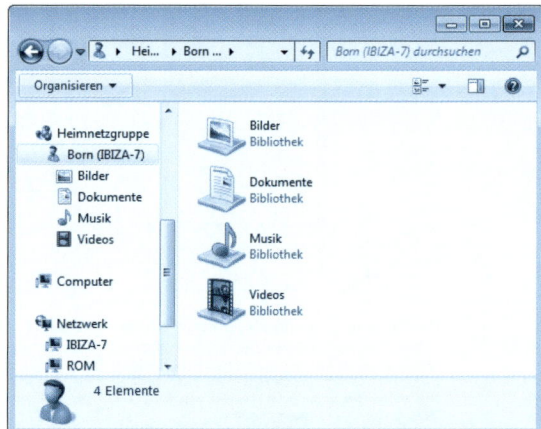

Zum Zugriff auf freigegebene Ordner anderer Rechner reicht es, im Navigationsbereich eines Ordnerfensters die Kategorie *Heimnetzgruppe* zu suchen. Anschließend können Sie zum gewünschten Rechner und zu den angezeigten Ordnern navigieren. Wirklich ganz einfach.

> **Hinweis**
>
> Ein Eintrag *Netzwerk* im Navigationsbereich signalisiert, dass zusätzliche Arbeitsgruppen existieren. Sie können auf deren Freigaben (Laufwerke und Ordner) direkt zugreifen. Die Einrichtung solcher Netzwerke oder weitergehende Fragen zur Netzwerkkonfigurierung, -verkabelung, Inbetriebnahme eines WLAN-Routers etc. müssen aus Platzgründen hier entfallen. Lassen Sie sich bei Problemen im Netzwerk bzw. bei dessen Einrichtung von erfahrenen Fachleuten unterstützen oder konsultieren Sie weiterführende Literatur.

Brennen von CDs, DVDs und BDs

Enthält Ihr Computer einen Blu-ray-Disc- oder DVD-Recorder (DVD-/BD-Brenner)? Dann können Sie Dateien auf Daten-CDs, -DVDs oder -BDs brennen. Nachfolgend werden die erforderlichen Schritte kurz erläutert.

So brennen Sie Daten auf CD/DVD/BD

Möchten Sie verschiedene Dateien (oder komplette Ordner) von der Festplatte auf eine CD, DVD oder BD (Blu-ray Disc) brennen?

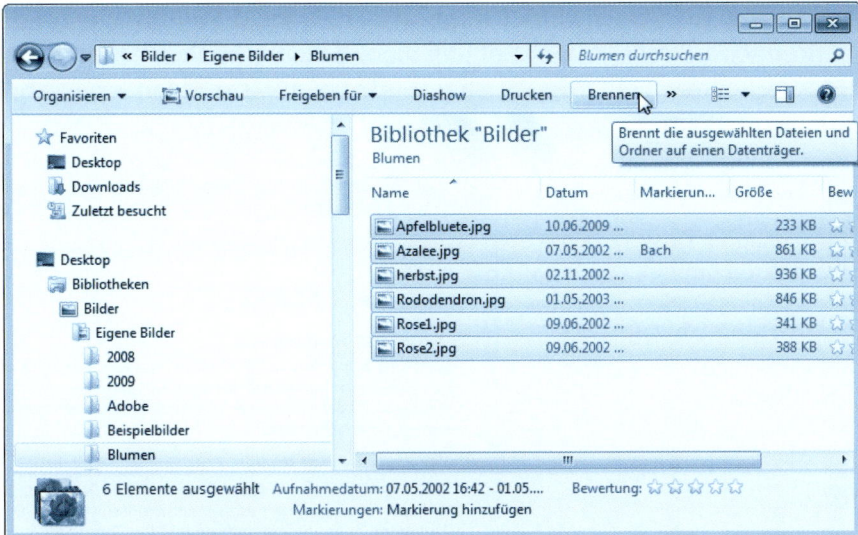

1 Öffnen Sie das Ordnerfenster (z. B. über den Startmenübefehl *Computer*) und suchen Sie den Ordner mit den zu sichernden Dateien.

2 Markieren Sie die zu sichernden Dateien im Ordnerfenster (z. B. Dateien bzw. Ordner bei gedrückter Strg-Taste anklicken) und klicken Sie anschließend auf die Schaltfläche *Brennen* in der Symbolleiste des Ordnerfensters.

Alternativ können Sie die zu brennenden Dateien auch per Maus zu dem in der linken Spalte des Ordnerfensters gezeigten Laufwerkssymbol des Brenners ziehen.

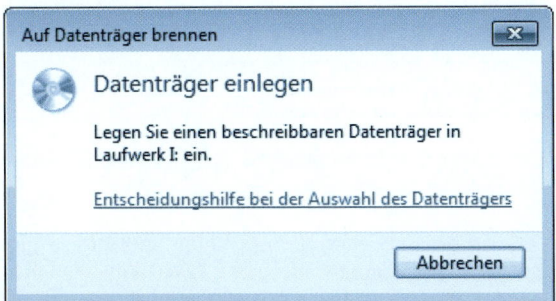

3 Sobald die Schublade des Brenners ausgefahren wird und das Dialogfeld *Auf Datenträger brennen* erscheint, legen Sie den gewünschten Rohling (CD, DVD oder BD) in das Laufwerk ein und schließen die Schublade des Laufwerks.

107

Das Dialogfeld verschwindet automatisch, sobald Windows den Rohling im Brenner erkennt. Ist der Rohling nicht beschreibbar, erhalten Sie einen entsprechenden Fehlerdialog angezeigt. Sie müssen dann einen anderen Rohling einlegen.

4 Erscheint dieses Dialogfeld, passen Sie ggf. den Inhalt des Textfelds *Datenträgertitel* an, markieren ein Optionsfeld und klicken auf die *Weiter*-Schaltfläche.

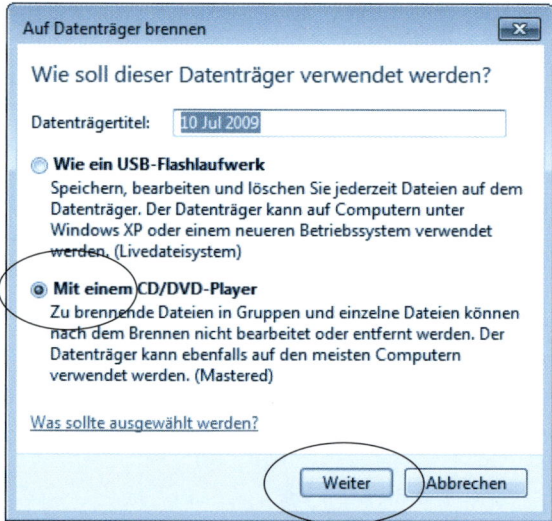

Windows gibt als Datenträgertitel das aktuelle Datum vor. Sie können aber jeden beliebigen Text (z. B. »Urlaub 2009«) vorgeben. Die Auswahl des Optionsfelds legt fest, wie die Daten auf den Datenträger zu schreiben sind (siehe Abschnitt »Das sollten Sie über Rohlinge wissen«).

Hinweis

Windows informiert Sie über eine QuickInfo im Infobereich der Taskleiste, wenn Dateien zum Brennen vorliegen.

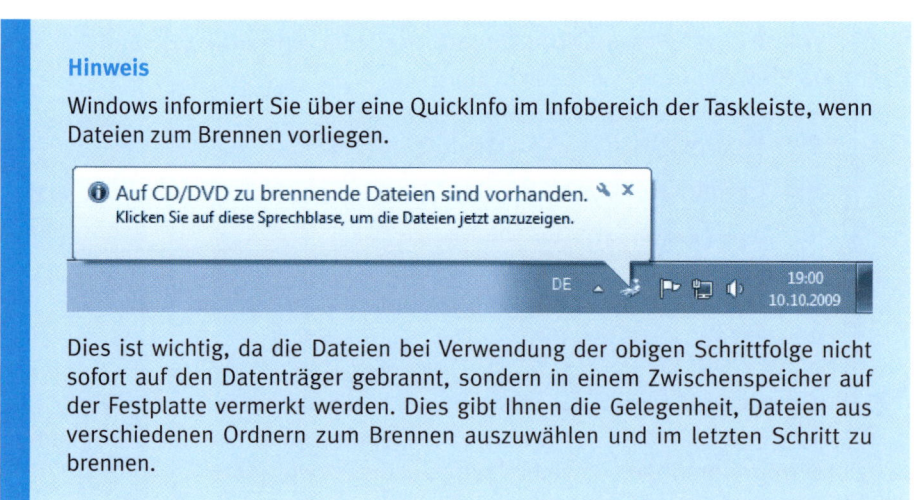

Dies ist wichtig, da die Dateien bei Verwendung der obigen Schrittfolge nicht sofort auf den Datenträger gebrannt, sondern in einem Zwischenspeicher auf der Festplatte vermerkt werden. Dies gibt Ihnen die Gelegenheit, Dateien aus verschiedenen Ordnern zum Brennen auszuwählen und im letzten Schritt zu brennen.

Über die *Weiter*-Schaltfläche wird das Dialogfeld *Auf Datenträger brennen* geschlossen und das Ordnerfenster des Brenners erscheint.

5 Sollen noch weitere Dateien auf den Rohling gebrannt werden, minimieren Sie dieses Ordnerfenster und
fügen die gewünschten Dateien über die obigen Schritte
zum Brenner hinzu.

Erst wenn Sie alle zu brennenden Dateien mit den obigen Schritten ausgewählt und dem Laufwerk des Brenners zugewiesen haben, erfolgt das
Brennen auf das Medium.

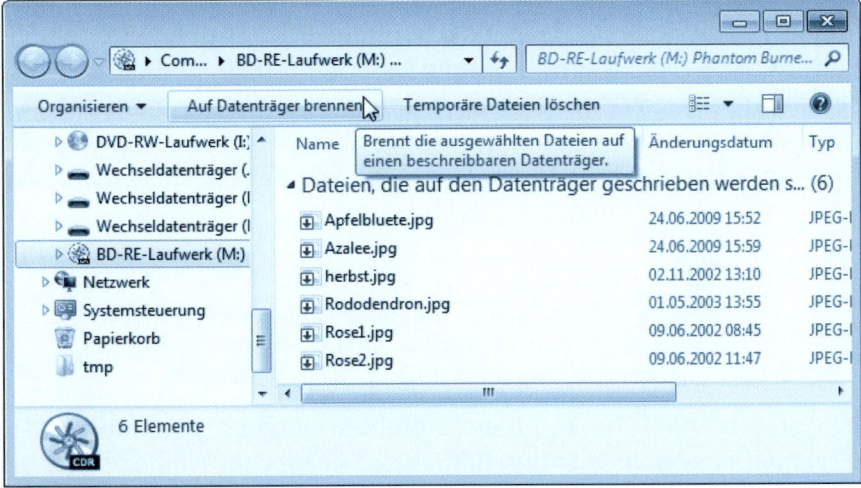

1 Öffnen Sie das Ordnerfenster des Brenners (z. B. über dessen Symbol im
Navigationsbereich) und klicken Sie in der Symbolleiste auf die Schaltfläche *Auf
Datenträger brennen*.

Tipp

Im Ordnerfenster des Brennerlaufwerks sehen Sie übrigens die zum Brennen
zusammengestellten Dateien. Bei Bedarf können Sie einzelne Dateien aus dem
Ordnerfenster des Brenners löschen. Dies ist hilfreich, falls Sie falsche Dateien
zum Brennen hinzugefügt haben oder falls die Zahl der zu brennenden Dateien
die Kapazität des Rohlings übersteigt.

2 Ergänzen Sie ggf. in diesem Dialogfeld den Datenträgertitel im betreffenden Textfeld (Text anklicken und überschreiben). Passen Sie bei Bedarf die Brenngeschwindigkeit über das Listenfeld *Aufnahmegeschwindigkeit an* und klicken Sie danach auf die *Weiter*-Schaltfläche.

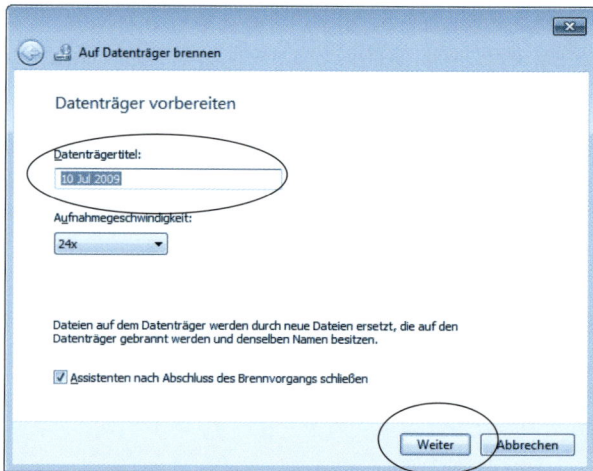

Windows brennt dann die markierten Dateien über den betreffenden CD- oder DVD-Recorder auf den Datenträger. Der Ablauf wird durch eine Fortschrittsanzeige im Dialogfeld *Auf Datenträger brennen* angezeigt. Dies kann, abhängig vom Datenträger und der Menge der zu brennenden Daten, eine Weile dauern. Sobald der Brennvorgang abgeschlossen ist, wird die Schublade des Brenners ausgefahren.

3 Schließen Sie die Schublade des Brenners und klicken Sie ggf. im noch geöffneten Dialogfeld *Auf Datenträger brennen* auf die Schaltfläche *Fertig stellen*.

Ist der gebrannte Rohling beim Einfahren noch im Laufwerk, lässt sich direkt auf dessen Inhalt zugreifen. In der Regel wird Windows das Dialogfeld *Automatische Wiedergabe* öffnen und Sie können einen Befehl (z. B. *Ordner öffnen, um Dateien anzuzeigen*) auswählen. Danach wird der Inhalt des Datenträgers in einem Ordnerfenster angezeigt.

> **Hinweis**
>
> **Das sollten Sie über Rohlinge wissen**
>
> Daten-CDs, -DVDs bzw. -BDs werden unter Windows mit BD- oder DVD-Recordern erzeugt (gebrannt). DVD-Brenner unterstützen dabei sowohl CD- als auch DVD-Rohlinge, BD-Brenner sogar alle Rohlingstypen (CD, DVD, BD). Aus Gründen der Datensicherheit sollten Sie, sofern die Kapazität reicht, CD-Rohlinge mit bis zu 700 Mbyte Kapazität verwenden. Diese sind wesentlich unempfindlicher gegen

Datenverlust als DVD-Rohlinge und lassen sich auf einer breiten Gerätepalette verwenden. Die Speicherkapazität von BD-Rohlingen ist im Vergleich zu CDs und DVDs zwar wesentlich höher, allerdings sind diese momentan noch recht teuer und sehr empfindlich gegen Datenverlust. Weiterhin sollten Sie wissen, dass es verschiedene **Rohlingstypen** für CDs, DVDs und BDs gibt. Bei CD-Rohlingen werden einmal beschreibbare Medien (**CD-R**) und mehrfach beschreibbare Medien (**CD-RW**) unterschieden. DVD-Recorder unterstützen in der Regel beide Medientypen. Bei DVD-Rohlingen existieren verschiedene Standards für einmal beschreibbare (**DVD+R, DVD-R**) und wiederbeschreibbare (**DVD+RW, DVD-RW**) Rohlinge mit einer Kapazität von 4,7 Gbyte. Zudem gibt es noch einmal beschreibbare DVD-Rohlinge doppelter Kapazität (8,5 Gbyte), die in den Formaten **DVD+R DL** und **DVD-R DL** angeboten werden (das DL steht für Double Layer). Blu-ray-Disc-Rohlinge gibt es als einmal beschreibbare **BD-R** (25 Gbyte) und **BD-R DL** (50 Gbyte) sowie als mehrfach beschreibbare **BD-RE** (25 Gbyte) und **BD-RE DL** (50 Gbyte). Achten Sie darauf, dass der Brenner die gewünschten Rohlingstypen unterstützt. Moderne Multiformat-Recorder sollten alle diese Rohlingstypen unterstützen.

Mehrfach beschreibbare **Datenträger** (CD-RW, DVD+RW, DVD-RW, BD-RE, BD-RE DL) sind vor einer Wiederverwendung zu **löschen**. Legen Sie den Datenträger in den Brenner ein und schließen Sie ggf. angezeigte Dialogfelder. Anschließend können Sie das Laufwerkssymbol des Brenners im Ordnerfenster *Computer* mit der rechten Maustaste anklicken und dann den Kontextmenübefehl *Datenträger löschen* wählen. Im Dialogfeld *Datenträger kann gelöscht werden* klicken Sie auf die *Weiter*-Schaltfläche und warten, bis der Datenträger gelöscht wurde.

Windows unterstützt zwei **Varianten beim Brennen von Daten** auf CDs, DVDs oder BDs. Die oben beschriebenen Schritte mit Auswahl der Option *Mit einem CD/DVD-Player* im Dialogfeld *Auf Datenträger brennen* benutzen den »Mastered«-Modus (Multisession), bei dem die Daten auf einen Rutsch (Session) auf das Medium gebrannt werden. Sie können später weitere Dateien als Sessions dazu brennen, bis der Rohling voll ist. Dieser stellt sicher, dass die Daten-CD bzw. -DVD überall lesbar ist. Sie können im Dialogfeld *Auf Datenträger brennen* auch die Option *Wie ein USB-Flashlaufwerk* wählen, um Daten im sogenannten Livedateisystem (UDF-Format) auf den Rohling zu schreiben. Beim Livedateisystem brennt Windows die Dateien sofort auf das Medium. Sie können die CD, DVD bzw. BD wie eine Speicherkarte oder einen USB-Speicherstick verwenden, um Dateien zu speichern, zu überschreiben oder zu löschen. Alle Änderungen werden sofort auf den Rohling geschrieben. Der so gebrannte Rohling ist aber u. U. nicht auf allen Geräten lesbar (diese müssen das sogenannte UDF-Dateisystem unterstützen). Zudem dauert die Vorbereitung (Formatierung) des Rohlings sehr lange.

Windows 7 ermöglicht übrigens direkt das **Brennen von ISO-Dateien** (dies sind gespeicherte Abbilder einer CD oder DVD). Zum Brennen reicht es, die betreffende ISO-Datei mit einem Rechtsklick anzuwählen und dann den Kontextmenübefehl *Datenträgerabbild brennen*. Es öffnet sich ein Dialogfeld *Windows-Brenner für Datenträgerabbilder* mit einem Listenfeld zur Auswahl des Brenners. Klicken Sie auf die *Brennen*-Schaltfläche, wird das ISO-Abbild auf den Datenträger gebrannt.

Testen Sie Ihr Wissen

Zur Überprüfung Ihrer bisherigen Kenntnisse können Sie die folgenden Fragen bearbeiten (die Lösung finden Sie in Klammern).

■ **Wie lässt sich ein neuer Ordner anlegen?**

(Ordnerfenster öffnen, dann die Schaltfläche *Neuer Ordner* anklicken oder eine freie Stelle mit der rechten Maustaste anklicken und die Kontextmenübefehle *Neu/Ordner* wählen. Anschließend können Sie den Ordnernamen eintippen und über die [Eingabe]-Taste bestätigen.)

■ **Wie wird eine Datei oder ein Ordner kopiert?**

(Das Element markieren und bei gedrückter rechter Maustaste zum Symbol bzw. Fenster des Zielordners ziehen. Nach dem Loslassen der rechten Maustaste den Kontextmenübefehl *Hierher kopieren* wählen.)

■ **Wie werden Dateinamen benannt?**

(Die Regeln für Dateinamen sind am Kapitelanfang aufgeführt.)

■ **Wie lässt sich ein Ordner umbenennen?**

(Ordner im Ordnerfenster mit der rechten Maustaste anklicken und den Kontextmenübefehl *Umbenennen* wählen. Danach den neuen Namen eintippen und über die [Eingabe]-Taste bestätigen.)

■ **Wie wird eine Datei gelöscht?**

(Die Datei z. B. zum Papierkorb ziehen oder markieren und im Kontextmenü den Befehl *Löschen* wählen.)

Wenn es an einigen Stellen mit der Beantwortung der Fragen noch etwas hapert, ist dies auch nicht sonderlich tragisch. Lesen Sie einfach bei Bedarf in den entsprechenden Lernschritten nach, wie etwas funktioniert. Viele Abläufe sind in Windows ähnlich, d. h., Sie lernen vieles nebenbei, wenn Sie die nächsten Kapitel bearbeiten. Die folgenden Kapitel befassen sich mit speziellen Fragen zu einzelnen Programmen und Funktionen.

Kapitel 3

Text und Grafik

*Mit entsprechenden Programmen können Sie Texte, Briefe, Einla-
dungen, Rechnungen, Grafiken etc. erfassen, bearbeiten, drucken
und zur späteren Verwendung in Dateien speichern. Nachfolgend
lernen Sie mit dem Windows-Schreibprogramm WordPad und mit
dem Zeichenprogramm Paint umzugehen. Sie erfahren zudem, wie
Sie Texte und Grafiken markieren, ausschneiden, kopieren und aus
der Zwischenablage wieder in Anwendungen einfügen können.
Diese Techniken lassen sich auch in anderen Text- und Grafik-
programmen nutzen.*

Texte erstellen und bearbeiten

Eine der häufigsten Tätigkeiten am Computer ist sicherlich das Anfertigen von Textdokumenten wie Briefen, Listen, Einladungen oder Ähnlichem. Im Büro werden dazu spezielle Programme wie Microsoft Word benutzt. Die Grundlagen zur Texterfassung und Bearbeitung können Sie aber bereits mit dem in Windows enthaltenen WordPad erwerben. Dieses Wissen lässt sich nahtlos in anderen Textbearbeitungsprogrammen wie Microsoft Word 2007 etc. anwenden. In den folgenden Abschnitten lernen Sie die Techniken zur Texterfassung und -bearbeitung mit WordPad kennen.

WordPad im Überblick

Um den Text zu erfassen, müssen Sie das Windows-Programm WordPad über das Startmenü aufrufen.

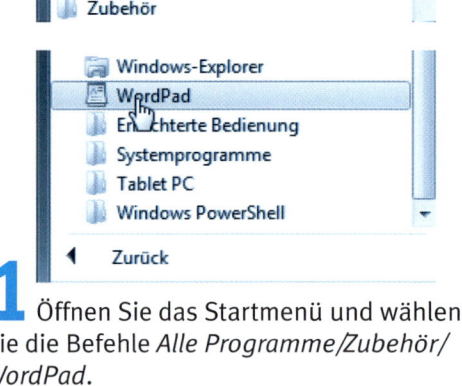

1 Öffnen Sie das Startmenü und wählen Sie die Befehle *Alle Programme/Zubehör/ WordPad*.

Wenn alles geklappt hat, sollten Sie das Programmfenster von WordPad sehen, und es kann losgehen.

2 Tippen Sie einen Beispieltext in das WordPad-Fenster ein, der ähnlich wie nachfolgend gezeigt aussehen kann und durchaus die von mir absichtlich gemachten Schreibfehler enthalten darf.

Haben Sie noch nie mit einem Textbearbeitungsprogramm gearbeitet oder sind Sie sich unsicher hinsichtlich der benutzten Elemente? Nachfolgend ist das Fenster von WordPad mit einem kleinen Text zu sehen. In Windows 7 entspricht das WordPad-Programmfenster der Darstellung aus Microsoft Office 2007/2010.

■ Die Titelleiste des **Fensters** enthält die **Symbolleiste für den Schnell-zugriff** und zeigt den geladenen Dokumenttitel an. Die Symbolleiste für den Schnellzugriff kann Schaltflächen zum Zugriff auf häufig benötigte Funktionen (Speichern, Drucken, Rückgängig machen, neues Doku-ment holen) aufweisen.

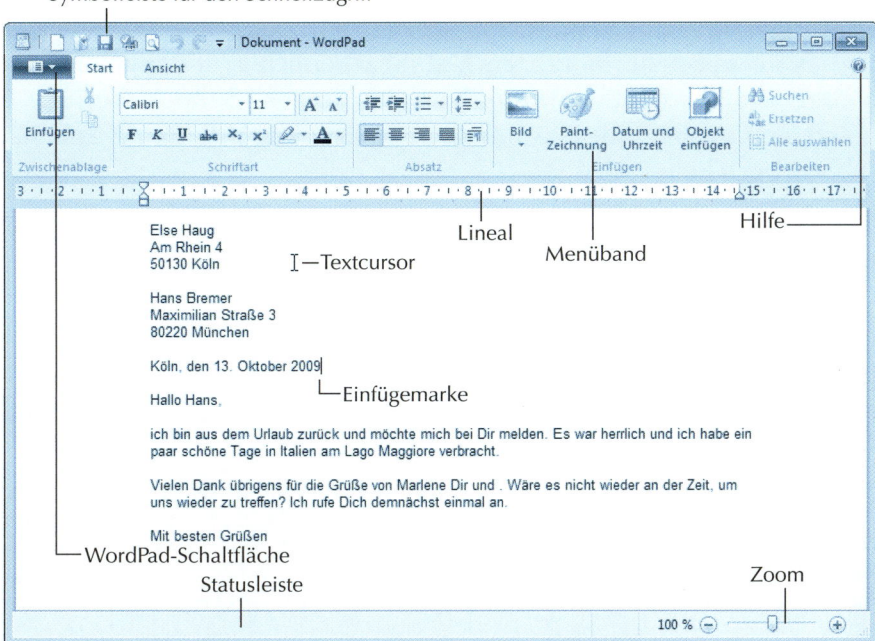

Symbolleiste für den Schnellzugriff

Lineal

Textcursor

Menüband

Hilfe

Einfügemarke

WordPad-Schaltfläche

Statusleiste

Zoom

■ Am unteren Fensterrand finden Sie noch die **Statusleiste**, in der Word-Pad ggf. Meldungen anzeigt. Zudem findet sich am rechten Rand der Statusleiste ein Schieberegler, über den der Zoomfaktor für die Anzeige des Dokumentbereichs einstellbar ist.

■ Unterhalb der Titelleiste ist ganz links die **WordPad-Schaltfläche** an-geordnet. Es handelt sich um eine **Menüschaltfläche,** über die sich ein Menü mit Befehlen zum Öffnen, Speichern oder Drucken von Dokumen-ten etc. öffnen lässt.

■ Weiterhin enthält der Kopfbereich des Fensters noch ein »**Menüband**« (in Microsoft Office 2007 als **Multifunktionsleiste** bezeichnet) mit den Registerkarten *Start* und *Ansicht*. Diese Registerkarten enthalten die Schaltflächen und Elemente, um den Text zu bearbeiten (suchen, ausschneiden etc.) und mit Auszeichnungen (d. h. Formatierungen wie

Schriftarten und -größen) zu versehen oder die Darstellung anzupassen. Die Schaltflächen sind dabei in Funktionsgruppen wie *Zwischenablage, Schriftart, Absatz* etc. zusammengefasst. Ist der Platz zur Darstellung einer Gruppe zu knapp, reduziert WordPad die Gruppe auf eine Schaltfläche. Sie können dann auf den unteren Rand der **Gruppenschaltfläche** klicken, um eine Palette mit den fehlenden Gruppenelementen einzublenden.

■ Das weiße **Fensterinnere**, auch **als Textbereich** oder **Dokumentbereich bezeichnet**, dient zur **Aufnahme des Textes**. Beim Aufruf des Programms enthält der Dokumentbereich ein »weißes Blatt Papier«, auf dem noch kein Text steht.

Oberhalb des Dokumentbereichs wird ein **Lineal** angezeigt, an dem sich die Position im Text ablesen lässt. Im Dokumentfenster sehen Sie zudem die **Einfügemarke** (auch als **Schreibmarke** bezeichnet) im Text. Weiterhin nimmt der Mauszeiger die Form des **Textcursors** an, sobald Sie mit der Maus auf den Dokumentbereich zeigen.

Fachwort

Die **Einfügemarke** wird als senkrechter, blinkender schwarzer Strich dargestellt. Diese Marke zeigt an, wo das nächste eingegebene Zeichen auf dem Bildschirm eingefügt wird. Einfügemarken werden in Windows überall verwendet, wo Texte einzugeben sind. Die Einfügemarke haben Sie schon in den vorherigen Kapiteln (z. B. beim Umbenennen von Dateinamen) kennengelernt.

Zeigen Sie auf den Textbereich, erscheint anstelle des Mauszeigers der bereits erwähnte **Textcursor**. Dieser lässt sich genauso wie der Mauszeiger handhaben. Sie können mit dem Textcursor auf ein Wort zeigen, etwas markieren oder klicken.

Texteingabe, ganz einfach

Sobald ein Textbearbeitungsprogramm wie WordPad gestartet wurde, können Sie den gewünschten Text per Tastatur in den Dokumentbereich eintippen. Nehmen wir an, Sie möchten einen einfachen Brieftext verfassen.

Das hier gezeigte Fenster enthält einen Ausschnitt aus einem Beispielbrief, der mit einigen Fehlern eingetippt wurde. Sie sollten nun diesen Text (oder einen Alternativtext) eintippen.

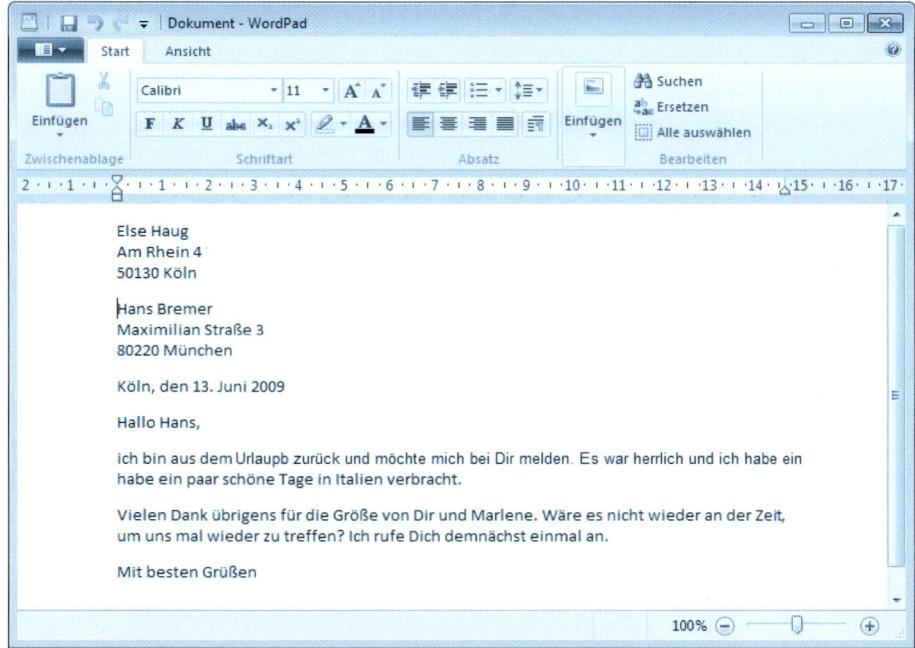

Sofern Sie sich mit der **Bedienung der Tastatur** sowie der Texteingabe noch nicht auskennen, hier einige Hinweise:

■ Tippen Sie einfach die Zeichen, um die betreffenden Wörter zu schreiben. Der Zwischenraum zwischen den Wörtern wird durch die `Leer`-Taste am unteren Rand der Tastatur eingefügt.

■ Normalerweise erscheinen beim Drücken der Buchstabentasten kleine Buchstaben. Um einen **Großbuchstaben einzugeben**, halten Sie die `Umschalt`-Taste fest und drücken anschließend die Taste mit dem gewünschten Zeichen.

■ Möchten Sie Sonderzeichen wie $, %, & über die Tastenreihe mit den Zahlen eintippen, müssen Sie ebenfalls die `Umschalt`-Taste gedrückt halten.

■ Drücken Sie kurz die `Feststell`-Taste, stellt dies die Tastatur auf Großschreibung um (der Modus wird mit dem Text »GROSS« in der Statusleiste signalisiert). Alle eingetippten Zeichen erscheinen als Großbuchstaben. Nur wenn Sie gleichzeitig die `Umschalt`-Taste drücken, erscheinen Kleinbuchstaben. Um den Modus aufzuheben, tippen Sie die `Umschalt`-Taste nochmals kurz an.

■ Zahlen lassen sich auch über den rechten Ziffernblock der Tastatur eingeben. Dieser Ziffernblock besitzt aber eine Doppelfunktion, er lässt sich auch zur Cursorsteuerung im Textfenster verwenden. Die Umschaltung erfolgt durch einmaliges Drücken der `NumLock`-Taste. Leuchtet die Anzeige »Num« (z. B. auf der Tastatur), lassen sich Ziffern eingeben.

■ Wenn Sie eine Taste länger festhalten, schaltet die Tastatur in den Wiederholmodus. Dann wird das Zeichen automatisch bei der Eingabe wiederholt. Ein irrtümlich eingegebenes Zeichen lässt sich sofort durch Drücken der `Rück`-Taste löschen.

■ Gelangen Sie beim Schreiben normaler Absatztexte an den rechten Rand des Fensters, tippen Sie einfach weiter. Textverarbeitungsprogramme brechen den Text dann automatisch in die Folgezeile um. Die von Schreibmaschinen bekannte `Eingabe`-Taste wird nur gedrückt, wenn Sie einen **Absatzwechsel** im Text benötigen. Dies ist der Fall, wenn Sie einen Absatz beenden und den Text in einer neuen Zeile fortsetzen möchten. Absatzwechsel benötigen Sie z. B. auch bei Adressangaben oder Listen, um die betreffenden Zeilen an der gewünschten Stelle zu beenden. Falls die `Eingabe`-Taste einen zu großen Zeilenabstand bei Adresszeilen erzeugt, können Sie alternativ auch die Tastenkombination `Umschalt`+`Eingabe` drücken. Diese Tastenkombination erzeugt lediglich einen Zeilenumbruch auf die Folgezeile. Drücken Sie dagegen am Zeilenende jedes Mal die `Eingabe`-Taste, erzeugt das Programm Absatzwechsel mit separaten Einzelzeilen. Dies ist beim Formatieren der Texte eher ungünstig. Brauchen Sie etwas mehr **Abstand zwischen zwei Absätzen**, drücken Sie zweimal die `Eingabe`-Taste.

■ Manche Tasten sind mit drei Symbolen versehen. Das erste Zeichen können Sie direkt durch Drücken der Taste abrufen. Das zweite Zeichen erreichen Sie, indem Sie die `Umschalt`-Taste beim Tippen gedrückt halten. Um auch an das dritte Zeichen zu gelangen, müssen Sie die Taste zusammen mit der `AltGr`-Taste drücken. Das **Eurozeichen** wird dann beispielsweise mit der Tastenkombination `AltGr`+`E` eingegeben. Das in E-Mail-Adressen benötigte @-Zeichen erreichen Sie über die Tastenkombination `AltGr`+`Q`.

■ Möchten Sie Text spaltenweise anordnen oder den linken Textrand etwas nach rechts einrücken, können Sie die `Tab`-Taste verwenden, anstatt

Leerzeichen über die ⌊Leer⌋-Taste einzufügen. Das dann eingefügte Tabulatorzeichen bewirkt Einrückungen (man bezeichnet dieses Einrücken auch als **Einzug**) in festen Abständen. Dies sorgt dafür, dass die Textanfänge der Zeilen spaltenweise untereinander zu stehen kommen.

Eine Übersicht über die Tastatur und die Bedeutung einzelner Tasten finden Sie am Anfang dieses Buches. Wenn Sie probehalber etwas Text eintippen, bekommen Sie schnell ein Gefühl für die Texteingabe.

Hinweis

WordPad kann eingetippten **Text** am rechten Blattrand oder am rechten Fensterrand in der Folgezeile fortsetzen (der Fachausdruck dafür ist **umbrechen**). Um die Option für den Zeilenumbruch einzustellen, wählen Sie im Menüband die Registerkarte *Ansicht*. Öffnen Sie dort das Menü der Schaltfläche *Zeilenumbruch* und wählen Sie den gewünschten Menübefehl aus. Beachten Sie aber, dass sich diese Einstellung nur auf die Anzeige in WordPad, nicht jedoch auf einen Ausdruck bezieht.

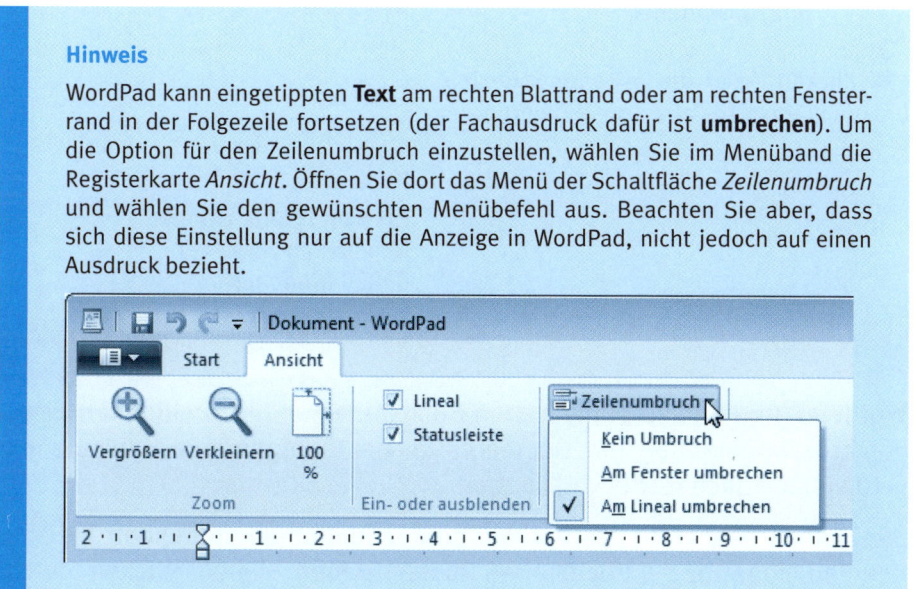

Texte nachträglich bearbeiten

Bei der Eingabe von Texten geht es selten ohne Fehler zu. Schnell wird ein Wort vergessen, ein Buchstabe ist zu viel oder es sind Ergänzungen erforderlich. Im obigen Beispiel wurden bewusst einige Schreibfehler eingebaut. Vermutlich stellen Sie beim späteren Lesen eigener Texte ebenfalls fest, dass diese noch korrigiert werden müssen. Diese Korrekturen sind am Computer kein Problem. In Textbearbeitungsprogrammen können Sie nachträglich **Zeichen löschen**, **einfügen**, ganze Textstellen **überschreiben** oder an eine andere Position verschieben.

Möchten Sie einen Buchstaben oder einen **Text** an eine bestimmte Stelle im Dokument **einfügen**? Im obigen Briefausschnitt soll in die Empfänger-zeile noch der Name des zweiten Adressaten eingefügt werden.

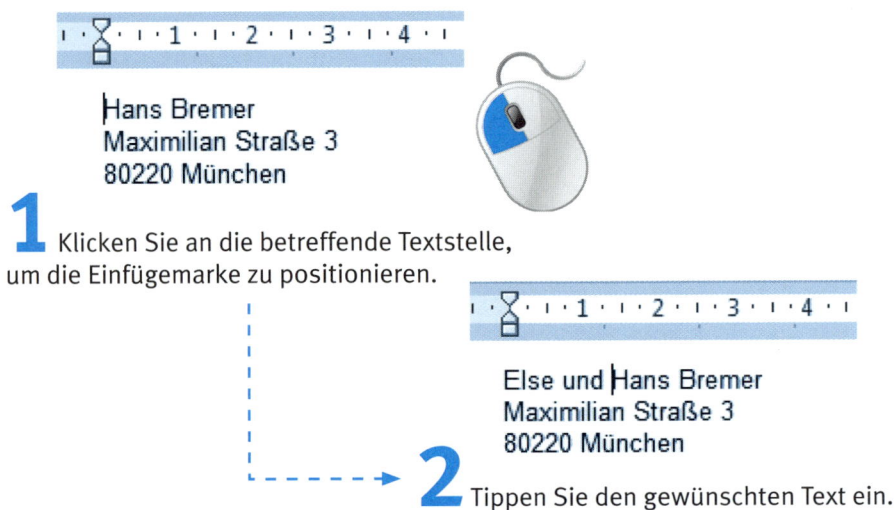

1 Klicken Sie an die betreffende Textstelle, um die Einfügemarke zu positionieren.

2 Tippen Sie den gewünschten Text ein.

WordPad fügt die neu eingetippten Buchstaben an die Position der Einfü-gemarke im Dokument ein. Der rechts von der Einfügemarke stehende Text wird einfach nach rechts verschoben.

Sie können aber auch den rechts von der Textmarke stehenden **Text** mit den neu eingetippten Buchstaben **überschreiben**. Hierzu drücken Sie vor der Texteingabe kurz die Taste `Einfg` auf dem numerischen Ziffernblock. WordPad aktiviert den Modus »Überschreiben«. Anschließend tippen Sie den neuen Text, wie nachfolgend an einem Beispiel gezeigt, ein.

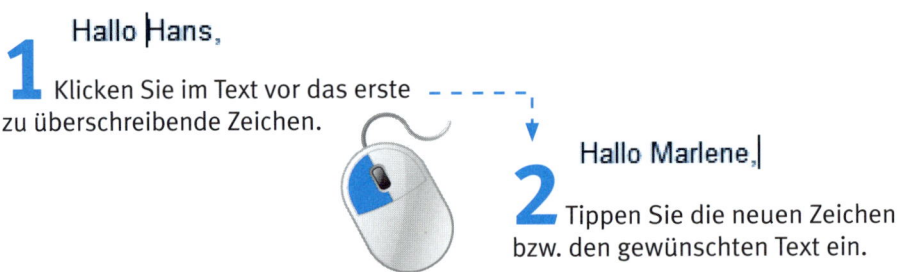

1 Klicken Sie im Text vor das erste zu überschreibende Zeichen.

2 Tippen Sie die neuen Zeichen bzw. den gewünschten Text ein.

WordPad überschreibt den bereits vorhandenen Text mit den neu eingege-benen Zeichen. Ein zweites Drücken der Taste `Einfg` schaltet den Modus wieder auf »Einfügen« zurück.

Möchten Sie **Zeichen** in einem Textdokument **löschen**? Auch dies ist in einem Textbearbeitungsprogramm wie WordPad kein Problem.

1 dem Urlaubb zurrück

Klicken Sie im Text vor das zu entfernende Zeichen.

2 dem Urlaub zurrück

Drücken Sie die Taste [Entf]. WordPad entfernt jetzt das rechts von der Einfügemarke stehende Zeichen.

Sie können aber auch **Zeichen links von** der **Einfügemarke** per Tastatur **löschen**.

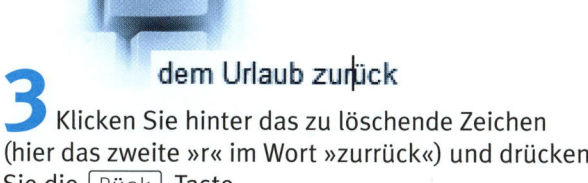

3 dem Urlaub zurück

Klicken Sie hinter das zu löschende Zeichen (hier das zweite »r« im Wort »zurrück«) und drücken Sie die [Rück]-Taste.

WordPad löscht das links von der Einfügemarke stehende Zeichen. Auf diese Weise lassen sich Schreibfehler im Text sehr einfach korrigieren. Mit der Taste [Entf] löschen Sie immer **Zeichen**, die rechts von der Einfügemarke stehen. Um ein Zeichen links von der Einfügemarke zu **entfernen**, drücken Sie die [Rück]-Taste. Danach können Sie fehlende Zeichen oder Textteile durch Eintippen ergänzen. Vielleicht passen Sie bei dieser Gelegenheit die noch im Textentwurf enthaltenen Fehler an.

> **Hinweis**
>
> Die obigen Techniken klappen nicht nur in WordPad, sondern auch beim Umbenennen von Datei- und Ordnernamen, bei Texteingaben in Dialogfelder oder in anderen Programmen wie beispielsweise Microsoft Word, Microsoft Excel etc.

Positionieren im Text

Die Einfügemarke können Sie an jeder Stelle im Text positionieren, indem Sie mit der Maus vor den jeweiligen Buchstaben klicken. Sie dürfen aber auch die sogenannten **Cursortasten** sowie weitere Tasten benutzen, um die Einfügemarke im Text zu bewegen. Nachfolgend finden Sie eine Aufstellung der wichtigsten Tasten und Tastenkombinationen, um die Einfügemarke im Text zu bewegen.

Tasten	Bemerkung
↑	Verschiebt die Einfügemarke im Text eine Zeile nach oben.
↓	Verschiebt die Einfügemarke im Text eine Zeile nach unten.
←	Verschiebt die Einfügemarke im Text ein Zeichen nach links in Richtung Textanfang.
→	Verschiebt die Einfügemarke im Text ein Zeichen nach rechts in Richtung Textende.
Strg + ←	Verschiebt die Einfügemarke im Text um ein Wort nach links.
Strg + →	Verschiebt die Einfügemarke im Text um ein Wort nach rechts.
Pos1	Drücken Sie diese Taste, springt die Einfügemarke an den Zeilenanfang.
Ende	Mit dieser Taste verschieben Sie die Einfügemarke an das Zeilenende.

Markieren von Texten

Bei bestehenden Texten kommt es häufiger vor, dass ganze Sätze oder Textteile gelöscht oder bearbeitet werden müssen. Sie können hierzu die Einfügemarke an den Anfang des Textbereichs setzen und dann die Entf-Taste so lange drücken, bis alle Zeichen gelöscht sind. Eleganter klappt das Löschen aber, wenn Sie den Text vorher **markieren**.

Fachwort

Der Begriff **markieren** kommt in Windows und in den zugehörigen Programmen häufiger vor. Sie können Dateien, Symbole, Ordner, Textbereiche oder Bildausschnitte mit der Maus markieren. Je nach Programm zeigt Windows den markierten Bereich mit einem farbigen Hintergrund oder durch eine gestrichelte Linie an.

Das Markieren lässt sich mit dem farbigen Auszeichnen eines Textes auf einem Blatt Papier vergleichen. In WordPad benutzen Sie hierzu den Textcursor, den Sie über den zu markierenden Text ziehen. Nehmen wir an, Sie möchten im Beispielbrief die Anrede »Marlene« ändern. Dann gehen Sie folgendermaßen vor:

1 Klicken Sie mit der Maus an den Anfang des zu markierenden Textbereichs.

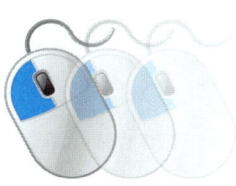

Hallo Marlene,

2 Halten Sie die linke Maustaste gedrückt und ziehen Sie die Maus zum Ende des Markierungsbereichs.

Der markierte Textbereich wird farbig hervorgehoben.

Hallo |

3 Drücken Sie die ⌈Entf⌋-Taste.

WordPad löscht den gesamten markierten Textbereich.

Hallo liebe Marlene,
hallo lieber Hans,|

4 Tippen Sie anschließend den neuen Text ein.

Ein markierter Bereich wird übrigens beim Eintippen direkt (auch ohne Löschen) durch den neuen Text ersetzt. Aber dies kennen Sie ja bereits aus Kapitel 2 vom Umbenennen von Dateien und Ordnern. Vielleicht korrigieren Sie zur Übung die in obigen Briefentwurf eingebrachten Fehler?

Tipp

Sie können **Texte** auch **über** die **Tastatur markieren**. Verschieben Sie die Einfügemarke an den Anfang des zu markierenden Bereichs. Anschließend halten Sie die Umschalt -Taste gedrückt und verschieben die Einfügemarke mit den oben beschriebenen Tasten im Text. WordPad markiert die jeweiligen Zeichen.

Und hier noch ein paar **Tipps zum Markieren** des Textes per Maus:

Doppelklicken Sie auf ein Wort, wird dieses markiert.

Ein Mausklick vor eine Zeile markiert die komplette Zeile.

Ein Dreifachklick auf ein Wort markiert den Absatz.

Drücken Sie die Tastenkombination Strg + A , wird das gesamte Dokument markiert.

Zum **Aufheben der Markierung** klicken Sie auf eine Stelle außerhalb des markierten Bereichs. Oder drücken Sie eine der Cursortasten (z. B.).

Tipp

Haben Sie einen Textbereich markiert, wirken alle Befehle auf den Inhalt der Markierung. Haben Sie irrtümlich etwas gelöscht oder eine unbeabsichtigte Änderung am Dokument vorgenommen? WordPad (und viele andere Programme) ermöglicht Ihnen, den (oder die) letzten Befehl(e) zurückzunehmen.

Wenn Sie die Tastenkombination Strg + Z drücken oder in der Symbolleiste für den Schnellzugriff auf die Schaltfläche *Rückgängig* klicken, wird die **letzte Änderung rückgängig** gemacht.

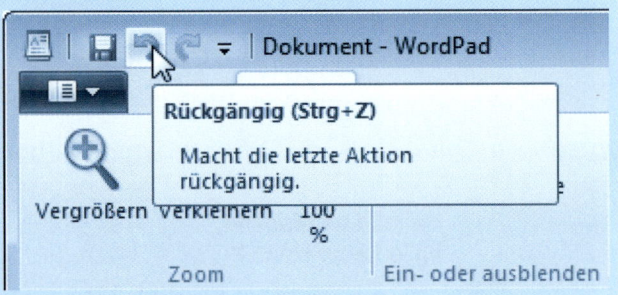

Die in der Symbolleiste rechts daneben befindliche Schaltfläche *Wiederholen* führt den letzten Befehl erneut aus.

Text ausschneiden, kopieren und verschieben

Abschließend stellt sich die Frage, wie sich größere Textbereiche in einem Dokument »verschieben« oder kopieren lassen. Dies ist vor allem bei der Übernahme bereits bestehender Texte äußerst hilfreich. Auch hierfür stellen Windows bzw. die betreffenden Programme entsprechende Funktionen bereit. Die nachfolgend beschriebenen Techniken lassen sich bei fast allen Windows-Anwendungen verwenden.

1 von Marlene Dir und .
Markieren Sie den auszuschneidenden oder zu verschiebenden Text (Zeichen, Wörter oder ganze Zeilen bzw. Abschnitte).

2 Wählen Sie den Befehl zum Ausschneiden oder Kopieren.

Diese Befehle lassen sich auf verschiedenen Wegen aufrufen:

Die Schaltfläche *Ausschneiden* mit der stilisierten Schere in der Gruppe *Zwischenablage* des Menübands oder die Tastenkombination Strg+X schneiden den markierten Bereich aus. Der markierte Bereich verschwindet im Dokumentfenster und wird in der Zwischenablage gespeichert.

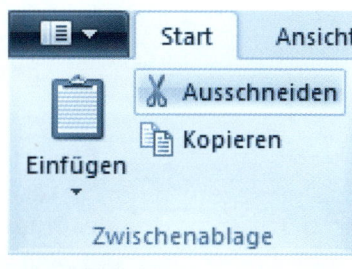

Die Schaltfläche *Kopieren* in der Gruppe *Zwischenablage* des Menübands oder die Tastenkombination Strg+C kopieren den markierten Dokumentbereich in die Zwischenablage.

In beiden Fällen wird der vorher markierte Bereich in die Windows- **Zwischenablage** übertragen.

Fachwort

Windows benutzt einen bestimmten Arbeitsspeicherbereich, der als **Zwischen-ablage** bezeichnet wird. Wählen Sie die Funktionen *Ausschneiden* oder *Kopieren*, fügt Windows den markierten Dokumentinhalt (Text, Bildbereiche, Dateinamen etc.) in die Zwischenablage ein. Mit dem Befehl *Einfügen* wird der Inhalt der Zwischenablage in das aktuelle Fenster eingefügt. Bei **Anwendungen mit** einer **Menüleiste** finden Sie zudem im Menü *Bearbeiten* die Befehle *Ausschneiden*, *Kopieren* und *Einfügen* zum Aufrufen der Funktionen. Der Inhalt der Zwischenablage geht verloren, wenn Sie den Rechner ausschalten. Beim Einfügen eines neuen markierten Bereichs wird der alte Inhalt der Zwischenablage überschrieben.

3 Marlene und |

Klicken Sie im Dokument auf die Text-stelle, an die der Inhalt der Zwischenablage eingefügt werden soll.

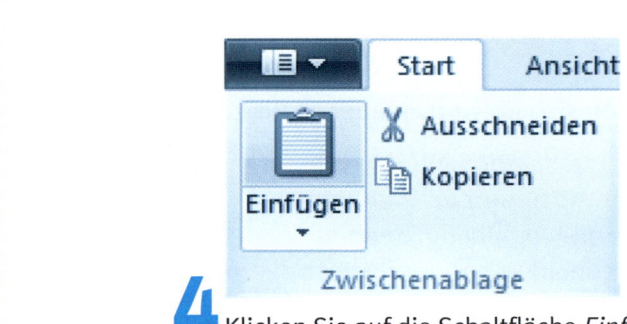

4 Klicken Sie auf die Schaltfläche *Einfügen* in der Gruppe *Zwischenablage* des Menübands oder drücken Sie die Tastenkombination ⌷Strg⌷+⌷V⌷.

Der **Text** wird dann aus der **Zwischenablage** an die **Einfügemarke** im Dokument eingefügt. von Marlene und Dir |

Sie haben mit dem letzten Schritt quasi den vorher markierten Text an die neue Position kopiert (oder verschoben, wenn vorher der Befehl *Ausschneiden* gewählt wurde). Im aktuellen Beispiel sollten Sie noch die ⌷Rück⌷-Taste drücken, um das Leerzeichen hinter dem eingefügten Text zu entfernen.

Fachwort

Beim Einfügen gibt es in WordPad noch eine Besonderheit. Klicken Sie auf den unteren Rand der *Einfügen*-Schaltfläche, lässt sich in einem Menü zwischen den Befehlen *Einfügen* und *Inhalte einfügen* wählen. Mit *Inhalte einfügen* lässt sich wählen, wie der Inhalt aus der Zwischenablage übernommen werden soll (z. B. nur Text oder Text mit Formatierung), während *Einfügen* sowohl Text als auch dessen Formatierung (siehe folgende Abschnitte) überträgt.

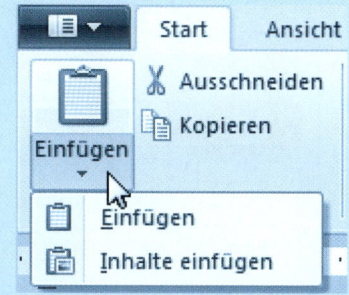

Sie können nicht nur einzelne Sätze, sondern ganze Abschnitte oder den ganzen Text markieren und diese in die Zwischenablage übernehmen. Anschließend lässt sich der Inhalt der Zwischenablage beliebig oft in das Dokument einfügen.

Der **Datenaustausch** über die **Zwischenablage** funktioniert auch **zwischen verschiedenen Fenstern**. Sie können zum Beispiel WordPad zweimal starten. Markieren Sie in einem Fenster den Text und übernehmen Sie diesen in die Zwischenablage. Dann wechseln Sie zum zweiten Fenster und fügen den Text aus der Zwischenablage wieder ein. Mit dieser Technik lassen sich sogar Teile einer Grafik ausschneiden bzw. in die Zwischenablage kopieren (siehe den nachfolgenden Abschnitt zu Paint). Wenn Sie dann zum WordPad-Fenster wechseln, lässt sich die **Grafik** aus der Zwischenablage **in das Textdokument einfügen**.

An dieser Stelle soll es mit den ersten Übungen genug sein. Sie können einen einfachen Text eingeben, Stellen markieren und auch korrigieren sowie mit der Zwischenablage arbeiten. Im nächsten Lernschritt speichern Sie den Text, laden diesen erneut und drucken das Ergebnis aus.

Textdokumente anlegen, speichern, laden und drucken

Nachdem Sie den obigen Brieftext zur Übung bearbeitet haben, möchten Sie diesen vielleicht aufbewahren, d. h. als Textdokument in Dateien speichern. Oder Sie haben bereits Textdokumente vorliegen, die Sie erneut zum Ansehen oder Bearbeiten laden und ausdrucken möchten. Zudem können Sie in WordPad auch neue Dokumente anlegen oder bestehende Dokumente drucken. Die nachfolgend gezeigten Schritte lassen sich auch auf andere Anwendungen wie Microsoft Word 2007 etc. anwenden.

Ein neues Dokument anlegen

Um ein neues (leeres) Dokument in WordPad zu erstellen, sind folgende Schritte erforderlich:

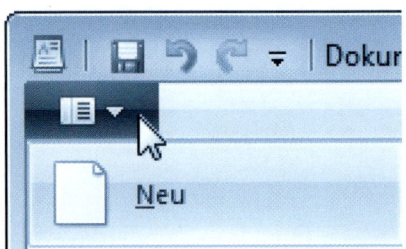

1 Klicken Sie auf die *WordPad*-Schaltfläche und wählen Sie im eingeblendeten Menü den Befehl *Neu*.

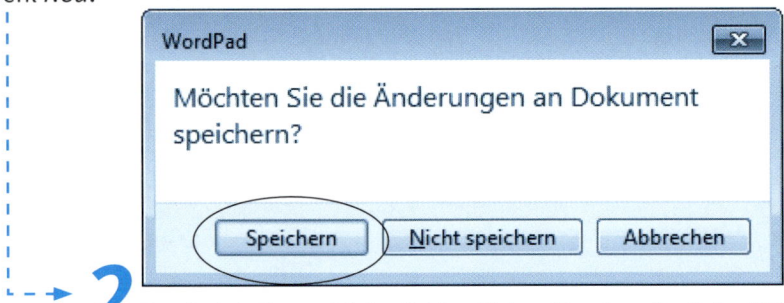

2 Erscheint dieses Dialogfeld, wählen Sie eine der Schaltflächen.

WordPad kann, im Gegensatz zu anderen Programmen wie Microsoft Word, nur jeweils ein Dokument bearbeiten. Das hier gezeigte Dialogfeld *WordPad* erscheint immer dann, wenn das Dokumentfenster (beim Schließen des Dokuments) noch nicht gesicherte Änderungen enthält. Über die *Speichern*-Schaltfläche lassen sich die Änderungen in einer Dokumentdatei sichern (siehe folgender Abschnitt), während *Nicht speichern* diese verwirft. Mit der *Abbrechen*-Schaltfläche gelangen Sie dagegen zum WordPad-Fenster mit dem aktuellen Dokument zurück.

Textdokumente mit WordPad speichern

Um einen in WordPad vorliegenden Text als Dokument in eine Datei zu speichern, sind folgende Schritte durchzuführen.

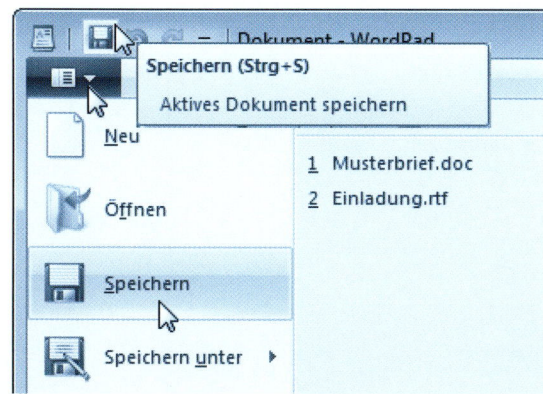

1 Klicken Sie in der Symbolleiste für den Schnell-zugriff auf die Schaltfläche *Speichern* oder drücken Sie die Tastenkombination Strg + S .

Alternativ können Sie die *WordPad*-Menüschaltfläche anklicken und im Menü den Befehl *Speichern* wählen. Die Reaktion hängt dann davon ab, ob ein neues Dokument in WordPad vorliegt oder ob dieses bereits aus einer Datei geladen wurde.

■ Bei einem bereits geladenen Dokument werden die Änderungen in der zugehörigen Datei gesichert, d. h., im WordPad-Anwendungsfenster passiert nichts.

■ Liegt dagegen ein neues Dokument vor, muss WordPad vor dem Spei-chern erst den Namen der Dokumentdatei und den Zielordner abfragen.

Bei neuen Dokumenten erscheint das Dialogfeld *Speichern unter* zur Aus-wahl des Zielordners, des Dateinamens und des Dateityps.

Textdokumente werden z. B. im Ordner *Eigene Dokumente* und dessen Unterordnern abgelegt.

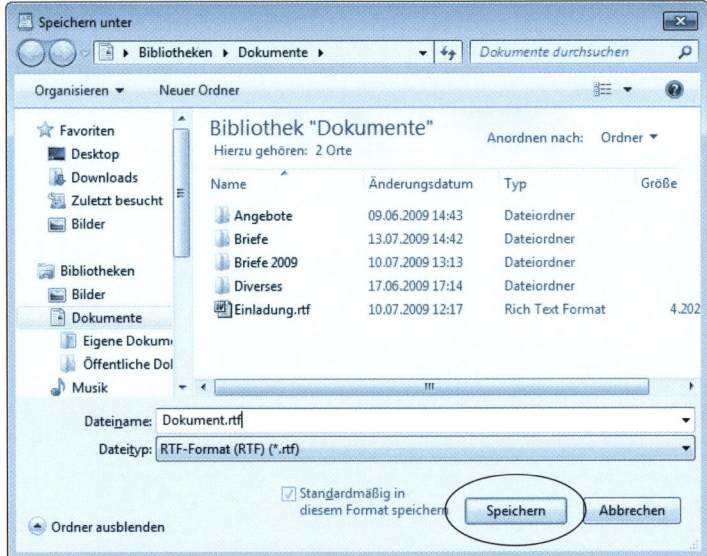

2 Legen Sie im Dialogfeld *Speichern unter* ggf. den Zielordner (z. B. *Eigene Dokumente/Briefe*) fest, in dem das Textdokument abgelegt werden soll.

Hinweis

Windows 7 kennt eine reduzierte und eine erweiterte Darstellung des Dialogfelds *Speichern unter*. Umschalten lässt sich die Darstellung über die in der linken unteren Ecke des Dialogfelds zu findende und mit *Ordner durchsuchen* bzw. *Ordner ausblenden* beschriftete Schaltfläche. Die zuletzt eingestellte Darstellung wird beim nächsten Öffnen des Dialogfelds benutzt. Die hier sichtbare erweiterte Darstellung zeigt die im Ordner enthaltenen Unterordner und Dateien. In dieser Darstellung können Sie wie in einem Ordnerfenster navigieren, d. h., ein Doppelklick auf den Unterordner öffnet diesen und zeigt dessen Inhalt an. Zudem lässt sich über die Symbole des Navigationsbereichs zu beliebigen Speicherorten wechseln. In der erweiterten Darstellung des Dialogfelds *Speichern unter* finden Sie in der Symbolleiste eine Schaltfläche *Neuer Ordner*, über die Sie einen Unterordner im aktuellen Ordner anlegen können. Klicken Sie in der erweiterten Darstellung des Dialogfelds mit der rechten Maustaste auf eine Datei, einen Ordner oder auf eine freie Stelle des Ordnerfensters, erscheint ein Kontextmenü. Abhängig vom angeklickten Bereich finden Sie – ähnlich wie in Kapitel 2 gezeigt – Befehle, um neue Unterordner anzulegen oder das markierte Element zu löschen bzw. umzubenennen. Weiterhin lässt sich – wie bei Ordnerfenstern – die Symbolgröße über die Schaltfläche *Ansichten* der Symbolleiste anpassen. Die hier beschriebenen Funktionen stehen übrigens auch im Dialogfeld *Öffnen* zur Verfügung.

3 Klicken Sie auf das Textfeld *Dateiname* und tippen Sie einen gültigen Dateinamen für das zu speichernde Textdokument ein.

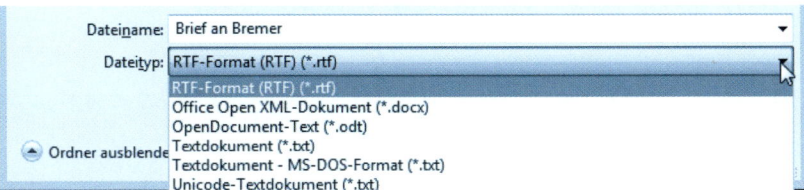

4 Wählen Sie ggf. im Listenfeld *Dateityp* noch den gewünschten Eintrag für das Dateiformat aus.

5 Klicken Sie dann auf die *Speichern*-Schaltfläche des Dialogfelds.

WordPad schließt das Dialogfeld und legt das Dokument in einer Datei im gewünschten Ordner ab. Die Datei erhält den von Ihnen gewählten Namen und eine Dateinamenerweiterung.

> **Hinweis**
>
> Die Erweiterung wie *.rtf* brauchen Sie im Dateinamen nicht anzugeben, da Word-Pad diese automatisch in Abhängigkeit vom Dateityp ergänzt. Die Auswahl des Dateiformats erfolgt im Listenfeld *Dateityp*. Falls die Anzeige der Dateinamenerweiterungen aktiviert ist, achten Sie aber darauf, dass die von WordPad zugewiesene Erweiterung beim Eintippen des neuen Dateinamens erhalten bleibt.
>
> Standardmäßig verwendet WordPad das RTF-Dateiformat (Dateinamenerweiterung *.rtf*). Dieses Dokumentformat kann neben dem Text auch Formatierungen und Bilder aufnehmen und wird durch Programme wie Microsoft Word unterstützt. Wählen Sie im Listenfeld *Dateityp* den Typ *Textdokument* (Dateinamenerweiterung *.txt*), speichert WordPad das Dokument als einfache Textdatei ab. Dadurch geht jedoch eine eventuell vorhandene Formatierung (siehe Folgeseiten) beim Speichern verloren.

Möchten Sie ein **geändertes Dokument,** dem bereits ein Dateiname zugewiesen wurde, **unter** einem **neuen Namen speichern**?

1 Klicken Sie in der linken oberen
Fensterecke auf die *WordPad*-Menü-
schaltfläche.

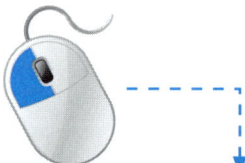

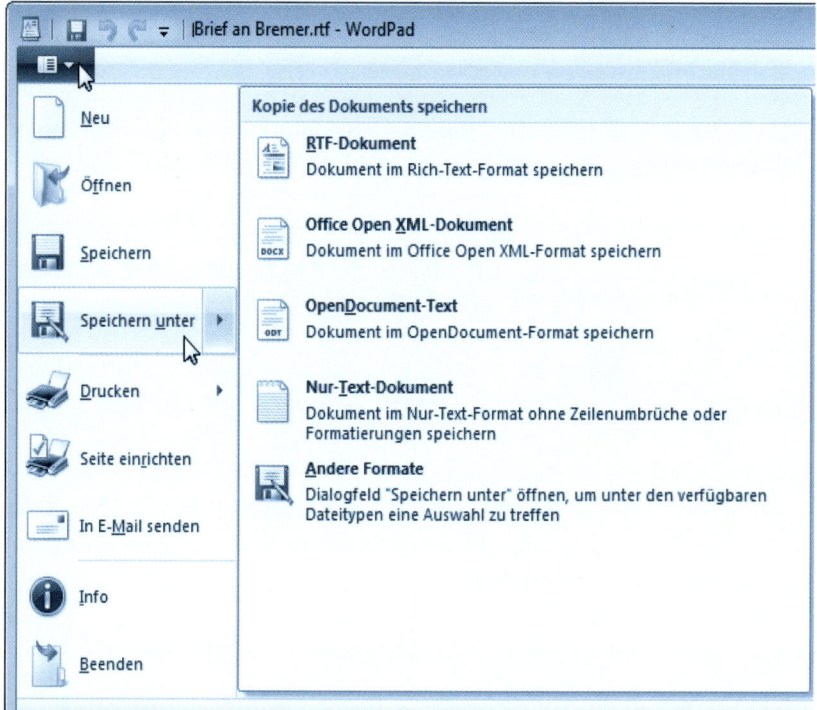

2 Anschließend wählen Sie im Menü den Befehl *Speichern unter*. Alternativ
können Sie auf den Befehl *Speichern unter* zeigen und dann im Untermenü
einen der Befehle zur Vorauswahl des Dateiformats anklicken.

3 Anschließend legen Sie im Dialogfeld *Speichern
unter* den Zielordner sowie den neuen Dateinamen
der Dokumentdatei fest und klicken dann auf die
Speichern-Schaltfläche.

Der letzte Schritt gleicht dem oben beschriebenen Speichern eines neuen Dokuments.

Hinweis

Sie können **WordPad** jederzeit (z. B. über den Befehl *Beenden* im Menü der *WordPad*-Schaltfläche oder über die *Schließen*-Schaltfläche in der rechten oberen Fensterecke) **beenden**. Sind noch **ungesicherte Änderungen** vorhanden, erscheint (wie bei vielen anderen Anwendungen) das im vorherigen Abschnitt erwähnte Dialogfeld *WordPad*. Über die mit *Speichern* oder *Nicht speichern* bezeichneten Schaltflächen können Sie die Änderungen sichern bzw. verwerfen. Die Schaltfläche *Abbrechen* verhindert das Schließen und Sie gelangen zum Fenster der Anwendung mit Ihrem ursprünglichen Text zurück.

Textdokumente in WordPad laden

In Dateien gespeicherte **Textdokumente** lassen sich in WordPad jederzeit **laden**. Normalerweise genügt dazu ein Doppelklick auf das im Ordnerfenster gezeigte Symbol der Dokumentdatei. Ist jedoch ein Programm wie Microsoft Word installiert, öffnet Windows das Dokument in diesem Programm. In einem Ordnerfenster können Sie zwar die Dokumentdatei markieren und dann im Menü der Schaltfläche *Öffnen* das Programm WordPad auswählen. Sie haben aber auch die Möglichkeit, das Dokument gezielt aus WordPad zu laden.

1 Wählen Sie (sofern in der Symbolleiste für den Schnellzugriff vorhanden, siehe folgenden Tipp) die Schaltfläche *Öffnen* oder drücken Sie die Tastenkombination Strg + O .

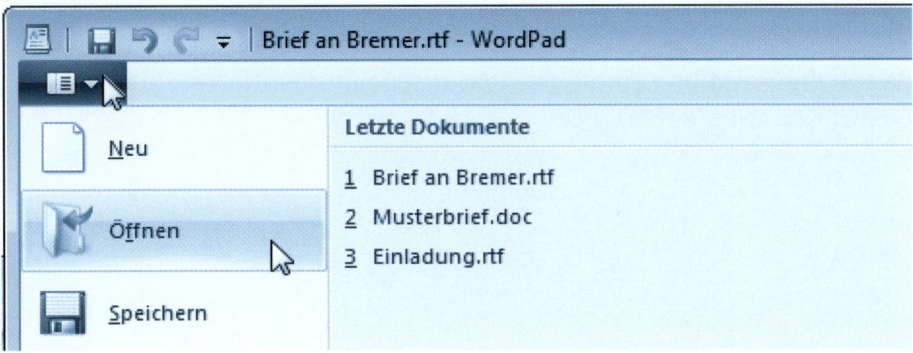

In WordPad lässt sich zudem (wie in Microsoft Office 2007/2010) auf die *WordPad*-Schaltfläche klicken. Wurde das Dokument erst kürzlich bearbeitet, reicht es, anschließend auf den Befehl *Öffnen* zu zeigen und dann im Untermenü in der rechten Menüspalte auf den Dokumentnamen zu klicken. Taucht das Dokument nicht in der rechten Spalte auf, wählen Sie im angezeigten Menü den Befehl *Öffnen*.

Tipp

WordPad ermöglicht Ihnen (ähnlich wie Microsoft Office 2007/2010), die Symbolleiste für den Schnellzugriff anzupassen und Schaltflächen für häufig benötigte Funktionen einzublenden.

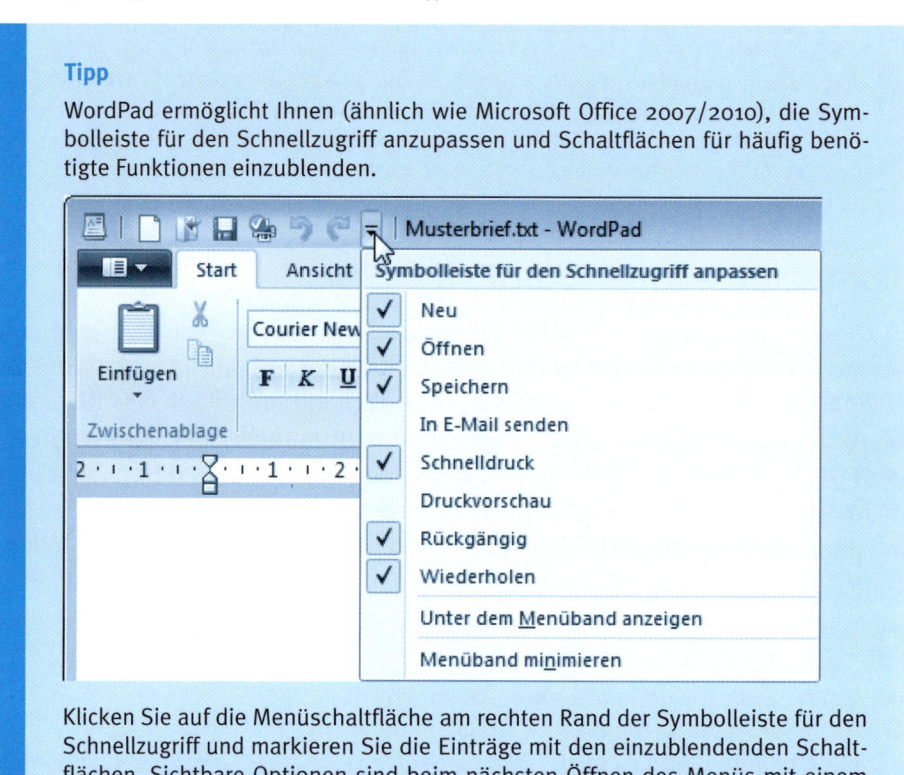

Klicken Sie auf die Menüschaltfläche am rechten Rand der Symbolleiste für den Schnellzugriff und markieren Sie die Einträge mit den einzublendenden Schaltflächen. Sichtbare Optionen sind beim nächsten Öffnen des Menüs mit einem Häkchen versehen und lassen sich durch erneute Anwahl wieder ausblenden.

Wurde die Funktion *Öffnen* gewählt, erscheint das Dialogfeld *Öffnen* zur Auswahl der Dokumentdatei.

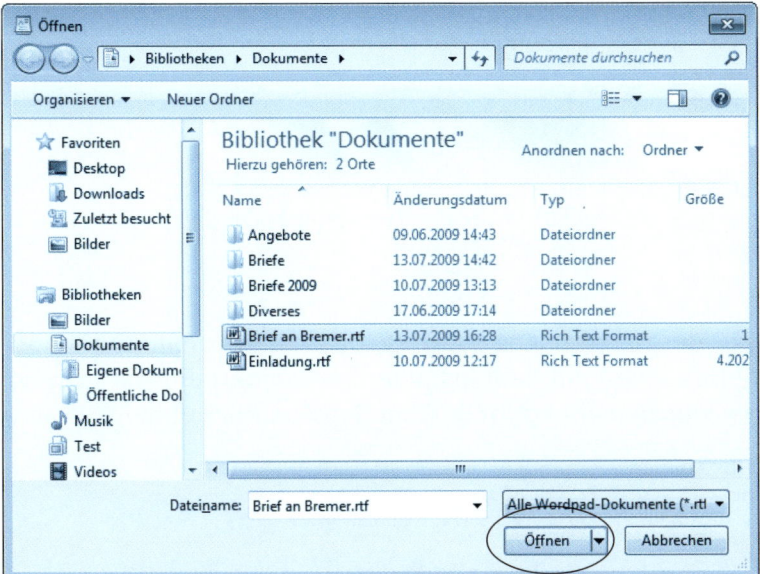

2 Wählen Sie, wie auf den vorherigen Seiten beim Speichern beschrieben, den Ordner aus, der die zu öffnende Datei enthält.

3 Klicken Sie auf die Datei, die Sie öffnen möchten,
und bestätigen Sie dies über die Schaltfläche *Öffnen*.

Das Dialogfeld wird geschlossen und das Dokument in WordPad zur Bearbeitung geladen.

Hinweis

Meist ist der Wert des Listenfelds für den Dateityp so eingestellt, dass alle von
der Anwendung unterstützten Dateitypen im Dialogfeld *Öffnen* angezeigt werden. Bei Bedarf können Sie über das Listenfeld einen Filter zur Auswahl der zu
ladenden Dokumenttypen setzen. WordPad kann nicht nur Dateien mit der Erweiterung *.rtf* öffnen. Über das Listenfeld *Dateityp* lassen sich auch reine Textdatei-
en mit der Erweiterung *.txt* laden. Zudem werden Dokumente aus OpenOffice.
org und Microsoft Word 2007 beim Laden unterstützt.

Textdokumente drucken

Das **Drucken** eines (Text-)**Dokuments** ist in WordPad (und in anderen Anwendungen) sehr einfach.

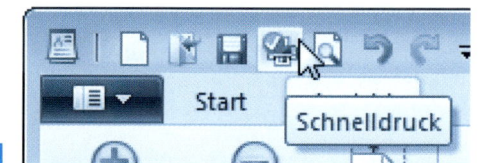

1 Klicken Sie, sofern eingerichtet (siehe vorherige Seiten), auf die Schaltfläche *Schnelldruck* in der Symbolleiste für den Schnellzugriff.

Die Anwahl der Schaltfläche bewirkt, dass die Anwendung sofort das komplette Dokument auf dem installierten Standarddrucker ausgibt. Benötigen Sie jedoch mehr Kontrolle über den Ausdruck, gehen Sie so vor:

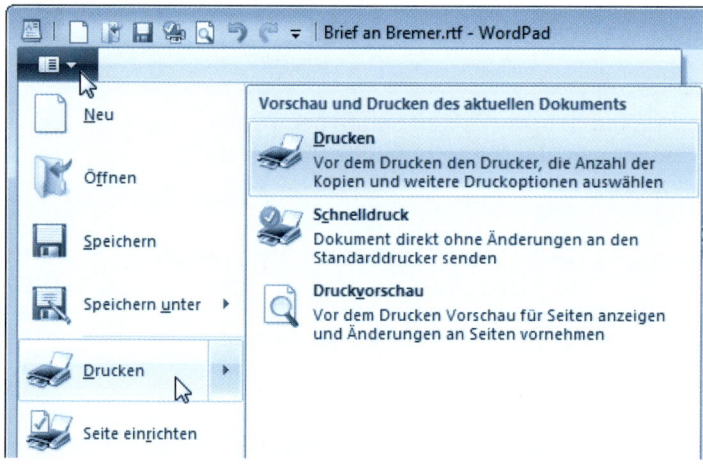

1 Klicken Sie auf die *WordPad*-Schaltfläche und wählen Sie den Befehl *Drucken* im Menü oder drücken Sie die Tastenkombination Strg + P .

Hinweis

Zeigen Sie auf den Befehl *Drucken*, lässt sich im Untermenü ebenfalls der Eintrag *Drucken* wählen. Der Befehl *Schnelldruck* gibt dagegen das gesamte Dokument ohne Nachfrage aus und entspricht einem Klick auf die *Schnelldruck*-Schaltfläche in der Symbolleiste für den Schnellzugriff.

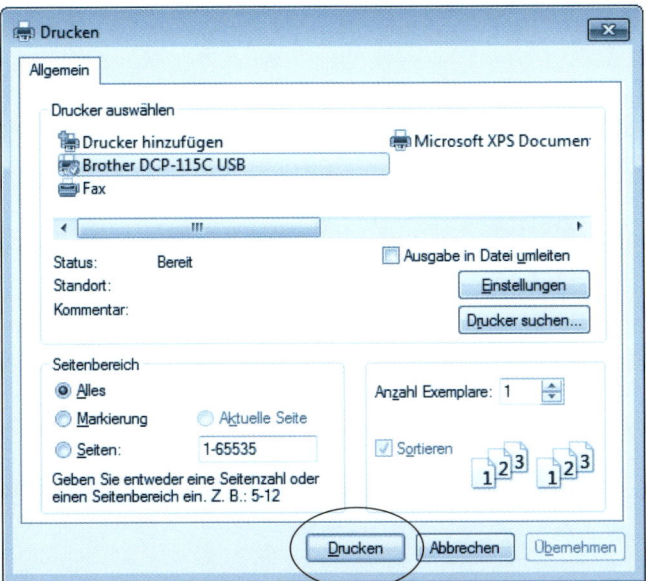

2 Legen Sie im Dialogfeld *Drucken* die Druckoptionen fest und klicken Sie danach auf die Schaltfläche *Drucken*, um die Druckausgabe zu starten.

Im Dialogfeld *Drucken* können Sie die Druckausgabe über verschiedene Optionen steuern:

■ Windows unterstützt verschiedene Drucker, wobei die Ausgabe normalerweise auf dem **Standarddrucker** erfolgt. Über das Feld *Drucker auswählen* können Sie ggf. den Drucker durch Anklicken eines Eintrags aus der Geräteliste auswählen. Der angezeigte Drucker »Microsoft XPS Document Writer« leitet die Ausgabe in eine *.xps*-Dokumentdatei um. Solche *.xps*-Dateien werden bei Anwahl durch einen Doppelklick standardmäßig im Internet Explorer angezeigt.

■ Möchten Sie nur einzelne Seiten eines Dokuments drucken? Klicken Sie auf das Optionsfeld *Seiten* und geben Sie die zu druckenden Seitenzahlen in der Form »11-22« oder »1;4;6« ein. Hatten Sie vor dem Aufruf der Druckfunktion einen Teil eines (Text-)Dokuments in der Anwendung markiert? Dann lässt sich das Optionsfeld *Markierung* wählen und die Anwendung druckt nur den markierten Dokumentausschnitt. Standardmäßig ist aber die Option *Alles* markiert, um das gesamte Dokument auszugeben.

■ Weiterhin können Sie über das Feld *Anzahl Exemplare* mehrere Kopien eines Ausdrucks anfertigen lassen. Dann wird das Kontrollkästchen *Sortieren* freigegeben. Wird die Option markiert, druckt die Anwendung die Dokumentseiten einer Kopie fortlaufend. Andernfalls werden für jede Seite des Dokuments die Kopien gedruckt und Sie müssen die Seiten manuell sortieren. Allerdings erfolgt der Ausdruck mehrerer Kopien bei Dokumenten mit vielen, aufwändig gestalteten Seiten (z. B. mit Fotos) im unsortierten Modus schneller.

Über die Schaltfläche *Einstellungen* des Dialogfelds können Sie ein zusätzliches Dialogfeld zum Einstellen der Druckereigenschaften (z. B. Papierformat, Ausdruck im Hoch- oder Querformat etc.) öffnen. Weitere Informationen zu diesen Funktionen finden Sie in der Hilfe.

Hinweis

Möchten Sie lediglich sehen, wie das Dokument im Ausdruck aussieht, ohne es gleich zu drucken? Dann klicken Sie in der WordPad-Symbolleiste für den Schnellzugriff auf die ggf. eingerichtete Schaltfläche *Druckvorschau*. Oder klicken Sie auf die *WordPad*-Schaltfläche und wählen Sie im Menü zum Befehl *Drucken* den Eintrag *Druckvorschau*.

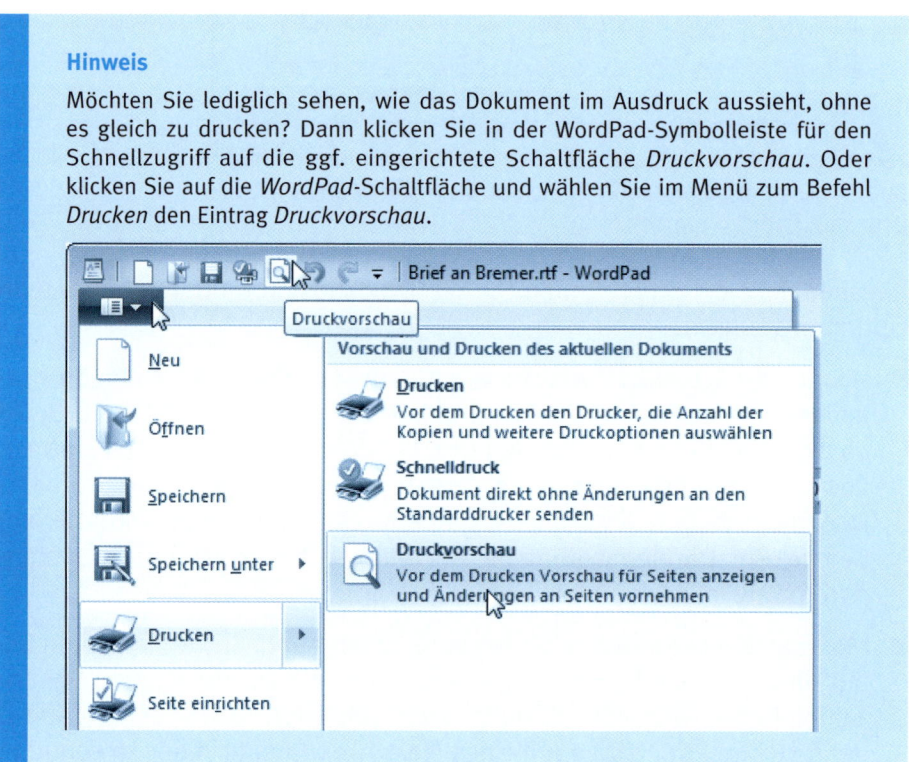

WordPad wechselt im Menüband zur Registerkarte *Druckvorschau* und zeigt dann das Dokument in einer **Vorschau** an. Über die Schaltfläche *Druckvorschau schließen* schalten Sie zur normalen Darstellung zurück.

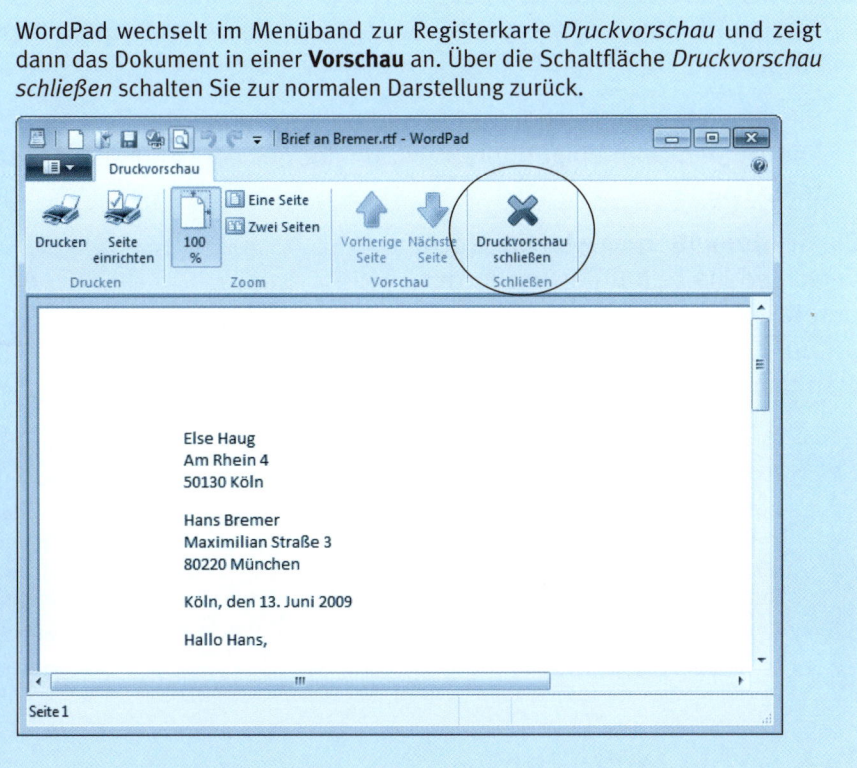

Textdokumente formatieren

Auf den vorhergehenden Seiten haben Sie gelernt, wie sich reiner Text in WordPad eingeben und bearbeiten lässt. Vermutlich haben Sie bereits häufiger Schriftstücke wie Briefe oder Einladungen bekommen, die besonders schön gestaltet waren. Das **Formatieren** Ihrer Dokumente funktioniert auch in WordPad. Nachfolgend möchte ich Ihnen eine kurze Einführung in die betreffenden Funktionen geben.

Zeichen formatieren

Sie können Textstellen in WordPad fett, kursiv oder unterstrichen hervorheben, durchstreichen, hoch-/tiefstellen sowie farbig auszeichnen. Um einen Text zu formatieren, haben Sie zwei Möglichkeiten:

- Sie markieren den betreffenden Text und weisen dann die betreffenden Zeichenformate zu. WordPad versieht den markierten Text mit dem Format.

- Sie aktivieren ein Zeichenformat und tippen danach den Text ein. Word-Pad versieht den eingetippten Text immer mit dem aktuell eingeschalteten Format.

Zur Textformatierung stehen Ihnen verschiedene Schaltflächen in der unteren Reihe der Gruppe *Schriftart* auf der Registerkarte *Start* des Menübands zur Verfügung.

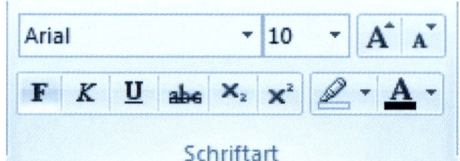

Tipp

Markieren Sie einen formatierten Text, erkennen Sie an den »eingedrückt« dargestellten Schaltflächen, welche Formate zugewiesen sind. Klicken Sie auf eine solche eingedrückte Schaltfläche, hebt WordPad diese Formatierung für den markierten Text wieder auf. Um herauszufinden, welche Funktion ein Element des Menübands ausführt, reicht es, auf dieses mit der Maus zu zeigen. Es erscheint eine QuickInfo mit einem Hinweis auf die betreffende Funktion.

Text farbig gestalten

Standardmäßig verwendet WordPad eine schwarze Schrift auf weißem »Papier«. Sie können aber die Textfarbe wählen und auch einzelne Stellen im Dokument farblich markieren.

1 Falls Sie einen farbigen Text benötigen, markieren Sie diesen und klicken auf den rechten Rand der Schaltfläche *Textfarbe*.

2 Dann öffnet sich eine Farbpalette und Sie können durch Anklicken eines Farbfelds die Textfarbe vorgeben.

Der markierte Text wird mit der gewählten Textfarbe versehen. Um eine Textfarbe wieder auf Schwarz zurückzusetzen, wiederholen Sie die Schritte, wählen aber den Farbwert »Automatisch« (dieser besitzt standardmäßig den Wert Schwarz). Die Schaltfläche behält übrigens die zuletzt gewählte Farbe bei, d. h., Sie können weitere Textbereiche markieren und diese durch einen Klick auf die Schaltfläche einfärben.

Um **Textstellen** (ähnlich dem Arbeiten mit einem Farbmarker) **mit** einer **Hintergrundfarbe** zu **markieren**, gehen Sie folgendermaßen vor.

1 Markieren Sie die gewünschte Textstelle (z. B. durch Ziehen per Maus).

2 Öffnen Sie die Farbpalette der Schaltfläche *Texthervorhebungsfarbe* und klicken Sie auf das Farbfeld für die Markierungsfarbe.

Die markierte Textstelle wird bereits beim Zeigen auf ein Feld der Farbpalette in der betreffenden Farbe »hervorgehoben«. Sobald Sie das Farbfeld anklicken, wird die Texthervorhebungsfarbe dem markierten Bereich zugewiesen. Zum Aufheben der Hervorhebung markieren Sie den betreffenden Textbereich erneut und weisen über das Farbfeld den Wert »Keine Farbe« zu.

Schriftart und Schriftgröße variieren

WordPad kann (markierte oder neu einzutippende) Texte auch in größerer oder kleinerer Schrift ausgeben. Der Fachbegriff für die Schriftgröße lautet **Schriftgrad** und die Maßeinheit ist **Punkt**.

1 Um Text etwas größer oder etwas kleiner darzustellen, markieren Sie diesen im WordPad-Fenster.

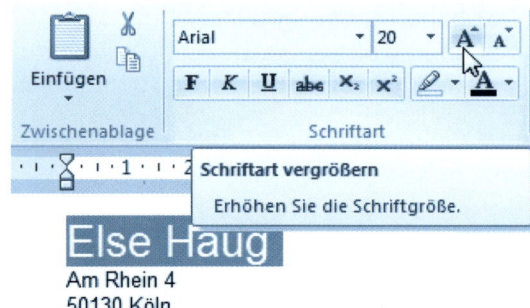

2 Anschließend klicken Sie in der Gruppe *Schriftart* des Menübands auf die Schaltfläche *Schriftart vergrößern* oder *Schriftart verkleinern*.

Bei jedem Mausklick auf eine Schaltfläche wird die Schriftgröße um eine Stufe verändert.

Sie können einem markierten (oder neu einzutippenden) Text auch gezielt eine Schriftgröße zuweisen.

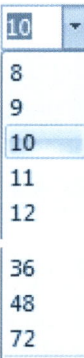

■ Hierzu reicht es, in der Gruppe *Schriftart* des Menübands auf das Kombinationsfeld *Schriftgrad* zu klicken, dann den gewünschten Wert einzugeben und die `Eingabe`-Taste zu drücken.

■ Alternativ können Sie die Schaltfläche am rechten Rand des Kombinationsfelds *Schriftgrad* anklicken und dann einen der in der Liste angezeigten Werte per Mausklick abrufen.

Der Text wird dann mit der ausgewählten Schriftgröße angezeigt. In Briefen wird meist ein Schriftgrad von 10 oder 11 Punkt benutzt. Absenderangaben im Fenster eines Briefkuverts lassen sich mit 8 Punkt formatieren. Überschriften lassen sich mit höheren Schriftgraden gestalten.

> **Fachwort**
>
> Ein **Kombinationsfeld** ermöglicht, sowohl einen Wert direkt in ein Textfeld einzutippen als auch einen Vorgabewert aus einer Liste auszuwählen. Ist keine Werteingabe, sondern nur die Auswahl einer Vorgabe aus einer Liste möglich, spricht man von einem **Listenfeld**.

Zur Darstellung von Texten werden sogenannte **Schriftarten** wie Times New Roman, Courier, Helvetica, Arial etc. verwendet.

1 Um einem Text eine neue Schriftart zuzuweisen, markieren Sie diesen.

2 Öffnen Sie das Kombinationsfeld *Schriftart* in der gleichnamigen Gruppe des Menübands und wählen Sie die gewünschte Schriftart aus.

Für Überschriften wählt man gerne »Arial«, während »Times New Roman« die Lesbarkeit längerer Texte verbessert.

Ähnlich wie bei der Textformatierung mit fetter oder kursiver Schrift können Sie auch einen Wert für die Schriftgröße oder die Schriftart im Menüband einstellen und dann einen neuen Text eintippen. Anschließend wird dieser neue Text entsprechend ausgezeichnet.

Experimentieren Sie doch einmal mit einem kurzen Text und den auf Ihrem System verfügbaren Schriftarten, -größen und -formaten. Hier habe ich einen Briefkopf formatiert. Die erste Zeile ist etwas größer und mit einer besonderen

Else Haug
Am Rhein 4
50130 Köln

Hans Bremer
Maximilian Straße 3
80220 München

Köln, den *13. Oktober 2009*

Schriftart, Gabriola, gesetzt. Der Empfänger wurde durch eine Texthervorhebungsfarbe markiert.

Und die Ortsangabe ist fett, die Datumsangabe kursiv und unterstrichen formatiert. Sie haben also bei der Formatierung von Schriftstücken mit WordPad viele Freiheiten. Achten Sie aber darauf, nicht zu viele unterschiedliche Schriftarten in Ihren Dokumenten gleichzeitig einzusetzen. Als Grundregel gilt, dass meist zwei Schriften reichen – in Briefen sollten Sie sogar nur eine Schriftart verwenden.

Absatzausrichtung für Texte

Neben der Formatierung einzelner Zeichen im Text (als Zeichenformatierung bezeichnet) lassen sich auch Absätze über **Absatzformate** gestalten. Bei vielen Schriftstücken ist es erwünscht, Textabsätze nicht linksbündig beginnen zu lassen, sondern eine Überschrift vielleicht zu zentrieren oder einige Zeilen rechtsbündig anzuordnen.

1 Markieren Sie den Text der betreffenden Absätze oder klicken Sie auf den Absatz, dem ein Absatzformat zuzuweisen ist.

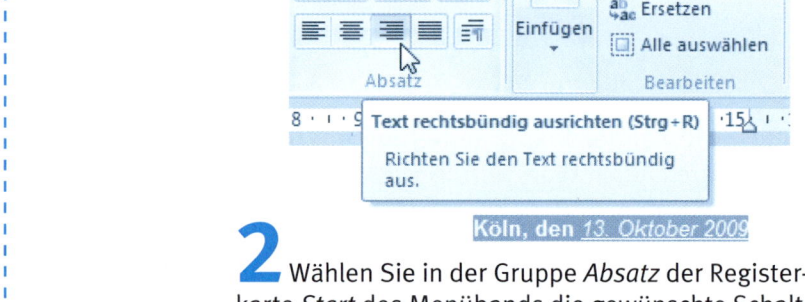

2 Wählen Sie in der Gruppe *Absatz* der Registerkarte *Start* des Menübands die gewünschte Schaltfläche für das Absatzformat.

Über die Schaltflächen in der unteren Reihe können Sie die Absatztexte linksbündig, rechtsbündig oder zentriert zwischen linkem und rechtem Rand ausrichten. Die Schaltfläche *Blocksatz* bewirkt, dass Absatztexte sowohl am rechten als auch am linken Rand (wie beim Zeitungsdruck) ausgerichtet werden. Im in Schritt 2 gezeigten Beispiel wurde die Orts- und Datumsangabe im Briefkopf mittels der Schaltfläche *Text rechtsbündig ausrichten* an den rechten Rand verschoben.

> **Tipp**
>
> Welcher Modus gerade aktiv ist, sehen Sie (neben der Textausrichtung) auch an der »eingedrückt« dargestellten Schaltfläche. Beim Zeigen auf die Schaltfläche erscheint eine QuickInfo mit einem Hinweis auf die Funktion. Das **Ausrichten** bezieht sich auf den **markierten Textbereich** oder den aktuellen **Absatz**.

Aufzählungen, Nummerierungen, Einzüge

Manchmal sollen Absätze mit einem vorangestellten **Schmuckpunkt** oder einer Nummerierung optisch hervorgehoben werden. Man bezeichnet solche hervorgehobenen Absätze auch als **Aufzählungen** und **Nummerierungen**. In WordPad lässt sich so etwas mit wenigen Mausklicks realisieren.

1 Markieren Sie die Zeilen bzw. Absätze, die als Aufzählung erscheinen oder mit einer Nummerierung versehen werden sollen.

2 Weisen Sie über die Schaltfläche *Liste starten* der Gruppe *Absatz* auf der Registerkarte *Start* des Menübands das gewünschte Format zu.

WordPad setzt nun vor die ersten Zeilen der Absätze einen kleinen Punkt (auch **Schmuckpunkt**, **Aufzählungszeichen** oder **Bullet** genannt) oder erzeugt eine Nummerierung. Besteht ein Absatz aus mehreren Zeilen, werden die Folgezeilen an den Anfang der ersten Zeile angepasst. Man sagt dazu auch, dass die **Folgezeilen** zur gleichen **Spalte** der ersten Zeile **eingezogen** werden.

Wählen Sie direkt die Schaltfläche *Liste starten* per Mausklick an, um die **zuletzt gewählte Option** (Nummerierung oder Aufzählung) als Format **zuzuweisen**.

Klicken Sie den rechten Rand der Schaltfläche (wie hier gezeigt) an, öffnet sich eine Palette zur Auswahl der Aufzählungs- und Nummerierungsvarianten. Hier sehen Sie einen Beispieltext mit einer Aufzählung und einer Nummerierung.

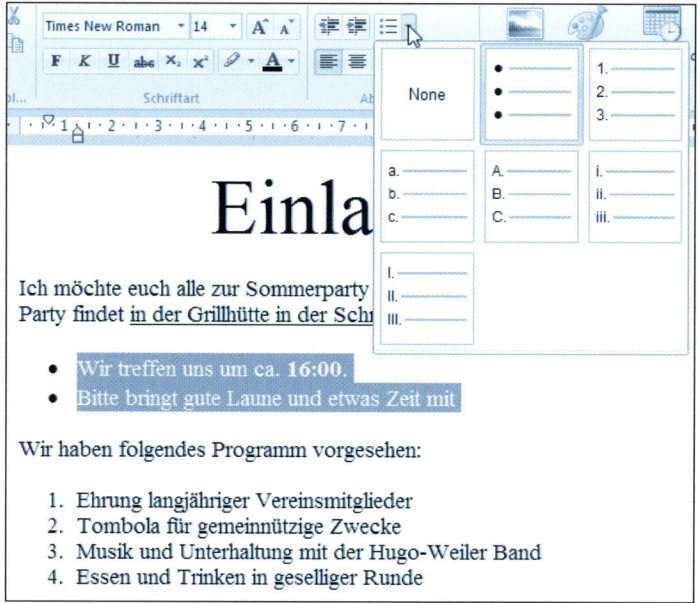

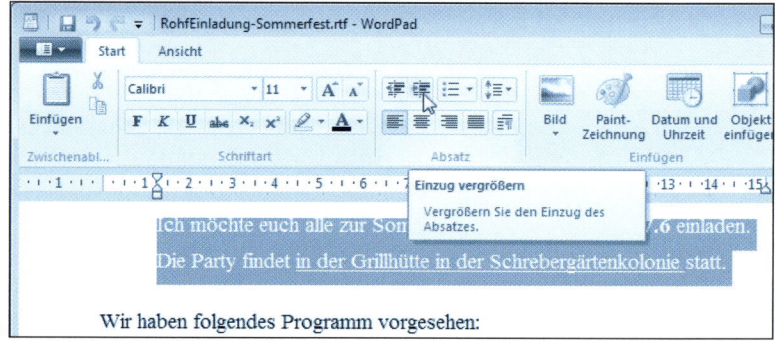

3 Um einen Absatz am linken Rand etwas nach rechts einzuziehen, können Sie den Text anklicken und dann die Schaltfläche *Einzug vergrößern* in der Gruppe *Absatz* anklicken.

Jeder Mausklick rückt den aktuellen oder die markierten Absätze am linken Rand um ein Stück nach rechts. Die benachbarte Schaltfläche *Einzug verkleinern* nimmt diesen Einzug wieder zurück.

Tipp

Alternativ können Sie die **Randsteller** im Lineal verwenden, um einen markierten Dokumentabschnitt am linken bzw. rechten Rand einzuziehen.

Ziehen Sie einfach den Randsteller per Maus nach links oder rechts, um den Zeilenanfang bzw. das Zeilenende zu justieren. Der Erstzeileneinzug ermöglicht, die erste Zeile eines Absatzes gegenüber den Folgezeilen nach links bzw. rechts einzuziehen.

Der Farbübergang zwischen Weiß und Blau innerhalb des Lineals signalisiert übrigens den linken/rechten Rand. Im Menü der *WordPad*-Schaltfläche finden Sie den Befehl *Seite einrichten*, um das Dialogfeld zum Anpassen der Seitenränder zu öffnen.

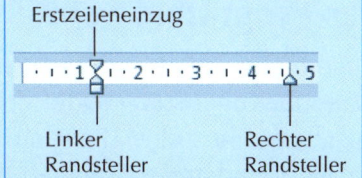

Um einen Text mit vergrößertem **Zeilenabstand** (z. B. für Korrekturanmerkungen in Ausdrucken) zu versehen, markieren Sie diesen.

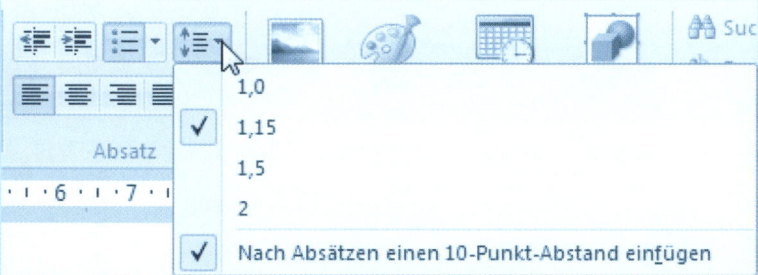

Anschließend lässt sich der Zeilenabstand über das Menü der Schaltfläche *Zeilenabstand* anpassen. Der Befehl *Nach Absätzen einen 10-Punkt-Abstand einfügen* ist beim Start von WordPad aktiviert und erhöht den Abstand einzelner Absätze.

Hinweis

Es wurde bereits erwähnt: Die obigen Anweisungen lassen sich meist auch in anderen Anwendungen wie Microsoft Word 2007 nutzen. Auch andere Programme wie Microsoft Excel, OpenOffice.org Writer bzw. Calc besitzen die gleichen oder zumindest ähnliche Schaltflächen, um solche Formate zuzuweisen. Je nach Programm stehen aber mehr Formate zur Verfügung. Konsultieren Sie bei Bedarf die jeweilige Programmhilfe oder die von mir bei Markt+Technik veröffentlichten Easy-Titel zu Microsoft Office.

Arbeiten mit Grafiken

Windows 7 enthält das Programm *Paint*, mit dem sich Bilder bearbeiten oder kleine Zeichnungen erstellen lassen. Nachfolgend lernen Sie die wichtigsten Techniken zum Arbeiten mit Grafiken kennen. Diese Techniken lassen sich häufig auch in anderen Grafikbearbeitungsprogrammen verwenden.

Das Programm Paint im Überblick

Aufgerufen wird Paint im Startmenü über die Befehle *Alle Programme/Zubehör/ Paint*. Nach dem Start meldet sich das Programm mit einem leeren Programmfenster, welches eine Titelleiste mit der Symbolleiste für den Schnellzugriff und ein Menüband mit mehreren Registerkarten sowie die *Paint*-Schaltfläche enthält. Diese Elemente kennen Sie bereits aus dem WordPad-Fenster.

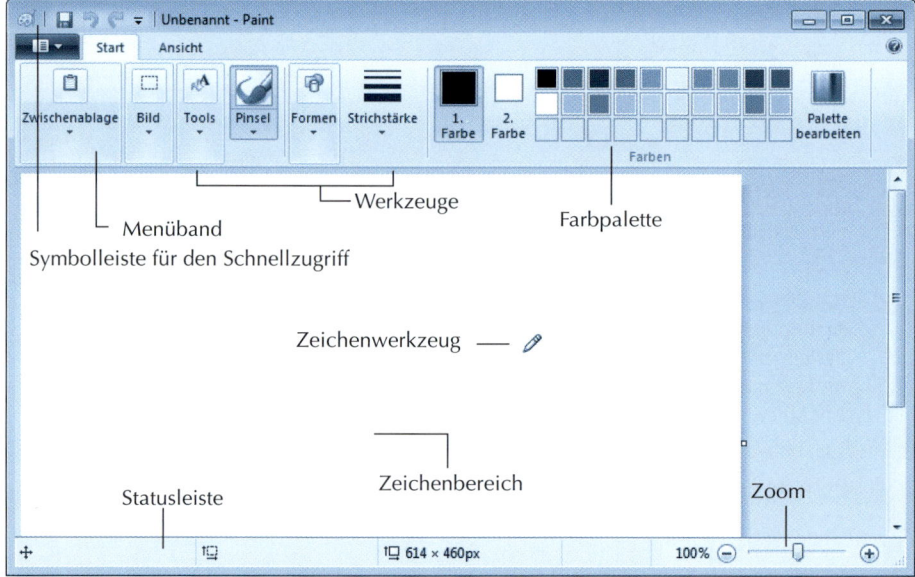

Im Menüband finden Sie verschiedene Gruppen mit Schaltflächen zur Auswahl von Werkzeugen, Formen, Strichstärken etc. Das Menüband enthält auch eine **Farbpalette** zur Auswahl der Zeichenfarben. Klicken Sie auf eines der Felder *1. Farbe* und *2. Farbe* und dann auf ein Farbfeld, setzt dies die Vordergrundfarbe (Feld *1. Farbe*) bzw. die Hintergrundfarbe (Feld *2. Farbe*) des Werkzeugs. Neu ist zudem der **Zeichenbereich**. Befindet sich der Mauszeiger in diesem Bereich, nimmt er die Form eines Stifts, eines Kreuzes oder des zuletzt gewählten Zeichenwerkzeugs an.

Linien und Figuren zeichnen

Mit Paint können Sie ohne großen Aufwand Linien, Striche oder einfache geometrische Figuren zeichnen. Hierzu führen Sie die folgenden Schritte aus:

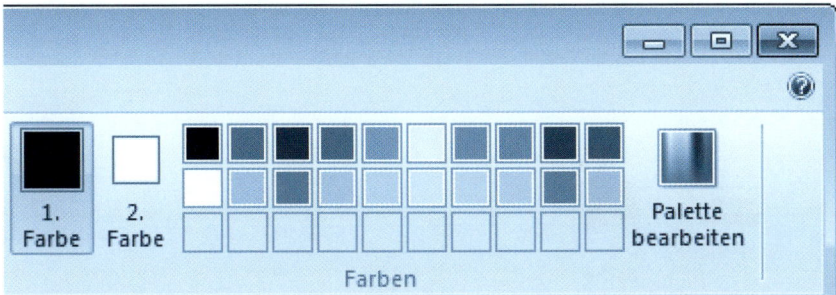

1 Klicken Sie mit der linken Maustaste auf das Feld *1. Farbe* und dann auf die gewünschte Farbe in der Farbpalette, um die Vordergrundfarbe für ein Werkzeug festzulegen.

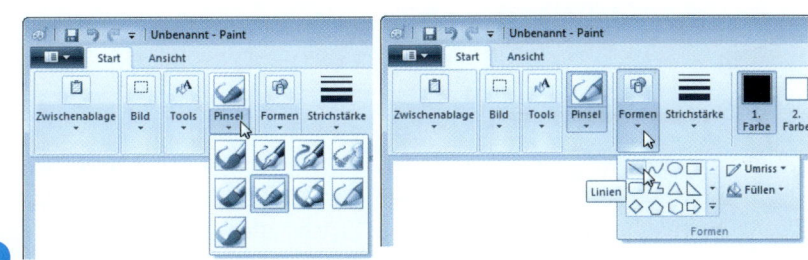

2 Wählen Sie das gewünschte Zeichenwerkzeug (z. B. den Stift, einen Pinsel oder ein Formwerkzeug) im Menüband.

Die Werkzeugauswahl erfolgt auf der Registerkarte *Start* über die Gruppen *Tools*, *Pinsel* oder *Formen*.

■ In der Gruppe *Tools* steht ein Zeichenstift bereit, während in *Pinsel* diverse Zeichenpinsel verfügbar sind. Mit den Pinseln und dem Stift können Sie Freihandlinien zeichnen.

■ Über die Gruppe *Formen* können Sie Linien oder Formen (Flächen) als Werkzeug wählen.

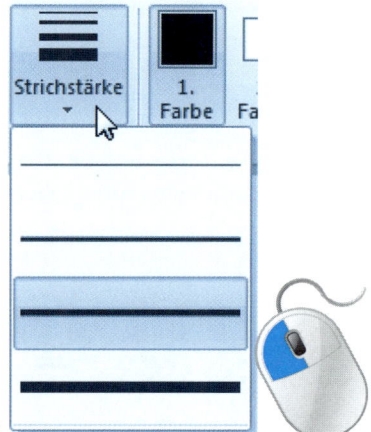

3 Je nach gewähltem Werkzeug können Sie über die Gruppe bzw. Gruppenschaltfläche *Strichstärke* noch die Strich- oder Liniendicke einstellen.

Hier sehen Sie die geöffnete Palette der Gruppenschaltfläche *Strichstärke*, in der eine Linienstärke ausgewählt werden kann. Bei Auswahl eines Pinsels lässt sich die Pinseldicke wählen.

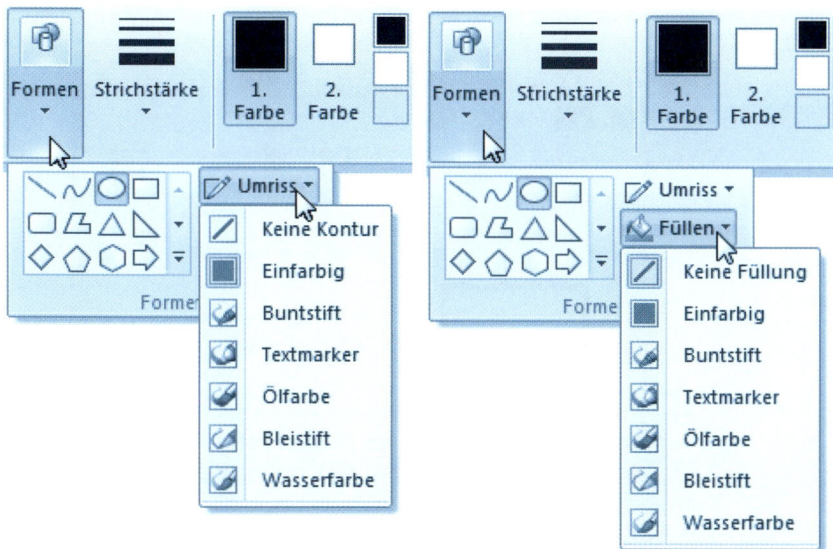

4 Bei Bedarf können Sie über die Gruppe bzw. Gruppenschaltfläche *Formen* noch die Menüschaltflächen *Umriss* und *Füllen* anklicken und dort einen Modus für den Pinsel oder die Füllung wählen.

Über die Paletten lässt sich z. B. vorgeben, ob die Figur durch eine Umrisslinie oder als gefüllte Figur mit bzw. ohne Umrisslinie zu zeichnen ist.

5 Zeigen Sie im Zeichenbereich auf einen Punkt, ziehen Sie das Zeichenwerkzeug bei gedrückter linker (oder rechter) Maustaste über den Zeichenbereich und lassen Sie danach die Maustaste wieder los.

Die Werkzeuge *Pinsel* und *Stift* zeichnen bei gedrückter Maustaste Freihandlinien.

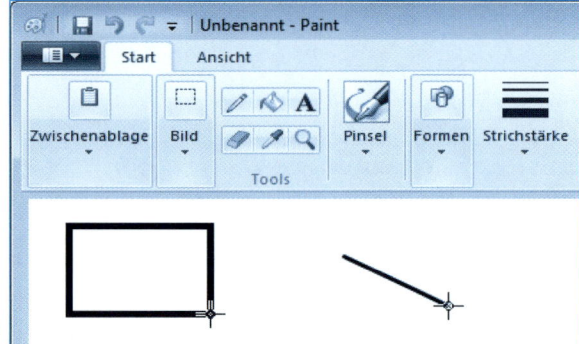

6 Beim Werkzeug *Linie* oder bei den Formwerkzeugen
klicken Sie auf einen Anfangspunkt, halten die Maustaste gedrückt und bewegen den Mauszeiger zum diagonalen Punkt.

Beim Ziehen wird bereits die Figur stilisiert dargestellt. Sobald Sie die Maustaste loslassen, wird eine Linie, ein Rechteck (mit oder ohne abgerundete Ecken) oder ein Kreis bzw. eine Ellipse gezeichnet.

Hinweis

Die linke Maustaste zeichnet die Linien in der Vordergrundfarbe, während die rechte Maustaste die Hintergrundfarbe beim Zeichnen zuweist. Bei Figuren mit Umrisslinien bestimmt die gedrückte Maustaste ebenfalls die Farbe der Umrisslinie und ggf. der Füllung. Durch Verwendung der linken oder rechten Maustaste lassen sich die zum Zeichnen der Linien und Füllungen verwendeten Farben umkehren (z. B. Füllung mit Vordergrundfarbe und Umriss mit Hintergrundfarbe).

Tipp

Beim Linienwerkzeug ist es mitunter schwierig, eine horizontale, vertikale oder im Winkel von 45 Grad verlaufende Linie zu zeichnen. Wenn Sie die Umschalt-Taste beim Zeichnen der Linien gedrückt halten, lässt Paint nur Zeichenwinkel von 0, 45 oder 90 Grad zu. Bei den Formen *Rechteck* und *Oval* bewirkt die Umschalt-Taste, dass ein Quadrat bzw. ein Kreis beim Ziehen mit der Maus gezeichnet wird.

Mit dem Werkzeug *Vieleck* lassen sich kompliziertere Figuren durch Aneinanderfügen mehrerer Linien zeichnen. Klicken Sie einfach an den Anfangspunkt. Ziehen Sie die Maus zum nächsten Punkt und lassen Sie die Maustaste los. Paint verbindet beide Punkte durch eine Linie. Klicken Sie per Maus auf weitere Punkte, verbindet Paint diese mit dem jeweils vorhergehenden Punkt durch eine Linie. Ein Doppelklick schließt das Vieleck durch eine Linie zwischen dem letzten Punkt und dem Ausgangspunkt.

Figuren füllen und Zeichnungen beschriften

Haben Sie ein Vieleck, einen Kreis, ein Rechteck oder eine andere Fläche gezeichnet? Geschlossene **Figuren** (Flächen) lassen sich auch nachträglich mit Farbe **füllen**.

1 Legen Sie über die Farbpalette die gewünschte Füllfarbe durch Anklicken des betreffenden Farbfelds fest.

2 Klicken Sie in der Gruppe *Tools* der Registerkarte *Start* auf die Schaltfläche des Werkzeugs *Mit Farbe füllen*.

Paint zeigt bereits nach Auswahl des Werkzeugs einen Farbeimer als Mauszeiger.

3 Klicken Sie in die zu füllende Figur, um diese mit der Farbe zu füllen.

Achten Sie aber darauf, dass die Figur keine »Löcher« hat, da die Farbe sonst über die gesamte »Zeichnung« läuft.

> **Tipp**
>
> Ist Ihnen beim Zeichnen oder Füllen einer Figur ein Fehler unterlaufen? Ein solches Malheur lässt sich durch Drücken der Tastenkombination ⎡Strg⎤+⎡Z⎤ rückgängig machen. Alternativ können Sie die Schaltfläche *Rückgängig* in der Symbolleiste für den Schnellzugriff wählen.

Gelegentlich sollen Skizzen und **Zeichnungen beschriftet** werden. Mit dem Werkzeug *Text* ist dies kein Problem.

1 Legen Sie über die Farbpalette die Textfarbe fest und wählen Sie im Menüband auf der Registerkarte *Start* in der Gruppe *Tools* die Schaltfläche *Text*.

2 Klicken Sie auf eine Stelle in der Zeichnung, oder ziehen Sie mit der Maus den Textrahmen auf.

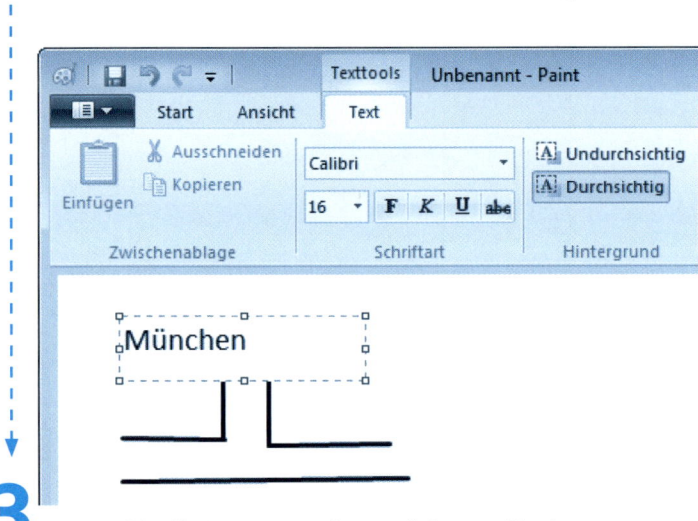

3 Lassen Sie die Maustaste los und tippen Sie den gewünschten Text in den blau gestrichelten Rahmen ein.

4 Bei Bedarf können Sie auf der nun eingeblendeten Registerkarte *Text* in der Gruppe *Schriftart* die Schriftart, den Schriftgrad sowie die Formatierung (Fett, Kursiv, Unterstrichen) ändern. Zudem lässt sich die Größe des Markierungsrahmens durch Ziehen mit der Maus anpassen.

Sobald Sie auf eine Stelle neben dem Markierungsrahmen des Textkästchens klicken, wird der Text an der aktuellen Position in der Zeichnung fixiert. Der Text lässt sich anschließend nicht mehr bearbeiten, da dieser jetzt quasi als »Bild« in der Zeichnung enthalten ist. Sie haben aber die Möglichkeit, den Text mit dem Werkzeug *Radiergummi* zu entfernen.

Hinweis

Beim Werkzeug *Text* zeigt Paint übrigens noch zwei Schaltflächen auf der Registerkarte *Text* in der Gruppe *Hintergrund* des Menübands an. Die Schaltfläche *Durchsichtig* bewirkt, dass der Hintergrund des Textkästchens mit dem aktuell eingetippten Text transparent dargestellt wird. Die Schaltfläche *Undurchsichtig* zeichnet den eingetippten Text in einem mit der gewählten Hintergrundfarbe gefüllten Rechteck.

Mit dem Werkzeug *Farbauswahl* der Gruppe *Tools* der Registerkarte *Start* können Sie die Vorder- und Hintergrundfarbe direkt in der Zeichnung (anstelle der Farbpalette) wählen. Sie müssen lediglich innerhalb der Zeichnung den gewünschten Farbpunkt mit der linken oder rechten Maustaste anklicken.

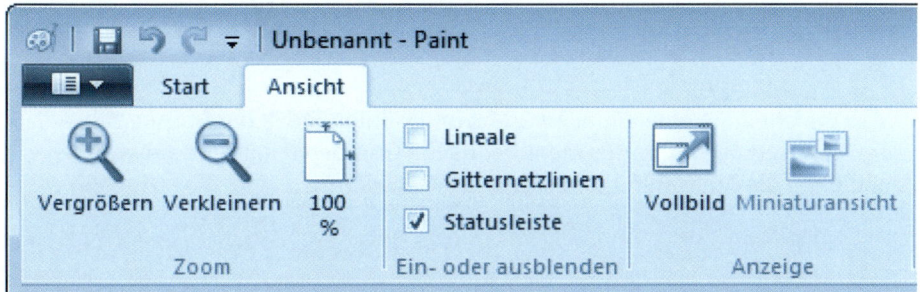

Auf der Registerkarte *Ansicht* können Sie Lineale und Gitternetzlinien über Kontrollkästchen aus- und einblenden. Sie finden zudem zwei Schaltflächen in der Gruppe *Zoom*, um den Bildausschnitt zu vergrößern und wieder zurückzunehmen. Der Schieberegler rechts in der Statusleiste von Paint ermöglicht ebenfalls die stufenlose Anpassung des Zoomfaktors.

Bildteile ausschneiden, kopieren und einfügen

Im Abschnitt zu WordPad haben Sie die Funktionen zum Markieren, Ausschneiden, Kopieren und Einfügen von Text kennengelernt. Ähnliche Funktionen stehen Ihnen auch unter Paint für Grafikbereiche zur Verfügung.

1 Öffnen Sie ein neues leeres Zeichenblatt, indem Sie
im Menü der *Paint*-Schaltfläche den Befehl *Neu* wählen.

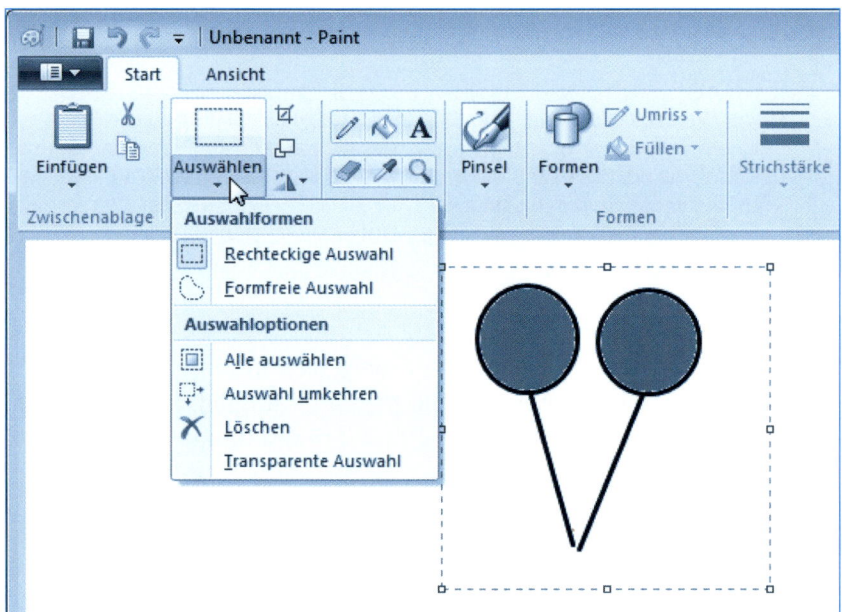

2 Erstellen Sie eine einfache Grafik und wählen Sie in der Gruppe *Bild* auf
der Registerkarte *Start* des Menübands die Gruppenschaltfläche *Auswählen*
und dann die Auswahlform *Rechteckige Auswahl*.

3 Klicken Sie auf einen Punkt der Grafik
und ziehen Sie den Mauszeiger bei gedrückter
linker Maustaste zu einem diagonalen Punkt.

Paint markiert den **Bereich** mit einem gestrichelten Rechteck. Sobald Sie
die linke Maustaste loslassen, wird dieses Rechteck als Markierung fixiert.
Auf ähnliche Weise können Sie das Werkzeug *Formenfreie Auswahl* verwenden. Dieses ermöglicht Ihnen, einen freien Ausschnitt der Zeichnung
bei gedrückter linker Maustaste zu markieren.

4 Anschließend können Sie den markierten Grafik-
bereich z. B. über den Befehl *Löschen* der Palette *Auswählen* löschen oder über die Schaltflächen der Gruppe
Zwischenablage ausschneiden bzw. kopieren.

Die Funktionen »Ausschneiden«, »Kopieren« und (aus der Zwischenablage erneut) »Einfügen« lassen sich (wie bei WordPad) über die Gruppe
Zwischenablage der Registerkarte *Start* des Menübands oder über die
folgenden Tastenkombinationen abrufen:

Strg + X	Schneidet den markierten Bereich aus und kopiert diesen in die Zwischenablage. Der markierte Bereich verschwindet und wird durch die Hintergrundfarbe ersetzt.
Strg + C	Kopiert den markierten Bereich in die Zwischenablage. Die Zeichnung wird dabei nicht verändert.
Strg + V	Der Inhalt der Zwischenablage wird in die linke obere Ecke des Zeichenbereichs als Markierung eingefügt. Sie können diesen markierten Bereich per Maus an jede beliebige Stelle der Zeichnung ziehen.

Diese Tastenkombinationen und Schaltflächen haben Sie bereits bei Word-
Pad kennengelernt. Windows verwendet bei allen Programmen diese Tastenkombinationen, um markierte Bereiche auszuschneiden, zu kopieren
und wieder einzufügen.

5 Drücken Sie jetzt die Tastenkombination
Strg + C oder wählen Sie die Schaltfläche
Kopieren in der Gruppe *Zwischenablage* des
Menübands, um den markierten Bildbereich
in die Zwischenablage zu kopieren.

6 Betätigen Sie anschließend die Tastenkombination
Strg + V oder wählen Sie die Schaltfläche *Einfügen* in der
Gruppe *Zwischenablage* des Menübands, um den Inhalt der
Zwischenablage wieder in das Fenster einzufügen.

Der Inhalt der Zwischenablage wird als Ausschnitt in die linke obere Bildecke eingefügt und muss zur gewünschten Position im Dokument gezogen werden.

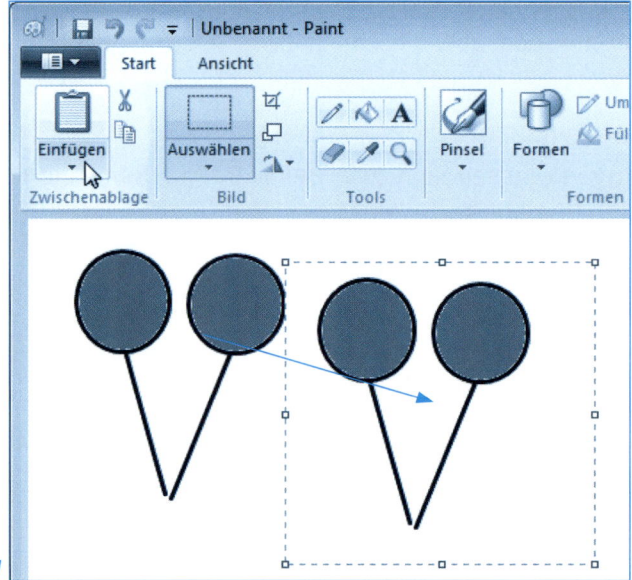

7 Zeigen Sie in der linken oberen Ecke auf den markierten Bereich mit dem eingefügten Bild und ziehen Sie den markierten Teil bei gedrückter linker Maustaste an die gewünschte Stelle in der Zeichnung.

8 Klicken Sie auf einen Punkt außerhalb der Markierung.

Mit dem letzten Schritt heben Sie die Markierung wieder auf und das Teilbild wird in die Zeichnung eingefügt.

> **Hinweis**
>
> Sie haben es beim letzten Schritt vielleicht schon gemerkt: Wenn Sie einen Teil einer Zeichnung markieren, lässt sich dieser per Maus verschieben. Bilder lassen sich nicht nur in Paint wieder einfügen. Sie können ein Bild in Paint erstellen, dieses markieren und in die Zwischenablage kopieren. Anschließend wechseln Sie z. B. zu WordPad und fügen das Bild mit Strg+V aus der Zwischenablage in den Text ein. Auf diese Weise können Sie Ihre Texte mit Grafiken dekorieren.

Alternativ haben Sie in WordPad (und in anderen Textbearbeitungsprogrammen) die Möglichkeit, Grafiken aus Dateien in den Text einzufügen. Meist findet sich ein entsprechender Befehl im Menü *Einfügen*. Bei WordPad verwenden Sie in der Gruppe *Einfügen* der Registerkarte *Start* des Menübands die Schaltfläche *Bild*, um das Dialogfeld zur Auswahl der einzufügenden Grafikdatei zu öffnen.

Scannen von Vorlagen

Besitzen Sie einen Scanner zur digitalen Erfassung von Fotos und anderen Vorlagen, der sich über einen USB-Anschluss mit dem Computer verbinden lässt? Sofern dieser Scanner durch Windows 7 unterstützt wird bzw. vom Hersteller mit WIA-Treibern für Windows 7 versorgt wird, können Sie mit wenigen Schritten Fotos oder andere Vorlagen einscannen.

1 Schließen Sie den Scanner an den Computer an, schalten Sie das Gerät ein und legen Sie die gewünschte Vorlage (Buch, Foto, Zeitungsausschnitt etc.) auf das Vorlagenglas.

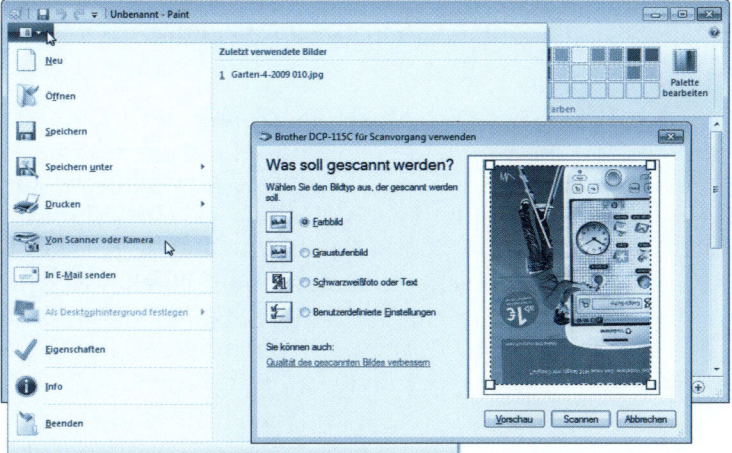

2 Starten Sie das Grafikprogramm Paint über den Zweig *Alle Programme/Zubehör/Paint* des Startmenüs.

3 Klicken Sie im Paint-Programmfenster (hier im Hintergrund sichtbar) auf die in der linken oberen Ecke sichtbare *Paint*-Menüschaltfläche und wählen Sie im Menü den Befehl *Von Scanner oder Kamera*.

4 Legen Sie im Dialogfeld *»Scannername« für Scanvorgang verwenden* (hier im Vordergrund sichtbar) die Scanoptionen fest und klicken Sie dann auf die Schaltfläche *Scannen*.

Die Scanoptionen lassen sich durch Markieren der Optionsfelder im Scandialog vorgeben. Weiterhin können Sie über den Hyperlink *Qualität des gescannten Bildes verbessern* Einstellungen wie Kontrast und Helligkeit des Scans variieren. Sobald der Scanvorgang abgeschlossen ist, wird das Dialogfeld geschlossen und das Bild in den Paint-Dokumentbereich übertragen. Sie können dann das gescannte Motiv ggf. über die Schaltflächen der Gruppe *Bild* drehen oder beschneiden. Anschließend lässt sich das Ganze in einer Grafikdatei speichern (siehe folgende Seiten).

Speichern, Laden und Drucken in Paint

Mit den auf den vorhergehenden Seiten beschriebenen Funktionen können Sie in Paint Zeichnungen, Einladungen oder Bilder bearbeiten und Vorlagen einscannen. Sobald Sie ein Bild in Paint vorliegen haben, lässt sich das Ergebnis in einer Datei speichern, später erneut laden und ggf. ausdrucken. Zum Speichern einer Zeichnung gehen Sie folgendermaßen vor:

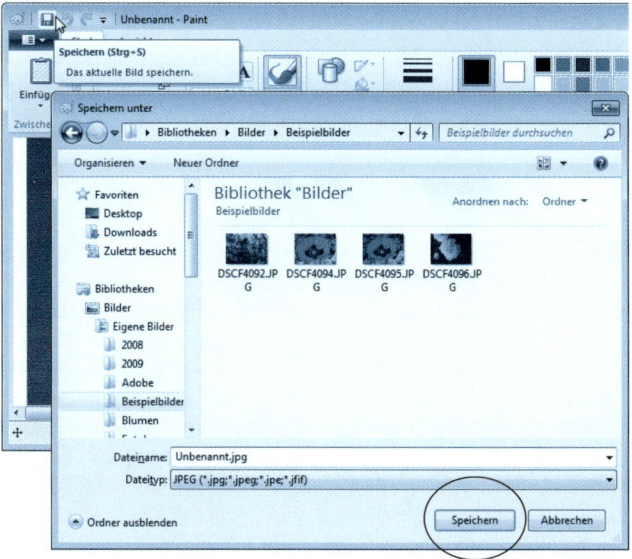

1 Wählen Sie in der Symbolleiste für den Schnellzugriff die *Speichern*-Schaltfläche oder drücken Sie die Tastenkombination ⎡Strg⎤+⎡S⎤.

2 Legen Sie im Dialogfeld *Speichern unter* den Zielort (z. B. den Ordner *Bilder*) zum Speichern fest.

3 Tippen Sie in das Feld *Dateiname* den Dateinamen ein und bestimmen Sie bei Bedarf im Listenfeld *Dateityp* noch das Ausgabeformat.

4 Klicken Sie auf die Schaltfläche *Speichern*, um das Bild in der Datei zu sichern.

Die Vorgehensweise entspricht exakt dem Speichern von Textdokumenten unter WordPad. Lediglich die Dateitypen weichen von den Vorgaben für Textdokumente ab. Sobald Sie die Schaltfläche *Speichern* wählen, legt Paint eine neue Datei an und speichert das Bild darin. Das Dialogfeld *Speichern unter* erscheint allerdings nur beim ersten Speichern eines neuen

Bildes. Existiert die Datei bereits, sichert die *Speichern*-Schaltfläche in Paint die Änderungen ohne weitere Nachfrage. Um ein geladenes Foto unter einem neuen Namen zu sichern, klicken Sie auf die *Paint*-Schaltfläche und dann im Menü auf den Befehl *Speichern unter*.

Hinweis

Paint kann die Bilder in verschiedenen Grafikformaten speichern. Das JPEG-Format eignet sich z. B. besonders gut zum Speichern von Fotos, weil es die Daten komprimiert. Dies führt zwar zu sehr kompakten Dateien, hat aber den Nachteil, dass durch das Komprimieren beim Speichern ein nicht mehr umkehrbarer Qualitätsverlust eintritt. Dies ist z. B. ein Problem, wenn Fotos mehrfach geladen, bearbeitet und wieder gespeichert werden. Da Paint allerdings kaum Funktionen zur Fotobearbeitung bietet, ist dies unkritisch. Verwenden Sie zur Fotobearbeitung die im nächsten Kapitel beschriebenen Funktionen. Um Grafiken und Bilder verlustfrei zu speichern, werden andere Grafikformate benutzt. Das BMP-Format (*.bmp*) kann von vielen Windows-Programmen gelesen werden und ermöglicht Bilder in Schwarzweiß (Monochrom) oder mit 16, 256 oder 16,8 Millionen Farben zu speichern. Die 16,8 Millionen Farben werden durch den Dateityp *24-Bit-Bitmap* gespeichert. Je mehr Farben Sie beim Speichern wählen, umso größer wird die Datei. Weiterhin unterstützt Paint auch Grafikformate wie GIF, PNG und TIFF. TIFF ist ein Format, welches sich besonders gut zur (unkomprimierten) Speicherung von Grafiken und Fotos eignet, die auf andere Computertypen (Macintosh, Linux) übertragen werden sollen. PNG wird ebenfalls genutzt, da sich damit Grafiken verlustlos in komprimierter Form speichern lassen.

Bilder, die den Dateityp *.bmp*, *.tif*, *.gif*, *.jpg* oder *.png* aufweisen, lassen sich in Paint **laden**. Es kann sich hierbei um selbst erstellte Bilder oder Zeichnungen sowie um Fotos und Scans handeln. Weiterhin können Sie auch Bilder aus anderen Quellen in Paint laden und bearbeiten. Im Ordner *Beispielbilder* werden von Windows zum Beispiel einige *.jpg*-Dateien gespeichert. Das **Laden eines Fotos** oder einer Grafik funktioniert ähnlich wie das Laden eines Textdokuments in WordPad.

1 Starten Sie das Programm *Paint* und wählen Sie im Menü der *Paint*-Schaltfläche den Befehl *Öffnen*. Alternativ können Sie auch die Tastenkombination `Strg`+`O` zum Aufruf des Dialogfelds *Öffnen* verwenden.

2 Stellen Sie im Listenfeld *Dateityp* ggf. den Dateityp ein (oder belassen Sie diesen auf »Alle Bilddateien«).

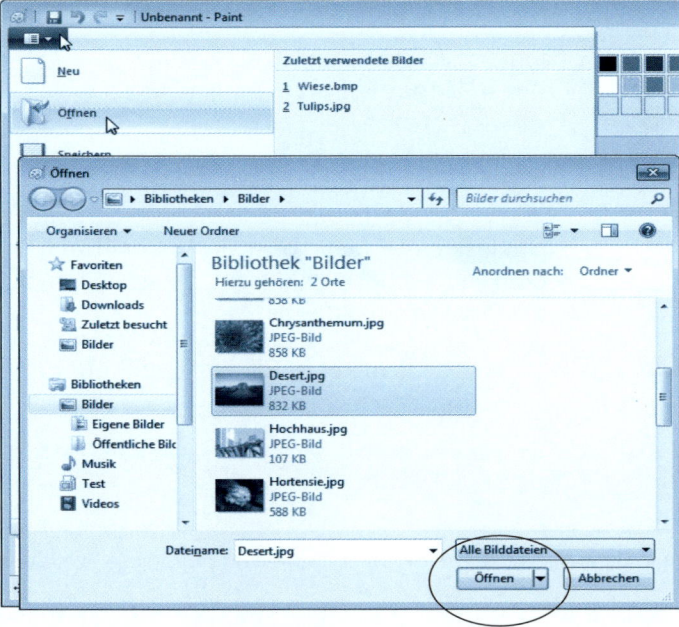

3 Wählen Sie im Dialogfeld *Öffnen* den Ordner mit den Dateien aus.

4 Klicken Sie auf die gewünschte Bilddatei und bestätigen Sie dies über die Schaltfläche *Öffnen*.

Paint schließt das Dialogfeld, öffnet die gewählte Bilddatei und zeigt das Ergebnis in Zeichenbereich. Sie können dieses Bild anschließend bearbeiten, speichern und/oder drucken.

Hinweis

Paint merkt sich, wie viele andere Windows-Programme, die Namen der zuletzt bearbeiteten Dateien. Sie finden die Namen dieser Dateien im Menü der *Paint*-Schaltfläche, wenn Sie auf den Befehl *Öffnen* zeigen.

Möchten Sie in Paint geladene **Bilder auf einem Drucker ausgeben**? Dies funktioniert wie beim Drucken von Textdokumenten in WordPad:

1 Wählen Sie im Menü *Paint*-Schaltfläche den Befehl *Drucken*. Alternativ können Sie auch direkt die Tastenkombination Strg + P drücken.

2 Legen Sie im Dialogfeld *Drucken* die Druckoptionen fest (siehe weiter oben im Abschnitt zum Drucken von WordPad-Dokumenten) und klicken Sie auf die *Drucken*-Schaltfläche.

Anschließend wird das Bild je nach Drucker in Schwarzweiß oder in Farbe ausgegeben.

Hinweis

Paint besitzt eine Reihe weiterer Funktionen, die in diesem Buch nicht vorgestellt werden. Rufen Sie notfalls die Paint-Hilfe auf, um mehr über diese Funktionen zu erfahren.

Testen Sie Ihr Wissen

Nachdem Sie dieses Kapitel durchgearbeitet haben, verfügen Sie über die Grundkenntnisse zur Gestaltung von Textdokumenten. Zudem können Sie einfache Zeichnungen erstellen und mit der Zwischenablage arbeiten. Vielleicht überprüfen Sie Ihr Wissen und die neu gewonnenen Fähigkeiten anhand der folgenden Übungen?

- **Erstellen Sie einen Text mit WordPad und speichern Sie diesen in eine Datei.**

(Lesen Sie im Kapitel die Schritte zum Arbeiten mit WordPad und zum Speichern eines Dokuments.)

- **Wie lässt sich in WordPad ein Text formatieren?**

(Indem Sie den Text markieren und dann die gewünschten Formate über die entsprechenden Format-Schaltflächen zuweisen.)

- **Wie laden Sie ein Bild in Paint?**

(Sie starten Paint, wählen im Menü der Paint-Schaltfläche den Befehl Öffnen, wählen die Bilddatei und klicken auf die Schaltfläche Öffnen.)

- **Wie können Sie einen Bildausschnitt kopieren?**

(Verwenden Sie das Auswahl-Werkzeug und markieren Sie den Bildausschnitt. Drücken Sie die Tastenkombination [Strg]+[C], um den Bildausschnitt in die Zwischenablage zu kopieren. Fügen Sie den Ausschnitt über [Strg]+[V] aus der Zwischenablage wieder ein. Danach können Sie den eingefügten und noch markierten Ausschnitt mit der Maus an die gewünschte Stelle im Bild verschieben.)

- **Wie lässt sich ein Bild oder Scan beschneiden?**

(Markieren Sie den gewünschten Bildausschnitt mit den auf den vorhergehenden Seiten beschriebenen Techniken. Anschließend klicken Sie auf der Registerkarte Start des Menübands in der Gruppe Bild auf die Zuschneiden-Schaltfläche.)

Im nächsten Kapitel erfahren Sie, welche Funktionen Windows zum Anzeigen, Verwalten und Bearbeiten von Fotos bietet.

Kapitel 4

Fotos und Bilder

Digitalkameras, das Internet oder Scanner bieten Ihnen die Möglichkeit, Fotos und Bilder in digitaler Form auf den Computer zu übernehmen. Dieses Kapitel zeigt Ihnen, wie Sie Fotos von einer Digitalkamera auf den Rechner übertragen und dann unter Windows verwalten. Zudem lernen Sie die verschiedenen Funktionen zur Anzeige und Bearbeitung von Fotos oder Bilddateien kennen.

Fotoimport und -verwaltung

Mit der breiten Verfügbarkeit von Digitalkameras fallen Fotos in elektronischer Form an. Zudem lassen sich Vorlagen von Scannern erfassen. Nachfolgend erfahren Sie, wie Sie Bilder von Digitalkameras, Speicherkarten oder CDs/DVDs auf den Computer übertragen, wo diese gespeichert werden und wie Sie Bildersammlungen organisieren.

Fotos zum Computer übertragen

Möchten Sie Fotos von einer Digitalkamera, einem Fotohandy oder einer Foto-CD/-DVD auf den Computer übertragen, um diese dort zu speichern, zu verwalten oder zu bearbeiten? Sie können die folgenden Schritte verwenden, um die Fotos auf den Computer zu übernehmen.

1 Schließen Sie das Gerät (Kamera, Handy) per USB-Kabel an den Computer an und schalten Sie es ein oder legen Sie den Datenträger (Speicherkarte, Foto-CD/-DVD) in das entsprechende Laufwerk ein.

2 Sobald das Dialogfeld *Automatische Wiedergabe* erscheint, klicken Sie auf den Befehl *Bilder und Videos importieren*.

Windows sollte dann den Importassistenten zur Übernahme der Fotos vom betreffenden Medium starten. Fotohandys müssen sich gegenüber Windows in der Regel als Wechseldatenträger ausgeben, um erkannt zu werden.

Digitalkameras, die den Digital Storage Class-Standard oder das Picture Transfer Protocol (PTP) unterstützen, verhalten sich gegenüber Windows ebenfalls wie ein Wechseldatenträger. Falls eine Kamera diese Standards nicht unterstützt, liefern die Gerätehersteller manchmal Treiber zur Kameraansteuerung mit. Wichtig ist dann aber, dass sogenannte WIA-Treiber für Windows 7 mitgeliefert werden. Da dies für ältere Digitalkameras meist nicht der Fall ist, empfiehlt es sich, die Speicherkarte der Kamera zu entnehmen und direkt in einen Speicherkartenleser am Rechner einzulegen. Dies schont nicht zuletzt auch die Akkus der Kamera.

Hinweis

Falls das Dialogfeld *Automatische Wiedergabe* nicht erscheint oder bereits geschlossen wurde, können Sie das Ordnerfenster *Computer* (z. B. über das Startmenü) öffnen. Klicken Sie das Symbol des Wechseldatenträgers mit der rechten Maustaste an und wählen Sie den Kontextmenübefehl *Automatische Wiedergabe öffnen*. Fehlt dieser Befehl, wählen Sie den Eintrag *Als tragbares Gerät öffnen*.

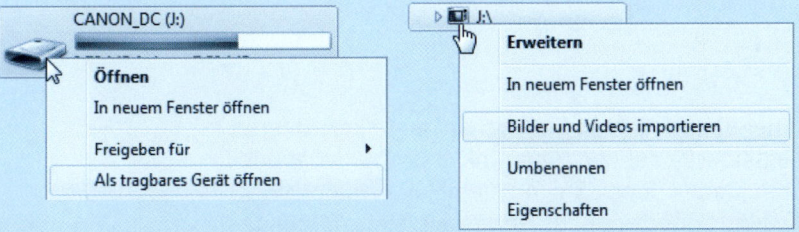

Windows wird jetzt ein zweites Laufwerkssymbol im Ordnerfenster einblenden. Klicken Sie im Navigationsbereich des Ordnerfensters auf das neue Laufwerkssymbol und wählen Sie den Kontextmenübefehl *Bilder und Videos importieren*. Dann sollte der Importassistent starten.

Sobald das Dialogfeld *Bilder und Videos importieren* des Importassistenten erscheint, wird das Speichermedium nach Fotos durchsucht. Dies kann bei CDs und DVDs eine ganze Weile dauern. Der Assistent informiert Sie mit einer Fortschrittsanzeige im Dialogfeld (nachfolgend im Hintergrund sichtbar) über diesen Schritt.

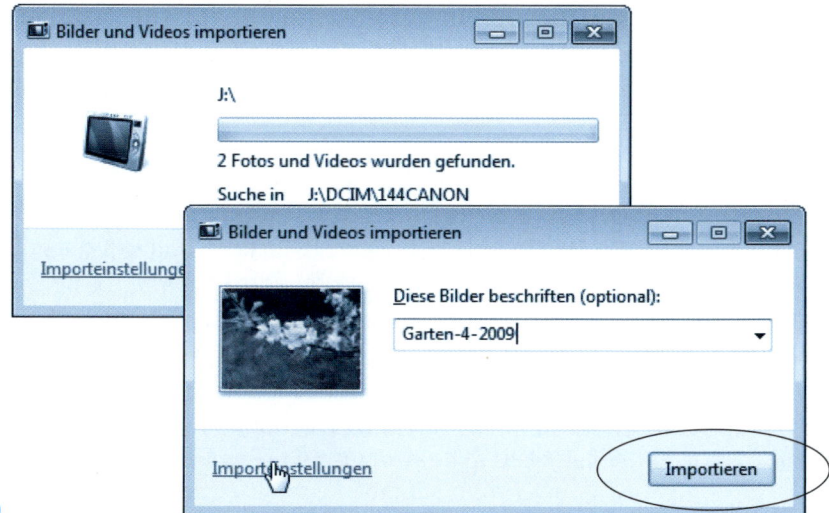

3 Sobald das hier im Vordergrund sichtbare Dialogfeld *Bilder und Videos importieren* erscheint, klicken Sie in das Listenfeld *Diese Bilder beschriften* und tippen einen Text ein.

Der eingegebene Name wird vom Assistenten zur Benennung des Importordners verwendet.

4 Bei Bedarf können Sie noch in der linken unteren Dialogfeldecke auf den Hyperlink *Importeinstellungen* klicken. Dann können Sie in einem Zusatzdialog verschiedene Importoptionen anpassen (siehe folgende Seiten) und das Dialogfeld über die *OK*-Schaltfläche schließen.

5 Klicken Sie abschließend auf die *Importieren*-Schaltfläche des Dialogfelds *Bilder und Videos importieren*.

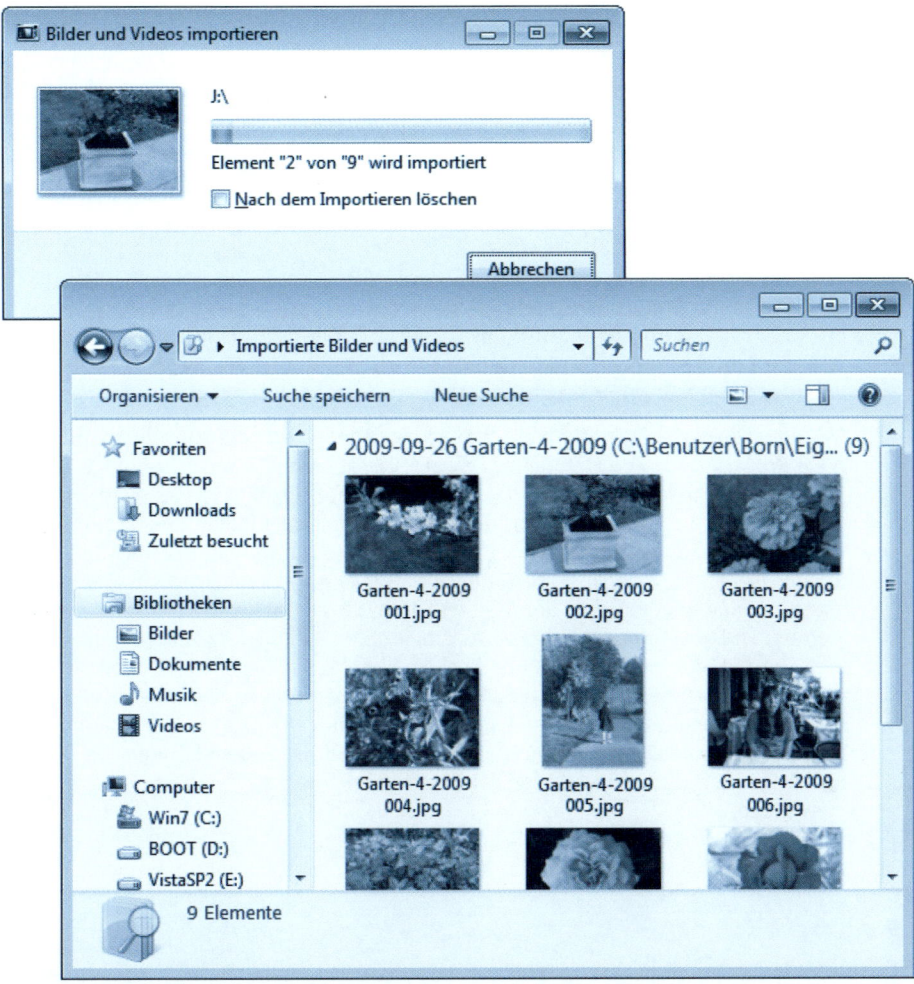

Während des Imports zeigt eine Fortschrittsanzeige im Dialogfeld des Import-assistenten (hier im Hintergrund oben sichtbar), wie viele Fotos importiert werden. Sie können ggf. das Kontrollkästchen *Nach dem Importieren immer vom Gerät löschen* markieren, um den Datenträger (Speicherkarte) zu leeren.

Ist der Import abgeschlossen, öffnet Windows 7 automatisch die Biblio-thek mit den importierten Fotos (hier im Vordergrund gezeigt). Das Ord-nerfenster einer Bibliothek fasst dabei die Inhalte von Speicherorten zu sogenannten Gruppen zusammen. Oberhalb der importierten Fotos wird dann der Name des Fotoordners sowie dessen Pfad angegeben (siehe obi-ge Abbildung des Ordnerfensters).

173

Hinweis

Bei umfangreichen Bildersammlungen geht schnell der Überblick verloren, wenn Sie alle Fotos direkt im Ordner *Eigene Bilder* ablegen.

Der Importassistent erzeugt daher beim Spei- chern der Fotos automatisch neue Unterordner, die z. B. nach dem aktuellen Datum sowie einer vorgebbaren Beschriftung benannt sind (hier *2009-06-26-Garten-4-2009*). Um besondere Er- eignisse (z. B. Urlaub, Hochzeit, Geburtstage etc.) besser identifizieren zu können, lassen sich die Fotos in separaten Unterordnern mit entsprechenden Bezeichnungen anlegen.

Die hier sichtbaren Ordnernamen *2008*, *2009*, *Blumen* etc. wurden z. B. manuell beim Kopieren von Fotodateien angelegt. Dies vereinfacht die chronologische Einsortierung bzw. den entsprechenden Zugriff auf die Bilder. Vielleicht wun- dern Sie sich, dass beim Import (im Gegensatz zum nachfolgend vorgestellten Windows Live Fotogalerie-Importassistenten) keine Auswahl der Fotos möglich ist. Der Assistent importiert alle Fotos vom Speichermedium. Wird ein Medium mehrfach eingelegt, erkennt der Assistent aber, ob die Dateien bereits importiert wurden, und liest nur noch neue Fotos ein. Problem bei diesem Ansatz: Falls Sie importierte Fotos auf dem Rechner löschen, können Sie diese später nicht mehr erneut importieren. Der Importassistent der Windows Live Fotogalerie (siehe folgende Abschnitte) zeigt diese Einschränkung übrigens nicht, sondern ermög- licht beim Import die Auswahl der gewünschten Fotos. Zudem können Sie den nachfolgenden Tipp zum direkten Fotoimport ohne die obigen Einschränkungen verwenden.

Tipp

Möchten Sie mehr **Kontrolle über** den **Importvorgang** haben (z. B. Fotos gezielt auswählen und/oder löschen) oder funktioniert der Ansatz über den Import- assistenten nicht? Legen Sie das Speichermedium in einen Kartenleser ein und öffnen Sie parallel die Ordnerfenster *Computer* und *Eigene Bilder* (z. B. über die Startmenübefehle). Im Ordnerfenster *Computer* navigieren Sie zum Wechselda- tenträger und öffnen den Ordner mit den Fotodateien. Digitalkameras verwen- den übrigens einen gemeinsamen Standard zur Ablage der Fotodateien. Sie finden auf allen Speicherkarten den Ordner *DCIM*, der einen herstellerspezifisch benannten Unterordner (z. B. *166_FUJI*, *154CANON* etc.) mit den Fotodateien beinhaltet. Anschließend können Sie, wie bereits in Kapitel 2 beschrieben, die gewünschten Fotodateien vom Speichermedium in einen Unterordner des Ord- ners *Eigene Bilder* kopieren oder verschieben. Wie Sie Papierabzüge von **Fotos** oder Dias mit dem Programm Paint **scannen**, können Sie in Kapitel 3 nachlesen.

Importeinstellungen anpassen

Bei Bedarf können Sie die Importeinstellungen des Assistenten über Optionen anpassen.

1 Klicken Sie hierzu im Dialogfeld *Bilder und Videos importieren* des Importassistenten (siehe vorherige Seiten) auf den Hyperlink *Importeinstellungen*.

2 Wählen Sie im Dialogfeld *Einstellungen anpassen* über das Listenfeld *Einstellungen für* die Datenquelle (Kameras, CDs, Scanner).

3 Passen Sie die zugehörigen Optionen an und schließen Sie das Dialogfeld über die *OK*-Schaltfläche.

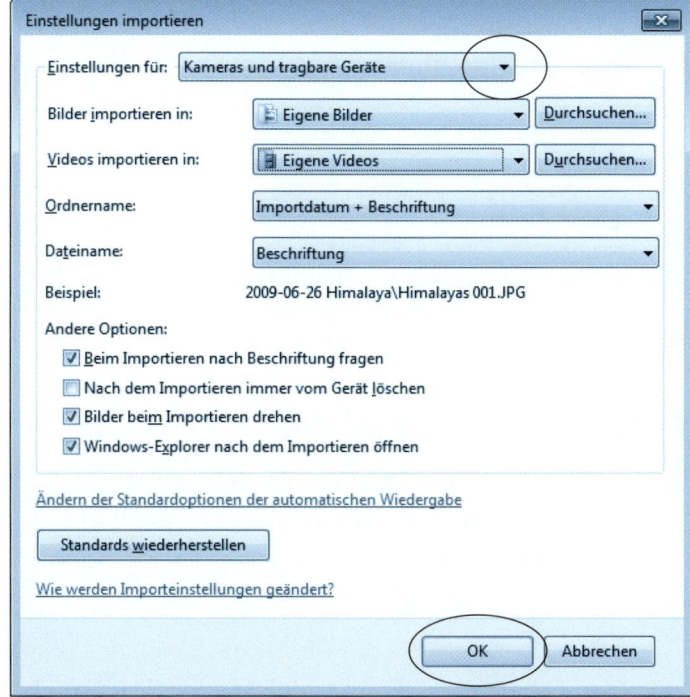

Über Listenfelder wie *Bilder importieren in* und über die *Durchsuchen*-Schaltflächen geben Sie den Hauptordner vor, in den Foto- oder Videodateien zu speichern sind.

■ Das Listenfeld *Ordnername* ermöglicht die Auswahl des Schemas zur Benennung des anzulegenden Unterordners mit den importierten Dateien. Setzen Sie den Wert z. B. auf »Beschriftung«, wird der von Ihnen im Dialogfeld *Bilder und Videos importieren* eintragbare Text zur Ordnerbenennung verwendet.

■ Kameras benennen die Fotodateien mit einem herstellerspezifischen Text (z. B. IMG, PICT etc.), gefolgt von einer fortlaufenden Bildnummerierung sowie mit der Dateinamenerweiterung *.jpg*. Der Dateityp steht für das JPEG-Format, welches eine kompakte Speicherung von Fotos ermöglicht. Das Feld *Dateiname* im Dialogfeld *Einstellungen importieren* ermöglicht, das Schema zum Umbenennen der importierten Dateien vorzugeben (z. B. »Beschriftung und eine fortlaufende Nummer«, »Ordnername einbeziehen« oder »Originalname verwenden«).

Über die Kontrollkästchen der Gruppe *Andere Optionen* legen Sie fest, ob die Beschriftung beim Import abgefragt wird, ob Fotos beim Import zu drehen und vom Quellmedium zu löschen sind und ob ein Ordnerfenster nach dem Importieren zu öffnen ist.

Achtung

Sie sollten niemals die Markierung der Option *Beim Importieren nach Beschriftungen fragen* im Dialogfeld *Einstellungen importieren* löschen, da andernfalls das Anpassen der Einstellungen recht schwierig wird. Denn das Dialogfeld des Importassistenten mit dem Hyperlink *Optionen* erscheint bei abgeschalteter Beschriftungsabfrage nur noch kurzzeitig während der Überprüfung auf neue Fotos.

Schnellansicht der Fotos

Zum schnellen Durchsehen der Fotos (um missratene Schnappschüsse zu löschen oder Aufnahmen zu drehen) reichen Ordnerfenster und die Windows-Fotoanzeige.

1 Öffnen Sie das Ordnerfenster mit den gespeicherten Fotodateien (z. B. über den Befehl *Bilder* im Startmenü) und wechseln Sie über das Navigationsfenster zum gewünschten Ordner mit den Fotodateien.

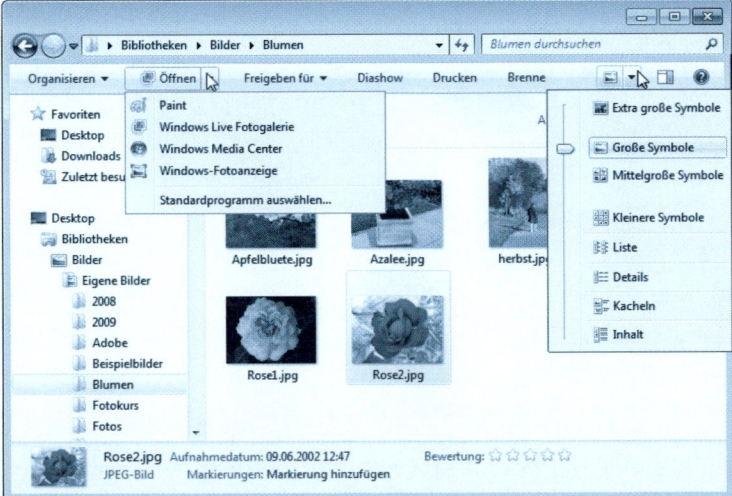

2 Öffnen Sie in der Symbolleiste des Ordnerfensters das Menü der Schaltfläche *Weitere Optionen* und wählen Sie über den Schieberegler den Anzeigemodus *Große Symbole* aus.

Die Anzeigemodi *Große Symbole* oder *Extra große Symbole* bewirken eine Darstellung des Fotoinhalts als Miniaturansichten. Markieren Sie eine Datei, blendet Windows am unteren Rand zudem eine Miniaturvorschau, den Dateinamen, den Dateityp, das Aufnahmedatum, ggf. zugewiesene Markierungen sowie eine Bewertung im Detailfenster ein.

3 Markieren Sie eine Fotodatei, und klicken Sie in der Symbolleiste auf die mit *Vorschau* (oder *Öffnen* bei installierter Windows Live Fotogalerie) beschriftete Menüschaltfläche, können Sie anschließend im Menü auf verschiedene Befehle zugreifen.

Standardmäßig ist zumindest der Befehl *Windows-Fotoanzeige* enthalten, mit der Sie eine Großansicht des Fotos aufrufen können. Zudem bietet die Fotoansicht die Möglichkeit zum Drehen der Fotos (siehe auch folgende Seiten).

> **Tipp**
>
> Digitalkameras speichern standardmäßig die sogenannten Exif-Daten (Belichtung, Blende, Aufnahmedatum etc.) in JPEG-Fotodateien. Bei umfangreicheren Fotosammlungen werden oft Zusatzinformationen (Aufnahmeort, Fotograf etc.)

als sogenannte Metadaten zu den Fotos hinzugefügt. In einem Ordnerfenster können Sie beispielsweise eine Fotodatei markieren, dann im Detailbereich auf das Feld *Markierung hinzufügen* klicken und einen Text (Aufnahmeort, Beschreibung des Motivs etc.) eintragen.

Weiterhin lassen sich die Aufnahmedaten über den Detailbereich anpassen oder die Aufnahme mit bis zu fünf Sternen bewerten. Es reicht, auf das betreffende Feld des Detailbereichs zu klicken. Alternativ können Beschriftungen und weitere Metadaten über die Dateieigenschaften eingetragen werden (siehe folgende Seiten).

Fotos mit der Fotogalerie verwalten

Zur komfortablen Verwaltung Ihrer Fotosammlung empfiehlt es sich, auf die Windows Live Fotogalerie zurückzugreifen. Diese ist kostenlos von Microsoft über die Windows Live Essentials erhältlich, muss aber separat installiert werden (siehe Kapitel 9). Die Windows Live Fotogalerie ermöglicht Ihnen, die Fotos nach bestimmten Kriterien zu sortieren bzw. zu filtern (und zu bearbeiten).

1 Rufen Sie das Programm über das Startmenü im Zweig *Alle Programme/Windows Live/Windows Live Fotogalerie* auf.

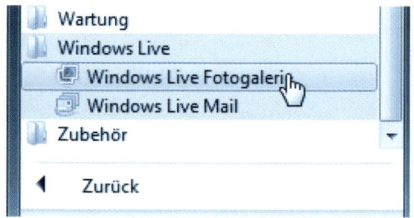

2 Anschließend können Sie die Funktionen der Fotogalerie verwenden.

Hinweis

Falls ein Dialogfeld zur Anmeldung an Windows Live erscheint, können Sie dieses über die *Abbrechen*-Schaltfläche beenden. Der letzte Schritt ist hilfreich, wenn Sie kein Windows Live-Benutzerkonto besitzen oder verhindern möchten, dass Windows Live Fotogalerie Informationen ins Internet überträgt.

Die Windows Live Fotogalerie zeigt nach dem Start in der Regel das hier sichtbare Fenster.

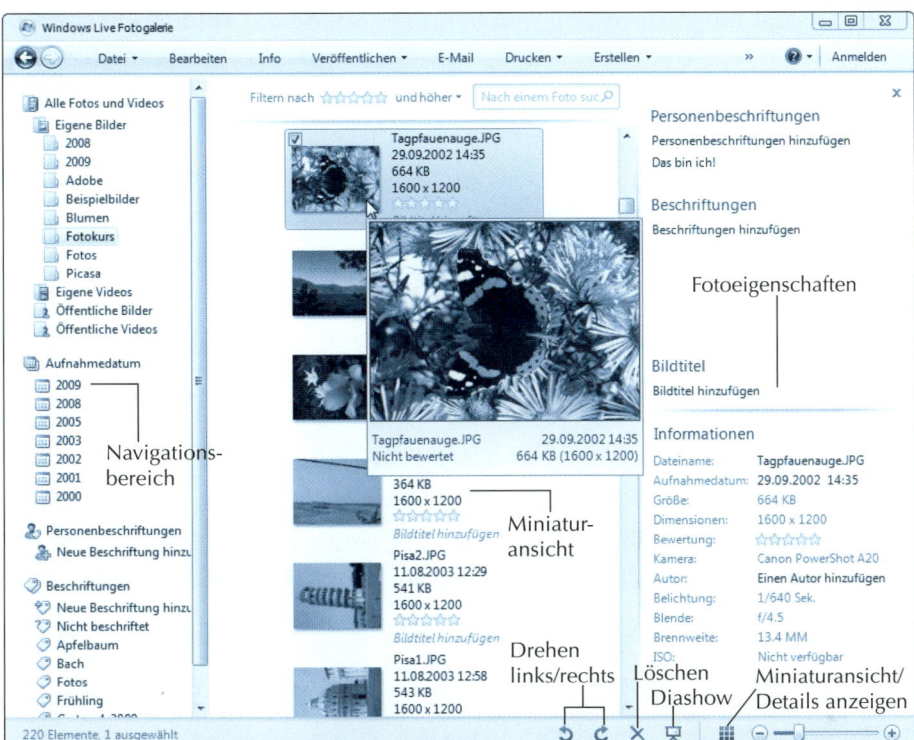

■ Der Navigationsbereich in der linken Spalte ermöglicht über verschiedene Kriterien (nach Ordnern, Aufnahmedatum, Beschriftungen), auf die Fotosammlung zuzugreifen. Ähnlich wie bei Ordnerfenstern reicht es, das gewünschte Navigationselement in der linken Spalte anzuklicken, um die Fotoauswahl entsprechend zu filtern.

■ In der rechten Spalte werden die von der Fotogalerie verwalteten Fotos als Miniaturansichten (oder als Einzelbilder) dargestellt. Die Darstellung lässt sich über die Schaltfläche *Details anzeigen/Miniaturansicht anzeigen* in der Statusleiste des Fensters umschalten. Die Spalte gibt Ihnen eine schnelle Übersicht über die vorhandenen Fotos. Der Schieberegler in der rechten unteren Fensterecke ermöglicht Ihnen dabei, die Größe der Miniaturansichten stufenlos anzupassen. Zeigen Sie mit der Maus auf eine Miniaturansicht, blendet die Fotogalerie zudem eine vergrößerte Darstellung als QuickInfo ein.

- Wählen Sie in der Symbolleiste die Schaltfläche *Info*, wird im rechten Fensterteil eine Zusatzspalte eingeblendet. Klicken Sie auf die Miniaturansicht eines Fotos, werden in dieser Spalte die **Fotoeigenschaften** (Dateiname, Aufnahmedatum, Bewertung, Beschriftungen, Bildtitel und Größe) angezeigt.

- Über die drei Schaltflächen *Gegen den Uhrzeigersinn drehen*, *Im Uhrzeigersinn drehen* und *Löschen* in der Statusleiste lässt sich ein in der Miniaturansicht markiertes Foto um 90 Grad nach rechts oder links drehen oder in den Papierkorb verschieben (löschen).

Ein Doppelklick auf eine Miniaturansicht öffnet das entsprechende Bild in einer vergrößerten Darstellung als Fotoanzeige in der Fotogalerie (siehe auch folgende Seiten).

Fotos in die Fotogalerie aufnehmen

Zur Verwaltung der Fotos müssen diese in die Fotogalerie »aufgenommen« werden. Sie können die Fotos direkt von Kameras oder Datenträgern importieren oder bereits auf der Festplatte angelegte Fotoordner aufnehmen.

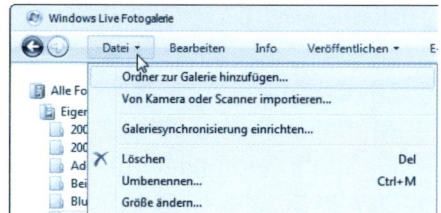

1 Öffnen Sie in der Fotogalerie das Menü der Schaltfläche *Datei* und wählen Sie den Befehl *Ordner zur Galerie hinzufügen* oder *Von Kamera oder Scanner importieren*.

2 Anschließend befolgen Sie die in den angezeigten Dialogfeldern gegebenen Anweisungen.

Beim **Fotoimport** über den Befehl *Von Kamera oder Scanner importieren* erscheint das Dialogfeld *Fotos und Videos importieren* (hier im Hintergrund). Sie müssen dann das gewünschte Gerät auswählen und die *Importieren*-Schaltfläche anklicken.

- Im Dialogfeld des Importassistenten (hier im Vordergrund oben), können Sie über die Option *Alle neuen Elemente jetzt importieren* einen Ordnertitel angeben oder die Fotos (ähnlich wie am Kapitelanfang) nach Anklicken der *Weiter*-Schaltfläche über einen Importassistenten einlesen lassen.

- Das Optionsfeld *Zu importierende Elemente ansehen, verwalten und gruppieren* ermöglicht Ihnen über die *Weiter*-Schaltfläche, ein Dialogfeld zur Auswahl einzelner Fotos zu öffnen und dann den Import zu starten.

Der Hyperlink *Weitere Optionen* in der linken unteren Dialogfeldecke öffnet das am Kapitelanfang beschriebene Dialogfeld, in dem Sie die Importoptionen vorgeben können.

Verwenden Sie im Menü der Schaltfläche *Datei* den Befehl *Ordner zur Galerie hinzufügen*, erscheint das hier gezeigte Dialogfeld. Navigieren Sie zum gewünschten Fotoordner, markieren Sie diesen und bestätigen Sie dies durch Anklicken der *OK*-Schaltfläche. Zur Navigation in der Ordnerstruktur des Dialogfelds verwenden Sie die gleichen Techniken wie beim Arbeiten in Ordnerfenstern (siehe Kapitel 2).

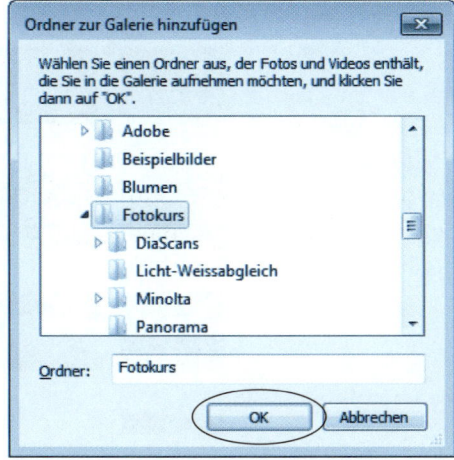

181

Die Aufnahme des Fotoordners oder der Fotoimport in die Fotogalerie kann einige Sekunden dauern. Anschließend sollte ein neuer Eintrag im Zweig *Alle Fotos und Videos* des Navigationsbereichs der Fotogalerie zu finden sein.

Filtern und Sortieren in der Fotogalerie

Sind die Fotos in der Windows Live Fotogalerie aufgenommen, können Sie diese sehr komfortabel abrufen und filtern.

1 Öffnen Sie die Windows Live Fotogalerie und klicken Sie in der linken Spalte auf die Rubrik *Alle Fotos und Videos.*

In der mittleren Spalte sollten jetzt die Miniaturansichten aller in der Windows Live Fotogalerie verwalteten Fotos angezeigt werden.

2 Expandieren Sie im Navigationsbereich der Fotogalerie den Zweig *Alle Fotos und Videos/Eigene Bilder* durch Anklicken des Dreiecks vor dem Ordnersymbol und navigieren Sie in der Ordnerhierarchie zu einem der hinzugefügten Ordner.

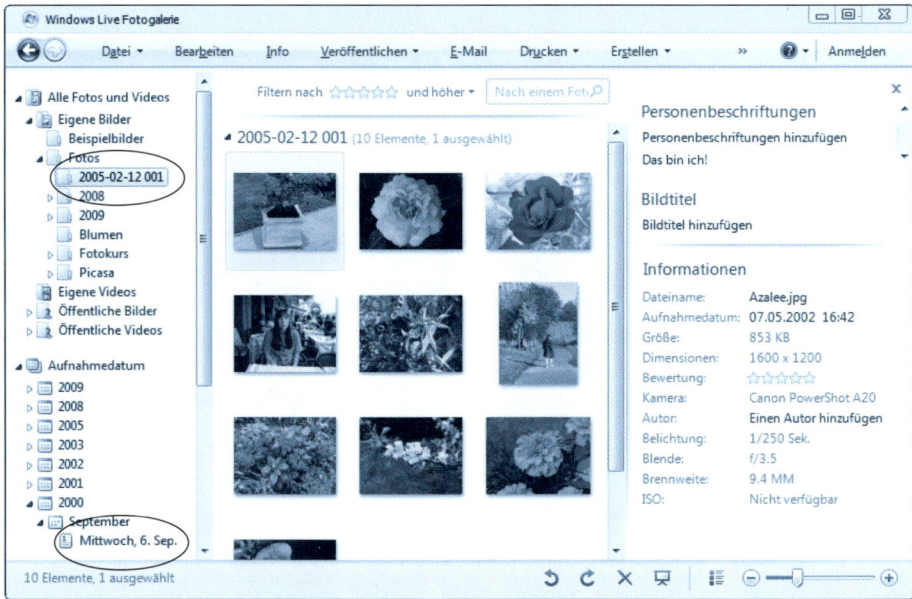

Sobald Sie ein Ordnersymbol im Navigationsbereich anklicken, zeigt die Fotogalerie nur noch die Miniaturansichten der im gewählten Ordner gespeicherten Fotos. Haben Sie vergessen, in welchem Ordner die Fotos eines Ereignisses (Geburtstag, Hochzeit, Taufe, Urlaub etc.) abgelegt wurden, **kennen** aber **das Datum** des betreffenden Ereignisses?

3 Klicken Sie im Navigationsbereich der Fotogalerie auf den Zweig *Aufnahmedatum* und wählen Sie dann das Aufnahmejahr, den Aufnahmemonat und ggf. den Aufnahmetag.

Jetzt sind in der mittleren Spalte nur noch die Miniaturansichten jener Fotos, die an dem bestimmten Tag aufgenommen wurden. **Suchen** Sie **Fotos zu** einem bestimmten **Thema** (z. B. Blumenfotos)? Sofern die Fotos beschriftet (bzw. mit Markierungen versehen) sind, ist die Auswahl mit wenigen Mausklicks möglich.

4 Klicken Sie im Navigationsbereich auf den Zweig *Beschriftungen* und wählen Sie in der eingeblendeten Liste die gewünschte Beschriftungskategorie aus.

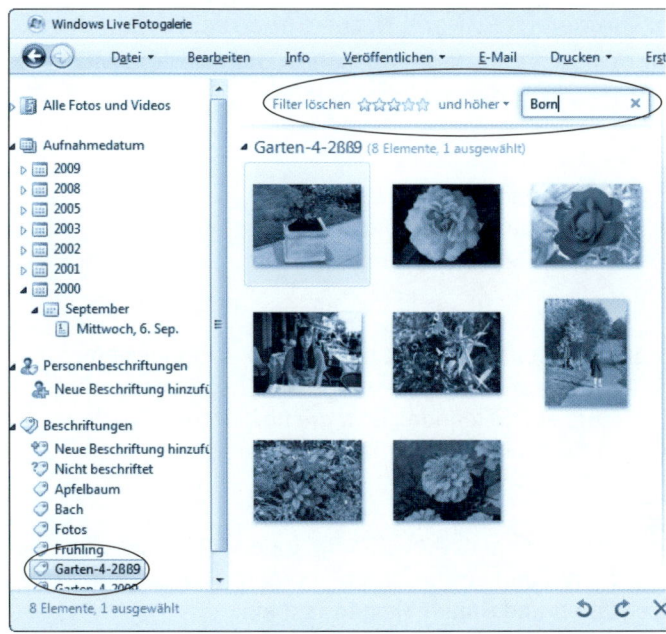

Nun werden nur noch jene Fotos als Miniaturansichten eingeblendet, deren Beschriftungen dem angegebenen Filterkriterium entsprechen (hier Blumenfotos).

5 Bei Bedarf können Sie auf das Textfeld oberhalb der Miniaturansichten klicken und einen Suchbegriff eintippen.

6 Oder Sie klicken auf die Sternchen des Elements *Filtern nach*, um nach Bewertungen zu filtern. Dann lässt sich über das zugehörige Listenfeld der Bewertungsmodus wählen.

Die Fotogalerie filtert anschließend alle Fotos mit entsprechender Bewertung oder solche, deren Titel oder Beschriftung zum Suchmuster passt, und zeigt die Ergebnisse als Miniaturansichten in der mittleren Spalte an.

> **Tipp**
>
> Die Filterkriterien lassen sich nach der Eingabe über eingeblendete Befehle wie *Filter löschen* oder die *Löschen*-Schaltfläche des Textfelds wieder entfernen.

Fotos bewerten und beschriften

Bei umfangreicheren Fotosammlungen wird es schwierig, gezielt bestimmte Motive zu einzelnen Themen (z. B. Tiere, Natur, Gebäude, Personen etc.) zu finden. Über die Windows Live Fotogalerie haben Sie aber die Möglichkeit, Fotos nach bestimmten Kriterien zu katalogisieren.

1 Wählen Sie im Navigationsbereich (linke Spalte der Fotogalerie) den gewünschten Zweig per Mausklick an, um die Miniaturansichten der Fotos im mittleren Teil des Fensters einzublenden.

2 Klicken Sie die Miniaturansicht eines Fotos in der mittleren Spalte der Fotogalerie an, um dessen Eigenschaften in der rechten Spalte des Fensters einzublenden. Fehlt die betreffende Spalte, klicken Sie in der Symbolleiste auf die *Info*-Schaltfläche.

3 Klicken Sie in der rechten Spalte der Windows Live Fotogalerie auf den gewünschten Befehl (z. B. *Beschriftungen hinzufügen*) und tippen Sie den Text ein.

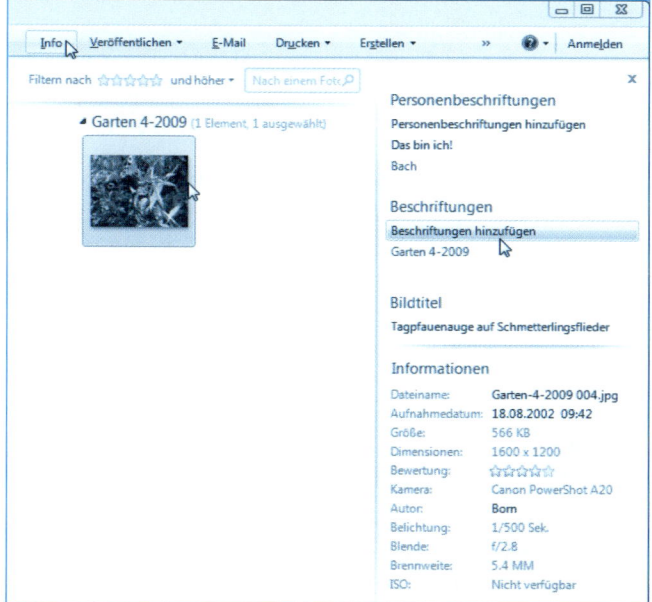

Der Titeltext wird dem Foto zugeordnet, sobald Sie die ⌈Eingabe⌉-Taste drücken oder auf eine Stelle außerhalb des Textfelds klicken.

Bei Personenfotos können Sie die Namen der identifizierten Personen unter »Personenbeschriftungen« hinzufügen. Im Feld *Bildtitel* lässt sich ein Text zum Fotomotiv ablegen. Über die Rubrik *Beschriftungen* können Sie beliebige Texte (z. B. Aufnahmeort, Anlass der Aufnahme, Besonderheiten etc.) eintragen. Sie können dies mehrfach wiederholen, um einem Bild mehrere Stichwörter als Beschriftungen zuzuweisen. Beschriftungen lassen sich über den Kontextmenübefehl *Beschriftung entfernen* auch wieder löschen.

Die Rubrik *Informationen* enthält einige Daten wie den Dateinamen oder das aus den Exif-Informationen entnommene Kameramodell. Der Dateiname lässt sich anklicken und anpassen. Klicken Sie auf das angezeigte Aufnahmedatum, lässt sich dieses ebenfalls (ggf. über ein eingeblendetes Kalenderblatt) ändern. Sie können zudem auf die Sternchen der Zeile *Bewertungen* klicken, um das Foto in der Qualität einzustufen. Weiterhin lässt sich im Feld *Autor* der Name des Fotografen eintragen. Auf diese Weise können Sie jedem Foto individuelle Kennzeichen anheften. Diese Informationen lassen sich später bei der Suche in der Fotogalerie oder in Ordnerfenstern in Suchanfragen einbeziehen.

185

Hinweis

Klicken Sie ein Foto in einem Ordnerfenster oder in der Fotogalerie mit der rechten Maustaste an, lässt sich im Kontextmenü der Befehl *Eigenschaften* wählen. Windows öffnet das Eigenschaftenfenster der Fotodatei.

Auf der Registerkarte *Details* werden die Eigenschaften der Fotodatei eingeblendet. In der Kategorie *Bild* finden Sie bei JPEG-Dateien die von der Digitalkamera eingetragenen Exif-Daten. Es handelt sich dabei um Aufnahmeparameter wie Belichtung, Blende etc. Wurden Beschriftungen eingetragen, finden Sie diese ebenfalls auf der Registerkarte. Bei Bedarf können Sie Eigenschaften wie den Titel, Markierungen, die Bewertung oder Angaben zu Autoren, Aufnahmedatum, Copyright etc. auch verändern. Die Änderungen werden durch Anklicken der *OK*-Schaltfläche in die Fotodatei übernommen.

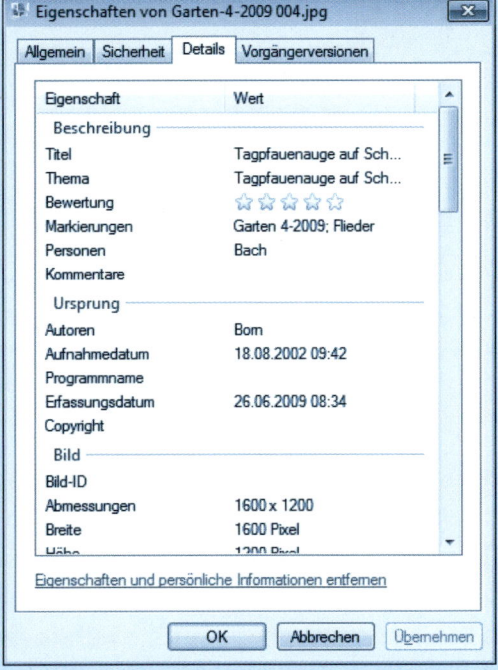

Der Hyperlink *Eigenschaften und persönliche Informationen entfernen* öffnet ein Eigenschaftenfenster, in dem Sie über Kontrollkästchen die zu entfernenden Werte auswählen und dann löschen lassen können.

Fotos bearbeiten

Windows 7 stellt kaum Funktionen zur Fotobearbeitung bereit (lediglich Löschen und Drehen sind in der Windows-Fotoanzeige möglich, Paint ermöglicht zudem, Fotos zu beschneiden). Falls Sie aber die Windows Live Fotogalerie zur Fotoverwaltung verwenden, können Sie Fotos auch in einem gewissen Umfang bearbeiten. Nachfolgend werden die wichtigsten Funktionen zur Fotobearbeitung kurz vorgestellt.

Fotos anzeigen, drehen und löschen

Die Miniaturansichten in der Windows Live Fotogalerie (oder im Ordnerfenster) geben Ihnen einen schnellen Hinweis auf den Inhalt der einzelnen Fotodateien, erlauben aber kaum eine Beurteilung, ob die Aufnahmen scharf und korrekt belichtet sind. Unscharfe Fotos können eigentlich gleich gelöscht werden, im Hochformat geschossene Aufnahmen müssen eventuell um 90 Grad gedreht werden. Dies ist in der Windows Live Fotogalerie (und teilweise direkt in Ordnerfenstern) mit wenigen Mausklicks möglich.

1 Um ein Foto in vergrößerter Ansicht darzustellen, wählen Sie seine Miniaturansicht in der Windows Live Fotogalerie per Doppelklick an.

Dann wechselt die Anzeige zu der hier gezeigten Einzeldarstellung von Fotos. Über die Schaltfläche *Zurück zur Galerie* der Symbolleiste gelangen Sie zur vorhergehenden Darstellung zurück.

187

2 Reicht Ihnen die Einzelbilddarstellung zur Beurteilung der Bildschärfe nicht aus, passen Sie den Vergrößerungsfaktor über den Schieberegler *Zoom* in der Statusleiste des Galeriefensters an.

Die Windows Live Fotogalerie vergrößert das angezeigte Foto stufenlos um den eingestellten Zoomfaktor. Je nach gewähltem Wert erscheint im Fenster aber nur noch ein Ausschnitt des Fotos.

3 Um bestimmte Ausschnitte des gezoomten Fotos in der Anzeige zu sehen, klicken Sie auf den Anzeigebereich. Solange Sie die linke Maustaste gedrückt halten, lässt sich der **Fotoausschnitt im Anzeigefenster verschieben**.

4 Um schnell zur ursprünglichen Größe zurückzukehren, wählen Sie die Schaltfläche *Tatsächliche Größe*.

Die Statusleiste des Galeriefensters enthält weitere Schaltflächen zum Abrufen der Funktionen. In der obigen Abbildung wurden die Schaltflächen zur besseren Identifizierung beschriftet.

> **Tipp**
>
> Sind Sie sich beim Arbeiten mit der Windows Live Fotogalerie unsicher über eine Funktion? Zeigen Sie mit der Maus auf die betreffende Schaltfläche der Statusleiste, erscheint eine QuickInfo mit Hinweisen zur Funktion.

■ Mit den Schaltflächen *Zurück* und *Weiter* lässt sich **zwischen** den **Fotos** der aktuellen Auswahl **blättern**. Die Auswahl bezieht sich dabei auf die in der Fotogalerie angezeigten Miniaturansichten (z. B. kompletter Fotoordner oder eine zusammengestellte Fotogalerie).

- Die automatische **Wiedergabe** der Fotos **als Diashow** in einer Vollbilddarstellung lässt sich über die mit *Diashow* bezeichnete Schaltfläche abrufen (siehe folgende Abschnitte).

- Ein **Foto** im Hochformat können Sie über die hier mit *Drehen* beschrifteten Schaltflächen um 90 Grad nach links oder rechts **drehen**. Die Funktion lässt sich auch abrufen, indem Sie mit der rechten Maustaste auf das (in der Fotogalerie oder im Ordnerfenster angezeigte) Foto klicken und den betreffenden Kontextmenübefehl (entweder *Im Uhrzeigersinn drehen* oder *Gegen den Uhrzeigersinn drehen*) wählen.

- Möchten Sie ein **Foto entfernen**? Dann klicken Sie in der unteren Leiste auf die Schaltfläche *Löschen*. Oder öffnen Sie das Kontextmenü eines Fotos oder einer Miniaturansicht mit der rechten Maustaste und wählen Sie den Kontextmenübefehl *Löschen*. Die Sicherheitsabfrage, ob die Datei wirklich in den Papierkorb verschoben werden darf, bestätigen Sie über die *Ja*-Schaltfläche. Das Foto wird sowohl aus der Galerie als auch aus dem Ordner entfernt und in den Papierkorb verschoben.

Die meisten Schaltflächen sind übrigens auch in der Darstellung der Miniaturansichten in der Statusleiste der Fotogalerie zu sehen. Sie können daher die obigen Funktionen auch direkt in der Fotogalerie auf Miniaturansichten anwenden. Ähnliches gilt für das Kontextmenü, welches sich beim Anklicken der Fotovorschau oder der Miniaturansicht per Klick mit der rechten Maustaste öffnet.

Hinweis

In der Galerieanzeige gibt es sogar noch weitere Funktionen. Möchten Sie direkt aus der Windows Live Fotogalerie zum Ordner der Fotodatei wechseln? Markieren Sie das gewünschte Foto in der Miniaturansicht, öffnen Sie das Kontextmenü und wählen Sie den Kontextmenübefehl *Dateispeicherort öffnen*. Es erscheint daraufhin das Ordnerfenster, welches die betreffende Fotodatei enthält. Dies ist vor allem hilfreich, wenn Sie in der Galerie Fotos über Filter oder Suchfunktionen zusammengestellt haben und nun die Fotodateien manuell vom Ordnerfenster aus kopieren oder sichern möchten.

Fotokorrekturen, schnell und einfach

Die Windows Live Fotogalerie stellt einfache Funktionen zur Fotokorrektur bereit.

1 Wählen Sie das betreffende Foto per Doppelklick an und klicken Sie in der Einzelbild-darstellung auf die Schaltfläche *Bearbeiten* der Symbolleiste.

2 Klicken Sie in der Symbol-leiste des Galeriefensters auf die Schaltfläche *Bearbeiten*.

Alternativ können Sie in der Fotogalerie die Miniaturansicht eines Fotos markieren und auf die Schaltfläche *Bearbeiten* in der Symbolleiste klicken.

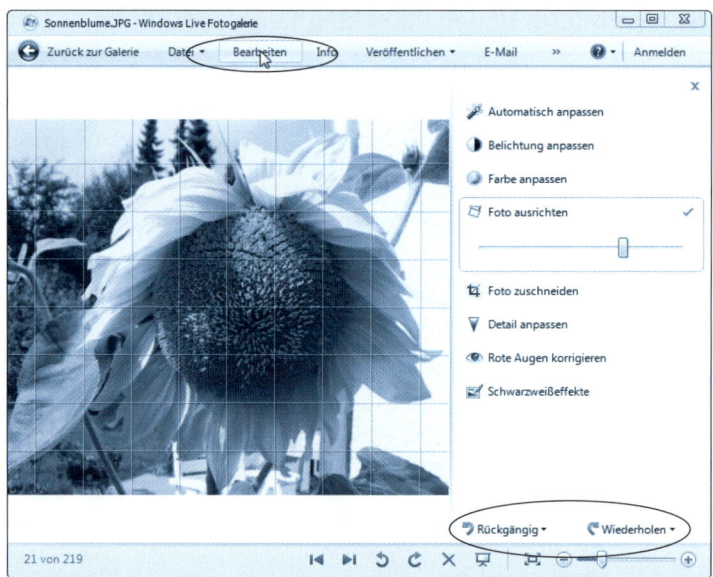

3 Sobald die Einzelbildansicht vorliegt, klicken Sie in der rechten Spalte des Galeriefensters auf eine der gezeigten Schaltflächen mit der Korrekturfunktion.

4 Sobald die Detailansicht erscheint, führen Sie die Korrekturen (z. B. über die angebotenen Schieberegler) aus.

Unerwünschte Korrekturen heben Sie über die in der rechten Spalte am unteren Rand angezeigte Schaltfläche *Rückgängig* wieder auf. Mit der Schaltfläche *Wiederholen* lässt sich die letzte Aktion wiederholen. Den Korrekturmodus beenden Sie, indem Sie erneut auf die zugehörige Schaltfläche (z. B. *Belichtung anpassen*) klicken. Eine noch nicht angewählte Schaltfläche der Korrekturfunktion müssen Sie vorher per Mausklick selektieren.

Tipp

Sobald Sie in der oberen Symbolleiste des Galeriefensters die Schaltfläche *Zurück zur Galerie* anklicken, werden die vorgenommenen Änderungen in der Fotodatei gespeichert (erkennbar an dem kurzzeitig eingeblendeten Hinweis). Möchten Sie eine bereits **gespeicherte Änderung zurücknehmen**? Markieren Sie die Miniaturansicht des Fotos per Mausklick und wählen Sie in der oberen Symbolleiste des Galeriefensters die Schaltfläche *Bearbeiten*. Die Einzelbilddarstellung erscheint und in der rechten Spalte findet sich am unteren Rand statt der Schaltfläche *Rückgängig* die Schaltfläche *Wiederherstellen*. Wählen Sie diese Schaltfläche an und bestätigen das Dialogfeld mit der Sicherheitsabfrage über die *Wiederherstellen*-Schaltfläche, werden alle Änderungen verworfen und das Originalfoto wird wiederhergestellt.

Fehlbelichtung korrigieren

Liegt ein leicht fehlerhaft belichtetes Foto (zu hell, zu dunkel, farbstichig) vor? Wählen Sie die Schaltfläche *Automatisch anpassen*, führt die Windows Live Fotogalerie sofort die notwendigen Korrekturen am Foto durch. Zu helle oder zu dunkle Fotos werden dann verbessert und auch leichte Farbstiche können korrigiert werden.

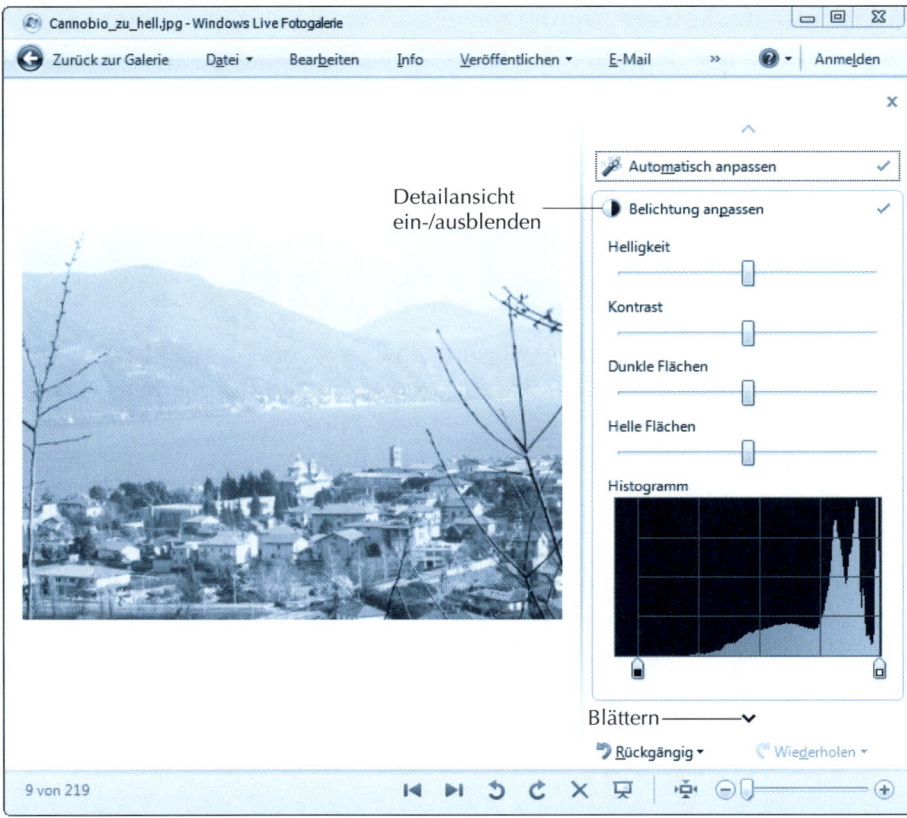

Nach Aufruf der Autokorrektur erscheint in der rechten Spalte der Fotogalerie die Detailansicht der verfügbaren Korrekturfunktionen. Ein grünes Häkchen in der Kopfzeile einer Korrekturfunktion signalisiert, dass die betreffende Korrektur ausgeführt wurde. In vielen Fällen dürfte das Ergebnis bereits ausreichen.

> **Tipp**
>
> Bei Bedarf können Sie nachträglich von Hand in die Autokorrektur eingreifen, indem Sie die Schieberegler der einzelnen Korrekturfunktionen manuell verschieben, um die Anpassung zu optimieren. Zwei, in der rechten Spalte am oberen und unteren Rand der Detailanzeige sichtbare Schaltflächen ermöglichen das Blättern in der Detailansicht, während ein Mausklick auf die Titelzeile der Korrekturfunktion die Detailansicht ein-/ausblendet.

Natürlich lässt sich auch gezielt eine Fotokorrektur über Befehle wie *Belichtung anpassen* oder *Farbe anpassen* durchführen. Dann müssen Sie nach Anwahl des Korrekturbefehls die Korrektureinstellungen für die gewünschte Kategorie über die Schieberegler verändern. Für die Korrekturfunktion *Belichtung anpassen* gilt Folgendes:

■ Eine individuelle Helligkeitskorrektur ist über den eingeblendeten Regler *Helligkeit* möglich, indem Sie diesen mit der Maus nach links oder rechts ziehen, um das Foto abzudunkeln oder aufzuhellen.

■ Über den Regler *Kontrast* können Sie das Verhältnis zwischen hellen und dunklen Bildteilen erhöhen oder reduzieren.

■ Alternativ können Sie zu helle bzw. zu dunkle Flächen im Foto verstärken bzw. abschwächen.

> **Tipp**
>
> Das in der Kategorie *Belichtung anpassen* gezeigte Histogramm gibt die Helligkeitsverteilung des Fotos wieder. Idealerweise umfasst der als Kurve dargestellte Tonwertverlauf die gesamte Breite der x-Achse. Ist dies nicht der Fall, lassen sich die beiden Regler unterhalb des Histogramms per Maus nach rechts bzw. links zum Beginn der Histogrammkurve schieben. Das Programm optimiert dann die Helligkeitsverteilung der Bildpunkte im Foto neu.

Auch Farbkorrekturen lassen sich manuell über die Schaltfläche *Farbe anpassen* vornehmen:

■ Verwenden Sie den Regler *Farbtemperatur*, um das Foto mit einem kälteren Blauton oder einem wärmeren Rotton zu versehen.

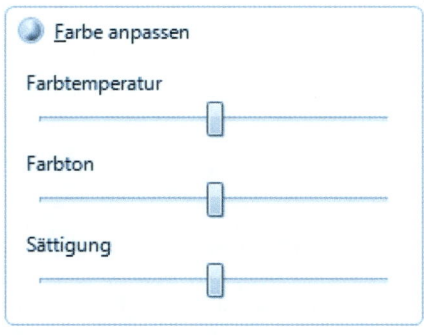

■ Der Regler *Farbton* entfernt Farbstiche aus dem Bild, indem der Grünanteil verstärkt oder reduziert wird. Der Regler *Sättigung* bestimmt, wie kräftig die Farben im Bild dargestellt werden.

■ Ziehen Sie den Regler *Sättigung* nach links, verblassen die Farben und Sie bekommen irgendwann ein Schwarzweißfoto. Schieben Sie den Regler weiter nach rechts, werden die Farben intensiver dargestellt.

Zum Beenden des Korrekturmodus klicken Sie erneut auf den Befehl *Farbe anpassen*.

Rote-Augen-Korrektur für Fotos

Kompaktkameras neigen bei Blitzlichtaufnahmen von Personen dazu, die Augen unnatürlich rot darzustellen. Manche Kameras besitzen zwar eine Funktion zur Korrektur dieses Effekts. Trotzdem sind die typischen roten »Zombie«-Augen auf vielen Blitzlichtaufnahmen zu sehen. In der Windows Live Fotogalerie können Sie ein solches Malheur mit wenigen Mausklicks korrigieren:

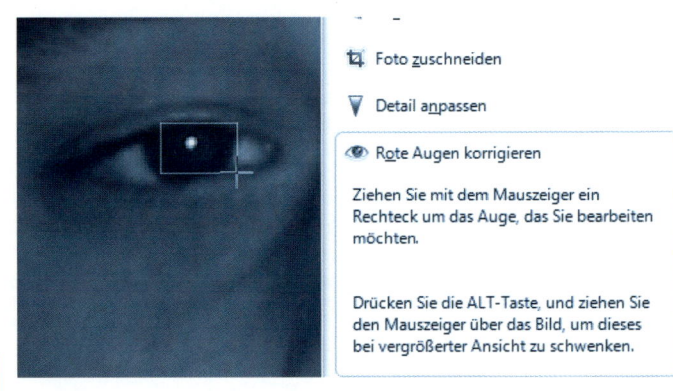

1 Wählen Sie in der rechten Spalte des Galeriefensters die Schaltfläche *Rote Augen korrigieren*.

Die Galerie wechselt in den Bearbeitungsmodus und zeigt in der Detail-ansicht des Befehls *Rote Augen korrigieren* Anweisungen zum Ausführen der Korrektur. Sie müssen nun dem Programm mitteilen, welcher Bereich zu korrigieren ist.

> **Tipp**
>
> Ist der Bereich mit den Augen zu klein, lassen sich die Pupillen nur schwer mar-kieren. Vergrößern Sie die Darstellung des Fotos über die *Zoom*-Schaltfläche der Galerie (siehe vorheriger Abschnitt). Wandert der Ausschnitt mit den Augen beim Vergrößern des Bildes aus dem Anzeigebereich des Fotos heraus? Drücken Sie die Alt-Taste (es erscheint dann eine stilisierte Hand als Mauszeiger), können Sie den Bildausschnitt über die linke Maustaste in der Anzeige verschieben.

2 Zeigen Sie auf einen Punkt links oberhalb der Pupille, halten Sie die linke Maustaste gedrückt und ziehen Sie den als stilisiertes Kreuz angezeigten Markierungszeiger mit der Maus diagonal nach unten rechts.

Beim Ziehen erscheint im Bildbereich ein dünner Markierungsrahmen. Solange die linke Maustaste gedrückt ist, lässt sich die Größe des Markierungsrahmens durch Verschieben der Maus (bei weiterhin gedrückter Maustaste) anpassen.

3 Lassen Sie die linke Maustaste los, um die Korrektur auszuführen.

Die Korrekturfunktion färbt die roten Farbbereiche innerhalb des Markierungsrahmens schwarz ein.

4 Bei Bedarf können Sie nun auch das zweite Auge der Person oder die Augen weiterer Personen auf dem Foto korrigieren.

5 Wurden alle Korrekturen zufriedenstellend durchgeführt, klicken Sie in der rechten Spalte der Fotogalerie erneut auf die Schaltfläche *Rote Augen korrigieren*, um den Korrekturmodus zu verlassen.

Bleiben rote Bereiche in der Pupille zurück, weil der Markierungsbereich zu klein gewählt wurde? Dann wiederholen Sie die Korrektur mit einem etwas größeren Markierungsrahmen.

Detail anpassen

Manche Fotos weisen ggf. ein digitales Pixelrauschen auf (z. B. mit hoher ISO-Empfindlichkeit angefertigte Aufnahmen), in Porträtfotos stören ggf.

Pickel oder Hautrötungen, andere Fotos wirken vielleicht geringfügig unscharf. Die Korrekturfunktion *Detail anpassen* nimmt sich dieser Bildfehler an. Nach Anwahl der Schaltfläche erscheint die Gruppe der hier gezeigten Regler.

Verwenden Sie den Regler *Schärfen*, um die Kontraste des Fotos anzuheben (was den subjektiven Eindruck einer höheren Schärfe vermittelt). Mit dem Regler *Geräusche mindern* wird ein Weichzeichner auf das Foto angewandt, welcher benachbarte Bildpunkte angleicht und so ein digitales Rauschen reduziert. Die Schaltfläche

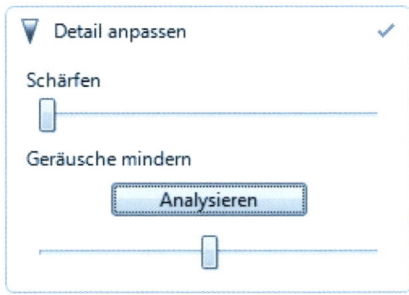

Analysieren führt die beiden Korrekturen automatisch aus.

Auch hier lässt sich die Korrektur über die *Rückgängig*-Schaltfläche am unteren rechten Fensterrand wieder zurücknehmen.

Schwarzweißeffekte

Farbfotos lassen sich über entsprechende Funktionen in Schwarzweißaufnahmen verwandeln. Zudem gibt es bei älteren Schwarzweißaufnahmen den Sepia-Effekt, bei dem bräunliche oder gelbliche Farbstiche auftreten.

Diese Effekte lassen sich über die Schaltfläche *Schwarzweißeffekte* abrufen. Nach Anwahl der Schaltfläche erscheinen die hier gezeigten Einträge. Wählen Sie einfach eines der Vorschaubilder aus, um den Effekt auf das Foto anzuwenden.

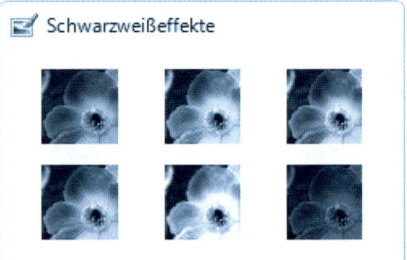

Fotos ausrichten und beschneiden

Wurde ein Foto schief aufgenommen oder eine Vorlage ist beim Scannen etwas verrutscht? Dies lässt sich im Bearbeitungsmodus der Fotogalerie über die in der rechten Spalte angezeigte Schaltfläche *Foto ausrichten* schnell korrigieren.

1 Wählen Sie die Schaltfläche *Foto ausrichten* in der rechten Spalte des Fensters an.

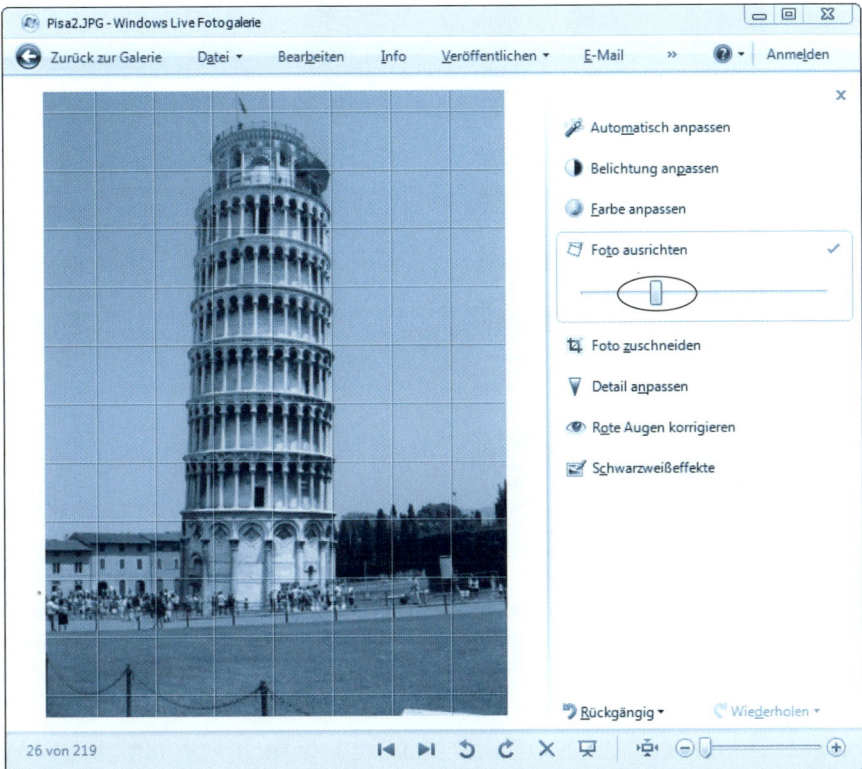

2 Sobald das Foto mit Gitternetzlinien versehen wurde, verschieben Sie den Schieberegler in der rechten Spalte nach rechts oder links, bis der gewünschte Teil des Motivs (z. B. Horizont, Kanten) parallel zu den Linien liegt.

Anschließend können Sie den Bearbeitungsmodus über die Schaltfläche *Foto ausrichten* wieder aufheben. Benötigen Sie nur einen **Ausschnitt** des **Fotos**, weil das Motiv in der Aufnahme sehr klein geraten ist?

1 Öffnen Sie die Einzelbilddarstellung und wählen Sie in der rechten Spalte die Schaltfläche *Foto zuschneiden*.

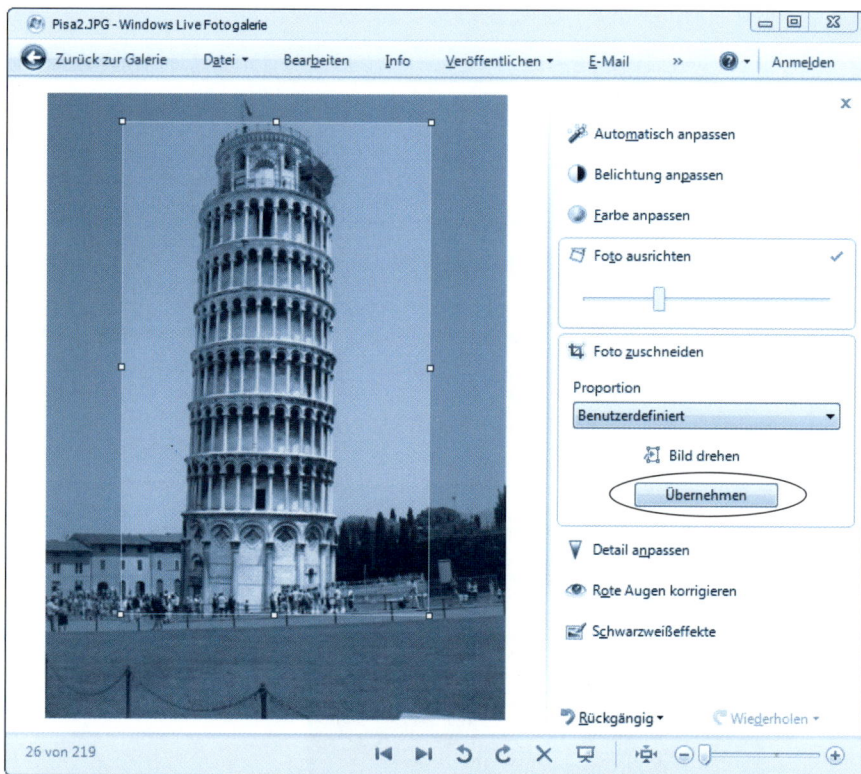

2 Sobald das Foto mit dem Markierungsrechteck versehen wurde, verschieben Sie dessen Ränder mit der Maus auf die gewünschte Größe.

Zeigen Sie mit der Maus auf das Markierungsrechteck, nimmt der Mauszeiger die Form eines Kreuzes mit vier Pfeilen an. Dann lässt sich der Markierungsbereich bei gedrückter linker Maustaste per Maus verschieben. Soll der Markierungsbereich vergrößert oder verkleinert werden, müssen Sie mit der Maus auf die Ziehmarken an den Ecken des Rahmens zeigen. Sobald der Mauszeiger die Form eines Doppelpfeils annimmt, lässt sich die Ziehmarke bei gedrückter linker Maustaste verschieben und damit die Größe der Markierung anpassen. Der helle Bildausschnitt ist der Teil des Fotos, der beim Zuschneiden übrig bleibt.

3 Ist der gewünschte Bereich markiert, klicken Sie in der rechten Spalte auf die Schaltfläche *Übernehmen*.

Die Fotogalerie schneidet anschließend den markierten Bildbereich aus und zeigt diesen an. Der Ausschnitt wird gespeichert, sobald Sie die Einzelbilddarstellung über die Schaltfläche *Zurück zur Galerie* verlassen.

Tipp

Bei Anwahl der Schaltfläche *Foto zuschneiden* blendet das Programm einen Markierungsrahmen in einer vorgegebenen Größe in der Anzeige ein. Soll der Zuschnitt auf die Maße der gängigen Fotoformate (9 x 13 cm, 10 x 15 cm etc.) abgestimmt werden? Klicken Sie in der rechten Spalte auf die Schaltfläche *Benutzerdefiniert* und wählen Sie dann das gewünschte Fotoformat aus. Solange Sie die Größe des Markierungsrechtecks nicht mehr anpassen, bleibt das gewählte Format erhalten. Über die Schaltfläche *Bild drehen* in der rechten Spalte des Galeriefensters lässt sich der Markierungsrahmen um jeweils 90 Grad drehen. Dies ermöglicht Ihnen, Ausschnitte im Hoch- oder im Querformat zu bestimmen. Einen fehlerhaften Beschnitt können Sie jederzeit mit der in der rechten Spalte angezeigten Schaltfläche *Rückgängig* korrigieren.

Hinweis

Die hier beschriebenen Korrekturfunktionen reichen für die meisten Fälle aus. Nur wenn Sie einzelne Stellen in Fotos retuschieren möchten oder ausgefallene Funktionen zur Bildverbesserung benötigen, sind Sie auf spezielle Grafikbearbeitungsprogramme wie Adobe Photoshop Elements oder Gimp angewiesen. Zum Aufrufen solcher Programme können Sie die Miniaturansicht oder die Fotoansicht mit der rechten Maustaste anklicken. Der Kontextmenübefehl *Öffnen mit* zeigt Ihnen in einem Untermenü die installierten Grafikprogramme. Wählen Sie einen entsprechenden Eintrag, öffnet die Fotogalerie das Foto zur Bearbeitung in der betreffenden Anwendung.

Fotos präsentieren und sichern

Windows 7 sowie die Windows Live Fotogalerie stellen Ihnen Funktionen zum Präsentieren Ihrer Fotos, zum Anfertigen von Papierabzügen sowie zum Sichern der zugehörigen Dateien bereit. In den folgenden Abschnitten lernen Sie die entsprechenden Funktionen kennen.

Fotos als Diashow präsentieren

Möchten Sie auf dem Computer gespeicherte Fotos und Bilder als Diashow auf dem Monitor präsentieren?

1 Öffnen Sie einen Bildordner oder die Windows Live Fotogalerie und navigieren Sie zum Ordner mit den Fotos.

2 Möchten Sie nur eine Auswahl verschiedener Fotos in der Diashow anzeigen, müssen Sie diese im Ordnerfenster oder in der Miniaturansicht der Windows Live Fotogalerie markieren.

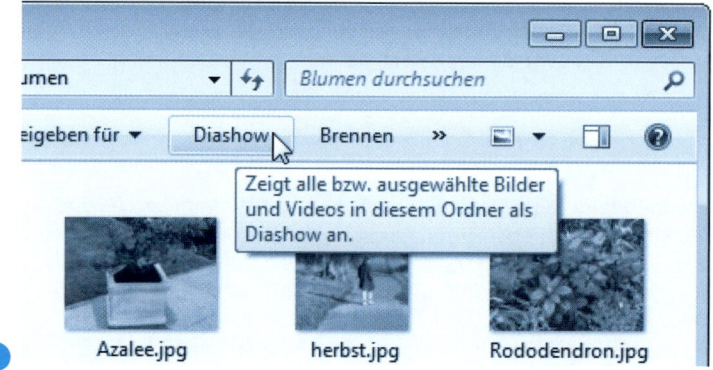

3 Starten Sie die Diashow, indem Sie im Ordnerfenster auf die in der Symbolleiste eingeblendete Schaltfläche *Diashow* klicken.

Im Fenster der Windows Live Fotogalerie können Sie die Diashow ebenfalls über die Schaltfläche

Diashow oder durch Drücken der Funktionstaste F12 aufrufen.

Hinweis

Während einer laufenden Diashow können Sie jederzeit mittels der Tastenkombination Alt + Tab zu anderen geladenen Programmen wechseln (siehe auch Kapitel 1). Weiterhin lässt sich vor dem Aufruf der Diashow die Wiedergabe eines Musiktitels im Windows Media Player starten, um die Präsentation mit Musik zu unterlegen. Klicken Sie mit der Maus auf eine Stelle der Diashow, werden im Vordergrund sichtbare Fenster ausgeblendet.

Die Diashow zeigt die Fotos als Vollbilddarstellung auf dem Bildschirm an. Die Fotos werden dabei automatisch in einer wählbaren Geschwindigkeit abgespielt. Sie benötigen weder Maus noch Tastatur zur Wiedergabesteuerung. Allerdings haben Sie die Möglichkeit, in den Ablauf der Diashow einzugreifen:

- Über die Tasten ⎡←⎤ und ⎡→⎤ können Sie per Tastatur zum jeweils vorhergehenden oder nachfolgenden Foto umschalten.

- Zum **Beenden der Diashow** drücken Sie die ⎡Esc⎤-Taste auf der Tastatur. Sie gelangen dann zum Desktop zurück.

Alternativ können Sie in der WIndows-Diashow mit der rechten Maustaste auf das angezeigte Foto klicken, um die Anzeige über den Kontextmenübefehl *Beenden* zu verlassen. Im Kontextmenü finden Sie zudem Befehle, um die **Geschwindigkeit der Diashow** zwischen *Langsam*, *Mittel* und *Schnell* umzuschalten. Der Befehl *Schleife* bewirkt eine Endloswiedergabe durch Wiederholen der Bildfolgen. Weitere Befehle ermöglichen es, die Diashow anzuhalten, erneut fortzusetzen oder zwischen den vorhergehenden/nachfolgenden Fotos zu blättern. Bei einer über Windows Live Fotogalerie aufgerufenen Diashow erscheint dagegen beim Zeigen auf das Motiv eine Bedienleiste mit ähnlichen Befehlen.

Fotos und Bilder drucken

Das Drucken eines Fotos oder eines Bildes ist in Windows 7 (oder in der Windows Live Fotogalerie) mit wenigen Mausklicks erledigt:

1 Öffnen Sie den Ordner, der die Bilddatei(en) enthält, oder starten Sie die Windows Live Fotogalerie und wählen Sie den Ordner mit den gewünschten Fotos aus.

2 Markieren Sie die auszudruckenden Fotos und klicken Sie in der Symbolleiste des Ordnerfensters bzw. der Fotogalerie auf die Schaltfläche *Drucken*.

Bei der Fotogalerie erscheint nach Anwahl der Schaltfläche *Drucken* ein Menü, in dem Sie erneut den Befehl *Drucken* anwählen müssen.

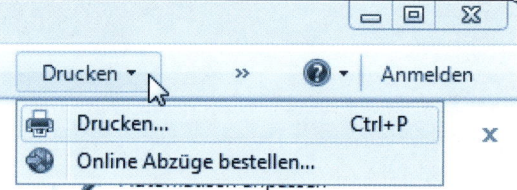

Alternativ können Sie die Druckfunktion in der Fotogalerie über die Tastenkombination ⌈Strg⌋+⌈P⌋ aufrufen.

3 Im Dialogfeld *Bilder drucken* legen Sie die Druckoptionen fest und klicken dann auf die Schaltfläche *Drucken*.

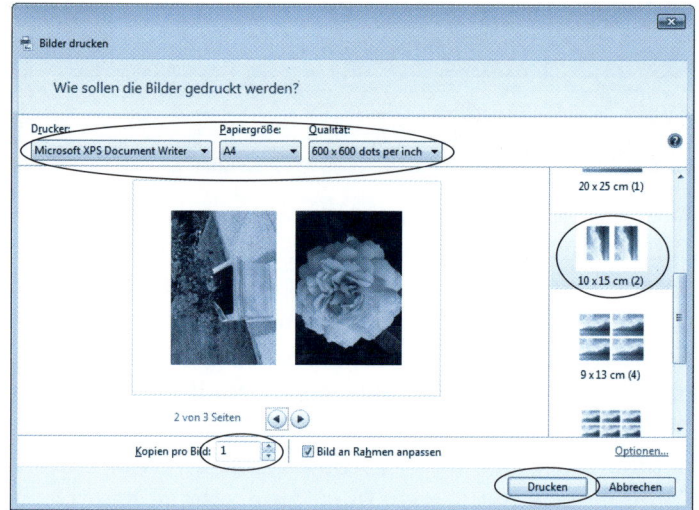

Oberhalb der Vorschau finden Sie Listenfelder zur Auswahl des Druckers, der Papiergröße und der Druckqualität. Der Ausdruck erfolgt in der Regel auf DIN-A4-Fotopapier. Bei den Standardfotoformaten 9 x 13 cm oder 10 x 15 cm passen vier bzw. zwei Bilder auf einen Bogen. Das gewünschte Fotoformat lässt sich über die am rechten Rand des Dialogfelds eingeblendete Liste mit den Formatschablonen (z. B. *13 x 18 cm (2)*) auswählen. Unterhalb des Vorschaubereichs finden Sie Felder, um die Zahl der Kopien pro Bild vorzugeben. Der Link *Optionen* öffnet ein zusätzliches Dialogfeld, in dem Sie bei Bedarf Optionen zum Schärfen der Bilder beim Drucken oder die Druckereinstellungen anpassen können.

Fotos auf CD/DVD brennen

Windows 7 und die Windows Live Fotogalerie ermöglichen Ihnen, Fotos auf CDs oder DVDs zu brennen. Sie können dabei die Fotodateien auf eine einfache Daten-CD sichern oder eine Fotosammlung als Video auf DVD brennen lassen.

1 Um Fotos auf eine Daten-CD zu sichern, markieren Sie die betreffenden Bilder in einem Ordnerfenster oder in den Miniaturansichten der Windows Live Fotogalerie.

2 Wählen Sie die Brennfunktion für eine Daten-CD.

Bei einem Ordnerfenster ist die Schaltfläche *Brennen* in der Symbolleiste zu wählen, die nach dem Anklicken eine CD anfordert.

Bei der Windows Live Fotogalerie klicken Sie dagegen auf die hier gezeigte Schaltfläche *Erstellen* und wählen den Menübefehl *Daten-CD brennen*. Arbeiten Sie mit der Windows-Fotoanzeige, ist ebenfalls die Schaltfläche *Brennen* anzuklicken und im Menü der Befehl *Daten-CD* zu wählen.

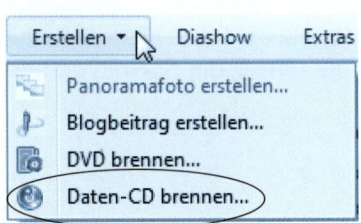

Windows bereitet anschließend die Fotodateien zum Brennen vor. Die Schublade des Brenners wird ausgefahren und Sie werden zum Einlegen eines Mediums aufgefordert.

3 Sobald die Schublade des Laufwerks ausfährt, legen Sie einen geeigneten Rohling in den Brenner ein und schließen die Schublade wieder.

Das Dialogfeld *Auf Datenträger brennen* verschwindet, sobald der Rohling im Brenner erkannt wurde.

4 Sie müssen ggf. in einem folgenden Dialogfeld wählen, wie der Datenträger vorzubereiten ist (Mastered oder Livedateisystem, siehe Kapitel 2).

Sie können auf Wunsch Dateien aus mehreren Ordnern mit den obigen Schritten zum Brennen zusammenstellen. Sobald die Fotodateien zum Brenner hinzugefügt wurden, können Sie diese, wie in Kapitel 2 beschrieben, auf das Medium brennen.

Zur **Wiedergabe** der Fotos **als Diashow** auf DVD-Playern oder anderen Computern bieten Ihnen die Windows-Fotoanzeige sowie die Windows Live Fotogalerie die Möglichkeit, die Daten auf eine Video-DVD zu brennen. Gehen Sie dazu folgendermaßen vor:

1 Starten Sie die Windows Live Fotogalerie und rufen Sie den Ordner oder die Zusammenstellung mit den Fotos als Miniaturansicht ab. Fotos im Hochformat müssen Sie um 90 Grad drehen.

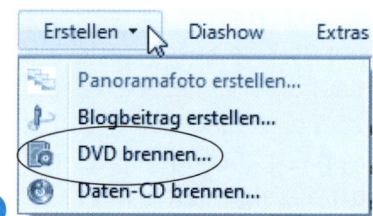

2 Markieren Sie die Fotos, die Bestandteil der Video-DVD werden sollen, klicken Sie auf die Schaltfläche *Erstellen* und wählen Sie im eingeblendeten Menü den Befehl *DVD brennen*.

> **Tipp**
>
> Falls keine Fotogalerie installiert ist, können Sie den Windows DVD Maker auch direkt über das Startmenü im Zweig *Alle Programme/Zubehör* aufrufen.

Der Windows DVD Maker unterstützt Sie beim Erstellen der Video-DVD, indem die Brennoptionen in Dialogfeldern abgefragt werden.

3 Wählen Sie im Dialogschritt *Bilder und Videos zur DVD hinzufügen* ggf. den Brenner über das Listenfeld der oberen Symbolleiste aus. Klicken Sie im Fußbereich auf das Textfeld *DVD-Titel* und geben Sie einen Titeltext ein.

4 Passen Sie im Dialogschritt *Bilder und Videos zur DVD hinzufügen* die Bildanzahl und Bildreihenfolge an und klicken Sie danach auf die Schaltfläche *Weiter*.

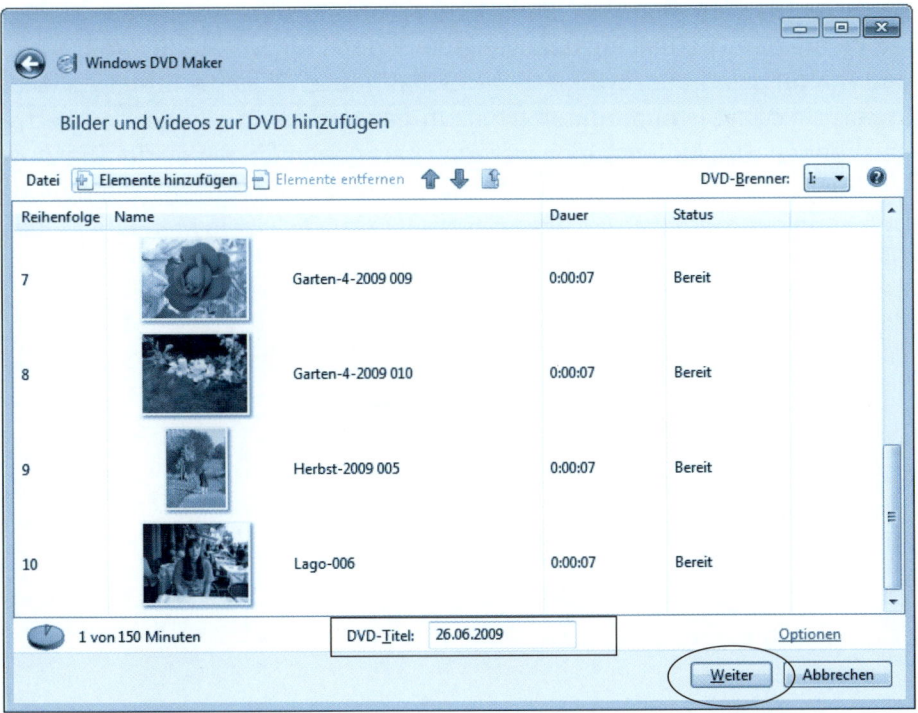

Die Reihenfolge der Fotos beeinflussen Sie, indem Sie ein Foto markieren und dieses dann bei gedrückter linker Maustaste nach oben oder nach unten in der Liste verschieben. Über die Schaltfläche *Elemente hinzufügen* der Symbolleiste lässt sich ein Ordnerfenster öffnen, in dem Sie Fotodateien nachträglich auswählen und zur Zusammenstellung hinzufügen können. Unerwünschte Fotos können Sie in der Zusammenstellung markieren und mittels der Schaltfläche *Elemente entfernen* aus dem Dialogfeld *Bilder und Videos zur DVD hinzufügen* entfernen.

> **Hinweis**
>
> Über den in der rechten unteren Ecke eingeblendeten Link *Optionen* öffnen Sie ein Dialogfeld zur Auswahl der Videooptionen (PAL- oder NTSC-Format, Seitenverhältnis 16 : 9 oder 4 : 3, Diashow mit einem Menü starten etc.).

5 Im Dialogschritt *DVD kann gebrannt werden* legen Sie die Optionen für Menütexte und Menüstile fest.

Die Schaltflächen *Menütext* und *Menü anpassen* öffnen separate Dialogfelder, um den Titeltext anzupassen oder Videos für den Menüvordergrund und -hintergrund auszuwählen. Die Schaltfläche *Diashow* öffnet ein Dialogfeld, in dem Sie Audiodateien hinzufügen und somit die Diashow vertonen können. Die Audiodateien werden später beim Abspielen der Diashow als Tonspur wiedergegeben. Über die am rechten Rand des Dialogfelds *DVD kann gebrannt werden* angezeigte Liste lässt sich ein Menüstil für das Eingangsmenü der DVD wählen.

6 Entspricht alles Ihren Vorstellun-
gen, klicken Sie auf die Schaltfläche
Brennen.

Der Windows DVD Maker fordert Sie in einem Meldungsfeld zum Einlegen
einer beschreibbaren DVD in den Brenner auf. Sobald das eingelegte Medium vom Brenner erkannt wird, verschwindet das Meldungsfeld wieder und

die Video-DVD wird gebrannt. Ein Dialogfeld mit einer Fortschrittsanzeige informiert Sie über den Ablauf. Sobald die Fertigstellung der Video-DVD gemeldet wurde, können Sie das Medium dem Brenner entnehmen und ggf. noch geöffnete Dialogfelder schließen. Anschließend lässt sich die Video-DVD am Computer mit dem Windows Media Player oder mittels eines DVD-Players testen.

Testen Sie Ihr Wissen

Nachdem Sie dieses Kapitel durchgearbeitet haben, können Sie mit Fotos und Bilddateien umgehen und mit der Windows Live Fotogalerie arbeiten. Vielleicht überprüfen Sie Ihr Wissen und die neu gewonnenen Fähigkeiten anhand der folgenden Fragen?

■ **Wie können Sie Fotos auf den Computer übernehmen?**

(Indem Sie die Speicherkarte in ein Lesegerät stecken und den Import-assistenten gemäß den Erläuterungen am Kapitelanfang verwenden. Weiterhin können Sie die Fotodateien auch direkt per Ordnerfenster auf die Festplatte kopieren.)

■ **Wie können Sie die Helligkeit eines Fotos korrigieren?**

(Indem Sie in der Windows Live Fotogalerie das Foto markieren und die Schaltfläche *Bearbeiten* anklicken. Danach wählen Sie in der rechten Spalte des Fensters z. B. die Schaltfläche *Automatisch anpassen*.)

■ **Wie lässt sich ein Bild drucken?**

(Markieren Sie die Bilddatei und wählen Sie in der Symbolleiste des Ordnerfensters die Schaltfläche *Drucken*.)

■ **Wie zeigen Sie Bilder als Diashow an?**

(Den Bildordner öffnen, ein Bild markieren und in der Symbolleiste die Schaltfläche *Diashow* wählen.)

Im nächsten Kapitel lernen Sie, wie sich unter Windows Musik-CDs und Videos abspielen lassen.

Das können Sie schon

Das lernen Sie neu

Kapitel 5

Musik und Videos

Sie können Windows nicht nur zum Arbeiten, sondern auch zur Unterhaltung oder zur Entspannung nutzen. Vielleicht möchten Sie beim Arbeiten am Computer Musik hören? Oder Sie möchten einen Videofilm von der Festplatte oder von DVD abspielen. Dieses Kapitel zeigt, wie Sie den Windows Media Player für diese Zwecke nutzen. Zudem erhalten Sie einen kurzen Überblick über das Windows Media Center.

Windows als Musikbox

Mit einem CD-, DVD- oder BD-Laufwerk und dem Windows Media Player lassen sich Musik-CDs wiedergeben. Außerdem können Sie auf der Festplatte abgelegte Audiodateien (z. B. MP3- oder WMA-Dateien) im Windows Media Player anhören. Nachfolgend wird der Windows Media Player vorgestellt und Sie lernen, wie sich Musik-CDs und Audiodateien wiedergeben lassen.

Windows Media Player im Überblick

Windows 7 enthält den Windows Media Player 12 zur Wiedergabe von Musik und Videos.

Der Player lässt sich z. B. über die Player-Schaltfläche der Taskleiste, über die automatische Wiedergabe oder über das Startmenü aufrufen.

Das Programm meldet sich mit dem nachfolgend gezeigten Anwendungsfenster (dessen Darstellung allerdings veränderbar ist). Am unteren Fensterrand finden Sie die Schaltflächen zur Wiedergabesteuerung des Media Players. Die Funktionen sind ähnlich wie beim Walkman oder beim CD-Player organisiert.

- Über die Schaltfläche *Wiedergabe/Anhalten* lässt sich ein Multimediatitel abspielen bzw. anhalten. Mit der Schaltfläche *Stopp* wird die Wiedergabe beendet.

- Der Schieberegler *Lautstärke* ermöglicht Ihnen, die Lautstärke einzustellen, und ein Klick auf das Lautsprechersymbol schaltet den Ton ein oder aus.

- Die Schaltflächen der Wiedergabesteuerung (*Zurück/Weiter*) ermöglichen Ihnen, schrittweise zwischen den Medientiteln (bei Musik zwischen den Musikstücken und bei Videos zwischen den ggf. vorhandenen Kapiteln) vor oder zurück zu gehen. Klicken Sie auf die Schaltfläche *Weiter* und halten die linke Maustaste länger gedrückt, wechselt der Player (bei der Wiedergabe von Videos) in den schnellen Vorlaufmodus.

- Weiterhin finden Sie noch zwei Schaltflächen, mit denen sich die Titel in zufälliger Reihenfolge wiedergeben bzw. wiederholen lassen.

Zur Bibliothek wechseln

CD kopieren

Sting

Liste speichern »

The Very Best of Sting & the Polic...

Message in a Bottle - The Police	4:51
Can't Stand Losing You - The Police	3:02
Englishman in New York - Sting	4:29
Every Breath You Take - The Police	4:13
Seven Days - Sting	4:40
Walking on the Moon - The Police	5:03
Fields of Gold - Sting	3:40
Fragile - Sting	3:55
Every Little Thing She Does Is Magic	4:22
De Do Do Do, De Da Da Da - The Poli...	4:08
If You Love Somebody Set Them Free	4:16
Brand New Day - Sting	4:30
Desert Rose - Sting	3:59
If I Ever Lose My Faith in You - Sting	4:31
When We Dance [Edit] - Sting	4:18
Don't Stand So Close to Me - The Po...	4:02
Roxanne - The Police	3:14
So Lonely - The Police	4:33

Listenbereich

03:34

Lautstärke

Ton aus

Vollbild-
modus

Zufällige Wiedergabe
einschalten

Wiederholung aktivieren

Stopp

Weiter

Wiedergabe/Anhalten

Zurück

Suchleiste

Der Schieber der Suchleiste bewegt sich beim Abspielen der Medientitel nach rechts. Sie sehen also, welcher Teil des aktuellen Titels bereits abgespielt wurde bzw. noch wiederzugeben ist. Durch Ziehen des Schiebers mit der Maus lässt sich eine bestimmte Stelle im aktuellen Titel suchen.

213

Hinweis

Vor der ersten Benutzung des Windows Media Players erscheint ein Assistent zur Konfigurierung des Programms. Wählen Sie im ersten Dialogfeld das Optionsfeld *Empfohlene Einstellungen*, klicken Sie über die *Weiter*-Schaltfläche durch die Dialoge und beenden Sie den Assistenten über die *Fertig stellen*-Schaltfläche.

Anzeigevarianten des Players

Das Fenster des Windows Media Players kann verschiedene Darstellungen aufweisen:

■ Beim Abspielen einer Audio-CD erscheint standardmäßig die auf der vorhergehenden Seite gezeigte Darstellung »Aktuelle Wiedergabe« mit dem Albumcover und der Titelliste (sofern bekannt).

■ Geben Sie eine Audiodatei wieder, erscheint dagegen das Fenster der Medienbibliothek (siehe auch folgende Abschnitte).

■ Am rechten Rand des Programmfensters lässt sich optional ein **Listenbereich** einblenden. Dort werden die Titelliste bei Musik-CDs, Filmtitel bei Video-DVDs oder die Musik- bzw. Videotitel bei Wiedergabelisten angezeigt. Ein Doppelklick auf einen Titel des Listenbereichs startet die Wiedergabe im Media Player.

Tipp

Der Listenbereich am rechten Rand des Playerfensters lässt sich übrigens über den Befehl *Layout* der Schaltfläche *Organisieren* ein- oder ausblenden. Die Symbolleiste mit der Schaltfläche ist jedoch nur in der Bibliotheksansicht sichtbar. Sind Sie sich über die Funktion eines Bedienelements im Unklaren? Zeigen Sie mit der Maus auf das Bedienelement, erscheint eine QuickInfo mit einem Hinweis auf die betreffende Funktion. Drücken Sie kurz die [Alt]-Taste, wird ein Menü in der linken oberen Fensterecke geöffnet, über dessen Befehle Sie direkt auf die Funktionen des Media Players zugreifen können.

Die Umschaltung zwischen den Anzeigemodi »Allgemeine Wiedergabe« und »Bibliothek« erfolgt über zwei Schaltflächen am rechten Fensterrand.

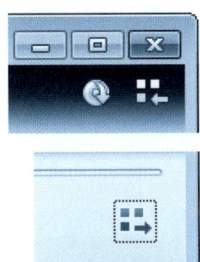

■ Im Modus »Allgemeine Wiedergabe« klicken Sie auf die Schaltfläche *Zur Bibliothek wechseln*.

■ Im »Bibliotheksmodus« lässt sich dagegen in der rechten unteren Fensterecke die Schaltfläche *Zur aktuellen Wiedergabe wechseln* anwählen.

In der rechten unteren Ecke des Programmfensters finden Sie eine Schaltfläche, um den Media Player in eine Vollbildansicht zu schalten.

Diese ist bei der Videowiedergabe hilfreich. Verwenden Sie die Esc -Taste (oder einen Doppelklick auf die Anzeige), um von der Vollbildansicht zur Fensterdarstellung zurückzuschalten.

Minimieren Sie den Windows Media Player (z. B. über die entsprechende Schaltfläche in der Titelleiste), können Sie in der Taskleiste auf dessen Schaltfläche zeigen.

Windows blendet dann eine **Mini-Player-Ansicht** ein. In dessen Leiste finden Sie dann Schaltflächen zur Wiedergabesteuerung. Klicken Sie auf die Schaltfläche in der Taskleiste, um zur Fensterdarstellung des Media Players zurückzukehren.

Musik-CDs wiedergeben

Musik-CDs können Sie direkt am Computer über ein CD- bzw. DVD-Laufwerk abspielen. Der Ton lässt sich über eingebaute oder extern angeschlossene Lautsprecher ausgeben.

1 Zum **Abspielen** einer Musik-CD genügt es, wenn Sie diese in das CD- bzw. DVD-Laufwerk einlegen.

2 Erscheint das Dialogfeld *Automatische Wiedergabe*, klicken Sie auf den Befehl *Audio-CD wiedergeben*.

Anschließend beginnt die Wiedergabe der Musik-CD. Über die Schaltflächen der Wiedergabesteuerung am unteren Fensterrand können Sie schrittweise durch die Musiktitel blättern, die Lautstärke verändern oder die Wiedergabe anhalten (siehe vorhergehende Seiten).

Hinweis

Einige Audio-CDs sind vom Hersteller mit einem Kopierschutz für Computer versehen, die das Abspielen im Media Player verhindern. Zudem kann es sein, dass das Dialogfeld *Automatische Wiedergabe* beim Einlegen einer Audio-CD in das Laufwerk nicht automatisch erscheint. Sie können dann im Ordnerfenster *Computer* das Laufwerkssymbol mit der rechten Maustaste anwählen und den Kontextmenübefehl *Automatische Wiedergabe öffnen* wählen. Oder Sie starten den Windows Media Player (z. B. über die Schaltfläche in der Taskleiste). Sobald das Programmfenster erscheint und die Audio-CD erkannt wurde, können Sie die Wiedergabe über die Steuerelemente der Bedienleiste starten.

Audiodateien wiedergeben

Der Windows Media Player kann nicht nur Musik-CDs, sondern auch Audiodateien von der Festplatte wiedergeben. Solche Audiodateien können Sie aus dem Internet von Musikshops herunterladen oder von Datenträgern auf die Festplatte kopieren. Um einen solchen Musiktitel direkt von der Festplatte wiederzugeben, führen Sie die folgenden Schritte durch:

1 Öffnen Sie den Ordner, in dem die Musikdatei gespeichert wurde, und markieren Sie
die abzuspielende Musikdatei.

In der Regel werden Musikstücke in der Bibliothek *Musik* (Unterordner *Eigene Musik* oder in dessen Unterordnern) gespeichert. Sie können z. B. über
den Startmenüeintrag *Musik* auf den Inhalt dieser Ordner zugreifen. Kennt
Windows das Dateiformat der markierten Datei, werden in der Symbolleiste
des Ordnerfensters verschiedene Wiedergabeschaltflächen eingeblendet.

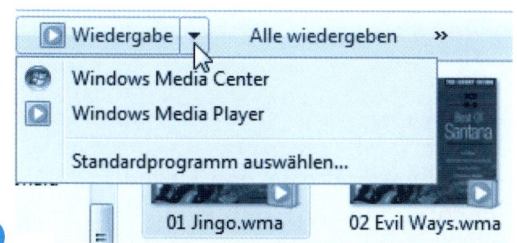

2 Klicken Sie auf die Schaltfläche *Wiedergabe*.

Falls der Windows Media Player nicht als Standard eingestellt ist, können
Sie das Menü der Schaltfläche *Wiedergabe* öffnen und im Menü den Befehl
Windows Media Player gezielt auswählen. Daraufhin startet Windows den
Media Player und beginnt mit der Wiedergabe.

Tipp

Enthält das Ordnerfenster mehrere Musikdateien und möchten Sie diese nachei-
nander wiedergeben? Wählen Sie im Ordnerfenster die Schaltfläche *Alle wiedergeben*. Windows legt dann eine sogenannte Wiedergabeliste der Musiktitel
an und beginnt mit dem Abspielen des ersten Titels. Wählen Sie dagegen eine
Audiodatei im Ordnerfenster per Doppelklick an, startet Windows die Wiedergabe. Dabei wird das für das jeweilige Audioformat der Datei vorgesehene Wiedergabeprogramm gestartet. Dies kann ggf. auch ein anderer Media Player sein.
Bei den obigen Anweisungen gehen Sie dagegen sicher, dass der Musiktitel im
Media Player abgespielt wird.

Fachwort

Musikdateien können in verschiedenen Formaten vorliegen. Beim WAV-Format werden die Daten in unkomprimierter Form gespeichert, d. h., die zugehörigen Dateien sind sehr groß. Dieses Format wird z. B. benutzt, wenn Musikstücke mit entsprechenden Programmen von einer Audio-CD auf die Festplatte kopiert werden. Wesentlich kompakter lässt sich Musik in MP3-Dateien oder im Microsoft-eigenen WMA-Format speichern. Gekaufte Musikstücke, die im WMA-Format vorliegen, sind häufig mit einem digitalen Rechtemanagement (DRM, Digital Rights Management) versehen. DRM ist ein Abspielschutz, der die Wiedergabe nur im Rahmen der erworbenen Rechte erlaubt. Das MP3-Format kennt dagegen kein solches Rechtemanagement.

Heimkino mit Windows

Haben Sie Videodateien zur Wiedergabe in den Ordnern der Bibliothek *Videos* gespeichert oder möchten Sie DVDs mit Filmen am Computer abspielen? Nachfolgend wird Ihnen gezeigt, wie dies funktioniert. Mit einem Projektor (Beamer) lässt sich dann sogar so etwas wie Heimkino in den eigenen vier Wänden realisieren.

Videodateien wiedergeben

Camcorder und viele Digitalkameras liefern Videodateien. Zudem lassen sich Videodateien aus dem Internet herunterladen oder TV-Sendungen mit geeigneten TV-Programmen aufzeichnen. Mit den folgenden Schritten können Sie Videodateien wiedergeben:

1 Öffnen Sie den Ordner (z. B. *Eigene Videos* oder *Öffentliche Videos*), in dem die Videodateien abgelegt sind.

2 Wählen Sie das Symbol der gewünschten Videodatei per Doppelklick im Ordnerfenster an.

Alternativ können Sie die Datei markieren, dann im Ordnerfenster die Schaltfläche *Wiedergabe* in der Symbolleiste anklicken. Klappt dies nicht, weil dann ein anderer Player startet? Dann klicken Sie auf das Dreieck am rechten Rand der Schaltfläche *Wiedergabe* und wählen im eingeblendeten Menü gezielt den Befehl *Windows Media Player*.

Windows startet den Windows Media Player, der das Video im Medienbereich des Fensters anzeigt. Die Tonspur wird über die Soundkarte wiedergegeben. Die Bedienung erfolgt auf die gleiche Weise wie beim Abspielen von Musik über die Schaltflächen unterhalb des Videobereichs (siehe Kapitelanfang).

> **Tipp**
>
> Bei Videos lässt sich die Bildgröße über das Kontextmenü anpassen (einfach den Bildbereich mit der rechten Maustaste anwählen). Über den Befehl *Video* können Sie in einem Untermenü den Zoomfaktor wählen. Eine Vollbilddarstellung erreichen Sie über den Befehl *Vollbild*. Zurück zur Fensterdarstellung bringt Sie der Kontextmenübefehl *Vollbild schließen*. Schneller geht das Umschalten, indem Sie den Videobereich jeweils per Doppelklick anwählen.

219

Hinweis

Der Windows Media Player unterstützt die allgemein gängigen **Multimediafor-mate**. Sie können daher Videos im **AVI-**, **DivX-**, **WMV-**, **MOV-** (MP4) und **MPEG-1/2-Format** wiedergeben. Der zum Abspielen von Film-DVDs und MPEG-2-Videos benötigte MPEG-2-Decoder ist aber nur in Windows 7 Home Premium und Ulti-mate enthalten. Weitere Videoformate werden nur unterstützt, wenn die entspre-chenden Codecs als DirectShow-Filter in Windows 7 installiert sind. Bei diesen Filtern handelt es sich um Softwarebausteine, die von Drittherstellern (teilweise kostenpflichtig) angeboten werden. **Codec** ist dabei ein Kunstwort aus Decoder/Encoder und steht für einen Baustein, der die Videodaten ver- und entschlüsseln kann. Falls sich Videos nicht mit dem Windows Media Player abspielen lassen, können Sie ggf. auch alternative Player wie beispielsweise den VLC-Player ver-wenden. Dieser lässt sich kostenlos von der Webseite *www.videolan.org/vlc* herunterladen und kann viele Videoformate abspielen. Falls Sie eigene Videos aufnehmen, können Sie diese mit einem (aus Platzgründen in diesem Buch nicht besprochenen) Videoschnittprogramm bearbeiten und im Ordner *Eigene Videos* speichern. Mit dem bereits im vorherigen Kapitel erwähnten Windows DVD Maker können Sie dann solche Videos sogar auf eine DVD brennen.

Wiedergabe von Video-DVDs

Videos können auf CDs (Video-CD oder Super Video-CD) sowie auf DVDs und Blu-ray Discs (BDs) gespeichert sein. Windows enthält bereits die zur Wiedergabe von Video-CDs und Video-DVDs benötigten Wiedergabefunk-tionen (MPEG1- und MPEG2-Codecs). Zur Wiedergabe des Inhalts einer Video-CD oder Video-DVD gehen Sie folgendermaßen vor:

1 Legen Sie das Medium in das entsprechende Laufwerk ein und warten Sie, bis das Dialog-feld *Automatische Wiedergabe* erscheint.

2 Wählen Sie im Dialogfeld den abhängig vom eingelegten Medium angezeigten Befehl *Video-CD wiedergeben* bzw. *DVD-Film wiedergeben*.

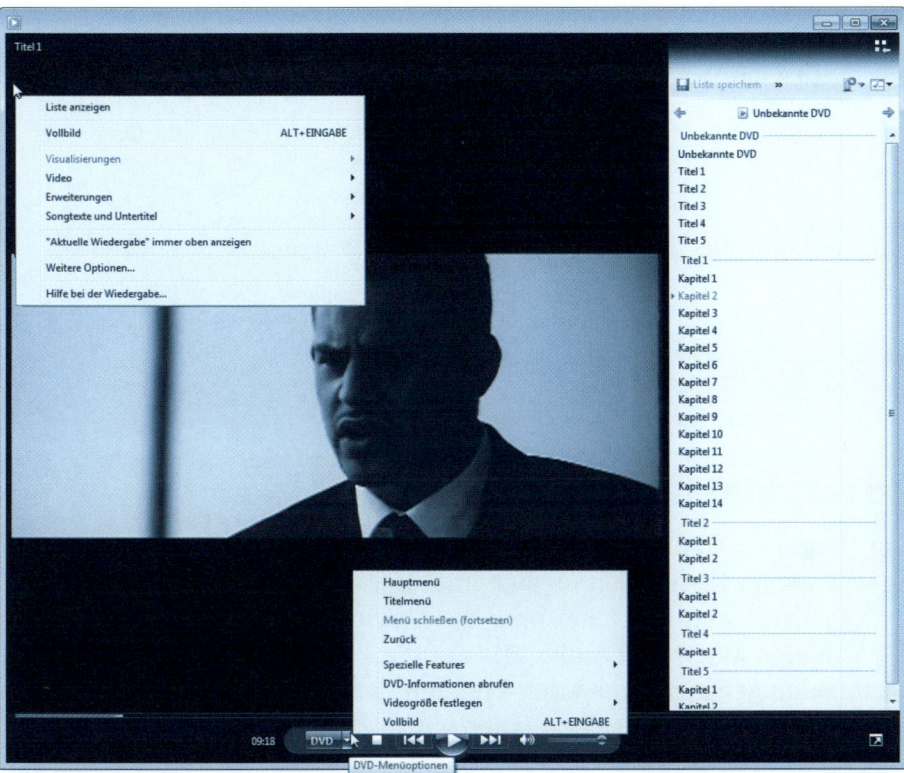

Das Video wird entweder in einem Fenster oder in der Vollbildansicht wiedergegeben. Ein Doppelklick ermöglicht die Umschaltung zwischen Fenster- und Vollbilddarstellung. Klicken Sie mit der rechten Maustaste auf den Videobereich, lassen sich über das Kontextmenü verschiedene Befehle (z. B. Vollbildmodus, Listenbereich ein-/ausblenden etc.) abrufen.

Ist eine Video-DVD mit einer Menüführung ausgestattet, die den kapitelweisen Abruf der Videoinhalte ermöglicht? Dann können Sie über die Einträge im eingeblendeten Listenbereich auf die Kapitel zugreifen. Oder Sie öffnen das Menü der am unteren Fensterrand eingeblendeten Schaltfläche *DVD*. Das eingeblendete Menü ermöglicht Ihnen, zum Hauptmenü oder zum Titelmenü der DVD zu springen, DVD-Informationen abzurufen oder die Videogröße einzustellen. Die Ablaufsteuerung über die Schaltflächen der Bedienleiste entspricht der Wiedergabe von Audio- und Videodateien.

Hinweis

Beachten Sie, dass Video-DVDs (und -BDs) von den Herstellern mit einem **Regionalcode** versehen werden. Ein in den USA gekauftes Videomedium (z. B. DVD Code 1) wird sich daher nicht auf einem europäischen DVD-Player (Code 2) abspielen lassen. Super Video-CDs lassen sich standardmäßig allerdings nicht im Windows Media Player abspielen, da der Microsoft MPEG-2-Decoder deren spezielles Format nicht unterstützt. Nur wenn Decoder von Drittherstellern (z. B. Nero ShowTime) in einer zu Windows 7 passenden Version installiert sind, kann die Wiedergabe ggf. im Windows Media Player erfolgen.

Falls Sie Videos oder Fotos mit dem Windows DVD Maker auf eine DVD gebrannt haben (siehe vorhergehendes Kapitel), können Sie dieses Medium mit dem Windows Media Player testen und wiedergeben.

Zusatzfunktionen nutzen

Der Windows Media Player kann mit einigen netten Zusatzfunktionen aufwarten. So lassen sich Mediendateien wie Musik oder Videos in Wiedergabelisten eintragen und über die Medienbibliothek verwalten. Oder Sie kopieren Musik von Audio-CDs auf die Festplatte, stellen eigene Musiksammlungen zusammen und brennen das Ganze auf CD. Nachfolgend werden die betreffenden Funktionen kurz erläutert.

Die Medienbibliothek verwenden

Mit der Medienbibliothek können Sie Ihre Multimediadateien (z. B. Musik oder Videos) komfortabel verwalten. Sobald Sie einen Musiktitel aus einem Ordner der Festplatte wiedergeben, wird diese Mediendatei automatisch zur Medienbibliothek hinzugefügt. Nur beim Abspielen von Mediendateien von CDs, DVDs, BDs und Wechseldatenträgern werden die Titel nicht eingetragen.

Um die Inhalte der Medienbibliothek anzusehen und ggf. aufgenommene Titel wiederzugeben, gehen Sie in folgenden Schritten vor:

1 Starten Sie den Windows Media Player und wählen Sie (falls der Modus »Aktuelle Wiedergabe« erscheint) die Schaltfläche *Zur Bibliothek wechseln*.

2 Wählen Sie in der linken Spalte des Navigationsbereichs die gewünschte Bibliothekskategorie aus (z. B. *Musik*).

3 Expandieren Sie den Zweig der Bibliothekskategorie (über die Dreiecke vor dem jeweiligen Eintrag) und klicken Sie auf einen Eintrag wie *Interpret*, *Album*, *Musiktitel* etc.

Der Windows Media Player zeigt Ihnen in der mittleren Spalte die zur betreffenden Kategorie gefundenen Medieneinträge sowie bei Musikdateien ggf. das Albumcover.

4 Wählen Sie zum Abspielen den gewünschten Eintrag in der mittleren Spalte per Doppelklick an.

Über den Navigationsbereich des Windows Media Players können Sie also sehr bequem auf bereits abgespielte Musik, Videos, Bilder etc. zugreifen. Sie brauchen nur einen der Einträge des Bereichs anzuwählen, um die betreffenden Medieneinträge nach Kategorien geordnet abzurufen.

Tipp

Bei Bedarf können Sie auch den Namen eines Interpreten, Titels etc. in das Suchfeld der Symbolleiste eintippen. Der Media Player durchsucht dann die Medienbibliothek nach den entsprechenden Stichwörtern und listet Übereinstimmungen auf.

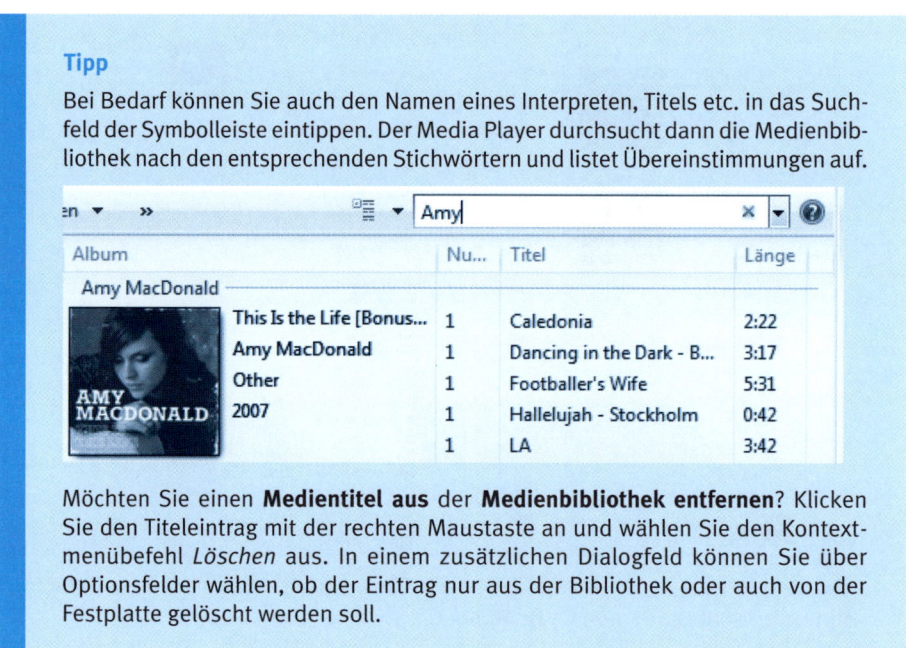

Möchten Sie einen **Medientitel aus** der **Medienbibliothek entfernen**? Klicken Sie den Titeleintrag mit der rechten Maustaste an und wählen Sie den Kontextmenübefehl *Löschen* aus. In einem zusätzlichen Dialogfeld können Sie über Optionsfelder wählen, ob der Eintrag nur aus der Bibliothek oder auch von der Festplatte gelöscht werden soll.

Wiedergabelisten für die Lieblingstitel

Wiedergabelisten erlauben Ihnen, Musikstücke, Videos etc. in beliebiger Reihenfolge zur Wiedergabe zusammenzustellen. Um eine solche Wiedergabeliste anzulegen, gehen Sie in folgenden Schritten vor:

1 Starten Sie den Windows Media Player und schalten Sie ggf. zum Bibliotheksmodus (siehe vorhergehende Seiten).

2 Klicken Sie in der Symbolleiste des Fensters auf die Schaltfläche *Wiedergabeliste erstellen*.

3 Tippen Sie im Navigationsbereich im hervorgehobenen Feld einen Namen für die neue Wiedergabeliste ein.

Die Wiedergabeliste können Sie über Kontextmenübefehle auch nachträglich umbenennen oder löschen.

4 Klicken Sie anschließend im Navigationsbereich auf die Kategorie (z. B. *Musik*) mit den in die Wiedergabeliste aufzunehmenden Titeln.

Sie können wie in den vorhergehenden Abschnitten beschrieben vorgehen und eine Audio-CD abspielen oder mehrere Musikdateien bzw. Videos über die Schaltfläche *Alle wiedergeben* eines Ordnerfensters im Windows Media Player abspielen. Dann tauchen die Titel in der Bibliotheksanzeige auf.

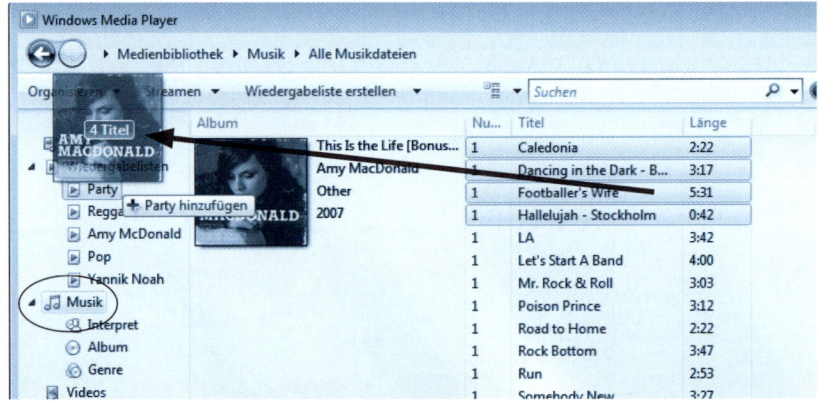

5 Markieren Sie den oder die gewünschten Titel in der mittleren Spalte und ziehen Sie diese bei gedrückter linker Maustaste zur Wiedergabeliste im Navigationsbereich.

Beim Loslassen werden die Titel in die Liste einsortiert. Wiederholen Sie die letzten Schritte, bis alle gewünschten Titel in der Wiedergabeliste aufgeführt werden.

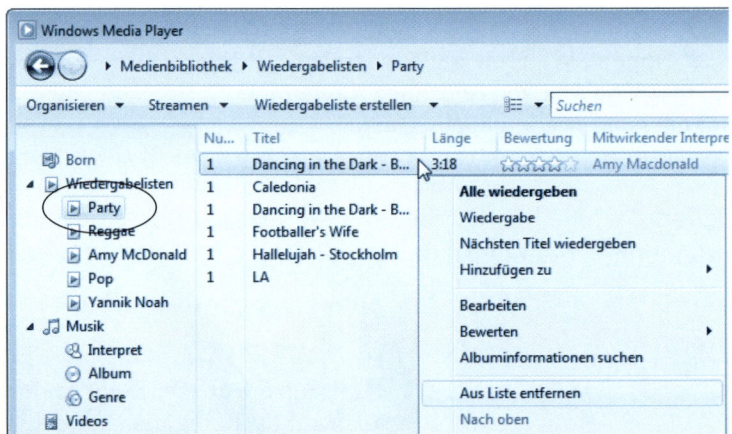

6 Sie können anschließend den Eintrag für die Wiedergabeliste im Navigationsbereich anklicken und dann die Reihenfolge der Titel durch Ziehen per Maus in der Wiedergabeliste sortieren.

Über den Kontextmenübefehl *Aus Liste entfernen* lässt sich ein Eintrag löschen.

Wählen Sie später im Windows Media Player die Wiedergabeliste im Navigationsbereich per Doppelklick aus, startet die Wiedergabe mit dem ersten Titel. Alternativ können Sie nach Anwahl der Wiedergabeliste einen eingeblendeten Titel per Doppelklick wiedergeben.

Musik-CD auf die Festplatte kopieren

Der Windows Media Player kann den Inhalt von Musik-CDs auf die Festplatte kopieren. Auf diese Weise können Sie Ihre Musiksammlung auf den Computer übertragen und die Musikstücke direkt von der Festplatte abspielen (siehe oben).

1 Legen Sie die Original-CD in das CD-Laufwerk ein, starten Sie bei Bedarf den Windows Media Player und wählen Sie anschließend im Navigationsbereich den Eintrag für das Medium per Mausklick an.

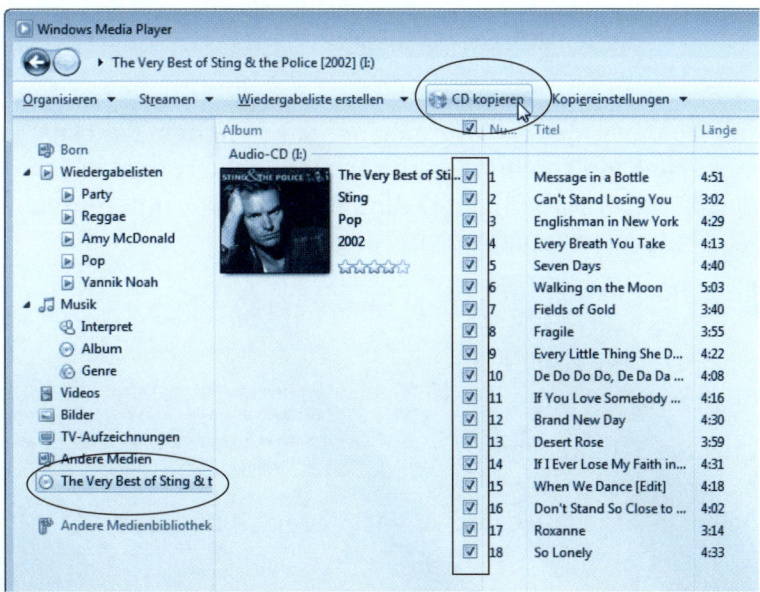

2 Sobald die Titelliste angezeigt wird, können Sie die Markierung der nicht zu kopierenden Musiktitel durch Anklicken per Maus aufheben (nur die Kontrollkästchen der zu kopierenden Titel sollten mit Häkchen markiert sein).

Hinweis

Bei Bedarf können Sie das Menü der in der Symbolleiste sichtbaren Schaltfläche *Kopiereinstellungen* öffnen. Über den Befehl *Format* lässt sich im Untermenü das gewünschte Audioformat (z. B. MP3) zum Kopieren auswählen. Die Audioqualität beim Speichern legen Sie über das Untermenü des Befehls *Audioqualität* fest.

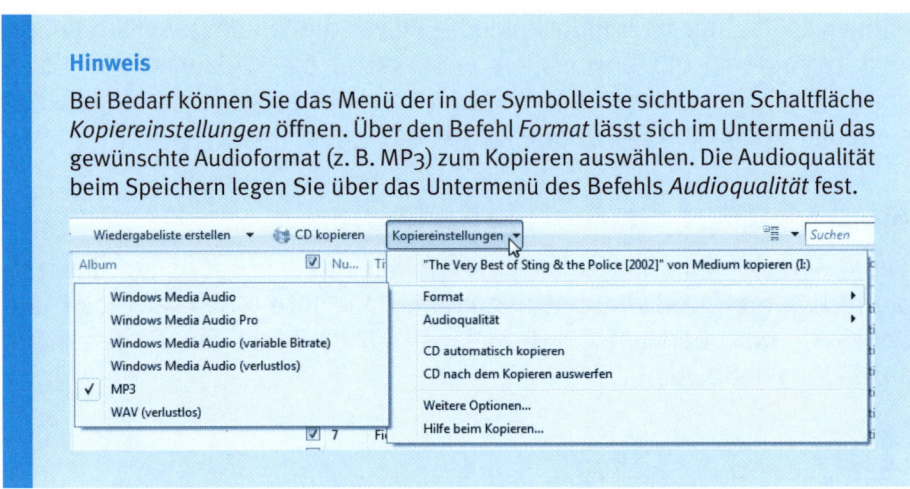

3 Klicken Sie abschließend in der Symbolleiste des Playerfensters auf die Schaltfläche *CD kopieren*.

Der Windows Media Player beginnt dann mit dem Einlesen der markierten Musiktitel und kopiert diese im angegebenen Format in den Ordner *Eigene Musik*. Dabei wird für jedes Album ein eigener Unterordner und für jeden Musiktitel eine separate Datei angelegt.

Eine Textanzeige in der Titelliste informiert Sie, welcher Titel gerade kopiert wird.

Über die Schaltfläche *Kopieren beenden* der Symbolleiste können Sie den Vorgang jederzeit beenden.

Musiktitel auf CD brennen

Ist am Computer ein CD-/DVD-/BD-Brenner angeschlossen, lassen sich auf die Festplatte kopierte und nicht kopiergeschützte Musikstücke auf CDs übertragen. Hierzu führen Sie die folgenden Schritte durch:

1 Starten Sie den Windows Media Player und klicken Sie in der rechten oberen Ecke des Programmfensters auf die Registerkarte *Brennen*.

2 Wählen Sie im Navigationsbereich die Wiedergabelisten oder die Einträge der Medienbibliothek, um die gewünschten Musiktitel im Programmfenster anzuzeigen.

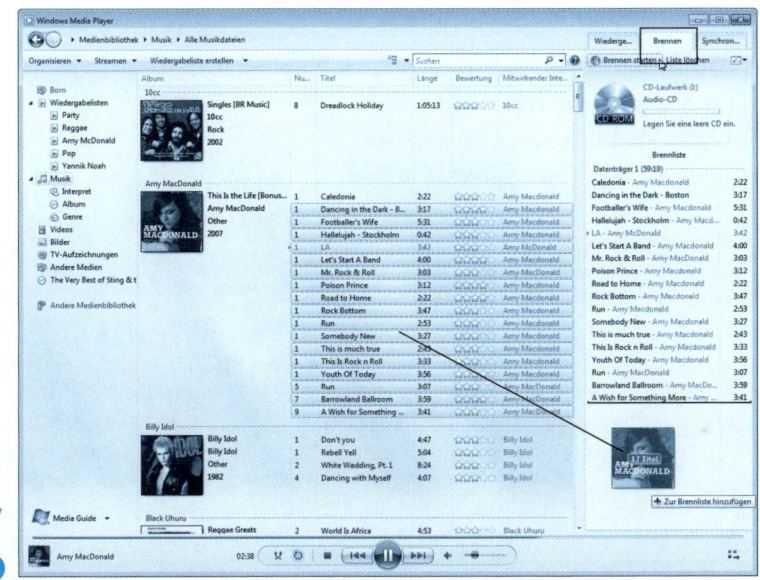

3 Ziehen Sie die gewünschten Musiktitel mit der Maus nach rechts in die Brennliste.

4 Sind alle Titel hinzugefügt, klicken Sie in der Symbolleiste auf die Schaltfläche *Brennen starten*.

Sobald die Schublade des Brenners ausgefahren wird, legen Sie einen leeren CD-R-Rohling ein und schließen die Schublade. Nachdem der Datenträger erkannt wurde, beginnt der Windows Media Player mit dem Brennen der Musiktitel auf das Medium.

Während des Brennens werden Sie über eine Fortschrittsanzeige in der Brennliste über den Ablauf informiert. Sie können den Brennvorgang zwar über die Schaltfläche *Brennen abbrechen* vorzeitig beenden – riskieren aber den Verlust des Rohlings. Nach dem Brennen des letzten Titels öffnet der Media Player standardmäßig die Schublade des Brennlaufwerks und Sie können das Medium entnehmen.

Anschließend können Sie den Windows Media Player beenden und die gebrannte Audio-CD testen, indem Sie diese erneut in das CD-Laufwerk einlegen.

Hinweis

Standardmäßig brennt der Windows Media Player die Musiktitel als Audiospuren im Format der Audio-CDs auf den Rohling. Möchten Sie eine MP3- oder WMA-CD bzw. -DVD brennen? Da es sich letztendlich um eine Daten-CD oder -DVD handelt, können Sie die in Kapitel 2 im Abschnitt »So brennen Sie Daten auf CD/DVD/BD« erläuterten Schritte verwenden. Dann enthält der Rohling separate Audiodateien. Sie können diesen Datenträger in einem geeigneten DVD-Player oder am Computer abspielen. Normale CD-Player können CDs mit MP3- oder WMA-Dateien allerdings in der Regel nicht wiedergeben.

So kommt Musik auf einen MP3- Player

Besitzen Sie einen MP3- oder WMA-Player und möchten Sie Musikstücke auf dieses portable Abspielgerät übertragen? Mit Windows ist dies kein Problem.

1 Starten Sie den Windows Media Player und verbinden Sie den portablen Media Player über die USB-Schnittstelle mit dem Computer.

2 Warten Sie, bis das portable Gerät erkannt wird, und klicken Sie in der rechten oberen Ecke des Windows Media Players auf die Registerkarte *Synchronisieren*.

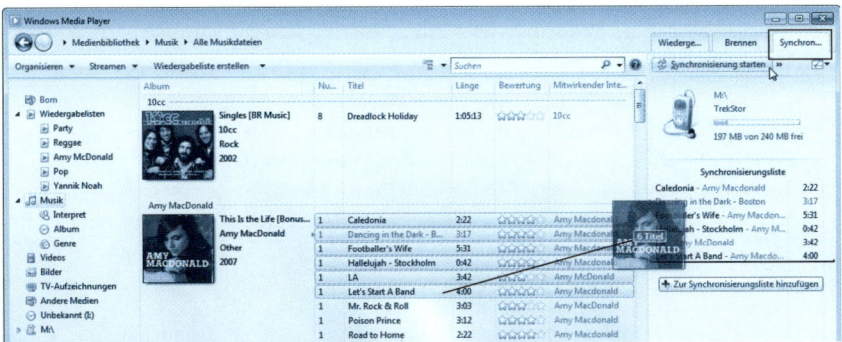

3 Wählen Sie im Navigationsbereich Wiedergabelisten oder Einträge der Medienbibliothek aus, um deren Titellisten im Programmfenster einzublenden.

4 Markieren Sie die gewünschten Musiktitel im Fenster des Windows Media Players und ziehen Sie diese mit der Maus nach rechts in die Synchronisationsliste des Geräts. Nicht erwünschte Titel können Sie in der Synchronisationsliste markieren und über den Kontextmenübefehl *Aus Liste entfernen* löschen.

5 Sobald alle Musiktitel ausgewählt sind, klicken Sie in der Symbolleiste (oberhalb der Synchronisationsliste) auf die Schaltfläche *Synchronisierung starten*.

Der Windows Media Player gleicht dann die Titelliste des portablen Geräts mit der Synchronisationsliste ab, fügt neue Titel zum Player hinzu und löscht ggf. unerwünschte Titel. Eine Fortschrittsanzeige im Fenster des Windows Media Players informiert Sie über den Ablauf. Nach dem Beenden der Synchronisierung wird die Titelliste im Synchronisationsbereich gelöscht und Sie können den portablen (MP3-)Player von der USB-Schnittstelle trennen (siehe Kapitel 3) und verwenden.

Hinweis

Wird der MP3-Player nicht im Windows Media Player erkannt oder gibt es Probleme bei der Synchronisation? Dann stecken Sie den MP3-Player in die USB-Buchse ein und öffnen das Ordnerfenster *Computer*. Doppelklicken Sie auf das Wechseldatenträgerlaufwerk, welches dem MP3-Player zugeordnet ist. Sie sollten anschließend die Ordner auf dem Speicher des MP3-Players sehen. Wenn Sie nun noch über das Startmenü die Ordner der Bibliothek *Musik* öffnen, können Sie die MP3- (und WMA-)Dateien zwischen den beiden geöffneten Ordnerfenstern kopieren bzw. verschieben oder löschen. Das funktioniert wie das Kopieren, Verschieben oder Löschen von Datendateien (siehe Kapitel 2).

Sofern Sie einen **iPod**-Player oder ein **iPhone** von Apple besitzen, können Sie diesen ebenfalls per USB-Kabel mit dem Computer verbinden. Sie benötigen dann aber das kostenlose Programm **iTunes** von der Internetseite *www.apple. com/de/itunes/*, um im Apple-Store gekaufte Musik unter Windows auf den iPod zu übertragen.

Weitere Multimediafunktionen

Windows 7 besitzt weitere interessante Multimediafunktionen zur Wiedergabe von Radio- und TV-Programmen oder Musik und Videos. Nachfolgend möchte ich kurz erläutern, wie Sie über das Internet Radio hören können und wie das Windows Media Center bedient wird.

Internetradio hören, so geht's

Vielleicht haben Sie schon mal etwas von **Internetradio** gehört? Dabei wird Musik per Internet übertragen. Alles, was Sie zum Hören von Internetradio benötigen, ist eine schnelle Internetverbindung (DSL-Breitband) sowie einen Browser wie den Internet Explorer.

1 Sie können die Internetseite *www.surfmusik.de* im Browser aufrufen (siehe auch Kapitel 7) und dort den gewünschten Radiosender auswählen.

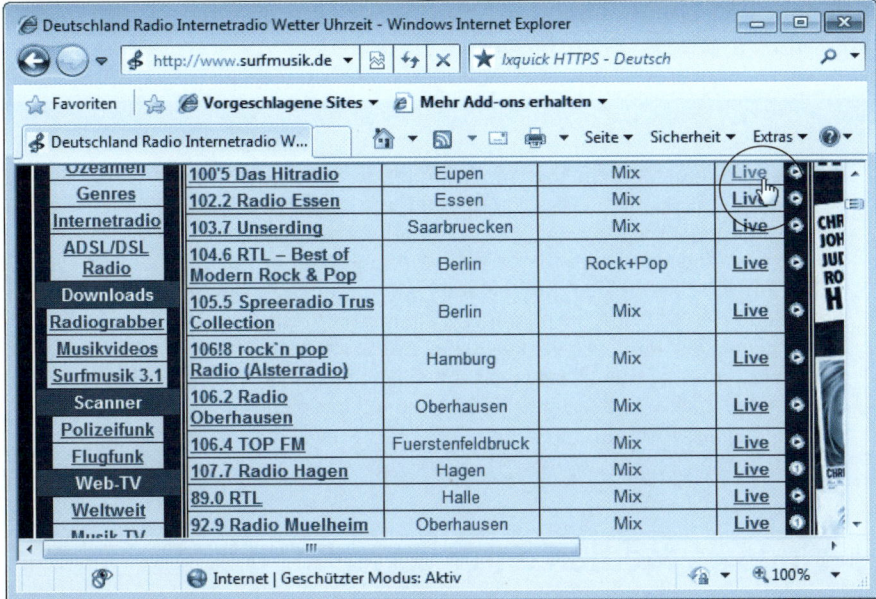

Die Seite *surfmusik.de* stellt die Radiostationen geordnet nach Erdteilen und Ländern übersichtlich in Verweislisten zusammen.

2 Haben Sie eine Radiostation gefunden, klicken Sie den mit »Live« bezeichneten Verweis an.

Der Browser wird ein zweites Fenster mit dem eingebetteten Windows Media Player öffnen.

Dort finden Sie Schaltflächen, um die Wiedergabe anzuhalten, fortzusetzen und die Lautstärke anzupassen.

Hinweis

Die Internetradiostationen können im Format des Windows Media Players oder
des RealPlayers senden (erkennbar am betreffenden Symbol). Um Real-Media-
Sender zu hören, muss der RealPlayer unter Windows installiert sein. Persönlich
verzichte ich (wegen extrem nervender Werbung) aber auf den RealPlayer. Natürlich können Sie auch die Internetseite einer Ihnen bekannten Internetradio-
station aufrufen und dort die oft angebotenen Schaltflächen zur Wiedergabe der
Sendung in einem Media Player anwählen. Aus Sicherheitsgründen sollten Sie in
diesem Fall aber darauf achten, dass Ihnen kein spezieller Player der Radiostation installiert wird. In diesem Fall würde ich auf das Anhören der betreffenden
Station eher verzichten.

Das Windows Media Center verwenden

Windows 7 Home Premium stellt noch eine besondere Anwendung in Form
des Windows Media Centers bereit. Dies ist quasi die Unterhaltungszentra-
le des Computers, über die Sie per Tastatur und Maus oder über eine Fernbedienung eine Vielzahl von Funktionen zur Wiedergabe von Multimedia-
inhalten (Fotos, Musik, Videos, TV) abrufen können. So können Sie Musik
hören, Bilder in Form von Diashows wiedergeben, Videos ansehen und (bei
im Rechner eingebautem TV-Empfänger) sogar am Computer fernsehen.

Das Windows Media Center wird direkt über das Startmenü aufgerufen,
indem Sie den Eintrag *Windows Media Center* im Zweig *Alle Programme*
anklicken. Das Programm startet standardmäßig im Vollbildmodus, sodass
sowohl der Windows-Desktop als auch die Taskleiste verschwinden. Zeigen
Sie mit der Maus in die rechte obere Fensterecke, können Sie über die
mittlere Schaltfläche zum Fenstermodus zurückschalten. Die Bedienung
per Maus, Tastatur oder Fernbedienung ist recht einfach.

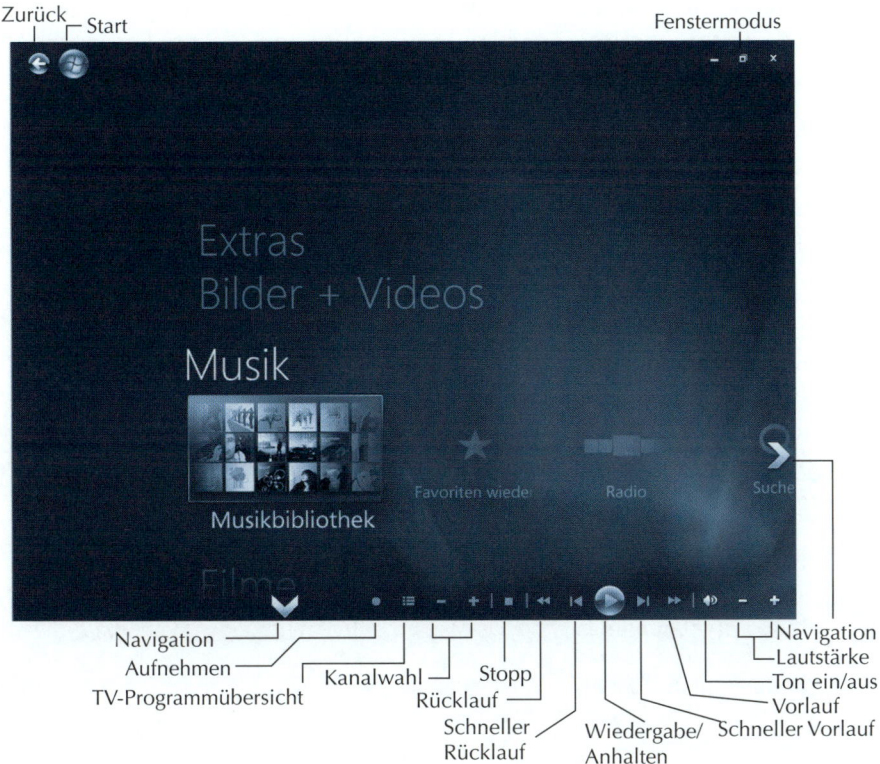

Zurück — Start   Fenstermodus

Extras
Bilder + Videos
Musik

Musikbibliothek

Favoriten wiede...   Radio   Suche...

Filme

Navigation — Aufnehmen — Kanalwahl — Stopp — TV-Programmübersicht — Rücklauf — Schneller Rücklauf — Wiedergabe/Anhalten — Navigation — Lautstärke — Ton ein/aus — Vorlauf — Schneller Vorlauf

- Über die Steuerungstasten ($\leftarrow$, $\rightarrow$, $\uparrow$, $\downarrow$ der Fernbedienung oder der Tastatur lässt sich ein horizontaler bzw. vertikaler Bildlauf durch das Funktionsmenü durchführen. Wenn Sie mit der Maus auf den unteren oder rechten Bildrand der Funktionsleiste zeigen, erscheinen Navigationselemente zum horizontalen und vertikalen Blättern im Funktionsmenü.

- Um Funktionen zu nutzen, müssen Sie diese lediglich in der Seite anwählen. Die aktuelle Funktion wird im Zentrum des Bildschirms mit einem Symbol eingeblendet und lässt sich über die OK -Taste der Fernbedienung anwählen. Oder Sie verwenden die Eingabe -Taste der Tastatur. Ein Mausklick auf die in der Mitte des Bildschirms angezeigte Funktion ruft diese ebenfalls auf.

- Die beiden beim Zeigen mit der Maus in der linken oberen Ecke eingeblendeten Schaltflächen ermöglichen, eine Ebene zurückzugehen bzw.

die Startseite aufzurufen. Zudem können Sie die $\boxed{\text{Rück}}$-Taste verwenden, um eine Bedienebene zurückzugehen. An der Fernbedienung findet sich eine Schaltfläche zum Abrufen der Startseite.

■ Am unteren Bildrand eingeblendete Elemente dienen zur Wiedergabesteuerung. Dabei werden einzelne Bedienelemente nur bei Anwahl der entsprechenden Funktion freigegeben (z. B. Kanalwahl nur bei TV-Empfang).

Um z. B. Bilder, Musik oder Videos anzuzeigen, müssen Sie lediglich die betreffenden Bibliothekseinträge im Funktionsmenü auswählen. Anschließend werden Sie schrittweise durch verschiedene Seiten geführt, in denen die verfügbaren Optionen und Befehle in Menüs angezeigt werden. Ist ein TV-Empfänger vorhanden, lassen sich auch TV-Programme empfangen und ggf. sogar aufzeichnen. Eine detaillierte Behandlung der Einzelfunktionen sprengt aber den Umfang dieses Buches.

Hinweis

Beim ersten Aufruf des Windows Media Centers muss dieses konfiguriert werden. Über die im Fenster eingeblendete *Weiter*-Schaltfläche blättern Sie durch die Konfigurationsdialoge. Verwenden Sie ggf. die Schaltfläche *Express Setup* im Fenster, um das Media Center einzurichten.

Testen Sie Ihr Wissen

Nachdem Sie dieses Kapitel durchgearbeitet haben, sollten Sie Musik-CDs, Multimediadateien und Videos mit dem Windows Media Player ansehen bzw. wiedergeben können. Zudem können Sie Internetradio hören und haben eine kurze Einführung in das Windows Media Center erhalten. Zur Überprüfung Ihres Wissens können Sie folgende Fragen beantworten.

■ **Wie lässt sich eine Audiodatei wiedergeben?**

(Wählen Sie die Datei im Ordnerfenster per Doppelklick an oder wählen Sie im Ordnerfenster die Schaltfläche *Wiedergabe*.)

■ **Wie lässt sich eine Musik-CD abspielen?**

(Legen Sie die CD in das Laufwerk ein. Falls der Windows Media Player nicht startet, rufen Sie ihn über das Symbol in der Taskleiste auf und aktivieren die CD-Wiedergabe über die Navigationsleiste der Bibliothek.)

■ **Wie lässt sich eine Videodatei wiedergeben?**

(Die Videodatei im Ordnerfenster per Doppelklick anwählen. Dann wird das Wiedergabeprogramm gestartet.)

Im nächsten Kapitel lernen Sie einige der mit Windows mitgelieferten Spiele kennen.

Das können Sie schon

Das lernen Sie neu

Kapitel 6

Windows-Spiele

Nachdem Sie den Windows Media Player bereits zur Unterhaltung genutzt haben, sollten Sie sich vielleicht auch etwas entspannen. Windows 7 enthält einige nette Spiele, mit denen sich die Zeit vertreiben lässt. Dieses Kapitel stellt einige dieser Spiele vor.

Spielen unter Windows

Windows 7 wird mit einer Reihe von Spielen ausgeliefert, die Sie über das Startmenü aufrufen können.

1 Klicken Sie in der rechten Spalte des Startmenüs auf den Befehl *Spiele*.

2 Wählen Sie im Ordnerfenster *Spiele* das gewünschte Symbol per Doppelklick an.

Alternativ können Sie Spiele auch über den Startmenüzweig *Alle Program-me/Zubehör/Spiele* starten.

Windows startet dann das betreffende Spiel, sodass dessen Anwendungs-fenster erscheint.

> **Hinweis**
>
> Wenn Sie in Windows ein Spiel (z. B. über die Schaltfläche *Schließen*) beenden, wird ein Dialogfeld mit der Frage, wie Sie das Spiel beenden möchten, angezeigt. Klicken Sie auf die *Speichern*-Schaltfläche, um den Spielstand zu sichern. Beim nächsten Aufruf des Spiels können Sie dann in einem zusätzlichen Dialogfeld über *Ja/Nein*-Schaltflächen wählen, ob das gespeicherte Spiel fortgesetzt oder ein neues Spiel begonnen werden soll.

Minesweeper, Keep cool, man!

Das Programm Minesweeper ist ein Spiel, bei dem Sie in einem Minenfeld die sicheren Bereiche in möglichst kurzer Zeit herausfinden sollen.

Das Spielfeld ist in einzelne Kästchen unterteilt. Durch Anklicken der Kästchen lässt sich herausfinden, ob ein Feld minenfrei ist und ob sich Minen in der Nachbarschaft befinden.

Die **Zahl** 1 **in** einem **Feld bedeutet**, dass sich eine **Mine auf** einem der **benachbarten Felder** befindet. Die Zahl 2 weist auf die entsprechende Minenzahl auf den Nachbarfeldern hin.

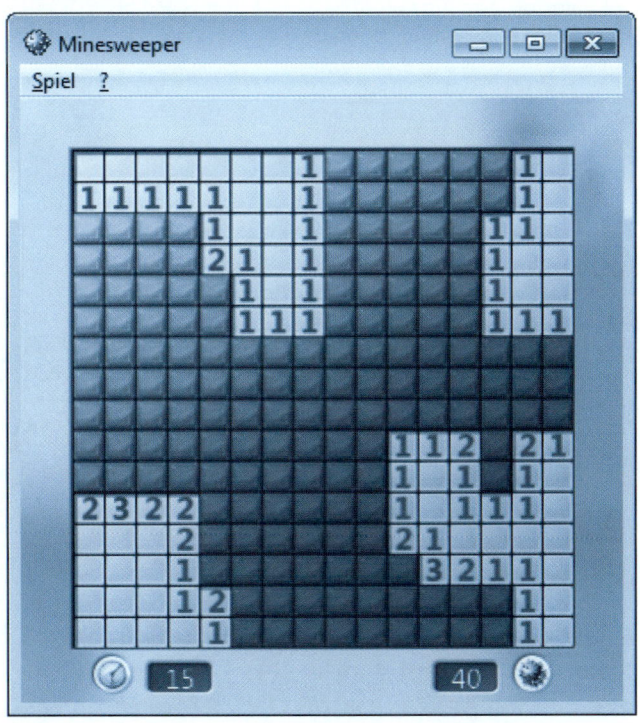

Um Minesweeper zu spielen, müssen Sie jeweils auf die einzelnen Felder klicken. Das betreffende **Feld wird** jeweils **aufgedeckt**. Ziel ist es, möglichst viele minenfreie Felder in kürzester Zeit aufzudecken.

Haben Sie ein Feld gewählt, welches eine Mine enthält, ist das Spiel leider verloren (so wie in nebenstehendem Bild). Hier sehen Sie auch recht gut, wie die Zahlen in den einzelnen Feldern die vorhandenen Minen angeben. Die Zeit seit Beginn der Räumung erscheint übrigens unten links als Digitalanzeige.

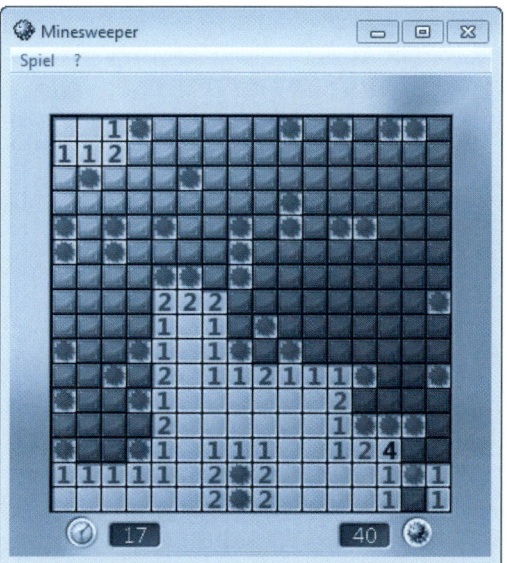

Tipp

Vermuten Sie auf einem Feld eine Mine, können Sie dieses mit der rechten Maustaste anklicken. Minesweeper markiert dieses Feld mit einem kleinen Fähnchen.

Hinweis

Um das Spiel neu zu beginnen, drücken Sie die Funktionstaste F2 oder öffnen das Menü *Spiel* und wählen den Befehl *Neues Spiel*. Im Menü *Spiel* finden Sie verschiedene Befehle, um die Spielstärke einzustellen oder die Darstellung zu ändern. Weitere Informationen erhalten Sie über die Hilfe des Spiels, die Sie über das Menü ? abrufen können.

Entspannung mit Solitär

Solitär ist ein Kartenspiel, welches in Windows in Form eines Computerspiels nachgebildet wurde. Das Ziel von Solitär ist, aus den Karten im sogenannten **Ausgangsstoß** vier **Zielstöße** zu legen, bei denen die Karten Ass bis König sortiert abgelegt sind. Beim ersten Aufruf werden die Karten automatisch aufgelegt.

1 Um ein neues Spiel zu beginnen, drücken Sie die Funktionstaste ⌊F2⌋ oder öffnen das Menü *Spiel* und wählen den Befehl *Neues Spiel*.

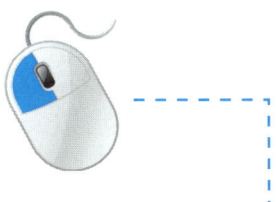

2 Im Dialogfeld *Neues Spiel* wählen Sie den Eintrag *Spiel beenden und neues Spiel starten* oder *Dieses Spiel neu starten*.

Jetzt vergibt das Programm einen neuen Satz Karten vom Ausgangsstoß. In der unteren Reihe sehen Sie sieben Stöße mit aufgedeckten Karten. Sie können aufgedeckte Karten mit der Maus auf einen passenden Stoß ziehen.

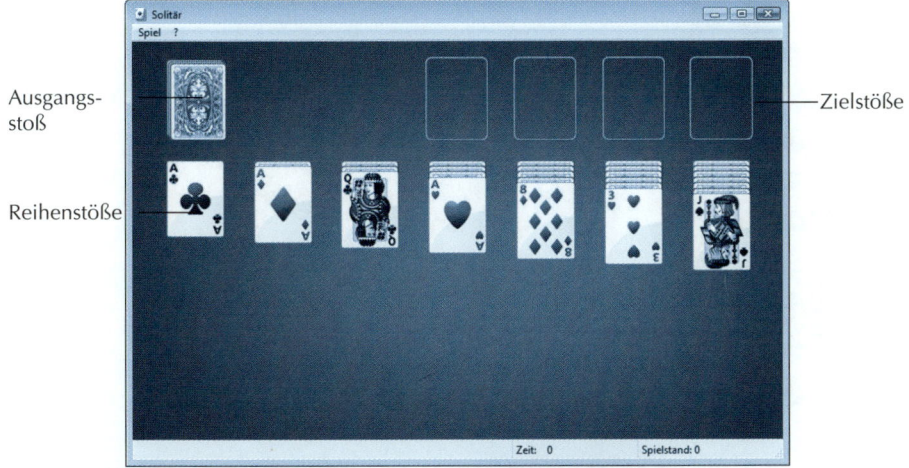

Ausgangs-
stoß

Zielstöße

Reihenstöße

Der zugedeckte Kartenstoß mit den restlichen Karten befindet sich in der linken oberen Ecke.

3 Zum Abheben von Karten klicken Sie auf diesen Kartenstoß.

Das Programm deckt dann eine (oder drei) Karte(n) auf und legt diese rechts neben dem Stoß ab. Die Zahl der aufgedeckten Karten lässt sich über den Befehl *Optionen* des Menüs *Spiel* einstellen. Weiterhin sind in der rechten oberen Ecke noch die (leeren) Positionen der vier **Zielstöße** markiert, auf denen Sie die Karten in der entsprechenden Reihenfolge (beginnend mit den Assen) ablegen können.

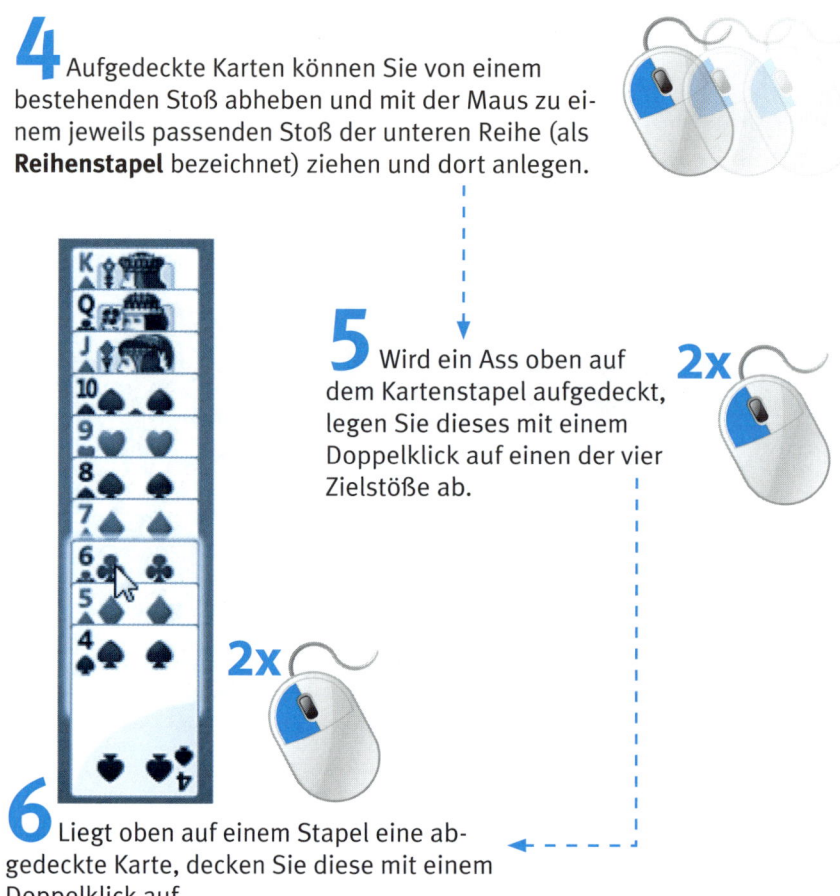

4 Aufgedeckte Karten können Sie von einem bestehenden Stoß abheben und mit der Maus zu einem jeweils passenden Stoß der unteren Reihe (als **Reihenstapel** bezeichnet) ziehen und dort anlegen.

5 Wird ein Ass oben auf dem Kartenstapel aufgedeckt, legen Sie dieses mit einem Doppelklick auf einen der vier Zielstöße ab.

6 Liegt oben auf einem Stapel eine abgedeckte Karte, decken Sie diese mit einem Doppelklick auf.

Auf diese Weise müssen Sie während des Spiels gültige Züge ausführen und die Karten sortiert auf den Stößen ablegen. Hierbei sind die Karten eines Stoßes abwechselnd Rot und Schwarz anzulegen.

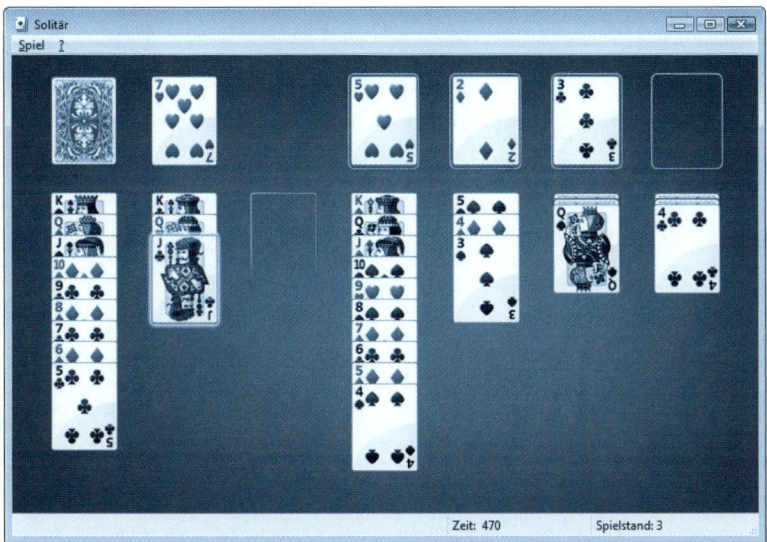

Weiterhin muss noch die **Reihenfolge der Karten** (König, Dame, Bube, Zehn, Neun, Acht, Sieben, Sechs, Fünf, Vier, Drei, Zwei, Ass) auf dem unteren **Reihenstapel** eingehalten werden. Dies bedeutet, auf eine Karte mit einer schwarzen Pik 5 kann nur eine rote Herz- oder Karo-Karte mit dem Wert 4 angelegt werden. Auf den vier **Zielstapeln** sind die Karten in aufsteigender Reihenfolge (z. B. Herz Ass, Herz 2, Herz 3 etc.) aufzuschichten. Nicht passende Spielzüge weist das Programm ab. Das Spiel ist beendet, wenn Sie entweder alle Karten in der richtigen Reihenfolge in Stößen angeordnet haben oder wenn es keine gültigen Spielzüge mehr gibt.

Hinweis

Weitere Informationen zum Spielablauf finden Sie in der Programmhilfe, die Sie über das Menü ? aufrufen können. Über das Menü *Spiel* stehen Ihnen verschiedene Befehle zum Kartengeben, Rückgängigmachen des letzten Spielzugs oder zum Einstellen der Optionen zur Verfügung. Der Befehl *Darstellung ändern* im Menü *Spiel* öffnet ein separates Fenster, in dem Sie das Motiv für das Deckblatt der Karten wählen können.

Windows 7 enthält weitere Kartenspiele wie Spider Solitär, FreeCell oder Hearts, die Brettspiele Mahjong und Schach etc., die aus Platzgründen hier nicht vorgestellt werden können. Die Internetspiele wie Internet-Dame erfordern eine ständige Onlineverbindung, da Sie gegen einen menschlichen Partner spielen müssen. Details entnehmen Sie bitte der Programmhilfe. Weiterhin wurde in diesem Kapitel auf Selbsttestaufgaben verzichtet – spielen Sie einfach eine Runde Solitär oder blättern Sie zum nächsten Kapitel weiter.

Kapitel 7

Surfen im Internet

Mit einem Browser wird das Surfen im Web unter Windows zum Kinderspiel. Sobald eine Internetverbindung besteht, können Sie die gewünschten Webseiten abrufen. Dieses Kapitel zeigt Ihnen, wie Sie im Web die ersten Schritte unternehmen.

Internetzugang im Überblick

Immer mehr Menschen besitzen einen Internetzugang und nutzen das **Internet** zum Abrufen von Webseiten im »World Wide Web«, auch als »Surfen im WWW« bezeichnet. Weitere Funktionen sind der Austausch von Nachrichten (E-Mail) oder die Unterhaltung (Chat) und so weiter.

So kommen Sie ins Internet

Der Zugriff auf das Internet erfolgt meist über eine Telefonleitung. Bei einer Einwahlverbindung über eine Telefonleitung ist der Computer über ein **analoges Modem** oder eine **ISDN-Karte** mit der Telefondose verbunden. Wurde vom Telefonanbieter ein Breitband-Internetanschluss mit DSL-Technik bereitgestellt, benötigt man dagegen ein spezielles DSL-Modem oder einen sogenannten **DSL-Router**.

Neben den erwähnten leitungsgebundenen Internetzugängen können auch Drahtlosnetzwerke (WLAN) benutzt werden, die eine Funkverbindung zu einem Zugangspunkt aufbauen. Der Zugangspunkt für das Funknetzwerk kann dabei öffentlich (Hotspot) oder privat über einen **WLAN-DSL-Router** bereitgestellt werden. Der Internetzugang ist auch über Mobilfunkanbieter per (GPRS-/UMTS-)Handy oder **USB-UMTS-Surfstick** möglich.

Den kostenpflichtigen **Internetzugang** stellen Anbieter (sogenannte **Provider**) wie beispielsweise Telefongesellschaften (T-Home, Arcor, Vodafone etc.) bereit. Dabei lassen sich, wie bei Handytarifen, verschiedene Vertragsmodelle wählen. Bei Modem- und ISDN-Zugängen bieten die Provider meist zeitabhängig abgerechnete Tarife an, bei denen zusätzlich noch eine Grundgebühr anfällt. Wesentlich unbürokratischer funktioniert ein (meist anmeldefreier) »Internet-by-Call«-Zugang. Es handelt sich dabei um Telefonnummern, über die ein Internetzugang angeboten und im Sekunden- bzw. Minutentakt direkt über Ihre Telefonrechnung abgerechnet wird. Wer das Internet wenig nutzt oder erst ausprobieren möchte, ist mit dieser Art des Zugangs bestens bedient. Wer das Internet intensiv nutzt und ggf. Musik oder Videos beziehen sowie über Internet telefonieren möchte, wird sich eher für die DSL-Breitbandanbindung entscheiden. Dort bieten die Provider Pauschaltarife (sogenannte Flatrates) an, bei denen mit einem festen monatlichen Betrag der Internetzugang abgedeckt ist.

Damit Windows weiß, welchen Anbieter Sie für eine Onlineverbindung verwenden möchten, **muss** diese **Verbindung eingerichtet** werden. Hierbei sind ggf. die zur Verbindungsaufnahme anzuwählende Telefonnummer des Providers, die zu verwendenden Geräte (Modem, ISDN-Box, DSL-Modem etc.) sowie die Benutzerkenndaten (Benutzerkennung und Passwort) einzutragen. Sofern Sie einen Vertrag mit einem Provider abschließen, stellt dieser neben den Zugangsdaten häufig auch eine **Zugangssoftware zur Interneteinwahl** bereit. Installieren Sie das Programm, werden die Zugangsdaten in Formularen abgefragt. Bei DSL-Zugängen erhalten Sie neben der Zugangskennung in der Regel auch eine detaillierte Beschreibung, wie der Internetzugang einzurichten ist.

Sofern Sie **Internet-by-Call** nutzen und per Modem oder ISDN-Box ins Internet gehen möchten, empfiehlt sich die **Verwendung eines** sogenannten **Tarifmanagers**. Dies sind meist kostenlose Programme (z. B. der WEB.DE SmartSurfer *smartsurfer.web.de* oder Oleco::NetLCR *www.oleco.de*), die sich aus dem Internet herunterladen und auf dem Computer installieren lassen. Nach der Installation zeigt der Tarifmanager eine Liste günstiger Internet-by-Call-Anbieter. Die ständig aktualisierte Anbieterliste ermöglicht Ihnen eine komfortable Verbindungsaufnahme zum jeweils günstigsten Anbieter.

Hinweis

Erkundigen Sie sich bitte bei den lokalen Telefongesellschaften oder beim Fachhändler über die verfügbaren Angebote für einen Internetzugang. Dort finden Sie ggf. auch Unterstützung, um den Internetzugang einmalig einrichten zu lassen. Eine Alternative sind Bekannte, die über das notwendige Wissen zum Einrichten des Internetzugangs verfügen.

Fachwort

Modem steht für Modulator/Demodulator, eine Technik, um Rechnerdaten per Telefonleitung zu übertragen. Analoge Modems erlauben nur eine langsame Datenübertragungsrate von 33 bis 56 Kilobit pro Sekunde. **ISDN** ist die Abkürzung für Integrated Services Digital Network, eine weitere Technik, um Sprache und Daten digital über den ISDN-Anschluss mittels Telefonleitungen zu übertragen. Eine ISDN-Verbindung kann pro Kanal 64 Kilobit/Sekunde Daten übertragen, wobei pro ISDN-Anschluss zwei Kanäle verfügbar sind. **DSL** ist das Kürzel für Digital Subscriber Line, eine Technik, um Telefonleitungen für eine Breitbandübertragung zu nutzen. DSL-Verbindungen gibt es mit verschiedenen Geschwindigkeiten (2000, 6000 etc. Kilobit/Sekunde). Für alle Übertragungstechniken gibt es Geräte und/oder Steckkarten, die den Computer über entsprechende Kabel mit der Telefondose bzw. dem ISDN- oder DSL-Anschluss verbinden. **WLAN** ist das Kürzel für Wireless Local Network, also ein Drahtlos- bzw. Funknetzwerk mit Übertragungsgeschwindigkeiten von 10, 54 und mehr Megabit/Sekunde. **GPRS** (General Packet Radio Service) und UMTS (Universal Mobile Telecommunications System) sind Mobilfunkstandards zur Internetanbindung. Diese lassen sich zusätzlich mit Beschleunigungstechniken wie EDGE (bei GPRS) oder HS(D)PA kombinieren (bei HSDPA sind, abhängig von Verbindungsqualität und Standard, Downloadraten bis 3,6 oder 14 Megabit/Sekunde möglich).

Internetverbindung aufbauen

Sofern Sie mit einem Pauschaltarif (Flatrate) über DSL ins Internet gehen, müssen Sie sich um den **Auf-** und **Abbau der Internetverbindung** keine Gedanken machen. Sind die Geräte wie DSL-Modem oder DSL-Router eingeschaltet und einmalig eingerichtet, stellen diese die Verbindung zum Internet automatisch her.

Arbeiten Sie mit einer **Einwahlverbindung** über Modem, ISDN-Box oder Mobilfunk, müssen Sie allerdings die **Verbindung manuell herstellen**. Dies entspricht quasi dem Führen eines Telefongesprächs, bei dem Sie den Telefonhörer aufnehmen, eine Nummer wählen, das Gespräch führen und dann wieder auflegen. **Tarifmanager** oder die **Zugangssoftware** (Dialer) eines Providers richten meist ein Symbol auf dem Desktop ein. Dann müssen Sie dieses Desktopsymbol per Doppelklick anwählen, um das Dialogfeld zum Verbindungsauf- und -abbau aufzurufen.

Hinweis

Falls Sie über keine Flatrate verfügen, stellen Sie Windows bei Einwahlverbindungen so ein, dass diese nicht automatisch (z. B. beim Aufruf einer Hilfe- oder Internetseite oder beim Mailversand) aufgebaut werden. Hierzu öffnen Sie die Systemsteuerung über das Startmenü und wählen den Eintrag *Internetoptionen*. Im Eigenschaftenfenster ist dann auf der Registerkarte *Verbindungen* das Optionsfeld *Keine Verbindung wählen* zu markieren und über die *OK*-Schaltfläche zu bestätigen. Anschließend können Sie die Internetverbindung gezielt über die Zugangssoftware oder einen Tarifmanager auf- und wieder abbauen. Lassen Sie sich gegebenenfalls vom Anbieter, Händler oder anderen erfahrenen Personen zeigen, wie die Internetverbindung hergestellt und wieder getrennt wird.

Was wird noch an Software gebraucht?

Um die **Webseiten abzurufen**, muss ein als **Browser** bezeichnetes Programm vorhanden sein. Dies kann der **Internet Explorer** 8 oder ein vom Rechnerhersteller, vom Händler oder vom Benutzer installierter Browser wie der **Firefox** sein. Nachfolgend wird der **Internet Explorer 8** besprochen und Sie erhalten Hinweise auf Abweichungen in der Bedienung beim **Firefox 3.5–3.6**.

> **Hinweis**
>
> Bei Bedarf können Sie aber über das Desktopsymbol *Browserwahl* ein Fenster öffnen, um dann in einem Auswahlbildschirm weitere Browser kostenlos nachzurüsten. Den Firefox-Browser erhalten Sie in der aktuellen Version zudem auf der Internetseite *www.mozilla-europe.org/de/*. Auch Browser alternativer Anbieter wie Opera oder Apple Safari lassen sich installieren. Zum Schutz der Privatsphäre empfehle ich aber den Verzicht auf den Google Chrome-Browser.

Surfen in Webseiten

Möchten Sie Zeitungen oder Nachrichten online lesen? Brauchen Sie die Wettervorhersage für eine Urlaubsreise oder möchten Sie die Reise buchen? Sollen Bankgeschäfte oder Bestellungen von Waren per Internet erfolgen? Dies und mehr ist per Internet alles möglich. Das World Wide Web (kurz WWW) hält ein riesiges Angebot an Webseiten mit Informationen, Bestellshops, Dienstleistungen und mehr bereit.

Der Browser im Überblick

Um Webseiten aus dem World Wide Web anzusehen, müssen Sie diese in einem **Browser** wie dem Internet Explorer oder dem Firefox aufrufen. Sobald der Browser gestartet ist, erscheint dessen Fenster zur Anzeige von Internetseiten. Nachfolgend sehen Sie das Anwendungsfenster des Firefox 3.5 (Vordergrund) und des Internet Explorers 8 (Hintergrund). Auch wenn die Fenster leicht unterschiedlich aussehen, sind die wichtigsten Elemente weitestgehend identisch:

- In der **Titelleiste** wird z. B. neben dem Programmnamen der Titel der geladenen Internetseite angezeigt.

- Beide Browser besitzen **Symbolleiste(n)**, über die Sie die wichtigsten Programmfunktionen direkt abrufen können. Beim Firefox steht Ihnen

zudem noch eine Menüleiste mit entsprechenden Befehlen zur Verfügung – im Internet Explorer 8 lässt sich eine solche Menüleiste durch
Drücken der ⟨Alt⟩-Taste kurzzeitig einblenden.

■ Die **Adressleiste** im Kopf des Fensters dient zur Eingabe der Adressen
abzurufender Webseiten.

■ Im **Dokumentbereich** erscheint die gerade geladene Webseite. Moderne Browser wie der Internet Explorer oder der Firefox können dabei
mehrere Internetseiten gleichzeitig handhaben, wobei deren **Anzeige
über Registerkarten** erfolgt. Durch Anklicken der betreffenden Registerreiter lässt sich die jeweilige Webseite in den Vordergrund holen.

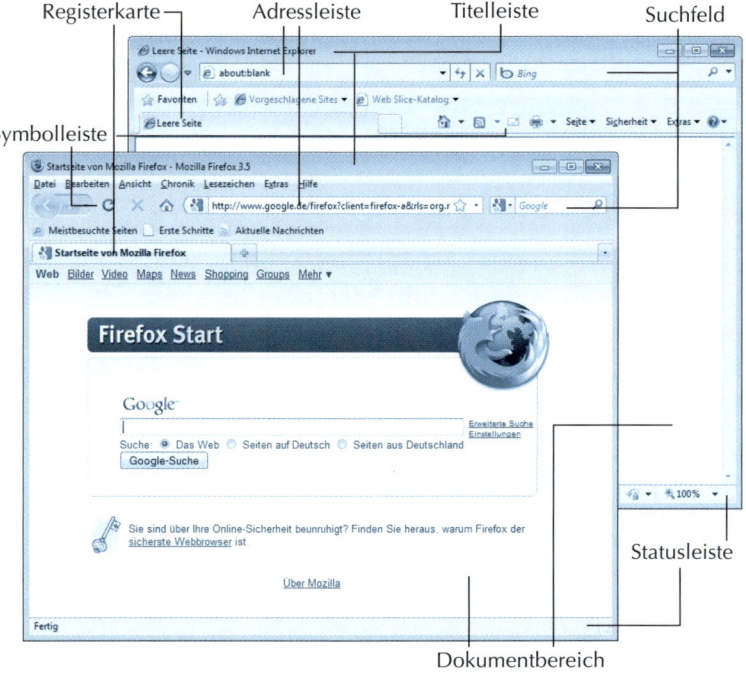

Bei sehr langen Textseiten passt der Inhalt nicht mehr in das Fenster – Sie
können dann mittels der **Bildlaufleiste(n)** am rechten und ggf. am unteren
Rand im Dokument blättern. Dies funktioniert genauso wie bei anderen
Windows-Programmen. Die Schaltfläche *Schließen* in der rechten oberen
Ecke des Programmfensters ermöglicht Ihnen, den Browser zu beenden.

Webseiten im Browser abrufen

Um eine Webseite aus dem World Wide Web in einem **Browser** abzurufen, gehen Sie in folgenden Schritten vor.

1 Stellen Sie bei Bedarf eine Internetverbindung her und starten Sie den Browser.

Ist der Internet Explorer installiert, finden Sie dessen Symbol in der Taskleiste neben der *Start*-Schaltfläche. Der Firefox-Browser wird meist mit einem Desktopsymbol eingerichtet. Alternativ können Sie den Browser über den Zweig *Alle Programme* des Startmenüs aufrufen.

Nach dem Start zeigt der Browser das Anwendungsfenster mit der eingestellten Startseite an. Sie müssen nun die gewünschte Internetseite angeben.

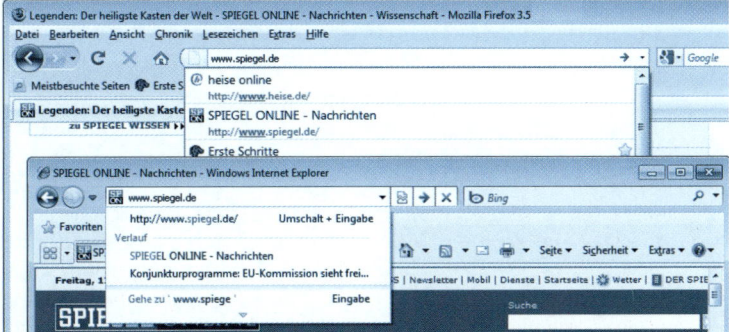

2 Klicken Sie in die Adressleiste, tippen Sie die Adresse der gewünschten Internetseite ein und drücken Sie zur Bestätigung die Eingabe-Taste.

Hinweis

Beim Eintippen der Adresse einer Internetseite öffnet der Browser das Listenfeld der Adressleiste und schlägt Adressen möglicherweise passender Internetseiten vor. Befindet sich die gewünschte Adresse in der Liste, können Sie deren Adresse durch Anklicken des Listeneintrags übernehmen.

Der Browser ruft die betreffende Webseite ab und zeigt diese im Programmfenster an. Dieser Vorgang kann aber je nach Übertragungsgeschwindigkeit einige Sekunden dauern.

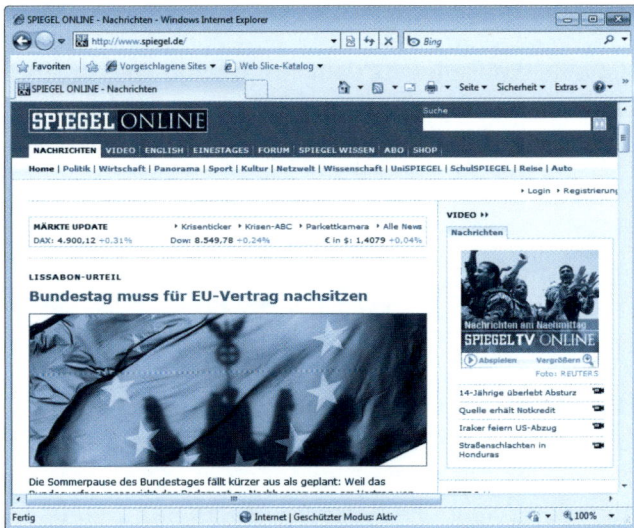

Navigieren in Internetseiten

Das Navigieren in Internetseiten bzw. das Abrufen von Folgeseiten ist in einem Browser mit einfachen Mausklicks möglich. Webseiten enthalten Verweise (sogenannte **Hyperlinks**) auf Folgeseiten. Häufig sind diese Hyperlinks optisch durch Unterstreichen oder farbliche Hervorhebung gekennzeichnet.

für EU-Vertrag

1 Zeigen Sie mit dem Mauszeiger
auf einen Hyperlink im Dokument.

Sobald sich der Mauszeiger über dem Hyperlink befindet, wird das Symbol
einer stilisierten Hand eingeblendet. Zugleich erscheint beim Zeigen auf
einen Hyperlink die Adresse der Folgeseite in der Statusleiste des Browserfensters.

2 Klicken Sie den Hyperlink mit der Maus
an, um die Folgeseite im Browser abzurufen.

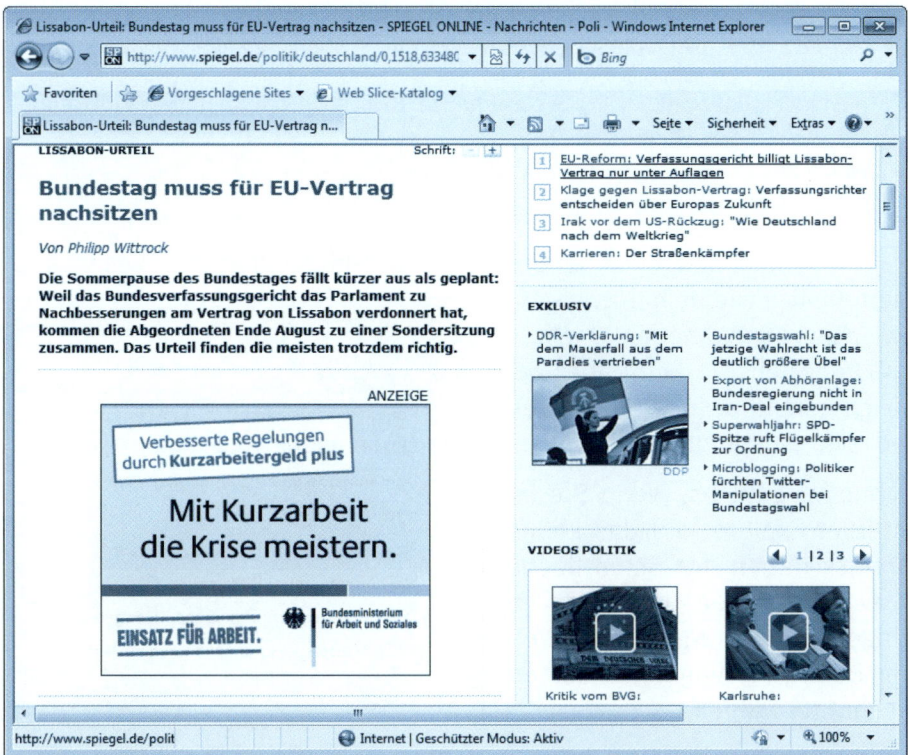

Diese Technik kennen Sie bereits aus der Windows-Hilfe. Möchten Sie wieder
zur **vorher besuchten Seite** zurückkehren? Sie brauchen dann nicht erneut
die ursprüngliche Webadresse dieser Seiten in die Adressleiste einzutippen.
Der Browser merkt sich ja die Adressen der von Ihnen besuchten Webseiten.

3 Klicken Sie in der Symbolleiste des Browserfensters
auf die Schaltfläche *Zurück*.

Der Browser zeigt jetzt die vorher »besuchte« Webseite erneut an. Über die
rechts daneben befindliche Schaltfläche *Vorwärts* gelangen Sie dagegen
zur bereits besuchten Folgeseite.

Hinweis

Beim Firefox sehen die Schaltflächen leicht unterschiedlich aus und sind mit *Eine
Seite zurück* bzw. *Eine Seite vor* benannt, sie funktionieren aber genau so. Die
Schaltflächen zum Blättern funktionieren nur, wenn Sie bereits mehr als eine Seite in der aktuellen Sitzung besucht haben. Beim nächsten Aufruf des Browsers
sind die Schaltflächen gesperrt.

Durch mehrfaches Anklicken der Schaltflächen können Sie ggf. seitenweise
bis zum Anfang bzw. Ende der besuchten Seitenfolge blättern. Dies funktioniert ähnlich wie beim Navigieren
zwischen angesehenen Ordnern
im Ordnerfenster, kann aber bei
vielen bereits besuchten Webseiten recht umständlich sein.

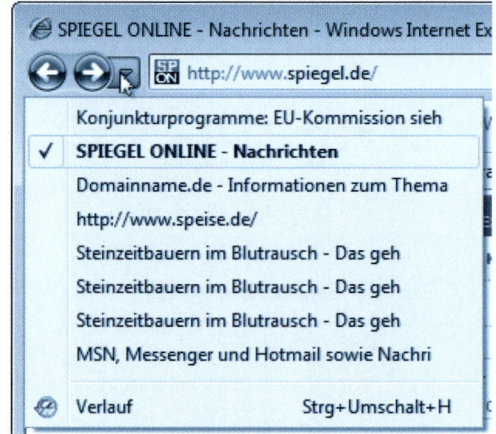

Schneller geht es, wenn Sie im
Internet Explorer auf das kleine
Dreieck neben der Schaltfläche
Vorwärts klicken und dann im
eingeblendeten Menü direkt ei-
nen Befehl mit dem gewünschten
Seitentitel wählen.

Tipp

Beim Internet Explorer 8 finden Sie rechts neben dem Adressfeld noch diese drei Schaltflächen.

Die linke Schaltfläche ermöglicht, den Browser in den **Internet Explorer 7-Kompatibilitätsmodus** umzuschalten. Dies ist hilfreich, falls Webseiten nicht korrekt angezeigt werden. Mit der mittleren Schaltfläche *Aktualisieren (F5)* bzw. der Funktionstaste F5 lässt sich eine Webseite erneut anfordern. Die rechte Schaltfläche *Stopp (Esc)* oder die Esc-Taste bricht das Laden einer Seite ab. Beim Firefox finden Sie zwei Schaltflächen *Aktuelle Seite neu laden* und *Laden dieser Seite stoppen* rechts neben der Schaltfläche *Eine Seite vor*, wobei etwas andere Symbole benutzt werden. Diese Schaltflächen sind ganz praktisch, wenn das Laden einer Seite wegen Überlastung des Internets zu lange dauert oder unterbrochen wird.

Sie sehen, das »Surfen« in »Webseiten« ist eigentlich ein Kinderspiel. Das Schwierigste an der ganzen Sache ist, die richtige Adresse für die Startseite zu kennen. Solche Webadressen finden sich aber mittlerweile in vielen Zeitschriften, und Sie können gezielt nach bestimmten Themen suchen lassen oder über Favoriten auf verschiedene Webseiten zugreifen (dazu später mehr). Zudem weisen sowohl der Internet Explorer als auch der Firefox vordefinierte Symbolleisten mit Schaltflächen zum direkten Aufrufen verschiedener Webseiten (z. B. vorgeschlagene Sites beim Internet Explorer oder meistbesuchte Seiten beim Firefox) auf.

Besser surfen im Web

Wenn Sie die obigen Schritte durchführen, stellen Sie vermutlich keinen Unterschied zum Arbeiten mit der Windows-Hilfe oder zum Navigieren in Ordnerfenstern fest. Sie sehen, beim Arbeiten mit Windows ist vieles sehr ähnlich und das Surfen in Webseiten ist genauso einfach wie der Umgang mit Ordnerfenstern. Aber es gibt einige Techniken, die das Surfen im World Wide Web erleichtern.

Mehrere Seiten gleichzeitig lesen

Je nach Verbindungsgeschwindigkeit und Datenlast auf den Internetleitungen dauert das Laden von Webseiten ggf. etwas länger. Das Navigieren durch Anklicken von Hyperlinks und Betätigen der Schaltfläche *Zurück* wird dann ein bisschen umständlich. Manchmal ist es günstiger, gleich mehrere Seiten über die betreffenden Hyperlinks zu öffnen. Sind die Seiten fertig geladen, können Sie diese in Ruhe lesen.

1 Klicken Sie die Hyperlinks zum Abrufen der Folgeseiten mit der rechten Maustaste an.

| Öffnen |
| In neuer Registerkarte öffnen |
| In neuem Fenster öffnen |
| Ziel speichern unter... |
| Ziel drucken |

2 Im Kontextmenü wählen Sie dann den Befehl *In neuer Registerkarte öffnen* oder *In neuem Fenster öffnen* (Internet Explorer) oder *Link in neuem Tab öffnen* bzw. *Link in neuem Fenster öffnen* (Firefox).

Die Folgeseite des angeklickten Hyperlinks wird dann, je nach gewähltem Befehl, in eine separate Registerkarte oder in ein getrenntes Browserfenster geladen und dort angezeigt.

Hinweis

Natürlich können Sie im Internet Explorer auch per Maus auf den leeren Register-reiter rechts neben der letzten dargestellten Webseite klicken. Beim Firefox reicht ein Rechtsklick auf den Bereich rechts von der letzten geöffneten Registerkarte und dann die Auswahl des Kontextmenübefehls *Neuer Tab*. Sie können dann in der leeren Registerkarte eine neue Webseite über die Adressleiste abrufen.

Ein Wechsel zwischen separaten Browserfenstern ist z. B. über die Schalt-flächen der Taskleiste möglich. In separaten Registerkarten angezeigte Webseiten lassen sich anzeigen, indem Sie einfach auf den oberhalb des Dokumentbereichs befindlichen Registerreiter klicken.

Tipp

Benötigen Sie einen schnellen Überblick über die Inhalte mehrerer im Internet Explorer geöffneter Registerkarten?

Klicken Sie auf die neben dem ersten Registerreiter gezeigte Schaltfläche *Schnellregisterkarten*. Der Browser blendet dann eine Übersichtsseite mit Miniaturabbildern aller geöffneten Registerkarten ein.

Durch Anklicken eines Miniaturabbilds rufen Sie deren Darstellung in der zugehörigen Registerkarte ab. Alternativ können Sie das Menü der Schaltfläche öffnen und einen Eintrag zum Anzeigen der Registerkarte wählen.

Nach dem Lesen einer Seite können Sie das **Browserfenster** durch Anklicken der in der rechten oberen Ecke angezeigten Schaltfläche *Schließen* **beenden**. Eine **Registerkarte schließen** Sie über die im Registerreiter eingeblendete *Schließen*-Schaltfläche.

Sicher surfen, das sollten Sie wissen

Ständig aufklappende Werbefenster (**Popup-Fenster**), mit denen die Anbieter die Webseiten finanzieren, sind ein häufiges Übel beim Websurfen. Glücklicherweise besitzen moderne Browser wie der Internet Explorer sogenannte Popupblocker (Werbefilter), die das Einblenden bestimmter Werbefenster unterbinden.

Blockierte Popup-Fenster werden vom Internet Explorer **in** der sogenannten **Informationsleiste** am oberen Rand des Dokumentbereichs **signalisiert**. In dieser Leiste erhalten Sie auch einen Hinweis, falls das Installieren eines Add-ons (z. B. eines ActiveX-Elements), der Download einer Datei oder eine andere sicherheitskritische Aktion blockiert wurden. Gleichzeitig wird ein entsprechendes Symbol in der Statusleiste des Browserfensters angezeigt.

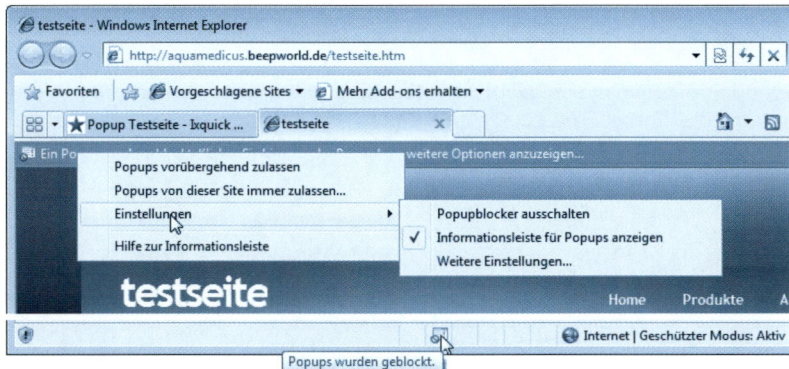

1 Klicken Sie auf die Informationsleiste oder wählen Sie das in der Statusleiste eingeblendete Symbol *Popups wurden geblockt* mit einem Klick der rechten Maustaste an, um das Menü zu öffnen.

2 Wählen Sie den Befehl *Popups vorübergehend zulassen* oder *Popups von dieser Site immer zulassen*.

Die Befehle bewirken, dass das geblockte Informationsfenster erscheint oder das Angebot der betreffenden Webseite immer vom Popupblocker freigegeben wird. Letzteres ist z. B. bei erwünschten Anmeldeseiten hilfreich, die beim Aufruf vielleicht geblockt werden.

> **Hinweis**
>
> Über den Befehl *Einstellungen* im Menü der Informationsleiste oder des Symbols *Popups wurden geblockt* der Statusleiste können Sie den Popupblocker auch gezielt ein- oder ausschalten. Beachten Sie aber, dass es Möglichkeiten zur Umgehung der Popupblocker durch Techniken wie **Adobe Flash** oder sogenannte **Layer-Ads** gibt. Diese Werbeeinblendungen schieben sich vor die eigentliche Webseite und müssen über die *Schließen*-Schaltfläche des Fensters explizit ausgeblendet werden. Zum Unterdrücken solcher Werbung gibt es spezielle Zusatztools für diverse Browser und Tricks, deren Beschreibung aber leider den Umfang dieses Buches sprengt. Die einfachste Maßnahme ist, auf den Besuch von Webseiten mit solchen Werbeeinblendungen zu verzichten.

Ein anderes Problem sind **Phishing-Angriffe**. Gefälschte E-Mails oder Webseiten versuchen den Benutzer dazu zu bringen, persönliche oder finanzielle Informationen (z. B. Zugangsdaten für Internetkonten) preiszugeben.

Hinweis

Typisch sind E-Mails, die vorgeblich von einer Bank, von eBay etc. stammen und eine Aufforderung enthalten, sich zur Überprüfung der Zugangsdaten oder Zahlungsvorgänge am Onlinekonto anzumelden. Ein Mausklick auf den in der E-Mail enthaltenen Hyperlink öffnet dann aber nicht die angegebene Webseite, sondern leitet Sie zu einer gefälschten Phishing-Webseite mit einem Anmeldeformular um. Im Anmeldeformular der Phishing-Webseite eingegebene Zugangsdaten werden durch die Betrüger abgefischt und später zur Anmeldung am betreffenden Onlinekonto missbraucht. Dies ermöglicht den Betrügern, ggf. Bankkonten zu leeren oder Internetzugangsdaten für E-Mail- bzw. eBay-Konten etc. für kriminelle Machenschaften zu missbrauchen.

Moderne Browser untersuchen Webseiten anhand bestimmter Kriterien oder eine vom Hersteller des Browsers gepflegte Sperrliste, ob es sich um Phishingseiten handelt.

Bei einem Treffer erhalten Sie eine deutliche Warnung im Browserfenster. Sie können dann über einen Hyperlink wählen, ob die Seite trotzdem anzuzeigen ist.

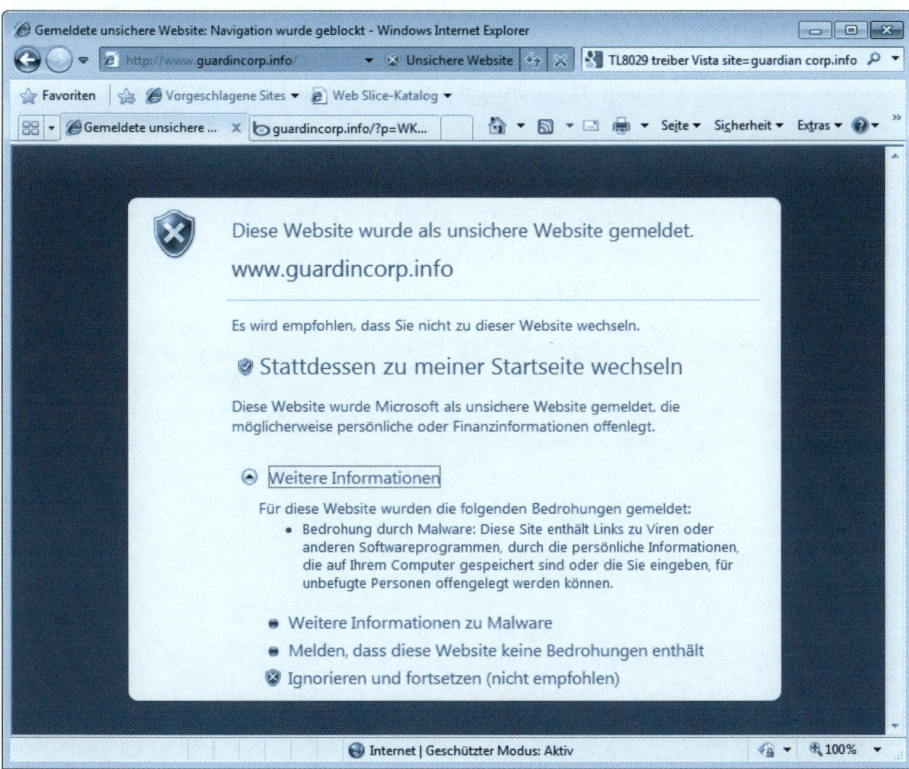

Eine gewisse Sicherheit gegen Phishing ist auch, die Adressen zur Anmeldung an Internetkonten grundsätzlich selbst über die Tastatur einzugeben.

> **Hinweis**
>
> Zum Testen des Phishing-Filters können Sie sowohl im Firefox als auch im Internet Explorer die Webseite *http://www.mozilla.com/firefox/its-a-trap.html* abrufen. Zeigt diese Seite keine Warnung, ist der Phishing- bzw. SmartScreen-Filter abgeschaltet. Im Internet Explorer können Sie das Menü der Schaltfläche *Sicherheit* öffnen. Im Untermenü des Befehls *Smartscreen-Filter* finden Sie weitere Befehle, um den Phishingschutz abzuschalten, Seiten überprüfen zu lassen oder vermutete Phishingseiten bei Microsoft zu melden. Eine Negativmeldung stellt aber keine Unbedenklichkeitsbescheinigung dar, d. h., Sie sollten beim Besuch unbekannter Seiten Vorsicht walten lassen.

Sollen **vertrauliche Daten** in Webseiten eingegeben werden (z. B. Anmeldung an einem Onlinebankkonto, einer Bestellseite etc.), ist es wichtig, dass kein Unbefugter die Daten mitlesen kann.

1 Kontrollieren Sie in der Adressleiste, ob eine abgesicherte und verschlüsselte Verbindung zum Abrufen der Webseiten verwendet wird.

Eine abge**sicherte** (und SSL-verschlüsselte) **Verbindung** zu einem HTTPS-Webserver **erkennen** Sie daran, dass in der Adressleiste der Text *https://* anstelle von *http://* angezeigt wird. Zudem erscheint das Symbol eines stilisierten Schlosses am rechten Rand der Adressleiste (Internet Explorer) oder in der Statusleiste (Firefox).

2 Klicken Sie auf das stilisierte Schloss (Internet Explorer) oder die grün eingefärbte URL-Angabe der Adresszeile (Firefox), um Detailinformationen zum Anbieter der Website abzurufen.

In der eingeblendeten Information sollte der von Ihnen erwartete Betreiber der Webseite (z. B. die Bank) aufgeführt sein. Über Hyperlinks oder Schaltflächen lässt sich zusätzlich das von einem Vertrauenscenter wie VeriSign für den Webseitenbetreiber ausgestellte Zertifikat einsehen. Informieren Sie sich ggf. beim Anbieter der Webseite (z. B. bei Ihrer Bank), welche Angaben deren gültige Zertifikate enthalten müssen.

Lesezeichen für Webseiten festlegen

Gibt es Webseiten, die Sie häufiger besuchen oder die Ihnen besonders gut gefallen? Dann sollten Sie ein Lesezeichen (im Internet Explorer als Favoriten bezeichnet) anlegen. So geht es beim Internet Explorer:

1 Laden Sie die gewünschte Webseite im Browser (siehe vorhergehende Seiten).

2 Klicken Sie auf die Schaltfläche *Favoriten* und dann auf die Menüschaltfläche *Zu Favoriten hinzufügen*.

3 Im Dialogfeld *Favoriten hinzufügen* können Sie den Namen für den Favoriteneintrag anpassen und – falls gewünscht – einen Ordner über das Listenfeld *Erstellen in* wählen. Anschließend klicken Sie auf die *Hinzufügen*-Schaltfläche.

Im **Firefox** 3.5 öffnen Sie das Menü *Lesezeichen* und wählen den Befehl *Lesezeichen hinzufügen*. Auch dann lassen sich vor dem Speichern der Lesezeichentext sowie ein Ordner in einem Dialogfeld anpassen. Alternativ können Sie in beiden Browsern die Tastenkombination Strg + D drücken. Der Browser legt die Adresse der Webseite (die URL) als Lesezeichen ab.

Hinweis

Möchten Sie viele **Favoriten** definieren, ist es günstiger, diese **in Gruppen** (Ordnern) zu **verwalten**. Klicken Sie hierzu auf die Schaltfläche *Favoriten*, öffnen Sie das Menü der Schaltfläche *Favoriten hinzufügen* und wählen Sie den Befehl *Favoriten verwalten*.

Das Dialogfeld *Favoriten verwalten* ermöglicht es Ihnen, über Schaltflächen Favoriten zu löschen, umzubenennen, Ordner zur Aufnahme der Favoriten anzulegen und Einträge zu verschieben.

Im **Firefox 3.5** wählen Sie im Menü *Lesezeichen* den Befehl *Lesezeichen verwalten*. Es erscheint ein Fenster mit Elementen zur Verwaltung der vorhandenen Lesezeichen.

Tipp

Ziehen Sie z. B. das Symbol der Webseite per Maus aus der Adressleiste zur Favoritenleiste (Internet Explorer) oder zur *Lesezeichen*-Symbolleiste (Firefox), richtet der Browser beim Loslassen der linken Maustaste eine Schaltfläche zum Schnellzugriff auf die Webseite ein.

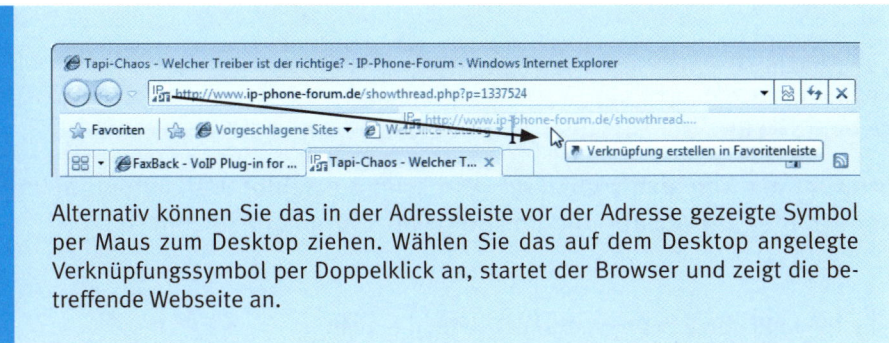

Alternativ können Sie das in der Adressleiste vor der Adresse gezeigte Symbol per Maus zum Desktop ziehen. Wählen Sie das auf dem Desktop angelegte Verknüpfungssymbol per Doppelklick an, startet der Browser und zeigt die betreffende Webseite an.

Um später per Internet Explorer auf die **Liste** der **Favoriten** (bzw. Lesezeichen) zuzugreifen und die zugehörigen Seiten **abzurufen**, gehen Sie folgendermaßen vor:

1 Klicken Sie auf die Schaltfläche *Favoriten* und wählen Sie anschließend die Registerkarte *Favoriten* an.

2 Anschließend können Sie die in der linken Spalte eingeblendeten Favoriten mit der Maus anklicken.

Einträge mit Ordnersymbolen strukturieren die Favoritenliste. Klicken Sie auf ein Ordnersymbol, wird dessen Inhalt eingeblendet.

Beim **Firefox** öffnen Sie das Menü *Lesezeichen* und wählen die im unteren Bereich des Menüs eingeblendeten Befehle. Auch dieser Browser verwendet Ordnersymbole, um Lesezeichen zu Gruppen zusammenzufassen. Eine Gruppe öffnen Sie, indem Sie im Menü auf das Ordnersymbol zeigen.

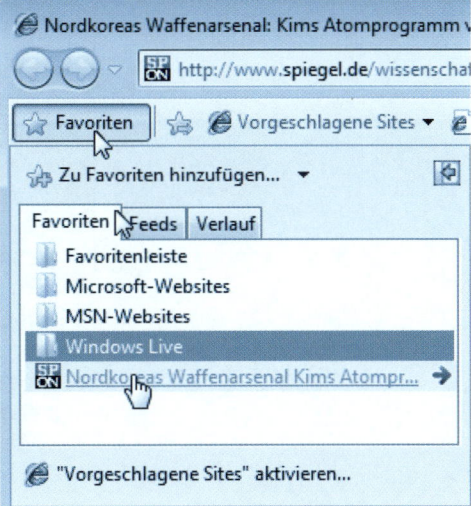

3 Sobald Sie ein Lesezeichen (bzw. einen Favoriteneintrag) anklicken, wird die betreffende Webseite im Browser abgerufen und angezeigt.

Browser merken sich zudem die Adressen besuchter Webseiten (im Internet Explorer als **Verlauf** und im Firefox als Chronik bezeichnet).

1 Um eine kürzlich besuchte Webseite, die nicht in der Favoritenliste enthalten ist, erneut abzurufen, drücken Sie die Tastenkombination ⌨Strg⌨+⌨H⌨.

2 Anschließend können Sie sowohl im Internet Explorer als auch im Firefox die in der linken Spalte eingeblendeten Verlaufseinträge anklicken und so die zugehörige Webseite öffnen.

Möchten Sie verhindern, dass Dritte sehen, welche Webseiten besucht wurden? Dann verwenden Sie den Privatmodus zum Surfen. Dieser lässt sich im Internet Explorer über den Befehl *InPrivate-Browsen* der Menüschaltfläche *Sicherheit* und im Firefox über den Befehl *Privaten Modus starten* des Menüs *Extras* aufrufen.

Tipp

Beim Internet Explorer finden Sie im Menü der Schaltfläche *Sicherheit* den Befehl *Browserverlauf löschen*. Im Firefox wählen Sie den Befehl *Neueste Chronik löschen* des Menüs *Extras*. In beiden Fällen öffnet der Browser ein Dialogfeld, in dem Sie beim Surfen aufgezeichnete Informationen über diverse Kontrollkästchen entfernen lassen können.

Webseiten im World Wide Web suchen

Das Problem beim Zugriff auf die einzelnen Webseiten besteht darin, dass Sie deren Adressen kennen müssen. Bei den vielen Millionen Dokumenten im World Wide Web ist dies aber ein (zumindest mengenmäßiges) Problem. Glücklicherweise gibt es sogenannte **Suchmaschinen**, über die Sie nach bestimmten Dokumentinhalten suchen können.

Fachwort

Bei den **Suchmaschinen** handelt es sich um Rechner, die Webseiten nach HTML-Dokumenten durchsuchen und bestimmte Stichwörter speichern. Bei einer Abfrage werden dann alle Dokumente zusammengestellt, die die von Ihnen vorgegebenen Suchbegriffe als Stichwörter enthalten. Einige dieser Seiten werden auch als **Portale** bezeichnet, da sie über eine Art Katalog Zugang zu verschiedenen Themen bieten. Adressen von Suchmaschinen sind zum Beispiel *www.web.de*, *www.yahoo.de*, *www.google.de* oder *www.bing.de*.

Sie können die URL-Adresse einer solchen Suchmaschine direkt in die Adressleiste eintragen und dann in der eingeblendeten Webseite den Suchbegriff eintippen. Oder Sie verwenden einfach das nachfolgend gezeigte Suchfeld (Internet Explorer links, Firefox rechts) des Browsers:

1 Klicken Sie in der rechten oberen Ecke des Browserfensters in das Suchfeld und tippen Sie den Suchbegriff ein.

2 Starten Sie anschließend die Suche
durch Drücken der Eingabe-Taste.

Dann verwendet der Browser die Standardsuchmaschine. Diese listet gefundene Webseiten mit einem als Hyperlink ausgeführten Seitentitel sowie einer
Kurzbeschreibung auf. Über die Hyperlinks lassen sich die gefundenen Dokumente im aktuellen Browserfenster oder in separaten Registerkarten öffnen.

Alternativ können Sie das Listenfeld des Suchfelds öffnen und einen der
installierten alternativen Suchmaschinenanbieter auswählen. Dies ist ggf.
hilfreich, wenn die Ergebnisse einer Suchmaschine nicht ausreichend sind.

Tipp

Im Menü des Listenfelds finden Sie übrigens auch den Befehl *Suchanbieter verwalten* (IE8) bzw. *Suchmaschinen verwalten* (Firefox), mit dem sich eine Seite zur
Installation und Verwaltung alternativer Suchmaschinenanbieter öffnen lässt.
Statt Google lässt sich die Microsoft-Suchmaschine Bing einstellen. Oder Sie
verwenden zur Suche die Seite *www.ixquick.com*. Diese reicht Ihre Suchanfragen
anonymisiert an mehrere Anbieter weiter und liefert deren Treffer als Ergebnisse
zurück. Auf der Ixquick-Startseite finden Sie übrigens auch einen Hyperlink, um
diesen Anbieter im Firefox oder Internet Explorer als Suchanbieter einzurichten.

Beim Internet Explorer können Sie übrigens Text innerhalb der angezeigten Webseite durch Ziehen per Maus markieren. Dann wird das Symbol der *Schnellinfo*-
Funktion vor dem Text sichtbar. Ein Mausklick auf dieses Symbol öffnet ein Menü,
über dessen Befehle Sie nach dem Begriff suchen lassen können. Zudem lässt
sich ein markierter fremdsprachiger **Text** maschinell ins Deutsche **übersetzen**.

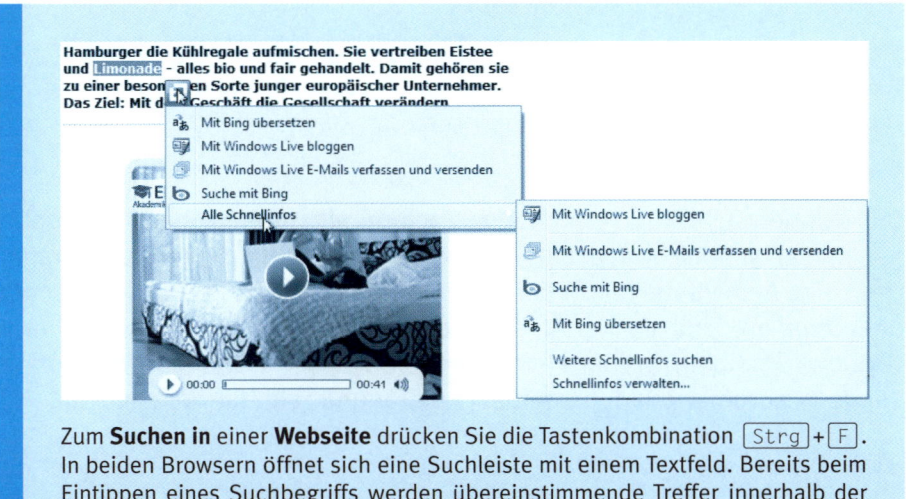

Zum **Suchen in** einer **Webseite** drücken Sie die Tastenkombination `Strg`+`F`. In beiden Browsern öffnet sich eine Suchleiste mit einem Textfeld. Bereits beim Eintippen eines Suchbegriffs werden übereinstimmende Treffer innerhalb der geöffneten Webseite farblich hervorgehoben.

Webinhalte speichern

Möchten Sie gezielt den Text einer Seite oder ein Bild speichern, um diese später erneut anzusehen?

1 Laden Sie die Webseite im Internet Explorer, öffnen Sie das Menü der Schaltfläche *Seite* und wählen Sie den Befehl *Speichern unter*.

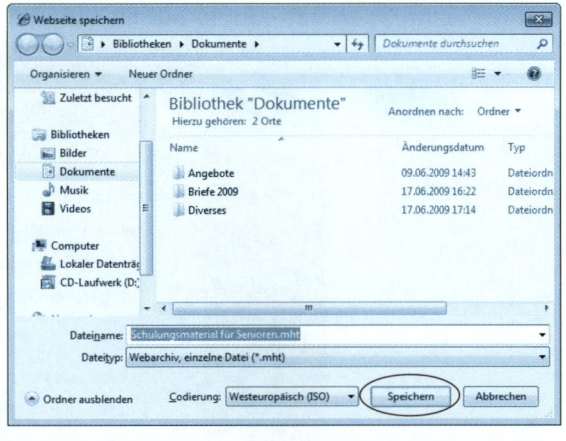

2 Wählen Sie im Dialogfeld *Webseite speichern* den Ordner (z. B. *Eigene Dokumente*) für die Datei aus.

3 Stellen Sie den Dateityp im gleichnamigen Listenfeld ein, korrigieren Sie ggf. den Dateinamen im Feld *Dateiname* und klicken Sie auf die Schaltfläche *Speichern*.

Der Text der Seite wird vom Internet Explorer als Datei mit dem vorgegebenen Namen gespeichert. Je nach ausgewähltem Dateityp legt das Programm dann eine Archivdatei (*.mht*) oder Einzeldateien mit Erweiterungen wie *.htm* oder *.html* an. Eine solcherart gespeicherte Webseite können Sie später in Windows in einem Ordnerfenster per Doppelklick anwählen. Dann öffnet Windows automatisch den Internet Explorer und zeigt die Webseite an.

> **Hinweis**
>
> Im **Firefox-Browser** gehen Sie ähnlich vor, öffnen aber das Menü *Datei* und wählen den Befehl *Seite speichern unter*. Auch der Firefox öffnet ein Dialogfeld zur Auswahl des Speicherorts, des Speicherformats und des Dateinamens.

Haben Sie in einer Webseite ein schönes Motiv gefunden, welches sich auch in Briefen oder Einladungsschreiben gut macht? Auch wenn diese Bilder dem Copyright unterliegen, ist eine Verwendung im privaten Umfeld meist gestattet. Zum **Speichern eines Bildes** sind folgende Schritte erforderlich:

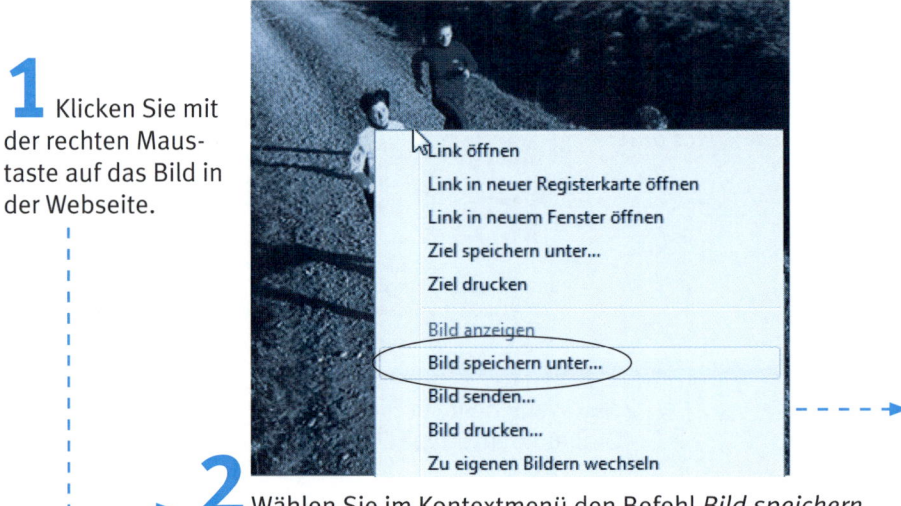

1 Klicken Sie mit der rechten Maustaste auf das Bild in der Webseite.

2 Wählen Sie im Kontextmenü den Befehl *Bild speichern unter* (Internet Explorer) bzw. *Grafik speichern unter* (Firefox).

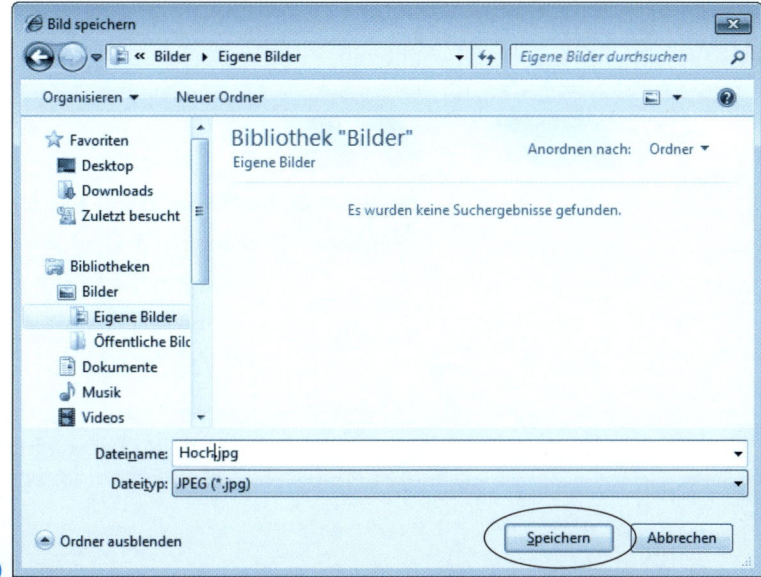

3 Wählen Sie im Dialogfeld *Bild speichern* (bzw. *Grafik speichern*) den Ordner für das Bild und korrigieren Sie ggf. den Dateinamen.

4 Klicken Sie auf die Schaltfläche *Speichern*, um das Bild zu speichern.

Fotos und Bilder werden meist im Ordner *Eigene Bilder* oder in dessen Unterordnern gespeichert. Sie können diese Bilder später mit anderen Programmen anzeigen (siehe Kapitel 5). Beachten Sie aber bei der Verwendung heruntergeladener Webinhalte das Urheberrecht des betreffenden Autors oder Fotografen.

Manche Webseiten bieten die Möglichkeit, Programme, Bilder, Musik oder andere Daten auf die Festplatte Ihres Computers herunterzuladen. Dieser Vorgang wird in Neudeutsch auch als **Download** bezeichnet. Der Download solcher Dateien funktioniert am einfachsten mit folgenden Schritten (Sie können die Webadresse *www.borncity.de/Test* zur Demonstration benutzen):

1 Rufen Sie im Browser die Seite mit den Download-Angeboten auf, indem Sie die betreffende Adresse der Webseite in das Adressfeld eintippen.

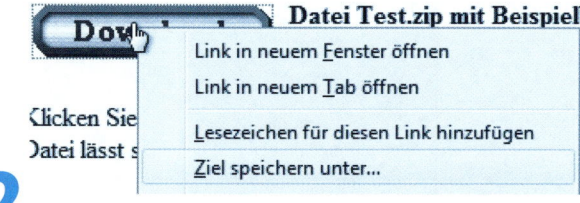

2 Wählen Sie den Hyperlink für den Download mit der rechten Maustaste an und klicken Sie auf den Kontextmenübefehl *Ziel speichern unter*.

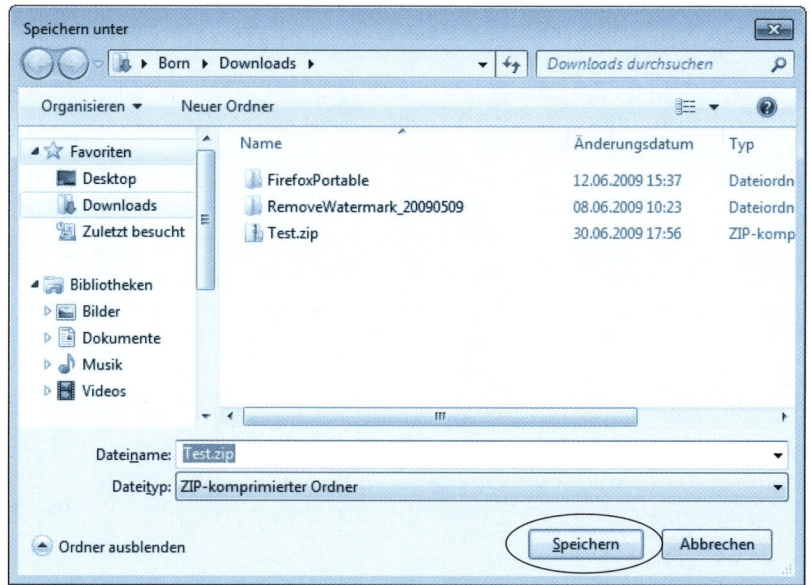

3 Im Dialogfeld *Speichern unter* wählen Sie den Zielordner (z. B. *Downloads*, passen ggf. den Dateinamen an und klicken auf die *Speichern*-Schaltfläche.

Der Browser lädt die Datei in den angegebenen Zielordner herunter, was durchaus einige Zeit dauern kann. Der hier erläuterte Ansatz funktioniert sowohl im Internet Explorer 8 als auch im Firefox 3.5.

Seiten ausdrucken

Auch das **Ausdrucken** geöffneter **HTML-Dokumente** geht recht einfach:

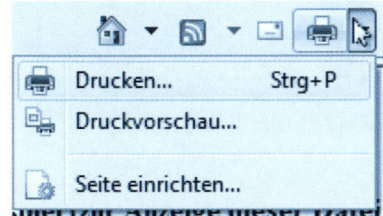

1 Klicken Sie im Internet Explorer auf das kleine Dreieck neben der *Drucken*-Schaltfläche und wählen Sie ggf. im Menü den Befehl *Drucken*.

Klicken Sie nur auf die Schaltfläche *Drucken*, gibt der Internet Explorer den Inhalt der gesamten Seite auf dem unter Windows angemeldeten Standarddrucker aus. Benötigen Sie mehr Kontrolle über den Ausdruck, wählen Sie im Menü der Schaltfläche den Befehl *Drucken*. Beim Firefox finden Sie den Befehl *Drucken* im Menü *Datei*. Alternativ können Sie auch die Tastenkombination Strg+P drücken. Der Browser öffnet ein Dia-logfeld, dessen Aussehen etwas vom Browser abhängt. Nachfolgend ist das Dialogfeld des Internet Explorers zu sehen.

2 Wählen Sie im Dialogfeld *Dru-cken* den gewünschten Drucker und die entsprechenden Optionen aus.

3 Klicken Sie auf die mit *Drucken* beschriftete Schaltfläche.

Sie können im Dialogfeld den Drucker sowie den Seitenbereich wählen. Anschließend druckt der Browser den Inhalt der aktuell angezeigten Dokumentseite(n) samt Grafiken mit den gewünschten Optionen aus.

> **Fachwort**
>
> Manche Webseiten sind in mehrere Fenster, auch als **Frames** (dt.: Rahmen) bezeichnet, unterteilt. Dann werden die Optionsfelder der Gruppe *Frames drucken* (beim Internet Explorer auf der Registerkarte *Optionen*) freigegeben und Sie können festlegen, wie die Inhalte der Frames auszugeben sind.

Browseroptionen einstellen

Beim Starten des Internet Explorers (siehe oben) lädt dieser automatisch eine eigene Startseite (oft auch als **Homepage** bezeichnet). Meist wird die Startseite eines Webanbieters als Homepage eingetragen. Möchten Sie lieber eine andere Seite oder eine leere Seite eintragen?

1 Starten Sie den Internet Explorer. Falls Sie eine Webseite als Homepage verwenden wollen, laden Sie die gewünschte Webseite.

2 Klicken Sie im Menü der Schaltfläche *Extras* auf den Befehl *Internetoptionen*.

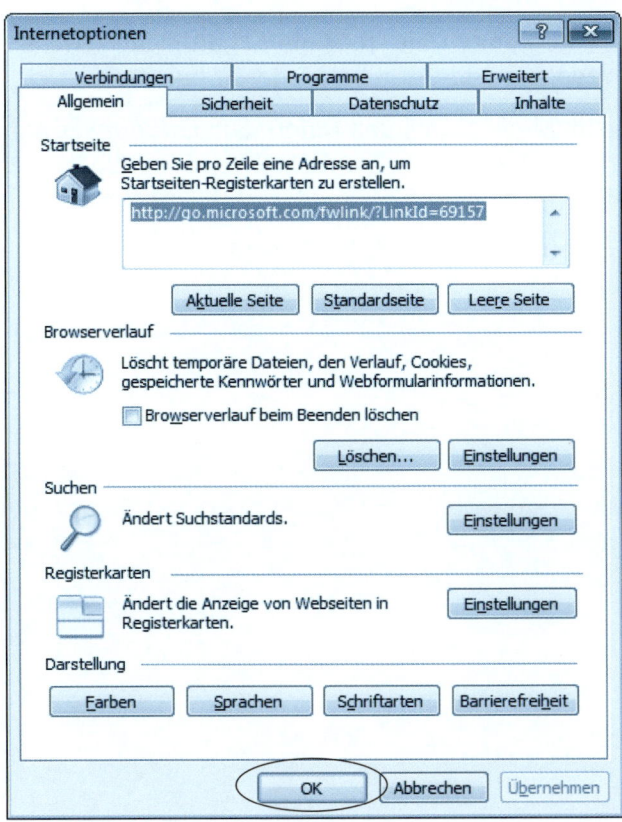

Der Explorer zeigt jetzt das Eigenschaftenfenster *Internetoptionen* an.

3 Wechseln Sie zur Registerkarte *Allgemein*.

4 Wählen Sie eine der Schaltflächen in der Gruppe *Startseite* aus und bestätigen Sie dies über die *OK*-Schaltfläche.

Mit der Schaltfläche *Leere Seite* wird eine Leerseite als Startseite eingestellt. Mit *Aktuelle Seite* machen Sie das aktuell geladene Webdokument zur Startseite. Wählen Sie die Schaltfläche *Standardseite*, wird die Adresse der Microsoft-Homepage vorgegeben.

In der Gruppe *Browserverlauf* können Sie über die Schaltfläche *Löschen* die gespeicherten Webseiten aus dem Zwischenpuffer entfernen.

Im **Firefox** 3.5 wählen Sie im Menü *Extras* den Befehl *Einstellungen*. Dann können Sie im angezeigten Dialogfeld das Symbol *Allgemein* wählen und die Startseite über die Schaltflächen der Gruppe *Start* festlegen.

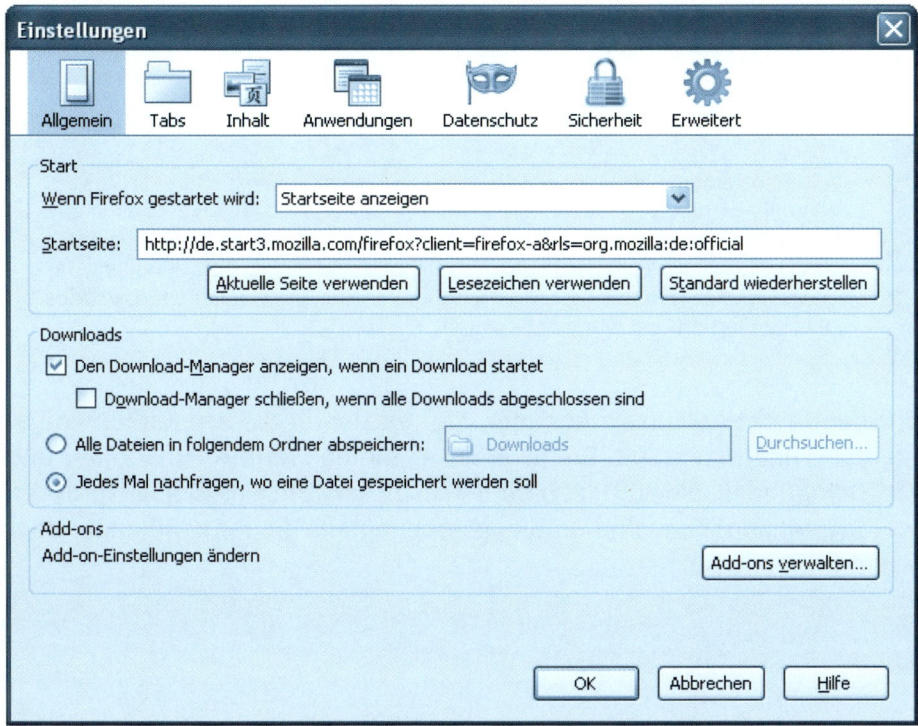

Ist Ihnen die **Darstellung** der Webseite im Browser **zu klein** geraten?

1 Klicken Sie in der unteren rechten Fensterecke des **Internet Explorers** auf die *Zoom*-Schaltfläche.

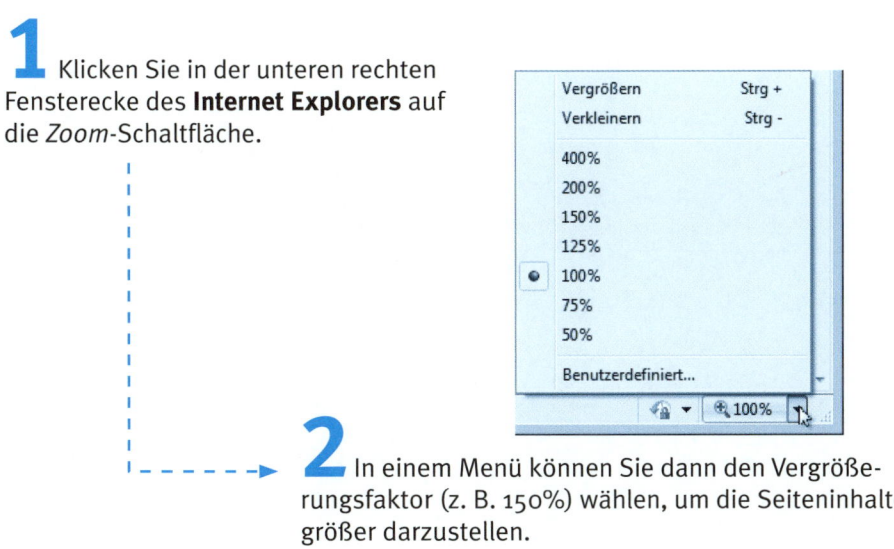

2 In einem Menü können Sie dann den Vergrößerungsfaktor (z. B. 150%) wählen, um die Seiteninhalte größer darzustellen.

277

Im **Firefox** finden Sie im Menü *Ansicht* den Befehl *Zoom* zum Anpassen des Vergrößerungsfaktors.

Tipp

Weiterhin können Sie in beiden Browsern die Tastenkombinationen `Strg`+`+` (Vergrößern) und `Strg`+`-` (Verkleinern) verwenden. Auch das Drehen am Mausrädchen bei gedrückter `Strg`-Taste ermöglicht, die Vergrößerung anzupassen. Mittels der Funktionstaste `F11` lässt sich dagegen die Darstellung des Browserfensters zwischen einem Fenster- und einem sogenannten Kioskmodus mit maximierter Darstellung umschalten.

Für den täglichen Einsatz kommen Sie mit den in diesem Kapitel vorgestellten Funktionen aus. Beide Browser bieten weitere Funktionen und Einstelloptionen, die aus Platzgründen in diesem Buch nicht angesprochen werden können. Konsultieren Sie gegebenenfalls die Programmhilfe oder weiterführende Bücher.

Testen Sie Ihr Wissen

Nachdem Sie dieses Kapitel durchgearbeitet haben, kennen Sie die wichtigsten Grundlagen des Internets. Vielleicht überprüfen Sie Ihr Wissen und die neu gewonnenen Fähigkeiten anhand der folgenden Übungen? Hinter jeder Übung wird in Klammern die Antwort angegeben.

■ **Was versteht man unter einem Hyperlink?**

(Eine Textstelle, die auf ein Folgedokument verweist. Ein Mausklick auf den Hyperlink ruft dieses Dokument auf.)

■ **Wie laden Sie eine Webseite im Browser?**

(Den Browser starten, ggf. die Verbindung zum Internet herstellen, die URL-Adresse der Seite in das Adressfeld eintippen und die Eingabe -Taste drücken.)

■ **Wie lässt sich die vorherige Seite im Internet Explorer abrufen?**

(Verwenden Sie die Schaltfläche *Zurück*.)

■ **Wie laden Sie eine Datei aus dem Internet?**

(Webseite öffnen und den Hyperlink zum Download mit der rechten Maustaste anklicken und den Kontextmenübefehl *Ziel speichern unter* anklicken, im Dialogfeld den Speicherort vorgeben und auf *Speichern* klicken.)

Im nächsten Kapitel lernen Sie den Umgang mit elektronischen Nachrichten (E-Mails) kennen.

Das können Sie schon

Das lernen Sie neu

Kapitel 8

So funktioniert E-Mail

Der Austausch von elektronischer Post gehört heute für viele Windows-Anwender zur täglichen Arbeit. Microsoft stellt mit Windows Live Mail ein kostenloses Programm für Windows 7 zur Bearbeitung Ihrer E-Mails bereit. Dieses Kapitel zeigt Ihnen, wie Sie elektronische Nachrichten mit Windows Live Mail erstellen und verschicken, empfangen und lesen sowie Kontaktdaten mit E-Mail-Adressen pflegen.

Start mit Windows Live Mail

Obwohl sich E-Mails bei vielen Anbietern (WEB.DE, Google Mail, GMX, MSN) auch direkt über eine HTML-Seite per Browser bearbeiten lassen, hat dies doch Nachteile. So muss zum Lesen oder Erstellen einer Nachricht eine Onlineverbindung bestehen. Als **E-Mail-Client** bezeichnete Programme bieten da mehr Komfort. Es reicht eine kurze Onlineverbindung, um neue Nachrichten über den E-Mail-Server des Providers zu versenden und aktuell eingetroffene Post abzuholen. Danach kann ohne Internetverbindung weitergearbeitet werden. Alle abgerufenen E-Mails lassen sich im E-Mail-Programm (auch als E-Mail-Client bezeichnet) lesen und beantworten. Auch neue Nachrichten können offline erstellt und später versandt werden. Allerdings enthält Windows 7 (im Gegensatz zu früheren Windows-Versionen) keinen eigenen E-Mail-Client. Die in Windows XP oder Windows Vista enthaltenen Programme Outlook Express bzw. Windows Mail werden nicht weiterentwickelt. Im Geschäftsumfeld lässt sich das Programm Microsoft Outlook aus Microsoft Office 2007 verwenden. Allerdings fehlt das Programm in Microsoft Office 2007 Home & Student. Für Windows 7 bietet sich das in den Microsoft Live Essentials enthaltene, recht leistungsfähige Windows Live Mail an. Dieses ist kostenlos, muss aber separat vom Anwender installiert werden (siehe Kapitel 9). Nachfolgend lernen Sie, wie Sie Windows Live Mail zum Bearbeiten von E-Mails und zur Pflege von Adressbeständen (als Kontakte bezeichnet) einsetzen.

Windows Live Mail im Überblick

Ist das Programm Windows Live Mail unter Windows 7 installiert?

Dann können Sie Windows Live Mail im Zweig *Alle Programme/Windows Live* des Windows-Startmenüs aufrufen.

Hinweis

Beim ersten Aufruf taucht ein Dialogfeld zum Einrichten eines E-Mail-Kontos auf, welches Sie abbrechen können. Die Konfiguration eines E-Mail-Kontos wird auf den folgenden Seiten besprochen. Eine Abfrage der Windows Live-ID während der Installation oder beim ersten Aufruf können Sie ebenfalls übergehen – diese Live-ID wird nicht gebraucht (es sind dann lediglich einige Onlinefunktionen nicht verfügbar).

Hier sehen Sie das Anwendungsfenster des Programms mit den wichtigsten Elementen zur E-Mail-Bearbeitung – wobei ich den Lesebereich bereits unterhalb der Nachrichtenliste angeordnet und E-Mail-Konten eingerichtet habe (siehe folgende Seiten, nach der Installation findet sich der Lesebereich am rechten Rand und die Nachrichtenliste sieht dann etwas anders aus).

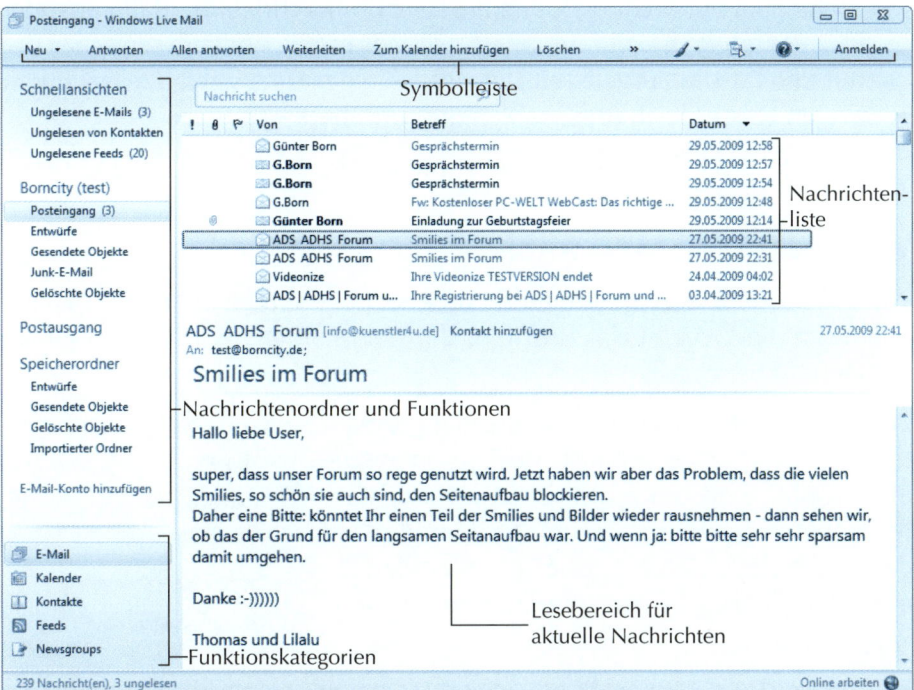

Am unteren Rand der linken Spalte finden sich die Symbole zum Abrufen der Kategorien (E-Mail, Kalender, Kontakte etc.). Zur E-Mail-Bearbeitung müssen Sie das Symbol *E-Mail* anwählen. Dann zeigt das Programmfenster folgende Einträge.

- In der Symbolleiste am oberen Rand des Programmfensters finden Sie Schaltflächen, um neue Nachrichten anzulegen (*Neu*) und eingetroffene Nachrichten zu beantworten (*Antworten, Allen antworten, Weiterleiten*).

- In der linken Spalte wird im oberen Bereich die **Ordnerliste** mit der angelegten Ordnerstruktur für die eingerichteten E-Mail-Konten eingeblendet. Sie sehen mindestens die Ordner *Posteingang, Gesendete Objekte, Gelöschte Objekte, Entwürfe* sowie *Junk-E-Mail*. In den Ordnern speichert Windows Live Mail die Nachrichten und Entwürfe. Zudem gibt es noch eine Kategorie *Postausgang*, in der neue Nachrichten (bei entsprechender Einstellung) vor dem Versand gesammelt werden.

- Die rechte Spalte ist für die sogenannte **Nachrichtenliste** und den Lesebereich reserviert. Wählen Sie einen Ordner in der linken Ordnerliste an, erscheint in der rechten Spalte die Liste der Nachrichten. Beim Postein- oder Postausgang werden alle Nachrichten mit Absenderangabe, Betreff und Datum aufgelistet. Die aktuell in der Liste gewählte Nachricht wird im Lesebereich (dessen Position wählbar ist) angezeigt.

Die Statusleiste enthält allgemeine Informationen zum angewählten Ordner.

Windows Live Mail anpassen

Windows Live Mail zeigt standardmäßig keine Menüleiste an. Sie können aber kurz die ⌈Alt⌉-Taste drücken, um die Menüleiste kurzzeitig einzublenden.

Zudem besteht die Möglichkeit, die hier gezeigte Menüschaltfläche *Menüs* in der Symbolleiste anzuwählen und dann den Befehl *Menüleiste anzeigen* anzuklicken, um die Menüleiste dauerhaft einzublenden. Über die Menüleiste erhalten Sie Zugriff auf alle Funktionen des Programms.

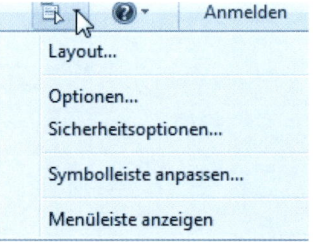

- Über den Befehl *Layout* öffnet sich ein Dialogfeld, in dem Sie die Anordnung des Lesebereichs für angewählte Nachrichten, die Zeilenzahl in der Nachrichtenliste, die Gestaltung der Ordnerspalte etc. beeinflussen können.

- Mit dem Befehl *Symbolleiste anpassen* öffnen Sie ein Dialogfeld, in dem der Symbolleiste Schaltflächen hinzugefügt oder entfernt werden können.

Die Voreinstellungen für Windows Live Mail gehen von einer ständigen Onlineverbindung aus. Der E-Mail-Client fragt dabei den Postserver beim Start und später in bestimmten Zeitabständen ab. Zudem versucht er, neue E-Mails sofort nach dem Erstellen zu versenden. Wer per Modem/ISDN ins Internet geht oder einfach mehr Kontrolle über das Programm haben möchten, sollte dieses so anpassen, dass neue E-Mails im Postausgangsordner gesammelt und dann bei einer Sitzung versandt und eingetroffene E-Mails vom Posteingang heruntergeladen werden.

1 Öffnen Sie in der Symbolleiste des Programmfensters das Menü der Schaltfläche *Menüs* und klicken Sie auf den Befehl *Optionen*.

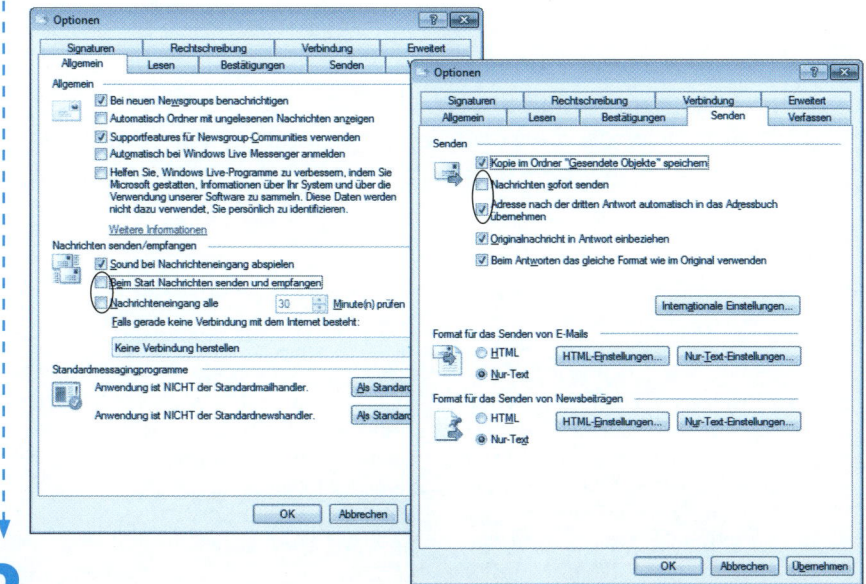

2 Löschen Sie auf der Registerkarte *Senden* die Markierung des Kontrollkästchens *Nachrichten sofort senden*. Die Markierung des Kontrollkästchens *Adresse nach der dritten Antwort automatisch in das Adressbuch übernehmen* sollte ggf. gelöscht werden, um »Datenmüll« im Adressbuch zu vermeiden.

Weiterhin können Sie das Optionsfeld *Nur-Text* in der Gruppe *Format für das Senden von E-Mails* markieren. Dies erzwingt das Abschalten von HTML-Mails (siehe den Abschnitt »Eine Nachricht verfassen« weiter hinten in diesem Kapitel).

3 Löschen Sie auf der Registerkarte *Allgemein* die Markierung der Kontrollkästchen *Beim Start Nachrichten senden und empfangen* sowie *Nachrichteneingang alle 30 Minute(n) prüfen.*

4 Schließen Sie die Registerkarte mit einem Klick auf die *OK*-Schaltfläche.

Der E-Mail-Client sammelt zukünftig alle neu erstellten Nachrichten lokal im Postausgangsordner. Sie können diese dann gezielt versenden und auch neue Post abholen.

E-Mail-Konto eintragen

Um Nachrichten vom E-Mail-Server abrufen und neue E-Mails versenden zu können, müssen die Kontenzugangsdaten in Windows Live Mail eingetragen werden. Anhand dieser Daten weiß der E-Mail-Client, wo er Ihre E-Mails abholen kann und wo neue E-Mails ggf. in einem »Internet-Briefkasten einzuwerfen« sind.

Hinweis

Die erforderlichen Daten erhalten Sie in der Regel vom Anbieter des Postfachs (also T-Online, Web.de, 1&1 etc.). Falls Sie noch keine E-Mail-Adresse besitzen, können Sie sich auf den Webseiten von Anbietern wie Web.de *(http://web.de/fm/)* etc. anmelden und ein kostenloses E-Mail-Konto beantragen. Bereits bei der Registrierung erhalten Sie eine E-Mail-Adresse sowie die aus Benutzername und Kennwort bestehenden Zugangsdaten. Der E-Mail-Server des Providers sollte die beiden Übertragungsstandards POP3 (zum Lesen) und SMTP (zum Versenden) unterstützen. Das Kürzel **POP3** steht für **P**ost **O**ffice **P**rotocol Version **3** und bezeichnet ein Verfahren, mit dem ein Programm E-Mails aus einem Postfach des Internetrechners auf den heimischen PC herunterladen kann. **SMTP** steht für **S**imple **M**ail **T**ransfer **P**rotocol und beschreibt ein Verfahren, mit dem ein Programm ausgehende E-Mails an den E-Mail-Server des Anbieters zum weiteren Transport überträgt. Alternativ kann der Standard **IMAP** (**I**nternet **M**essage **A**ccess **P**rotocol) zum Mailaustausch verwendet werden.

Kennen Sie Ihre E-Mail-Adresse (z. B. BHuber@web.de), das Kennwort und ggf. die Namen der POP3- und SMTP-Server? Dann können Sie das E-Mail-Konto in Windows Live Mail folgendermaßen anlegen:

1 Starten Sie Windows Live Mail und wählen Sie in der linken Spalte des Anwendungsfensters den Hyperlink *E-Mail-Konto hinzufügen* per Mausklick an.

Jetzt startet ein Assistent, der Sie in verschiedenen Dialogfeldern durch die Schritte zur Konfiguration des E-Mail-Kontos führt.

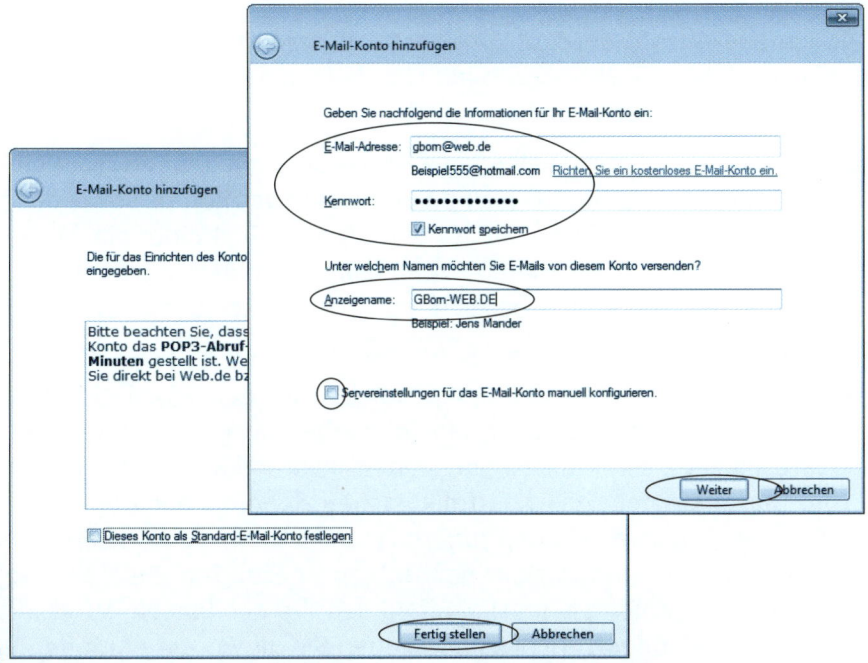

2 Tragen Sie in den Dialogfeldern die benötigten Kontendaten ein und verwenden Sie die *Weiter*-Schaltfläche, um zum Folgedialog zu gelangen.

3 Sobald das Abschlussdialogfeld erscheint, können Sie den Assistenten über die Schaltfläche *Fertig stellen* wieder schließen.

287

Nach dem Anklicken der *Fertig stellen*-Schaltfläche sollte Windows Live Mail automatisch einen Datenabgleich (als Synchronisation bezeichnet) mit dem E-Mail-Server vornehmen. Sind die E-Mail-Adresse und das zugehörige Benutzerkennwort korrekt, können die im Postfach lagernden E-Mails abgeholt und im Ordner *Posteingang* abgelegt werden.

Hinweis

Bei manchen Freemail-Konten (z. B. Web.de) erlaubt der Anbieter das Abholen neuer E-Mails per POP3-Protokoll nur in einem Zeitintervall von 15 Minuten. Dann erhalten Sie ggf. einen entsprechenden Hinweis im letzten Dialogfeld angezeigt. Rufen Sie Nachrichten häufiger ab, wird Windows Live Mail eine Fehlermeldung anzeigen.

Die genaue Anzahl der zur Konfiguration gezeigten Dialogfelder hängt vom verwendeten E-Mail-Konto ab. Für die in den einzelnen Dialogfeldern einzutragenden Daten gilt Folgendes:

■ Tragen Sie im ersten Dialogfeld *E-Mail-Konto hinzufügen* (bei Schritt 2 im Vordergrund sichtbar) die E-Mail-Adresse des Kontos sowie das passende Benutzerkennwort in die betreffenden Textfelder ein. Weiterhin lässt sich noch das Textfeld *Anzeigename* mit einem Wert belegen, der anschließend als Kontenbezeichnung in der linken Spalte des Windows Live Mail-Programmfensters angezeigt wird.

■ Kennt der Assistent die Zugangsadresse für den E-Mail-Server, wird sofort das Abschlussdialogfeld (hier oben im Hintergrund sichtbar) eingeblendet. Sind die Zugangsdaten nicht bekannt (oder haben Sie im Startdialogfeld das Kontrollkästchen *Servereinstellungen für das E-Mail-Konto manuell konfigurieren* markiert), werden die Serveradressen und -optionen in dem nachfolgend gezeigten Zusatzdialogfeld abgefragt. Wählen Sie im Dialogfeld den Typ des Posteingangsservers (POP3, IMAP oder HTTP) aus und geben Sie die Adressen für den Posteingangsserver sowie den Postausgangsserver in die betreffenden Felder ein. Für ein Web.de-Postfach lautet die POP3-Adresse *pop3.web. de*, während für den Postausgangsserver *smtp.web.de* einzutragen ist. Im Dialogfeld lässt sich zusätzlich das Kontrollkästchen *Postausgangsserver erfordert Authentifizierung* markieren. Zudem können Sie für Posteingangs- und Postausgangsserver vorgeben, dass eine sichere Verbindung (SSL) zu verwenden ist. Diese Option stellt sicher, dass die

E-Mails beim Austausch mit dem E-Mail-Server verschlüsselt übertragen werden.

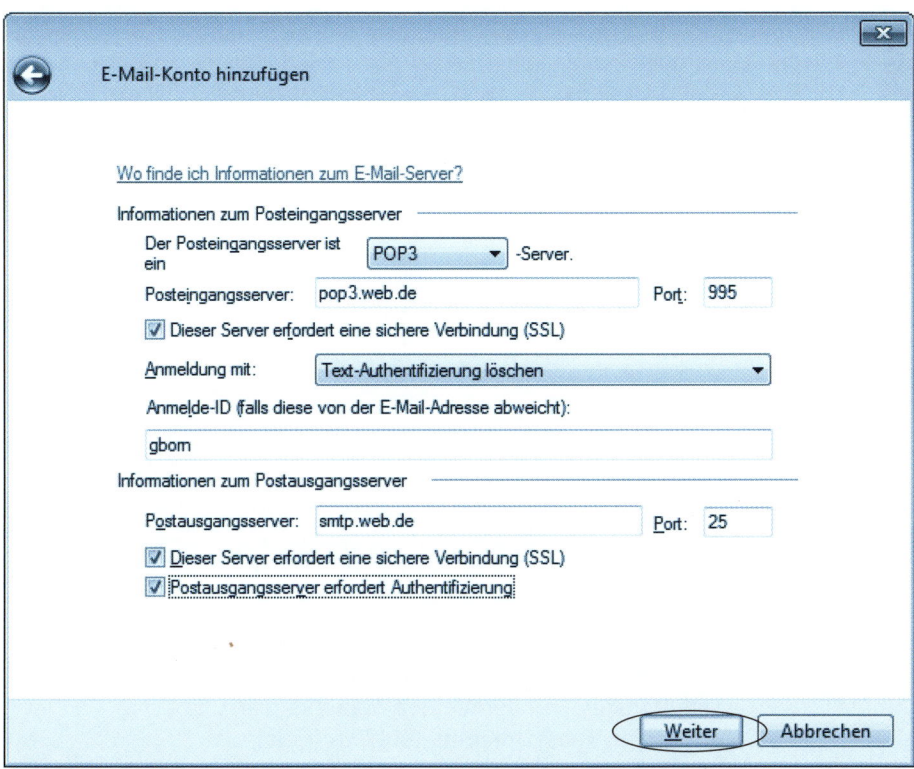

Werden mehrere E-Mail-Konten eingerichtet, lässt sich bei einem Konto das Kontrollkästchen *Dieses Konto als Standard-E-Mail-Konto festlegen* im Abschlussdialogfeld des Assistenten markieren.

> **Hinweis**
>
> Klappt das automatische Einrichten eines E-Mail-Kontos mit Angabe der E-Mail-Adresse und des Benutzerkennworts gemäß obiger Anleitung nicht? Sie können die Konteneinstellungen entsprechend den Ausführungen im folgenden Abschnitt einsehen und anpassen. Ein fehlerhaft konfiguriertes E-Mail-Konto lässt sich aber auch in der linken Spalte des Windows Live Mail-Programmfensters mit der rechten Maustaste anklicken. Wählen Sie den Kontextmenübefehl *Konto entfernen*, können Sie die obigen Schritte zur Konfigurierung des E-Mail-Kontos erneut ausführen. Markieren Sie im ersten Dialogfeld des Assistenten das Kontrollkästchen *Servereinstellungen für das E-Mail-Konto manuell konfigurieren*.

Dann können Sie die Informationen für den Posteingangs- und Postausgangs-server manuell in dem oben gezeigten Dialogfeld eingeben. In diesem Fall sollten Sie sich aber vorher beim Anbieter des E-Mail-Kontos über die genauen Details (z. B. Serveradressen, gesicherte Verbindung und Authentifizierung werden unterstützt) zur Konfigurierung des E-Mail-Zugangs informieren. Falls massive Probleme auftauchen, lassen Sie sich von erfahrenen Personen beim Einrichten des E-Mail-Zugangs unterstützen.

Konteneinstellungen anpassen

Möchten Sie die **Konteneinstellungen ansehen** oder müssen Sie diese bei einem E-Mail-Konto nachträglich noch modifizieren?

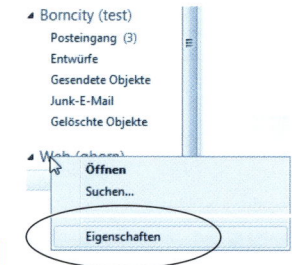

1 Klicken Sie den Eintrag des betreffenden E-Mail-Kontos in der linken Spalte des Windows Live Mail-Programmfensters mit der rechten Maustaste an und wählen Sie den Kontextmenübefehl *Eigenschaften*.

2 Passen Sie im Eigenschaftenfenster auf den einzelnen Registerkarten die benötigten Einstellungen an und klicken Sie danach auf die *OK*-Schaltfläche.

Auf den Registerkarten des Eigenschaftenfensters können Sie die folgenden Einstellungen vornehmen.

■ Markieren Sie auf der Registerkarte *Erweitert* ggf. das Kontrollkästchen *Dieser Server verwendet eine sichere Verbindung (SSL)*, um eine verschlüsselte Verbindung beim E-Mail-Versand zu verwenden. In der Gruppe *Zustellung* der Registerkarte lässt sich über Kontrollkästchen vorgeben, ob die abgeholten Nachrichten vom Server gelöscht werden sollen. Dies verhindert ggf., dass das Postfach auf dem Server irgendwann »überläuft«.

■ Unterstützt der Postausgangsserver eine Authentifizierung, markieren Sie auf der Registerkarte *Server* das Kontrollkästchen *Server erfordert Authentifizierung*. Dann kann sich der Mailclient beim Postversand mit den Kontendaten authentifizieren. Ob das erforderlich ist, erfahren Sie auf den Webseiten des Anbieters.

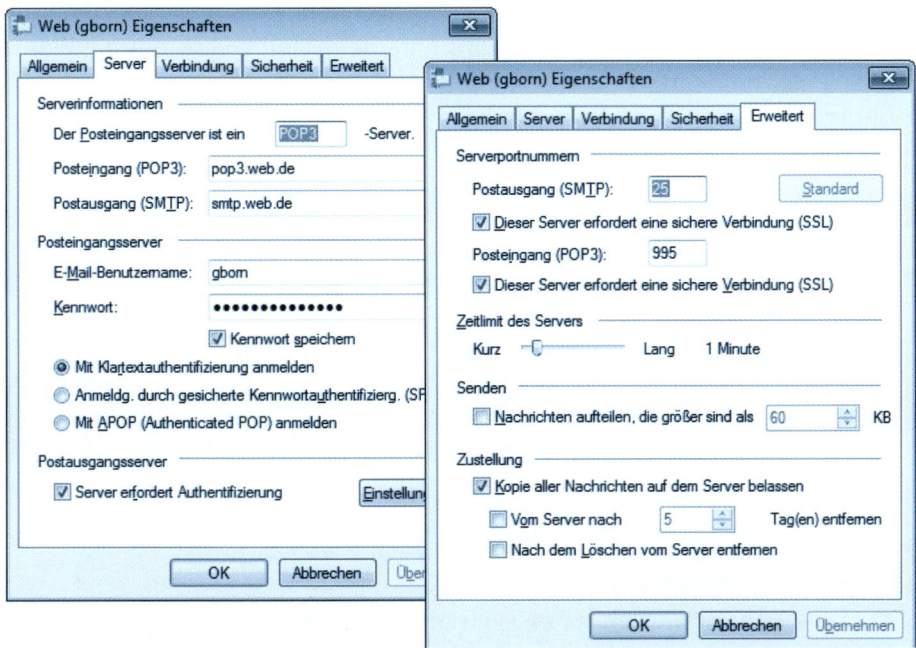

Tipp

Werden mehrere E-Mail-Konten konfiguriert und ist ein Freemail-Konto dabei, welches sich nur alle 15 Minuten abfragen lässt? Dann löschen Sie auf der Registerkarte *Allgemein* die Markierung des Kontrollkästchens *Dieses Konto beim Empfangen oder Synchronisierung von E-Mails einbeziehen*. Dann kann das Konto später gezielt über das Menü der Schaltfläche *Synchronisieren* abgefragt werden.

Falls Sie auf Probleme beim Einrichten des E-Mail-Kontos stoßen, lassen Sie sich von einem Experten helfen. Ist das E-Mail-Konto im E-Mail-Client einmal eingerichtet, brauchen Sie sich um solche Dinge keine weiteren Gedanken zu machen. Nach diesen Schritten kennt der E-Mail-Client Ihr

E-Mail-Konto. Auf diese Weise können Sie mehrere E-Mail-Konten von verschiedenen Anbietern eintragen und mit Windows Live Mail verwalten.

Nachrichten senden/empfangen

In der Grundkonfiguration synchronisiert Windows Live Mail beim Start und in zyklischen Abständen Nachrichten mit dem E-Mail-Server des Providers. Dies erfordert jedoch eine kontinuierliche Onlineverbindung. Wenn Sie dies nicht möchten und die Einstellungen gemäß meinen obigen Empfehlungen angepasst haben, können Sie Mails gezielt versenden bzw. empfangen:

1 Stellen Sie eine Internetverbindung her und starten Sie bei Bedarf den E-Mail-Client.

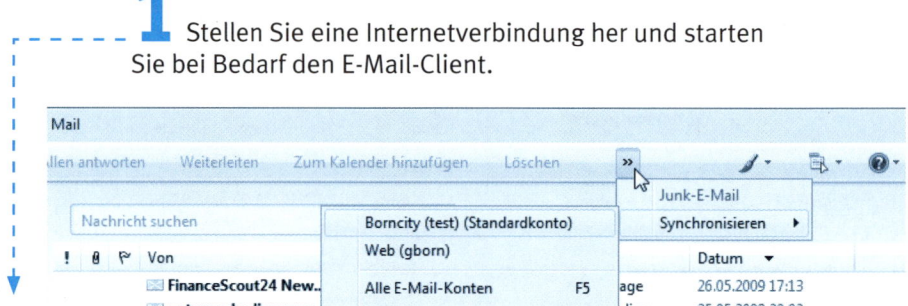

2 Klicken Sie in der Windows Live Mail-Symbolleiste auf die Schaltfläche *Synchronisieren* und wählen Sie den gewünschten Befehl.

Tipp

Ist die Schaltfläche *Synchronisieren* (wie hier im Beispiel) in der Symbolleiste verdeckt? Dann sollten Sie das Programmfenster so weit vergrößern, bis alle Schaltflächen der Symbolleiste sichtbar werden. Oder Sie wählen die hier in der Symbolleiste sichtbare Schaltfläche *Weitere Headerbefehle anzeigen*, um die verdeckten Schaltflächen als Menübefehle einzublenden.

Haben Sie mehrere E-Mail-Konten eingerichtet, können Sie über die Schaltfläche *Synchronisieren* ein Menü öffnen und dann einen der Befehle zur Auswahl des E-Mail-Kontos wählen. Oder Sie können festlegen, ob Nachrichten nur zu empfangen (Befehl *Alle E-Mail-Konten*) oder auch Nachrichten zu versenden sind (Befehl *Alles*).

Hinweis

Haben Sie beim Einrichten des E-Mail-Kontos die Markierung des Kontrollkästchens *Kennwort speichern* im Dialogfeld *Anmeldung* gelöscht? Dann fragt das Programm bei jeder Verbindungsaufnahme mit dem E-Mail-Server das Kennwort neu ab. Sie müssen in diesem Fall Ihren Benutzernamen sowie das Kennwort im betreffenden Dialogfeld ergänzen und die *OK*-Schaltfläche betätigen.

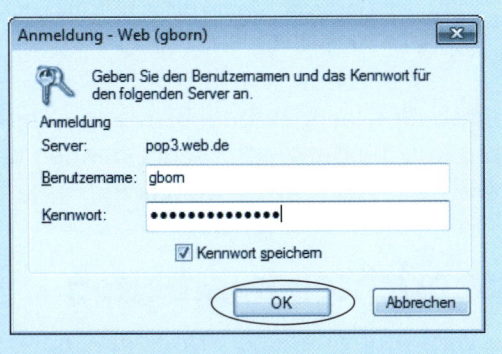

Der E-Mail-Client stellt über das Internet eine Verbindung zum E-Mail-Server her und übergibt von Ihnen neu verfasste E-Mails dem Postausgangsfach des Servers zum Versand. Gleichzeitig wird das Posteingangsfach Ihres E-Mail-Kontos auf neu eingetroffene Nachrichten abgefragt. Liegen Nachrichten vor, werden diese in den lokalen Windows Live Mail-Posteingang heruntergeladen. Der Vorgang lässt sich auf der Registerkarte *Aufgaben* des angezeigten Dialogfelds über eine Statusanzeige verfolgen.

Hinweis

Tritt während der Übertragung ein Fehler auf, erscheint dieses Fenster. Über die Schaltfläche *Details* lässt sich der untere Fensterteil mit der Registerkarte *Fehler* ein- oder ausblenden. Dies kann z. B. der Fall sein, falls Sie ein kostenloses Konto bei Web.de für E-Mails in kürzeren Zeiträumen als 15 Minuten abrufen.

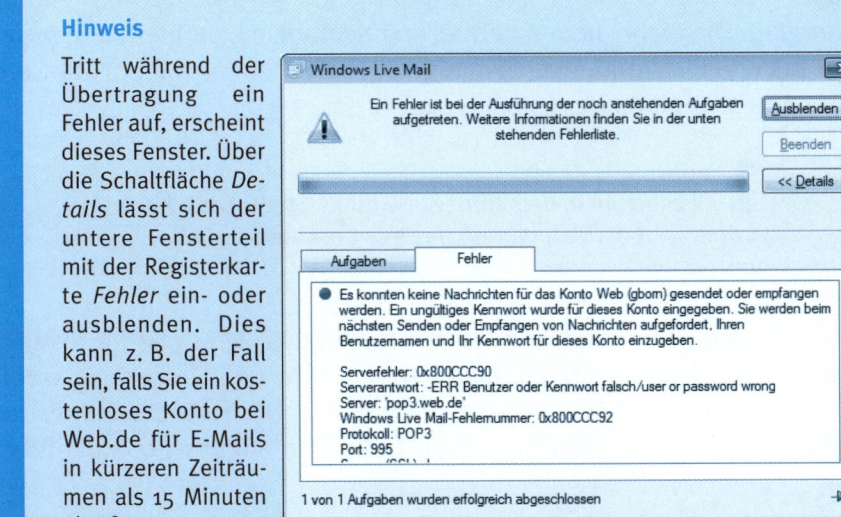

Warten Sie einfach die entsprechende Zeit ab, bevor Sie einen neuen Versuch wagen. Eine andere Fehlerursache kann ein Ausfall des E-Mail-Servers oder eine fehlerhafte Kontenkonfiguration im E-Mail-Client sein.

Sobald die Nachrichtenübertragung abgeschlossen ist, können Sie die Internetverbindung ggf. wieder trennen und die Nachrichten offline lesen sowie neue Nachrichten erstellen.

Nachrichten bearbeiten

Die Verwaltung der Post erfolgt in Windows Live Mail über Ordner, die (bei Auswahl der Funktionskategorie *E-Mail*) in der linken Spalte des Fensters in der Ordnerliste eingeblendet werden. Sie finden einen Postausgang, einen Posteingang, einen Ordner für Entwürfe, einen Ordner, in dem die Kopien gesendeter Mails gesammelt werden, einen Ordner für Junk-E-Mails und einen Papierkorb mit gelöschten Elementen. Nachfolgend wird gezeigt, wie Sie empfangene Nachrichten lesen, beantworten oder eigene E-Mails verfassen.

Empfangene Nachrichten lesen

Windows Live Mail sammelt alle empfangenen Nachrichten im Ordner *Posteingang*. Die rechts neben dem Ordnersymbol in Klammern angezeigte Zahl gibt dabei die Menge der ungelesenen (neuen) Nachrichten an. Möchten Sie die empfangene Post lesen?

1 Klicken Sie in der Ordnerliste (linke Spalte) auf das Ordnersymbol *Posteingang* des gewünschten E-Mail-Kontos.

Das E-Mail-Programm zeigt jetzt in der Nachrichtenliste alle im lokalen Postfach eingegangenen Nachrichten (den Inhalt des Ordners *Posteingang*) an. Für jede Nachricht ist eine Zeile reserviert, in der der Status der Nachricht, der Absender, der Betreff und das Empfangsdatum aufgeführt sind.

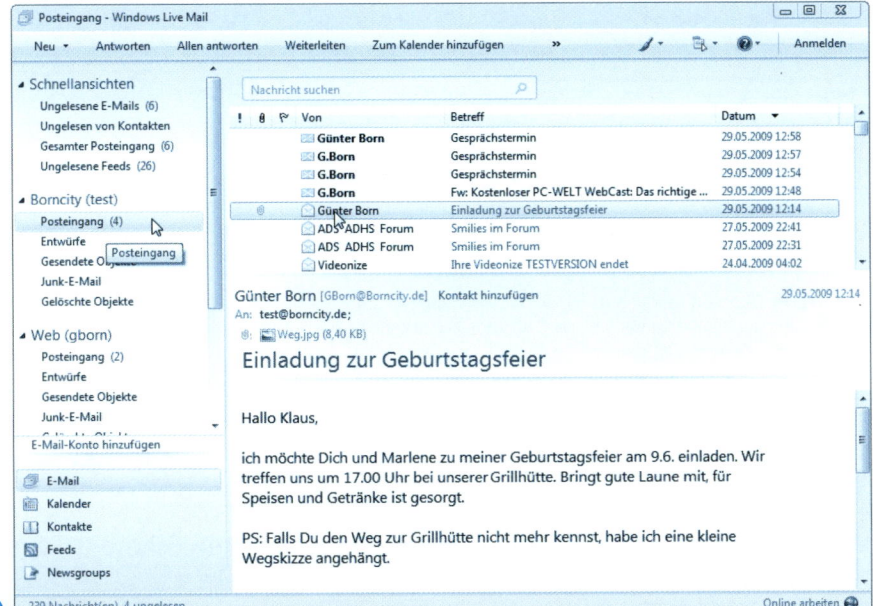

2 Sobald die Nachrichten in der rechten Spalte als Nachrichtenliste erscheinen, wählen Sie die gewünschte Nachricht per Mausklick an.

Dann wird der Inhalt der Nachricht im sogenannten »Lesebereich« (hier unterhalb der Nachrichtenliste sichtbar) eingeblendet.

3 Doppelklicken Sie in der Nachrichtenliste auf die Zeile mit der zu öffnenden Nachricht.

Windows Live Mail öffnet dann ein eigenes Fenster zum Lesen und zur Bearbeitung der Nachricht. Der Kopfbereich enthält die Angaben über den Absender, den Betreff etc.

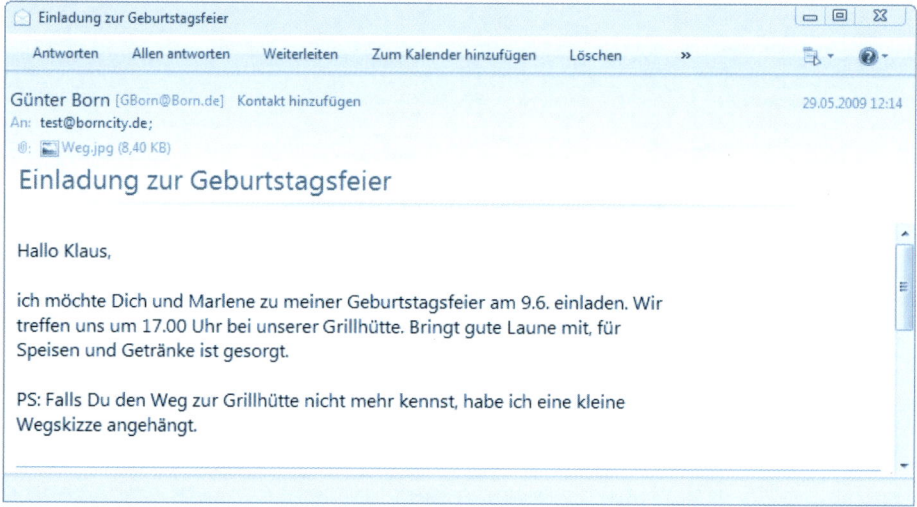

Über die Schaltfläche *Schließen* in der rechten oberen Ecke des Fensters können Sie das Fenster schließen.

Die Symbole der Nachrichtenliste

Die Nachrichtenliste des Posteingangs enthält neben der Absenderangabe (Spalte *Von*) und dem Betreff weitere hilfreiche Informationen.

Haben Sie (wie im Abschnitt »Windows Live Mail anpassen« erwähnt) den Lesebereich unterhalb der Nachrichtenliste angeordnet? Dann erscheinen am Zeilenanfang der Nachrichtenliste die hier gezeigten drei Spalten mit Symbolen.

■ Die erste Spalte mit dem stilisierten Ausrufezeichen zeigt die Priorität (d. h. die Dringlichkeit) der Nachricht an. Der Absender einer Nachricht kann dieser eine normale, erhöhte oder niedrige Priorität vergeben. Ein Ausrufezeichen steht für eine erhöhte Priorität, ein nach unten zeigender Pfeil symbolisiert eine niedrige Priorität. Meist bleibt diese Spalte aber leer, da die Nachrichten mit normaler Priorität versehen werden sollten.

■ Die zweite Spalte zeigt anhand einer stilisierten Briefklammer, ob die Nachricht einen Anhang enthält. Jede Nachricht kann Dateien als Anhang beinhalten. Auf diesen Punkt komme ich später zurück.

■ In der dritten Spalte signalisiert eine stilisierte Fahne, dass die betreffende Nachricht noch eine Klärung erfordert. Dieses Symbol können Sie durch Anklicken der betreffenden Spalte setzen oder wieder entfernen.

■ In der vierten Spalte *Von* signalisiert ein geschlossener oder ein geöffneter Briefumschlag, ob die Nachricht ungelesen oder gelesen ist. Ist dem Briefumschlag ein nach links oder rechts zeigender kleiner Pfeil überlagert? Der nach links zeigende Pfeil zeigt an, dass Sie die Nachricht bereits beantwortet haben. Der nach rechts zeigende Pfeil signalisiert, dass Sie die Nachricht an einen anderen Empfänger weitergeleitet haben.

In diesen Spalten können Sie auf einen Blick den Status der Nachricht erkennen. Sobald Sie eine Nachricht in der Nachrichtenliste des Posteingangs anklicken oder öffnen, wird deren Symbol in der Statusspalte nach kurzer Zeit auf gelesen umgesetzt (es wird ein geöffnetes Kuvert gezeigt).

Tipp

Haben Sie eine Nachricht irrtümlich angeklickt, Ihnen fehlt aber die Zeit zum Lesen? Klicken Sie die Zeile mit der Nachricht in der Nachrichtenliste mit der rechten Maustaste an und wählen Sie im Kontextmenü den Befehl *Als ungelesen markieren*. Der Status wird wieder zurückgesetzt.

Bei sehr vielen eingehenden Nachrichten ist es mitunter etwas schwierig, eine bestimmte E-Mail zu finden. Sie können E-Mails mit den auf den folgenden Seiten beschriebenen Funktionen in separaten Ordnern aufteilen und so den Posteingang strukturieren. Sie können auch nach **E-Mails suchen**, indem Sie in das oberhalb der Nachrichtenliste sichtbare Textfeld *Nachricht suchen* klicken und dann einen Suchbegriff eintippen. Daraufhin werden in der Nachrichtenliste nur solche E-Mails aufgeführt, in denen der Suchbegriff auftritt. Löschen Sie den Suchbegriff, werden wieder alle Nachrichten des gewählten Ordners eingeblendet.

Eine Anlage zur Nachricht auspacken

Erhalten Sie Nachrichten mit einer (oder mehreren) Anlage(n), werden diese im Nachrichtenfenster bzw. in der Nachrichtenliste mit einer stilisierten Büroklammer markiert. Sie können diese Anlage(n) auspacken und als Datei speichern.

1 Öffnen Sie die Nachricht durch Doppelklick auf die betreffende Zeile in der Nachrichtenliste.

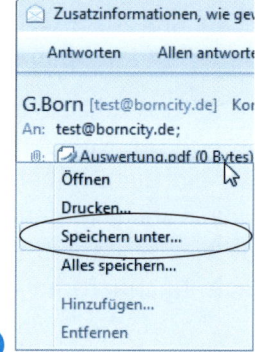

2 Klicken Sie im Kopf des Nachrichtenfensters die angehängte Datei mit der rechten Maustaste an und wählen Sie den Kontextmenübefehl *Speichern unter*.

Der Befehl *Alles speichern* ist hilfreich, falls die Nachricht mehrere zu sichernde Anlagen enthält.

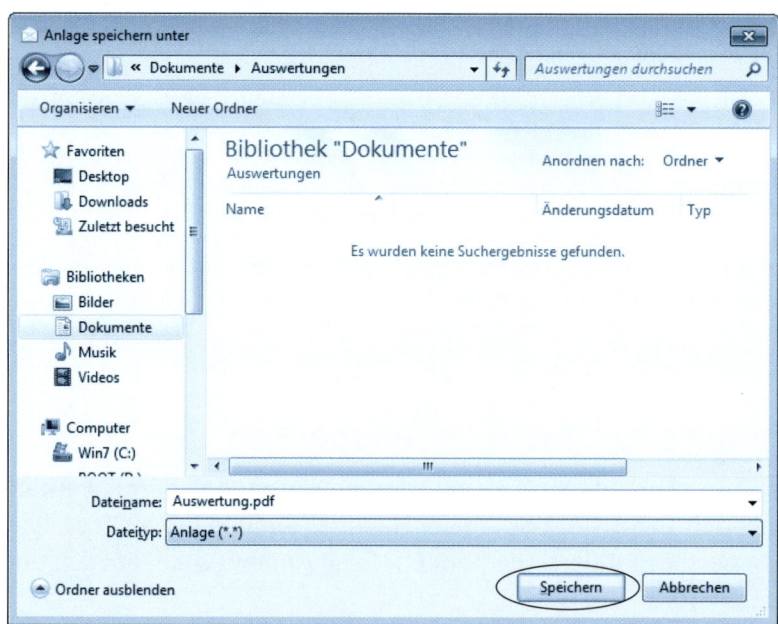

3 Wählen Sie im Dialogfeld *Anlagen speichern unter* den Zielordner aus und klicken Sie dann auf die Schaltfläche *Speichern*.

Als Zielordner können Sie einen der Unterordner von *Eigene Dokumente, Eigene Bilder* etc. wählen. Nach dem Speichern wird das Fenster geschlossen.

Tipp

Noch einfacher geht das Speichern einer E-Mail-Anlage, indem Sie das betreffende Symbol bei gedrückter linker Maustaste aus dem Nachrichtenfenster zum Desktop oder in ein geöffnetes Ordnerfenster ziehen. Wenn Sie die linke Maustaste loslassen, speichert Windows Live Mail die betreffende Datei. Sie erkennen übrigens am Symbol des Anhangs den Dateityp. Fehlt ein Programm zum Bearbeiten der Dokumentdatei, wird das Symbol einer unbekannten Datei angezeigt. Manche Nachrichtenanhänge sind auch als ZIP-Archiv gespeichert. Dann müssen Sie den Inhalt mit der Windows-Funktion »Zip-komprimierter Ordner« in einem Ordnerfenster öffnen. Anschließend können Sie den Inhalt des ZIP-Archivs per Maus zu einem anderen Ordner ziehen und so das Archiv entpacken.

Möchten Sie den **Text der Nachricht** in einer Datei auf der Festplatte **speichern**? Drücken Sie die Alt -Taste und wählen Sie im Menü *Datei* des Nachrichtenfensters den Befehl *Speichern unter*. Im dann angezeigten Dialogfeld *Nachricht speichern unter* legen Sie den Zielordner fest, passen ggf. den Dateinamen an und wählen als Dateityp »E-Mail (*.eml)«, »Textdateien (*.txt)«, »Unicode-Textdateien (*.txt)« oder »HTML-Dateien (*.htm;*.html)«. Wenn Sie danach auf die *Speichern*-Schaltfläche klicken, wird das Dialogfeld geschlossen und die Nachricht gespeichert. Eine im *.eml*-Format gesicherte Nachricht lässt sich später per Doppelklick in einem Windows Live Mail-Nachrichtenfenster öffnen, während eine als (Unicode)Textdatei gespeicherte E-Mail im Windows-Editor geöffnet wird. HTML-Dateien werden dagegen im Browser angezeigt.

Achtung

Anhänge zu E-Mails bergen das Risiko, dass sie Schadprogramme wie Viren oder Trojaner enthalten. E-Mails mit einem angeblichen Windows-Update im Anhang, einem kostenlosen Virenscanner, einem Generator für TAN-Listen für ein Konto, einer vorgeblichen Rechnung/Mahnung, einer Anzeige der Kriminalpolizei etc. sollten die Alarmglocke schrillen lassen. Es handelt sich durchweg um Trojaner, die über diese Methoden auf die Rechner der Anwender geschmuggelt werden sollen. Öffnet der Benutzer den Anhang und stimmt er der Installation des im Anhang befindlichen Programms zu, hat der Trojaner freie Bahn und kann allerlei Schaden anrichten. Löschen Sie daher E-Mails von unbekannten Absendern, die mit Anhängen versehen sind und deren Nachrichtentext Ihnen nicht plausibel vorkommt. Stellen Sie auch sicher, dass ein aktuelles Antivirenprogramm (z. B. Avira AntiVir), welches auch E-Mails überprüft, installiert ist. Dieses schlägt beim Öffnen einer Nachricht bzw. Anlage Alarm, sobald ein Trojaner oder eine mit Schadcode verseuchte Anlage erkannt wird.

Eine Nachricht beantworten oder weiterleiten

Haben Sie eine Nachricht empfangen, die Sie an Dritte weiterreichen möchten? Soll die Nachricht beantwortet werden? Dies ist mit Windows Live Mail kein Problem:

■ Sie können die betreffende Nachricht in der Nachrichtenliste des Windows Live Mail-Fensters durch einen Mausklick markieren.

■ Oder Sie öffnen die Nachricht in Windows Live Mail durch einen Doppelklick auf deren Eintrag in der Nachrichtenliste.

Sowohl das Fenster mit der angezeigten Nachricht als auch das Windows Live Mail-Fenster zeigen in der Symbolleiste die drei Schaltflächen *Antworten*, *Allen antworten* und *Weiterleiten*.

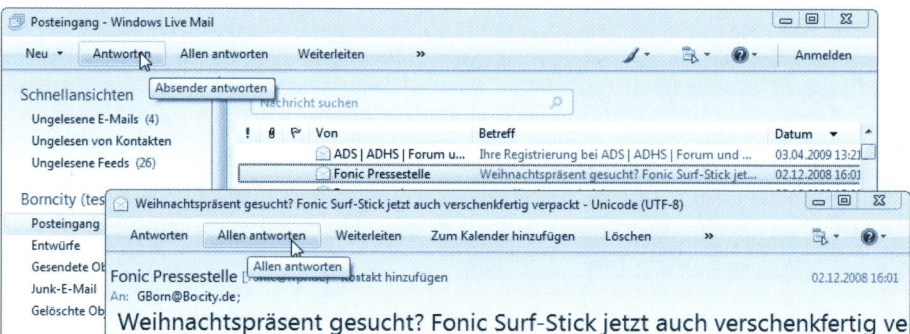

1 Um die Nachricht zu beantworten, klicken Sie auf die Schaltfläche *Antworten*.

Windows Live Mail öffnet ein neues Fenster, in dem bereits die Empfängeradresse und der Betreff eingetragen sind. Der Vorspann »Re:« im Betreff kennzeichnet die Nachricht als Antwort. Weiterhin wurde der Text der empfangenen Nachricht bereits als Zitat in der Antwort übernommen (im nachfolgenden Fenster am Nachrichtenende angeordnet).

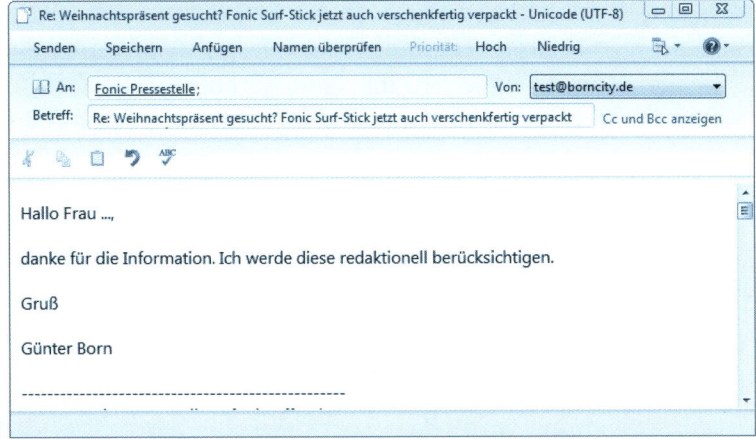

2 Fügen Sie jetzt den Antworttext zur Nachricht hinzu und klicken Sie danach in der Symbolleiste auf die Schaltfläche *Senden*.

Das Fenster der Nachricht wird geschlossen und die Nachricht (bei den hier empfohlenen Einstellungen) im Postausgang abgelegt (oder bei einer Standardkonfiguration direkt versandt). Werden Nachrichten lokal im Postausgang gesammelt, können Sie dessen Inhalt wie im Abschnitt »Nachrichten senden/empfangen« beschrieben versenden.

Hinweis

Manche Benutzer übernehmen Textausschnitte als Zitate in die Antwort und heben diese durch Zeichen wie › am Zeilenanfang hervor. Alternativ lassen sich Zitatstellen auch mit einer anderen Schriftfarbe kennzeichnen. Solche gekennzeichneten Zitatstellen erleichtern jemandem, der täglich einen »Berg« E-Mails erhält, die Arbeit ungemein, da der Bezug auf seine Nachricht gleich mitgeliefert wird.

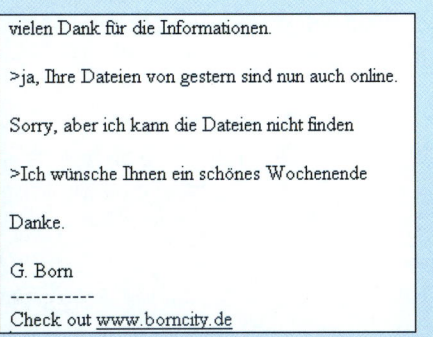

Wenn eine Nachricht mehrfach zwischen zwei Personen pendelt, wird der zitierte Teil der vorhergehenden Nachrichten immer länger. Im Hinblick auf die **Netiquette** sollten Sie die nicht mehr relevanten Teile vor dem Versenden löschen. Bei privaten Briefwechseln ist das Zitieren meist unüblich bzw. nicht erforderlich; Sie sollten daher die automatisch kopierten Textstellen vor dem Versenden herauskürzen (einfach mit der Maus markieren und die Taste Entf drücken).

Eine elektronische Nachricht kann an mehrere Empfänger verschickt werden (Sie müssen nur mehrere Empfänger jeweils getrennt durch ein Semikolon [;] in die Zeile *An* oder *Cc* eintragen). Erhalten Sie eine solche Nachricht, können Sie ggf. allen auf dem Verteiler stehenden Empfängern eine Antwort zukommen lassen.

Hierzu dient die Schaltfläche *Allen antworten*.

Wählen Sie diese Schaltfläche, zeigt der E-Mail-Client erneut das Fenster zum Bearbeiten der Nachricht an. Das Feld *An* enthält dann aber mehrere Empfänger, die alle eine Kopie erhalten.

Die Schaltfläche *Weiterleiten* ermöglicht Ihnen dagegen, die Nachricht an einen weiteren Empfänger zu schicken.

Klicken Sie auf diese Schaltfläche, wird die empfangene Nachricht in das neue Fenster automatisch übernommen. Die Betreffzeile enthält den alten Text, dem aber ein *Fw* (steht für »Forward«) vorangestellt ist. Weiterhin wird automatisch der alte Nachrichtentext im Fenster des Nachrichten-Editors gespiegelt. Sie müssen aber die Empfängeradresse im Feld *An* explizit angeben (siehe den folgenden Abschnitt zum Erstellen einer neuen Nachricht).

Eine Nachricht verfassen

Möchten Sie eine neue Nachricht verfassen? Dies ist in Windows Live Mail mit wenigen Schritten erledigt:

1 Stellen Sie sicher, dass in der unteren linken Ecke des Windows Live Mail-Programmfensters die Kategorie *E-Mail* angewählt ist.

2 Klicken Sie in der Symbolleiste des Programmfensters einfach auf die Schaltfläche *Neu*.

Alternativ können Sie auch die Tastenkombination ⎡Strg⎤+⎡N⎤ drücken oder im Menü der Schaltfläche *Neu* den Befehl *E-Mail* wählen, um eine neue Nachricht anzulegen. Das Mailprogramm öffnet das hier gezeigte Fenster zum Verfassen der Nachricht.

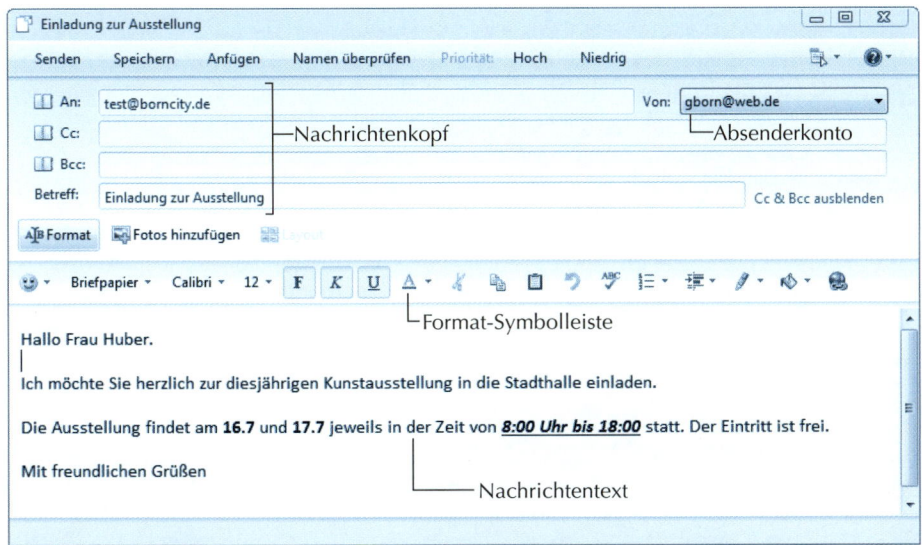

3 Haben Sie mehrere E-Mail-Konten in Windows Live Mail eingerichtet, wählen Sie im Nachrichtenkopf das Listenfeld *Von:* und stellen das Konto, über das die Nachricht zu versenden ist, ein. Ist nur ein E-Mail-Konto eingerichtet, wird das betreffende Feld nicht angezeigt.

4 Klicken Sie auf den Anfang des Textfelds *An* und tippen Sie in dieses Feld die Empfängeradresse ein.

Bei Bedarf können Sie auch den Hyperlink *Cc und Bcc anzeigen* wählen, um die entsprechenden Adressfelder im Kopfbereich der Nachricht einzublenden.

Tipp

Achten Sie darauf, gültige E-Mail-Adressen in die Felder einzutragen, da die Nachricht andernfalls als unzustellbar zurückkommt. E-Mails werden in der Form *Name@anbieter.xxx* geschrieben. *Name* steht für den E-Mail-Namen des Empfängers. Dann kommt das als AT oder Klammeraffe bezeichnete Zeichen @. Dahinter folgt eine Art »Ortsangabe« mit der Adresse des E-Mail-Servers, auf dem das Postfach des Empfängers zu finden ist (z. B. *web.de* zeigt mir, dass der Betreiber die Firma Web.de ist). Um das in allen E-Mail-Adressen vorkommende Zeichen @ einzutippen, drücken Sie gleichzeitig die Tasten `Alt Gr` und `Q`.

Hinweis

Sind Kontakte definiert (siehe die folgenden Abschnitte), können Sie auch auf die Schaltfläche *An:* klicken. Dann lässt sich im angezeigten Dialogfeld ein Name auswählen und mittels der Schaltfläche *An-›* in das Textfeld übernehmen. Über die Schaltfläche *Cc-›* tragen Sie Empfänger für Kopien ein. Möchten Sie verhindern, dass die Empfänger die Namen der anderen Empfänger sehen?

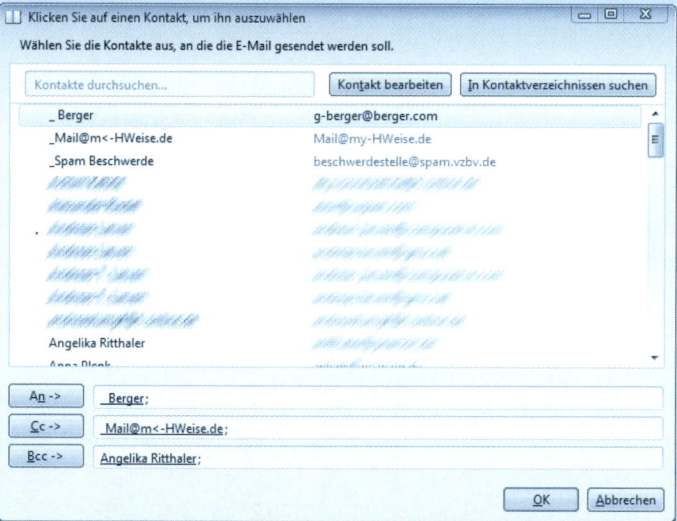

Dann verwenden Sie das Feld *Bcc-›* (steht für »Blind Carbon Copy«) für die Empfängerliste. Windows Live Mail verschickt die Nachricht so, dass der Empfänger lediglich die Absenderadresse und die Empfängeradressen der Felder *An-›* und *Cc-›* in der Nachricht sieht, nicht jedoch die Adressen, die unter *Bcc-›* angegeben wurden. Die Schritte zur Adressübernahme lassen sich mehrfach ausführen. Schließen Sie das Dialogfeld mittels der *OK*-Schaltfläche, werden alle Angaben in das Fenster zum Erstellen der Nachricht übernommen.

5 Klicken Sie in das Feld *Betreff* und tippen Sie einen kurzen Hinweistext ein. Dieser sagt dem Empfänger, worum es in der Nachricht geht.

6 Abschließend klicken Sie im Fenster auf den Textbereich und geben den Nachrichtentext ein.

E-Mails lassen sich als reiner Text oder im HTML-Format erstellen. Zum Umschalten drücken Sie die [Alt]-Taste und wählen im Menü *Format* einen der Befehle *Nur-Text* oder *Rich-Text (HTML)*. Bei neuen Nachrichten im Rich-Text (HTML)-Format wird die *Format*-Symbolleiste oberhalb des Nachrichtentextes eingeblendet. In diesem Fall lässt sich über die Menüschaltfläche *Briefpapier* der Symbolleiste der Befehl *Weitere Briefpapiere* aufrufen und in einem Dialogfeld eine Vorlage für die Nachricht wählen. Diese Vorlage für das Briefpapier legt dann die verwendete **Schriftgröße** (auch als Schriftgrad bezeichnet), die **Schrift** (Schriftart) sowie die **Schriftfarbe** und ggf. auch den Hintergrund des Textbereichs fest. Über die Elemente der *Format*-Symbolleiste können Sie markierte Teile des Nachrichtentextes oder neu eingetippte Textteile wie bei Schreibprogrammen formatieren (z. B. fette oder farbige Buchstaben, Schriftgröße anpassen, Bilder einfügen etc.). Über weitere Schaltflächen lassen sich auch Hyperlinks mit Verweisen auf Internetseiten, Bilder oder Smileys einfügen. Das funktioniert alles ähnlich wie bei WordPad (siehe Kapitel 3).

7 Ist die Nachricht fertig gestellt, klicken Sie auf die Schaltfläche *Senden* im Fenster des Nachrichten-Editors, um sie abzuschicken.

Sofern Sie die von mir weiter oben vorgeschlagenen Einstellungen verwenden, wird die mit der Schaltfläche *Senden* abgeschickte Nachricht lokal im Postausgang des E-Mail-Clients gesammelt. Je nach Programmeinstellung werden Sie beim Versenden über diesen Vorgang informiert. Die Zahl der neu erstellten Nachrichten wird in der Ordnerliste des Programmfensters hinter dem Symbol des Postausgangsordners aufgeführt. Sie erkennen also an den in Klammern angezeigten Zahlen im Postausgang, wie viele neue Nachrichten jeweils im Fach vorliegen.

Hinweis

Bei der E-Mail-Kommunikation haben sich bestimmte Regeln (als Netiquette bezeichnet) herausgebildet, die Sie beachten sollten. Zweck der E-Mail ist die schnelle Information zu einem Sachverhalt. E-Mails sollten deshalb kurz gefasst werden (der Empfänger mit vielen Nachrichten pro Tag dankt es Ihnen). Mit aus der englischen Sprache abgeleiteten Abkürzungen wie BTW (by the way), FYI (for your information), CU (see you) etc. spart der Absender Tipparbeit. Bei Zeichen der Art :-) handelt es sich um stilisierte »Gesichter« (als Emoticons oder Smileys bezeichnet), die um 90 Grad nach links gekippt sind. Mit diesen **Smileys** lassen sich Emotionen innerhalb der Nachricht ausdrücken, um dem Empfänger einen Hinweis zu geben, wie der Text gemeint war (eine E-Mail ist selten so förmlich gehalten wie ein geschriebener Brief). Hier eine Kostprobe solcher Smileys:

:-)	Freude/Humor	:-(	traurig
;-)	Augenzwinkern	:-o	Überraschung/Schock

Achten Sie beim Schreiben darauf, dass Wörter oder Textstellen nicht durchgehend mit Großbuchstaben versehen sind. Dies gilt allgemein als Ausdruck für »schreien«; der Empfänger könnte dies also übel nehmen. Das Zeichen ‹g› (grin) steht für ein Grinsen.

Nachrichten mit Anlagen versehen

Sie können Nachrichten auch Anlagen (Fotos, Dokumente etc.) anhängen. Möchten Sie ein solches **Foto** als Grafikdatei oder eine andere Datei (z. B. ein Programm, ein Musikstück etc.) **per E-Mail verschicken**?

1 Öffnen Sie in Windows Live Mail das Menü der Schaltfläche *Neu* und wählen Sie den Befehl *Foto-E-Mail*.

Windows Live Mail öffnet das Fenster der neuen Nachricht. Gleichzeitig wird das Dialogfeld *Fotos hinzufügen* im Vordergrund eingeblendet.

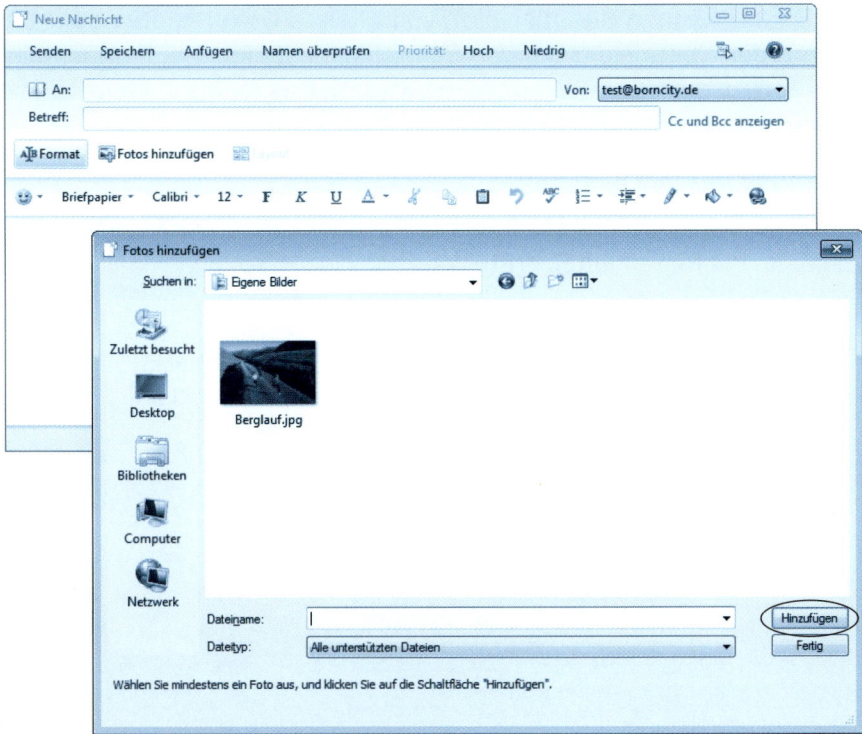

2 Wählen Sie die gewünschten Fotos und klicken Sie auf die Schaltfläche *Hinzufügen*.

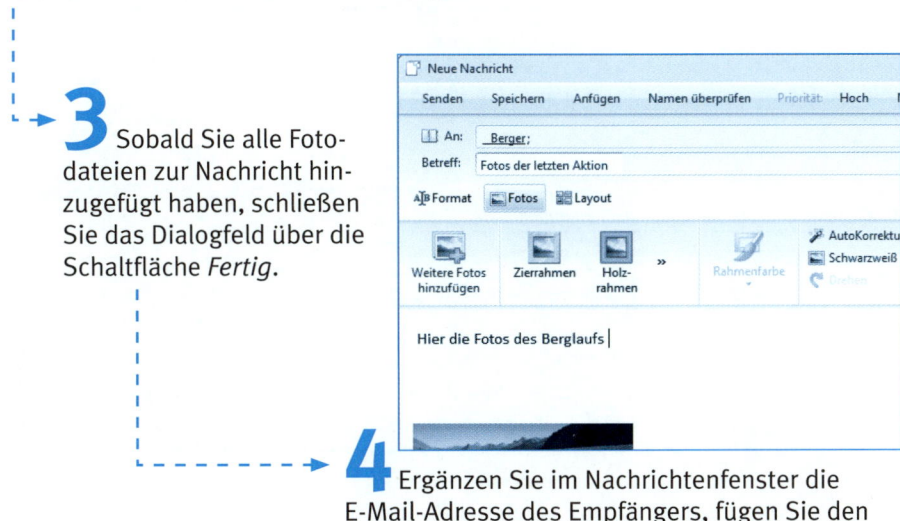

3 Sobald Sie alle Foto-dateien zur Nachricht hin-zugefügt haben, schließen Sie das Dialogfeld über die Schaltfläche *Fertig*.

4 Ergänzen Sie im Nachrichtenfenster die E-Mail-Adresse des Empfängers, fügen Sie den Betreff und ggf. einen Text zur Nachricht hinzu.

Bei Bedarf können Sie über die Symbolleiste weitere Fotos oder Effekte hinzufügen. Mittels der *Senden*-Schaltfläche stellen Sie die Nachricht mit dem Foto in den Postausgang zum Versand. Das funktioniert genau so wie das Schreiben einer neuen E-Mail.

Beliebige Dateien anhängen

Möchten Sie eine beliebige **Datei an** eine **Nachricht anhängen,** sollten Sie dagegen die folgenden Schritte wählen:

1 Schreiben Sie wie gewohnt die E-Mail im Nachrichtenfenster, klicken Sie aber noch nicht auf die Schaltfläche *Senden*.

2 Wählen Sie in der Symbolleiste des Fensters die Schaltfläche *Anfügen*.

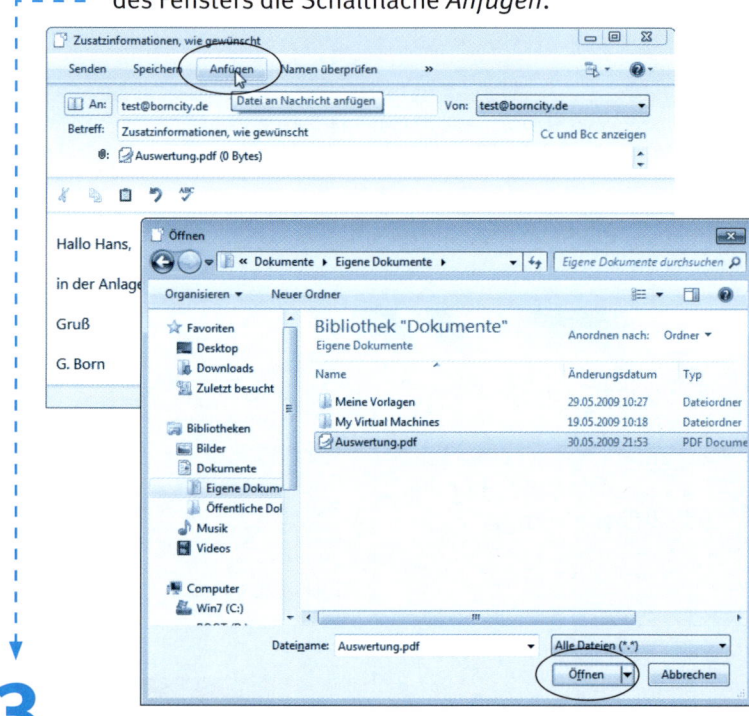

3 Wählen Sie im Dialogfeld *Öffnen* den Ordner aus, markieren Sie dann die als Anlage zu versendende Datei und schließen Sie das Dialogfeld über die mit *Öffnen* beschriftete Schaltfläche.

Tipp

Noch einfacher geht das Einfügen, wenn Sie die gewünschte Anlage (bei gedrückter linker Maustaste) aus einem geöffneten Ordnerfenster in das Fenster mit der neuen Nachricht ziehen und dort die linke Maustaste wieder loslassen.

Die Anlage wird unter der Betreffzeile im Kopf des Nachrichtenfensters angezeigt. Auf diese Weise lassen sich auch mehrere Dateien als Anlage einfügen. Sind alle Anlagen eingetragen, können Sie die Nachricht über die Schaltfläche *Senden* im Postausgang speichern und dann verschicken.

Achtung

Denken Sie beim Versenden von Anlagen daran, dass diese ggf. per Modem/ISDN-Karte zum Internet übertragen werden müssen. Und auch der Empfänger wird sicherlich fluchen, wenn das Abrufen seiner E-Mails eine halbe Stunde dauert und er dann unerwartet eine Grafikdatei oder ein Video einer kaum bekannten Person erhält. Schicken Sie daher niemandem eine Anlage zu, wenn Sie sich nicht sicher sind, dass es erwünscht ist! Reduzieren Sie Fotos mit einem Bildbearbeitungsprogramm ggf. in der Größe. Dokumente oder Programme lassen sich mit einem Komprimierprogramm oder der Windows-Funktion »ZIP-komprimierter Ordner« in einem ZIP-Archiv speichern, wodurch sich die Dateigröße um den Faktor 10 bis 100 reduziert. Außerdem sollten Sie sicherstellen, dass der Empfänger Ihre Dokumentdateien überhaupt öffnen kann. Nicht jeder hat das von Ihnen zum Erstellen der Datei benutzte Programm.

Junk-E-Mails filtern

Windows Live Mail besitzt bereits einen integrierten **Spam-Filter**, der unerwünschte **Werbe-E-Mails** ggf. erkennt und direkt in den Ordner *Junk-E-Mail* ablegt. Irrtümlich als Spam erkannte und im Ordner *Junk-E-Mail* abgelegte Nachrichten können Sie in den Posteingang zurückschieben (siehe folgender Abschnitt). Zudem kann es vorkommen, dass Spam nicht erkannt wird. In diesem Fall haben Sie die Möglichkeit, Nachrichten manuell als Spam zu kennzeichnen und den Spam-Filter von Windows Live Mail zu trainieren. Gehen Sie in folgenden Schritten vor.

1 Wählen Sie in der linken Spalte des Windows Live Mail-Programmfensters den Ordner *Posteingang* (oder ggf. *Junk-E-Mail*) an und markieren Sie die betreffende Nachricht in der rechts eingeblendeten Nachrichtenliste.

2 Öffnen Sie das Kontextmenü über die rechte Maustaste und wählen Sie den gewünschten Befehl im Untermenü des Menüs *Junk-E-Mail* aus.

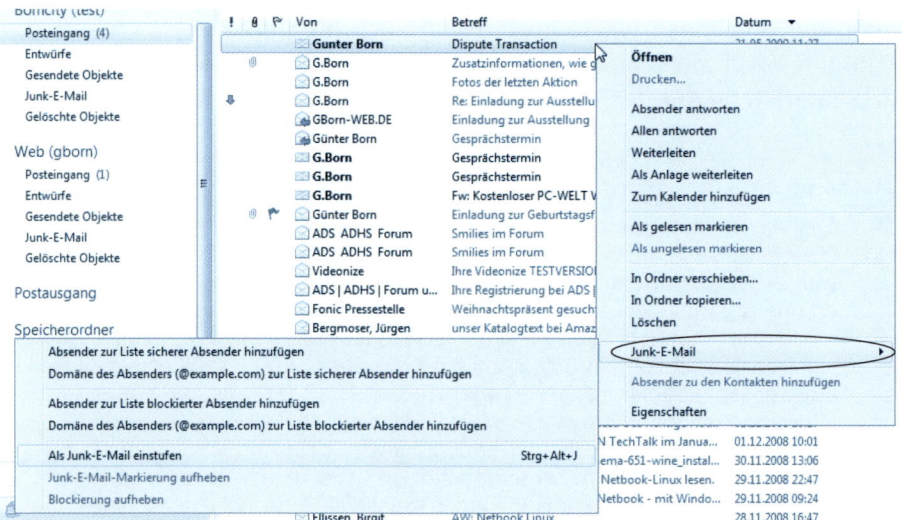

Um fehlerhafte Junk-Mail-Einträge zu korrigieren, haben Sie zwei Möglichkeiten:

■ Wurde eine Werbemail vom Filter nicht als Spam erkannt, wählen Sie den Kontextmenübefehl *Junk-E-Mail/Als Junk-E-Mail einstufen*. Dann verschiebt Windows Live Mail die Nachricht vom Posteingang zum Ordner *Junk-E-Mail*.

■ Bei einer fehlerhaft im Ordner *Junk-E-Mail* einsortierten Nachricht lässt sich dagegen der Kontextmenübefehl *Junk-E-Mail/Junk-E-Mail-Markierung aufheben* wählen. Dann verschiebt Windows Live Mail die Nachricht vom Ordner *Junk-E-Mail* in den Posteingang zurück.

Weiterhin bietet das Untermenü des Kontextmenübefehls *Junk-E-Mail* Befehle, um die Absender von Nachrichten zu klassifizieren und Spam-Versender auf diese Weise zu blockieren:

■ Gehört die Nachricht zu einem bekannten (und erwünschten) Absender, lässt sich die Absenderadresse über den Befehl *Absender zur Liste sicherer Absender hinzufügen* in eine Liste erwünschter Korrespondenzpartner aufnehmen. Deren Nachrichten werden zukünftig nicht mehr als Junk-E-Mail betrachtet. Alternativ können Sie den Befehl *Domäne des Absenders (@example.com) zur Liste sicherer Absender hinzufügen* wählen. Dann werden alle Absender, die E-Mails über diese Domäne (z. B. @microsoft.com) versenden, als »seriös« klassifiziert. Persönlich verzichte ich aber auf die letztgenannte Möglichkeit, da sich die Absenderangaben in E-Mails auch fälschen lassen.

■ Bei offensichtlichen Werbe-E-Mails können Sie deren **Absender** im Junk-E-Mail-Filter **blockieren**. Wählen Sie im Untermenü des Befehls *Junk-E-Mail* den Befehl *Absender zur Liste blockierter Absender hinzufügen*. Häufig benutzen Spam-Versender jedoch wechselnde E-Mail-Adressen, die aber von bestimmten Domains (z. B. *@yahoo.com* etc.) kommen. Der Befehl *Domäne des Absenders zur Liste blockierter Absender hinzufügen* bewirkt, dass zukünftig alle Nachrichten mit Absendern dieser Domäne vom Junk-E-Mail-Filter blockiert werden.

Mit diesen Maßnahmen können Sie den Junk-E-Mail-Filter trainieren. Zusammen mit einem Spam-Schutz des Providers sollten nur noch wenige Spam-E-Mails durch die Filter schlüpfen – und die Zahl der Fehlalarme müsste sich auch in Grenzen halten.

Techniken zur Verwaltung von Nachrichten

Eingegangene Nachrichten werden bei Anwahl des Ordners *Posteingang* in der Nachrichtenliste des Windows Live Mail-Fensters aufgeführt. Vermutlich möchten Sie nicht mehr benötigte Nachrichten löschen, vielleicht deren Inhalte ausdrucken oder wichtige Nachrichten in getrennten Ordnern von Windows Live Mail ablegen. Um die **Nachrichten** zu **bearbeiten**, müssen Sie als Erstes den Inhalt des gewünschten Ordners rechts in der Nachrichtenliste abrufen.

1 Hierzu klicken Sie in der Ordnerleiste des E-Mail-Programms auf das gewünschte Symbol (z. B. *Posteingang, Postausgang, Gelöschte Objekte, Entwürfe*).

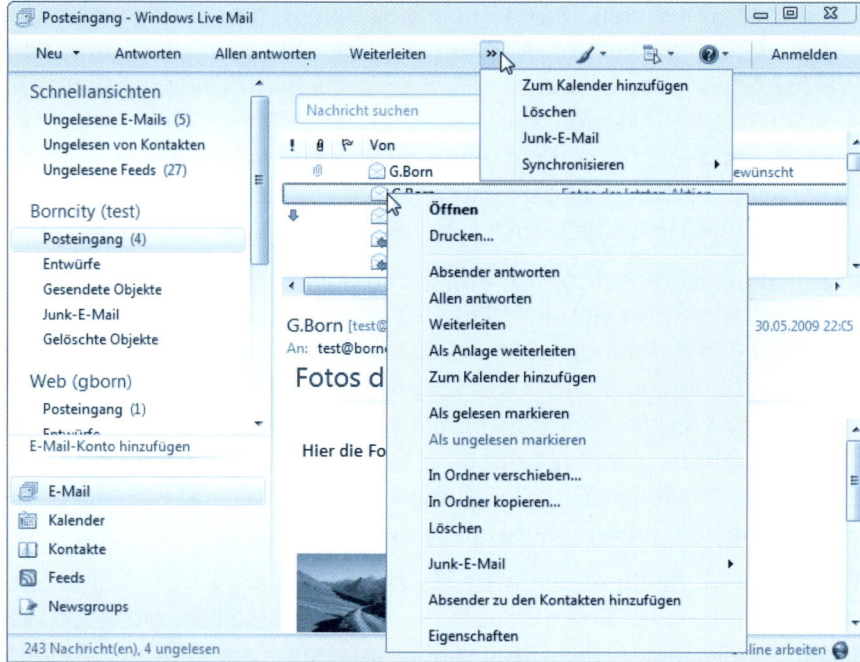

2 Dann markieren Sie per Mausklick die zu
bearbeitende Nachricht in der Nachrichtenliste.

Und nun haben Sie verschiedene Möglichkeiten zur Bearbeitung der einzelnen Einträge in der Nachrichtenliste:

■ Sie können die gewünschten Funktionen (z. B. Löschen) über Schaltflächen in der Symbolleiste des Windows Live Mail- oder des Nachrichtenfensters abrufen.

■ Oder Sie blenden die Menüleiste durch Drücken der ⎡Alt⎦-Taste ein und wählen im Menü *Datei* oder *Bearbeiten* den gewünschten Befehl aus.

■ Elegant lässt sich auch mit Kontextmenüs arbeiten – Sie klicken einfach mit der rechten Maustaste auf den markierten Eintrag und müssen nur noch einen Befehl im Kontextmenü anwählen.

Welche Variante Sie verwenden, bleibt Ihnen überlassen. Im Kontextmenü finden Sie sowohl Befehle zum Drucken als auch zum Löschen der Nachricht.

Tipp

Ist bei Ihnen der Befehl oder der Kontextmenübefehl zum Drucken gesperrt? Dies ist immer der Fall, wenn Sie die Vorschau im Windows Live Mail-Lesebereich abschalten (Befehl *Layout* der Menüschaltfläche *Menüs*, siehe den Abschnitt »Windows Live Mail anpassen« in diesem Kapitel). In diesem Fall müssen Sie die Nachricht per Doppelklick in einem Nachrichtenfenster öffnen. Dann finden Sie in der Symbolleiste des Nachrichtenfensters die Schaltfläche *Drucken*.

■ Zum Drucken der markierten Nachricht können Sie im Nachrichtenfenster die Schaltfläche *Drucken* wählen. Alternativ lässt sich zum **Ausdrucken einer Nachricht** auch die Tastenkombination Strg+P drücken bzw. der Kontextmenübefehl *Drucken* in der Nachrichtenliste wählen. Im dann angezeigten Dialogfeld *Drucken* sind ggf. die Druckoptionen zu wählen und schließlich ist der Ausdruck über die mit *Drucken* beschriftete Schaltfläche zu starten.

■ Um eine in der Nachrichtenliste markierte oder im Nachrichtenfenster geöffnete **E-Mail** zu **löschen,** klicken Sie in der Symbolleiste des Fensters auf die Schaltfläche *Löschen*. Oder drücken Sie bei im Windows Live Mail-Fenster markierter Nachricht einfach die Entf-Taste der Tastatur. Die (markierte) Nachricht wird in den Ordner *Gelöschte Objekte* verschoben.

Der Ordner *Gelöschte Objekte* dient als eine Art Papierkorb für gelöschte Nachrichten. Sie können eine irrtümlich **gelöschte Nachricht** wieder aus dem Papierkorb **zurückholen**.

1 Klicken Sie in der linken Spalte des Windows Live Mail-Fensters auf das Ordnersymbol *Gelöschte Objekte*.

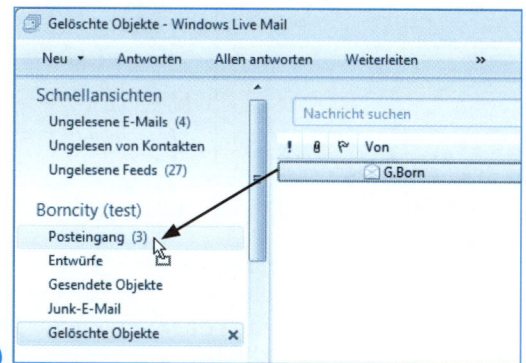

2 Anschließend lässt sich die Nachricht per Maus aus der Liste der gelöschten Objekte in einen der anderen Ordner zurückschieben.

313

Auf diese Weise lassen sich Nachrichten zwischen verschiedenen Ordnern verschieben. Möchten Sie eine neue **Nachricht** nicht sofort versenden, sondern erst einmal zur Überarbeitung **als Entwurf** speichern? Oder soll eine eingetroffene Nachricht als Entwurf aufgehoben werden? Dann können Sie Nachrichten auf die gleiche Weise aus dem Ordner *Postausgang* oder aus dem *Posteingang* in den Ordner *Entwürfe* bei gedrückter linker Maustaste ziehen.

Unterordner für E-Mail-Konten anlegen

Bei sehr vielen eintreffenden Nachrichten geht schnell der Überblick verloren. Dann ist es ggf. günstiger, den **Posteingang über** zusätzliche **Unterordner** zu **strukturieren**.

1 Klicken Sie den gewünschten Ordner (z. B. *Posteingang*) in der Ordnerliste des Windows Live Mail-Fensters mit der rechten Maustaste an und wählen Sie den Kontextmenübefehl *Neuer Ordner*.

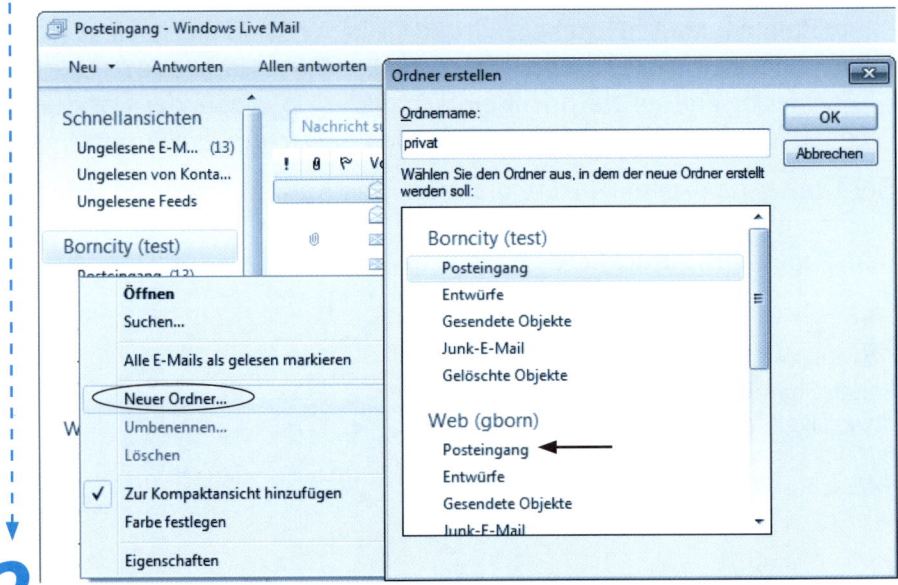

2 Anschließend tippen Sie den gewünschten Ordnernamen im Dialogfeld *Ordner erstellen* ein, wählen ggf. den übergeordneten Ordner in der Liste und bestätigen dies über die *OK*-Schaltfläche.

Auf diese Weise können Sie in der Ordnerliste eine zusätzliche Ordnerstruktur (z. B. *Posteingang/Privat*, *Posteingang/Beruflich* etc.) erzeugen.

Papierkorb in Windows Live Mail leeren

Da Windows Live Mail gelöschte Nachrichten im Ordner *Gelöschte Objekte* aufbewahrt, sollten Sie diesen Ordner gelegentlich leeren, um freien Speicherplatz auf der Festplatte zu schaffen.

1 Um den Ordner *Gelöschte Objekte* zu leeren, klicken Sie mit der rechten Maustaste auf das Ordnersymbol.

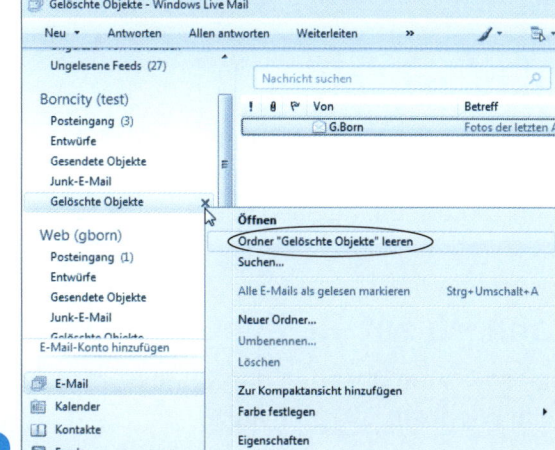

2 Wählen Sie im Kontextmenü den Befehl *Ordner "Gelöschte Objekte" leeren*. Alternativ können Sie in der linken Leiste auf die am rechten Rand des Ordners *Gelöschte Objekte* sichtbare Schaltfläche *Ordner leeren* klicken.

Jetzt wird der betreffende Ordner geleert und die Nachrichten werden endgültig von der Festplatte entfernt.

> **Tipp**
>
> Sie können den Ordner *Gelöschte Objekte* automatisch beim Beenden von Windows Live Mail leeren lassen. Öffnen Sie in der Symbolleiste des Programmfensters die Menüschaltfläche *Menüs* und klicken Sie auf den Befehl *Optionen*. Gehen Sie im Eigenschaftenfenster *Optionen* zur Registerkarte *Erweitert* und wählen Sie die Schaltfläche *Wartung*. Im Dialogfeld *Wartung* ist das Kontrollkästchen *Ordner "Gelöschte Objekte" beim Beenden leeren* zu markieren. Anschließend schließen Sie das Dialogfeld und das Eigenschaftenfenster über die *OK*-Schaltfläche.

Gesendete Nachrichten werden in der Grundeinstellung von Windows Live Mail im Ordner *Gesendete Objekte* abgelegt. Somit können Sie immer mal wieder nachsehen, ob und welche E-Mails Sie verschickt haben. Wenn dieser Ordner aber zu voll und daher unübersichtlich wird, löschen Sie (wie oben beschrieben) einfach die nicht mehr benötigten Kopien.

Kontakte verwalten

Windows 7 stellt zwar einen Ordner zur Verwaltung von Adressdaten (als Kontakte bezeichnet) bereit. Um E-Mail-Adressen in Windows Live Mail verwenden zu können, müssen Sie aber die Funktion »Kontakte« des Programms verwenden.

Wie kann ich auf die Kontakte zugreifen?

Zur Pflege bzw. zum Ansehen der Kontaktdaten rufen Sie die betreffende Funktion in Windows Live Mail auf.

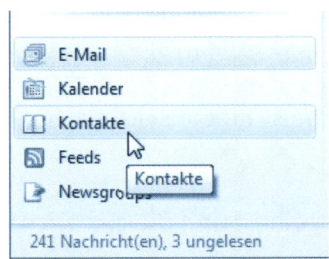

1 Klicken Sie im Windows Live Mail-Programmfenster in der linken Spalte auf das Symbol der Kategorie *Kontakte*.

Windows Live Mail öffnet ein neues Programmfenster *Windows Live-Kontakte*, welches Ihnen die eventuell bereits eingetragenen Kontakte anzeigt.

Die linke Spalte des Programmfensters enthält den Eintrag *Alle Kontakte* und ggf. weitere Einträge, wenn Sie die Kontakte separaten Kategorien (z. B. Privat, Geschäftlich, Verein) zugeordnet haben. Der Wert in Klammern gibt die Zahl der Kontakte in der Kategorie an.

2 Klicken Sie einen Gruppeneintrag in der linken Spalte per Maus an, um die Liste der Gruppenmitglieder in der mittleren Spalte des *Windows Live-Kontakte*-Fensters einzublenden.

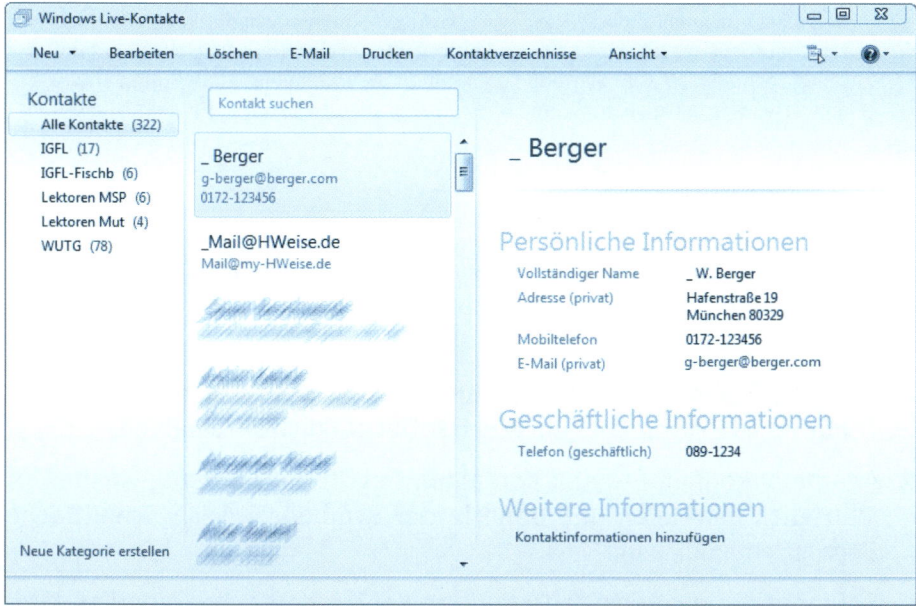

Die Bildlaufleiste der mittleren Spalte ermöglicht Ihnen, in der angezeigten Kontaktliste zu blättern.

- Klicken Sie in das Textfeld »Kontakt suchen« oberhalb der mittleren Spalte. Sobald Sie die ersten Buchstaben eines Kontaktnamens in das Feld eintippen, wird die Kontaktliste nach diesem Ausdruck gefiltert. Die Eingabe des Buchstabens »B« filtert dann alle Kontakte heraus, deren Namen mit diesem Buchstaben beginnen.

- Ein Mausklick auf einen Kontakteintrag der mittleren Liste blendet die Kontaktdetails (Name, persönliche und geschäftliche Informationen etc.) in der rechten Spalte des Kontaktfensters ein.

Auf diese Weise können Sie sehr elegant in der Kontaktliste navigieren und die Details einsehen. Windows Live-Kontakte zeigt in der rechten Spalte immer nur die Informationen, die für einen Kontakt eingetragen wurden.

Hinweis

Über die Schaltfläche *Kontaktverzeichnisse* der Symbolleiste lässt sich ein separates Fenster *Personen suchen* öffnen, in dem Sie gezielt über Name oder E-Mail-Adresse nach Kontaktdaten von Personen suchen können. Diese Suche bezieht sich aber nicht auf das lokale Adressbuch, sondern auf Adressen, die im Internet (z. B. im VeriSign-Internetverzeichnisdienst, auf einer Internetseite) oder in einem Netzwerk gespeichert sind. Diese Funktion dürfte im deutschsprachigen Raum für Privatleute wenig relevant sein, da kaum Treffer erzielt werden. Über die Menüschaltfläche *Ansicht* der Symbolleiste können Sie zudem die Darstellung der Windows Live-Kontakte beeinflussen (z. B. Sortierung über Vornamen oder Namen).

Kontakte bearbeiten

Um die Details eines Kontakts einzusehen und ggf. Daten nachzutragen oder anzupassen, müssen Sie die Detailseite zur Kontaktbearbeitung öffnen:

- Am einfachsten ist es, den Kontakteintrag in der mittleren Spalte des *Windows Live-Kontakte*-Fensters per Doppelklick anzuwählen.

- Alternativ können Sie den Kontakteintrag in der mittleren Spalte per Mausklick markieren und dann in der Symbolleiste die Schaltfläche *Bearbeiten* anklicken.

- Sofern in der rechten Spalte mit den Kontaktdaten ein Hyperlink *Kontaktinformationen hinzufügen* sichtbar ist, lässt sich dieser ebenfalls anklicken.

Achtung

Ein Doppelklick auf die Detailspalte ist dagegen weniger hilfreich, da er das *Windows Live-Kontakte*-Fenster zur Vollbildansicht umschaltet. Ein weiterer Doppelklick auf diese Spalte stellt dann die Fensteransicht wieder her.

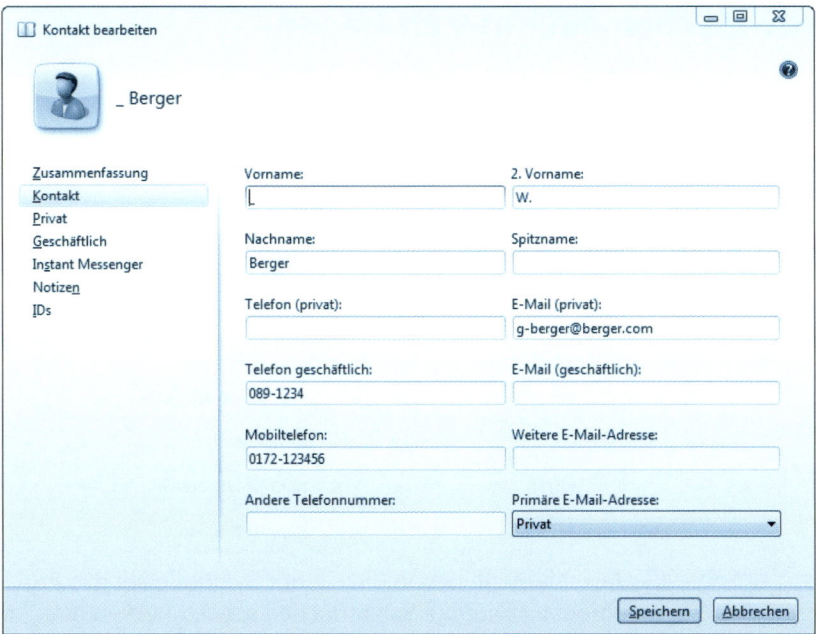

Im Fenster *Kontakt bearbeiten* sehen Sie den Namen des Kontakts sowie ggf. ein dem Kontakt zugeordnetes Foto. Über die linke Spalte des Fensters lassen sich dabei eine Seite mit der Zusammenfassung sowie die Detailseiten für den Kontakt samt privaten und geschäftlichen Daten abrufen:

1 Es reicht, den betreffenden Eintrag für die gewünschte Kategorie in der linken Spalte des Fensters anzuklicken. Schon werden die Informationen in der rechten Spalte eingeblendet.

2 Bei Bedarf können Sie die Einträge für den Kontakt in den Feldern der Registerkarte ändern (einfach auf den Wert klicken und per Tastatur ändern).

Über das Listenfeld *Primäre E-Mail-Adresse* der Kategorie »Kontakt« geben Sie vor, ob die eingetragene private oder geschäftliche E-Mail-Adresse in Windows Live Mail beim Einfügen von Empfängerdaten zu verwenden ist (siehe auch folgende Abschnitte). Sobald Sie das Dialogfeld über die *Speichern*-Schaltfläche schließen, werden die Änderungen gespeichert.

Kontakte löschen oder neu eintragen

Wird ein **Kontakteintrag** nicht mehr benötigt, können Sie diesen aus der Kontaktverwaltung **entfernen**.

1 Es genügt, den zu löschenden Kontakt in der mittleren Spalte per Mausklick zu markieren.

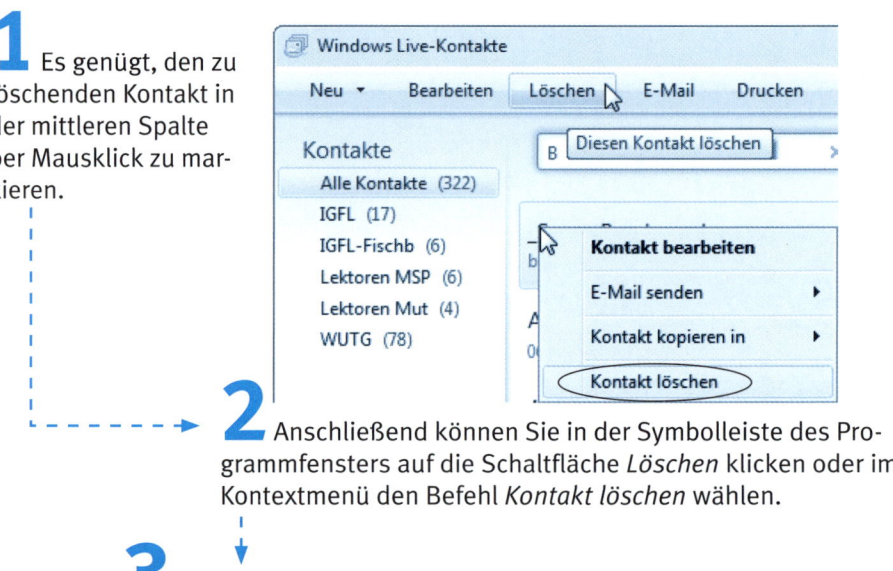

2 Anschließend können Sie in der Symbolleiste des Programmfensters auf die Schaltfläche *Löschen* klicken oder im Kontextmenü den Befehl *Kontakt löschen* wählen.

3 Danach müssen Sie den angezeigten Sicherheitsdialog mit der Frage »Kontakt löschen?« über die *OK*-Schaltfläche bestätigen.

Im Kontextmenü eines Kontakts finden Sie auch Befehle, um dessen Inhalt zu bearbeiten oder die Daten zu kopieren.

Zum **Eintragen eines neuen Kontakts** in die Windows Live-Kontakte sind nur wenige Schritte notwendig:

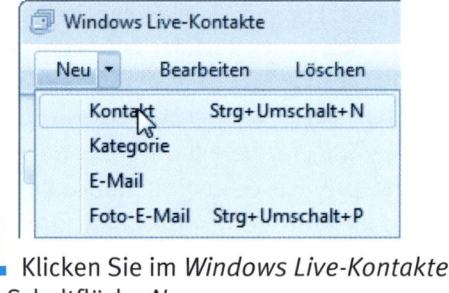

1 Klicken Sie im *Windows Live-Kontakte*-Fenster auf die Schaltfläche *Neu*.

Alternativ können Sie die Tastenkombination $\boxed{\text{Strg}}$+$\boxed{\text{Shift}}$+$\boxed{\text{N}}$ drücken oder im Windows Live Mail-Hauptfenster den Befehl *Kontakt* der Menüschaltfläche *Neu* wählen.

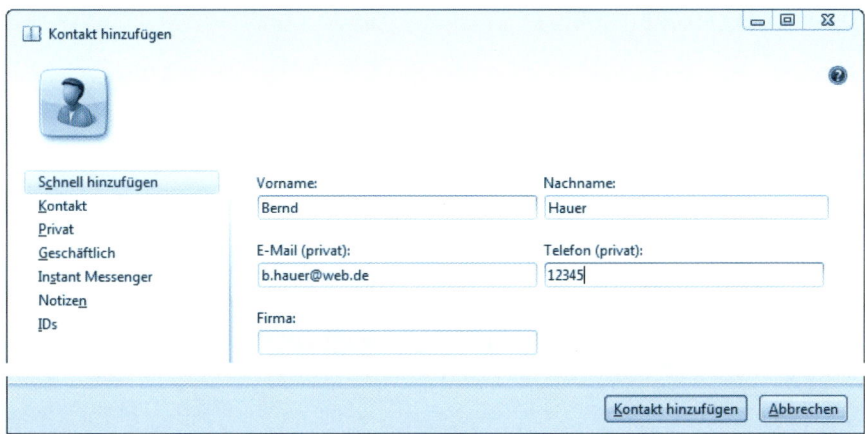

2 Anschließend tragen Sie im Fenster *Kontakt hinzufügen* die gewünschten Kontaktdaten ein. Sie müssen hierzu die Kategorien in der linken Spalte des Fensters anwählen und dann die Angaben in die angezeigten Felder eintippen.

3 Sind alle Daten erfasst, schließen Sie das Fenster über die Schaltfläche *Kontakt hinzufügen*.

Daraufhin trägt das Programm den neuen Kontakt in die Kontaktverwaltung ein.

Hinweis

Ob Sie Telefonnummern, Geburtstage etc. in den Kontakten mit Adressbuch verwalten, bleibt Ihnen überlassen. Telefonnummern führe ich nach wie vor im – mittlerweile arg zerfledderten – Telefonregister meines Taschenkalenders. Zur Verwaltung der E-Mails ist die Kontaktverwaltung aber ganz prima.

Kategorien für Kontakte anlegen

Bei sehr vielen Kontakten empfiehlt es sich, diese ggf. über Kategorien (Privat, Geschäftlich, Verein etc.) zu strukturieren. Hierzu müssen die Kontakte bereits eingetragen sein.

1 Öffnen Sie das Menü der Schaltfläche *Neu* des Fensters *Windows Live-Kontakte* und wählen Sie den Befehl *Kategorie*.

2 Im Fenster *Neue Kategorie erstellen* tippen Sie einen Namen für die Kategorie in das Textfeld ein.

3 Anschließend markieren Sie alle der Kategorie zuzuordnenden Kontakte in der angezeigten Liste durch Anklicken.

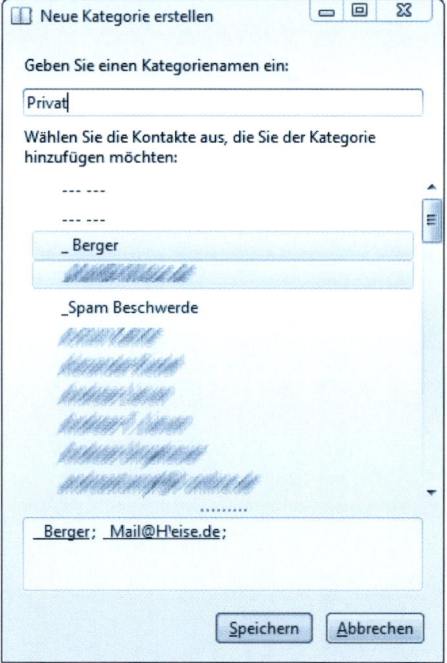

Die Kontaktverwaltung listet alle markierten Einträge im unteren Textfeld des Fensters auf.

4 Sind die gewünschten Kontakte markiert, schließen Sie das Fenster über die *Speichern*-Schaltfläche.

Die Kontaktverwaltung ordnet dann die gewählten Kontakte der neuen Kategorie zu und zeigt diese Kategorie in der linken Spalte des Fensters *Windows Live-Kontakte*. Klicken Sie diesen Eintrag an, werden nur noch die der Kategorie zugeordneten Kontakte in der mittleren Spalte aufgelistet.

> **Hinweis**
>
> Kategorien sind z. B. hilfreich, wenn eine E-Mail an alle Mitglieder einer Gruppe (z. B. Vereinsmitglieder) versandt werden soll. Statt einzelne Kontakte anzugeben, wird einfach die Kategorie in das Empfängerfeld eingetragen. Windows Live Mail fügt dann automatisch die E-Mail-Adressen der Empfänger ein.

Kontaktdaten ausdrucken

Benötigen Sie einen **Ausdruck** der **Kontaktdaten**? Sobald Sie in der Symbolleiste des *Windows Live-Kontakte*-Fensters auf die Schaltfläche *Drucken* klicken, erscheint ein Dialogfeld zur Auswahl der Druckoptionen.

Dort lässt sich über Optionsfelder der Gruppe *Druckbereich* steuern, ob alle Kontakte oder nur vorher markierte Einträge zu drucken sind.

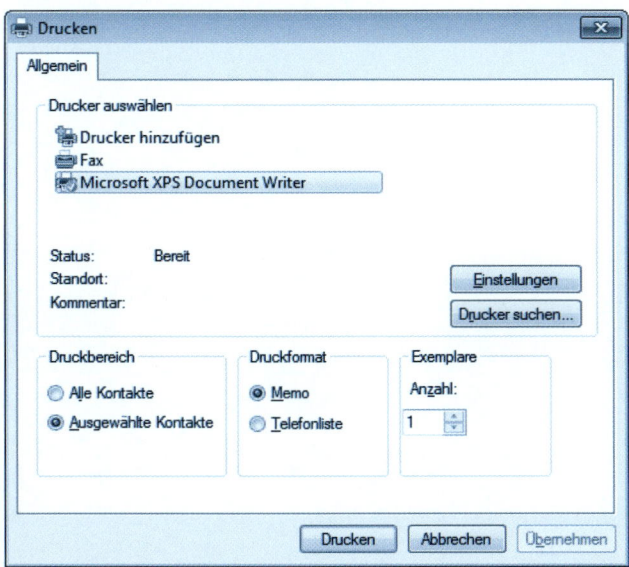

An dieser Stelle möchte ich die Einführung in die Funktionen zur E-Mail- und Kontaktverwaltung von Windows Live Mail beenden. Viele Funktionen (u. a. die Kalenderfunktion) mussten aus Platzgründen ausgespart bleiben – Sie sollten aber die im Alltag benötigten Funktionen kennen. Für weitergehende Informationen sei auf die Programmhilfe sowie meinen weiterführenden Markt+Technik-Titel »Magnum – Windows 7 Home Premium« verwiesen.

Testen Sie Ihr Wissen

Zur Überprüfung Ihres Wissens sollten Sie die folgenden Aufgaben lösen. Die Antworten finden Sie in Klammern angegeben.

■ **Wie erstelle ich eine E-Mail?**

(Auf die Schaltfläche *Neu* klicken, die Empfängeradresse sowie den Betreff hinzufügen und den Text verfassen.)

■ **Wie lese ich eine E-Mail?**

(Klicken Sie in der Ordnerspalte des E-Mail-Programms auf das Symbol *Posteingang*. Zum Lesen der Nachricht doppelklicken Sie auf den betreffenden Eintrag in der Nachrichtenliste.)

■ **Wie hole ich E-Mails vom E-Mail-Server ab?**

(Ist das E-Mail-Programm entsprechend eingerichtet, stellen Sie eine Onlineverbindung her. Dann klicken Sie im Programmfenster auf die Schaltfläche *Synchronisieren* und wählen im Menü den gewünschten Befehl. Sobald alle Nachrichten ausgetauscht sind, trennen Sie die Verbindung zum Internet.)

■ **Wie komme ich an einen E-Mail-Anhang heran?**

(Zum Beispiel indem Sie die Nachricht öffnen und dann die angehängte Datei mit der rechten Maustaste anklicken, um anschließend im Kontextmenü den Befehl *Speichern unter* zu wählen.)

■ **Wie erstelle ich einen Anhang zu einer E-Mail?**

(Ziehen Sie die zu versendende Datei z. B. aus einem Ordnerfenster in den Dokumentbereich der gerade geschriebenen Nachricht.)

■ **Wie lösche ich eine E-Mail?**

(Nachricht in der Nachrichtenliste anklicken und dann die Schaltfläche *Löschen* in der Windows Live Mail-Symbolleiste betätigen.)

■ **Wie kann ich einen neuen Kontakt hinzufügen?**

(Öffnen Sie im Windows Live Mail-Programmfenster das Menü der Schaltfläche *Neu* und wählen Sie den Befehl *Kontakt*. Anschließend tragen Sie die Kontaktdaten in das angezeigte Dialogfeld ein.)

Das können Sie schon

Das lernen Sie neu

Kapitel 9

Windows anpassen und pflegen

In diesem Kapitel erfahren Sie, wie sich Einstellungen von Windows 7 anpassen und Benutzerkonten, Programme oder Drucker einrichten lassen. Zudem erfahren Sie, was Sie zur Absicherung von Windows wissen sollten.

Die Systemsteuerung nutzen

Die Windows-Systemsteuerung ist so etwas wie die Kontrollzentrale des Systems. Viele Windows-Einstellungen lassen sich über die Systemsteuerung vornehmen. Zum Anpassen einer Einstellung gehen Sie folgendermaßen vor:

1 Öffnen Sie das Startmenü und wählen Sie in der rechten Spalte den Befehl *Systemsteuerung*.

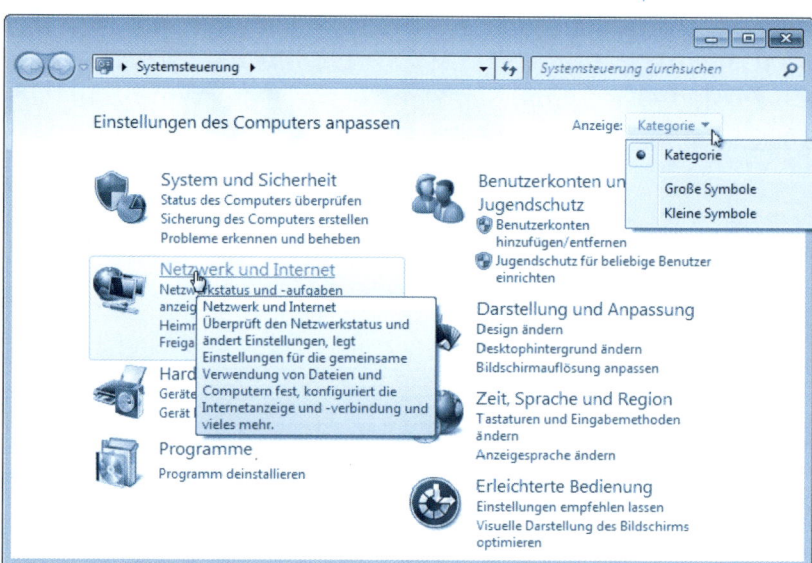

2 Stellen Sie ggf. den Anzeigemodus über das Listenfeld *Anzeige:* auf *Kategorie* oder *Große Symbole*.

3 Wählen Sie im Fenster der Systemsteuerung die gewünschte Funktionskategorie zur Anpassung von Windows aus.

Die **Systemsteuerung unterstützt** die hier gezeigte **Anzeige** von **Funktionskategorien oder** von **Einzelsymbolen**. Die Umstellung erfolgt über die Befehle des Listenfelds *Anzeige* in der rechten oberen Ecke des Fensters. In der Kategorienansicht müssen Sie (je nach gewähltem Befehl) die Auswahl der gewünschten Kategorie in mehreren Schritten verfeinern. Das Fenster zeigt bei jedem Schritt ein Formular mit Unterkategorien, über deren Hyperlinks Sie die gewünschten Befehle anwählen können. Verwenden Sie dagegen die Symbolansicht, lassen sich die Einzelfunktionen direkt über die angezeigten Symbole aufrufen.

Tipp

Über die beiden Schaltflächen *Zurück* und *Vorwärts* in der linken oberen Ecke des Fensters lässt sich zwischen den bereits abgerufenen Formularen blättern. Die Adressleiste der Systemsteuerung ermöglicht über den Eintrag »Systemsteuerung« zur Startseite zurückzugehen. Sie können einen Begriff (z. B. Maus) in das Suchfeld in der rechten oberen Ecke eintippen. Dann zeigt das Fenster der Systemsteuerung nur noch Befehle an, die sich auf den eingetippen Begriff (z. B. Mauseinstellungen) beziehen und direkt per Mausklick aufgerufen werden können.

Anschließend öffnet Windows ein Eigenschaftenfenster mit den Registerkarten oder ein Formular mit Optionen zur Anpassung der betreffenden Einstellungen. Details hierzu können Sie den nachfolgenden Seiten sowie der Windows-Hilfe entnehmen.

Hinweis

Sicherheitsabfrage der Benutzerkontensteuerung

Viele Änderungen wie z. B. an den Windows-Einstellungen sowie das Installieren von Programmen lassen sich aus Sicherheitsgründen nur von Benutzern durchführen, die über Administratorrechte verfügen. Dann fordert Windows Sie in einem zusätzlichen Dialogfeld der sogenannten **Benutzerkontensteuerung** zur Bestätigung der Aktion auf.

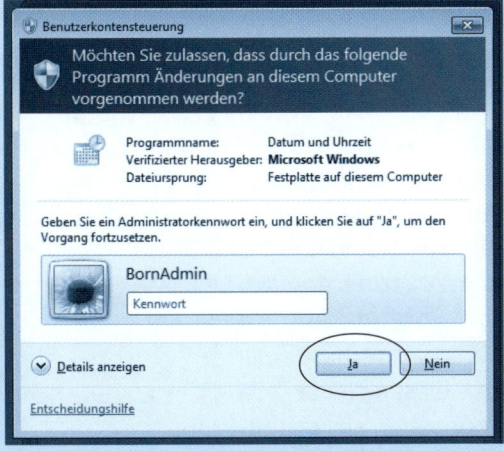

Beim Arbeiten unter einem normalen Benutzerkonto erscheint dieses Dialogfeld, in dem Sie das Kennwort für das angezeigte Administratorkonto eingeben und auf die *Ja*-Schaltfläche klicken müssen. Beim Arbeiten unter einem Administratorkonto erscheint ein Dialogfeld ohne Kennwortabfrage, in dem die *Ja*-Schaltfläche zur Freigabe der Funktion angeklickt werden muss. Dies soll verhindern, dass Schadprogramme ausgeführt und (Sicherheits)einstellungen von Windows ungewollt bzw. unbemerkt verändert werden.

Uhrzeit und Datum einstellen

Windows zeigt im Infobereich der Taskleiste die Uhrzeit und auf Abruf auch das Datum an (siehe Kapitel 1). Eigentlich wird die Uhrzeit automatisch über einen Zeitserver im Internet abgeglichen. Falls die Uhrzeit falsch ist oder das Datum nicht stimmt, müssen Sie diese Einstellungen überprüfen und ggf. anpassen:

1 Rufen Sie die Systemsteuerung auf und wählen Sie im Hauptfenster den Eintrag *Zeit, Sprache und Region*. Im folgenden Fenster klicken Sie auf den Hyperlink *Datum und Uhrzeit festlegen*.

2 Überprüfen Sie im Eigenschaftenfenster die Einstellungen und passen Sie diese ggf. an.

Falls der Rechner trotz gelegentlicher Verbindung zum Internet ein falsches Datum oder die falsche Uhrzeit zeigt, müssen diverse Einstellungen verstellt sein. Kontrollieren Sie Folgendes:

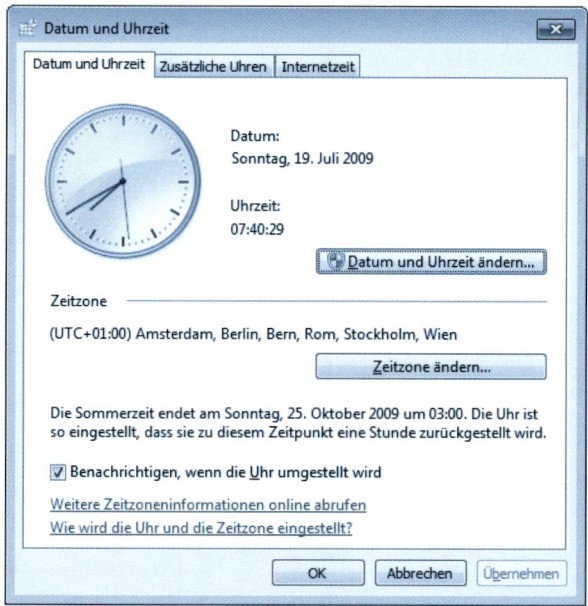

- Prüfen Sie, ob auf der Registerkarte *Datum und Uhrzeit* die richtige Zeitzone angezeigt wird. Falls nicht, wählen Sie die Schaltfläche *Zeitzone ändern*. Im Folgedialogfeld *Zeitzoneneinstellungen* lässt sich die Zeitzone über ein Listenfeld anpassen. Zudem können Sie die automatische Sommer-/Winterzeitumstellung durch Markieren des angezeigten Kontrollkästchens einschalten.

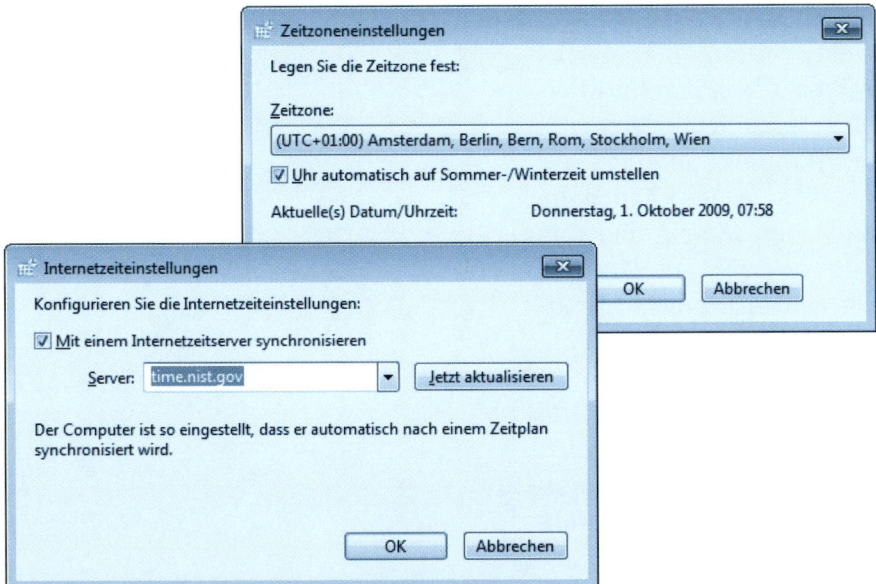

■ Wechseln Sie zur Registerkarte *Internetzeit*. Dort sollte der Hinweis stehen, dass der Computer so eingestellt ist, dass er automatisch nach einem Zeitplan synchronisiert wird. Falls nicht, verwenden Sie die Schaltfläche *Einstellungen ändern* und bestätigen die Abfrage der Benutzerkontensteuerung. Im Dialogfeld *Internetzeiteinstellungen* sollte das Kontrollkästchen *Mit einem Internetzeitserver synchronisieren* markiert sein. Besteht eine Internetverbindung, wählen Sie die Schaltfläche *Jetzt aktualisieren*. Bei Problemen können Sie über das Listenfeld *Server* verschiedene Zeitserver ausprobieren.

■ Ist der Rechner nie oder selten online, klicken Sie auf der Registerkarte *Datum und Uhrzeit* auf die Schaltfläche *Datum und Uhrzeit ändern* und autorisieren Sie die Nachfrage der Benutzerkontensteuerung. Passen Sie im angezeigten Dialogfeld *Datum- und Uhrzeiteinstellungen* das Datum und/oder die Uhrzeit manuell an.

Zur **Änderung des** aktuellen **Datums** können Sie die Einträge im Kalenderblatt mit der Maus anklicken. Ein Klick auf einen Tag stellt diesen als aktuelles Datum ein. Die kleinen Dreiecke rechts und links in der Kopfzeile des Kalenderblatts ermöglichen es Ihnen, zwischen den Monaten zu blättern.

Ein Mausklick auf den angezeigten Monatsnamen wechselt zur Jahresübersicht, weitere Mausklicks zeigen die Jahrzehntübersicht und schließlich die Jahrhundertübersicht an. Auf diese Weise können Sie auch den Monat und das Jahr auswählen. **Um** die **Uhrzeit anzupassen**, markieren Sie den Wert für die Stunden, für die Minuten oder für die Sekunden im Drehfeld. Dann lässt sich der neue Wert eintippen oder über die Schaltflächen des Drehfelds einstellen.

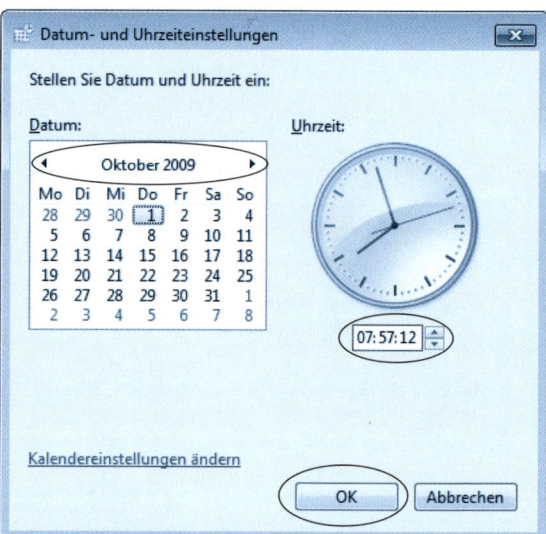

Fachwort

Drehfelder sind Steuerelemente, die die Anpassung numerischer Werte ermöglichen. Sie können den Wert direkt in das Drehfeld eintippen oder über die am rechten Rand des Drehfelds angezeigten Schaltflächen (die kleinen Dreiecke) schrittweise erhöhen bzw. verringern.

Sobald die Korrekturen (z. B. für das Datum und/oder die Uhrzeit) vorgenommen wurden, schließen Sie das Dialogfeld und die Registerkarte jeweils über die *OK*-Schaltfläche. Über die Schaltfläche *Abbrechen* werden die im Dialogfeld vorgenommenen Änderungen verworfen.

Den Desktophintergrund ändern

Der Windows-**Desktop** kann mit einem weißen Hintergrund, mit verschiedenen Farben oder mit einem **Hintergrundbild** versehen werden.

1 Klicken Sie z. B. mit der rechten Maustaste auf eine freie Stelle des Desktops und wählen – – – – – – – – – – – – →
Sie im Kontextmenü den Befehl *Anpassen*.

2 Klicken Sie im Fenster *Anpassung* (hier im Hintergrund sichtbar) auf den als Hyperlink ausgeführten Befehl *Desktophintergrund*.

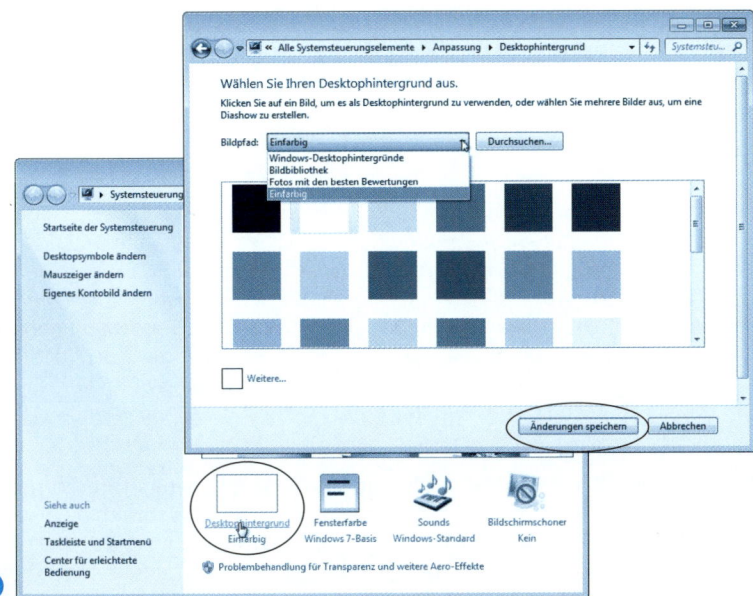

3 Stellen Sie in der Folgeseite *Desktophintergrund* im Listenfeld *Bildpfad* eine Kategorie (Desktophintergründe, einfarbige Hintergründe etc.) ein.

4 Wählen Sie eines der im Dialogfeld eingeblendeten Motive aus (Farbfeld, Hintergrundbild etc.) und schließen Sie das Fenster über die Schaltfläche *Änderungen speichern*.

Haben Sie in *Bildpfad* eine Bildkategorie eingestellt, können Sie über die Schaltfläche *Durchsuchen* ein Dialogfeld zur Auswahl eines Bildordners und einer Bilddatei öffnen. Ist ein Bild als Hintergrund ausgewählt, erscheint am unteren Rand des Dialogfelds eine Menüschaltfläche *Bildposition*, über deren Befehle Sie die Lage des Motivs bestimmen können (z. B. Bild gekachelt, auf Desktopgröße skaliert oder in Originalgröße zentriert).

333

Tipp

Beachten Sie bei der Auswahl von Hintergrundbildern, dass sich dadurch die Erkennbarkeit von Desktopelementen ggf. verschlechtert. Besser geeignet sind einfarbige Hintergründe, die sich über den Wert *Einfarbig* des Listenfelds *Bildpfade* wählen lassen. Sobald *Bildpfade* auf »Einfarbig« steht, können Sie auf eines der angezeigten Farbfelder klicken, um die Hintergrundfarbe auszuwählen.

Hinweis

Um die **Bildschirmauflösung** zu **ändern, wählen Sie im Kontextmenü des** Desktops den Befehl *Bildschirmauflösung*. In der angezeigten Seite *Bildschirmauflösung* lässt sich das Feld *Auflösung* anklicken und ein Schieberegler in Richtung »Niedrig« oder »Hoch« ziehen. Mittels der Schaltfläche *Übernehmen* wird die Auflösung testweise eingestellt. Windows wird eine Bestätigung anfordern, ob die Auflösung bleiben soll. Beachten Sie aber, dass bei Flachbildschirmen die optimale Auflösung bauartbedingt vorgegeben ist und automatisch durch Windows 7 eingestellt wird. Wird die geräteseitig vorgegebene Auflösung über- oder unterschritten, verschlechtert sich die Qualität der Anzeige!

Leser mit starker Beeinträchtigung der Sehkraft, denen **Bildschirminhalte zu klein** angezeigt werden, können die sogenannte **Bildschirmlupe** durch Drücken der Tastenkombination `Win`+`+` **einschalten**. Dann erscheint das Fenster der Lupe mit der vergrößerten Darstellung des Desktopbereichs, über dem der Mauszeiger steht. Über die (per Taskleistensymbol einblendbare) Leiste *Bildschirmlupe* lässt sich der Vergrößerungsfaktor mittels Schaltflächen einstellen. Schließen Sie die Leiste, verschwindet auch die Bildschirmlupe.

Geräte- und Softwareverwaltung

Administratoren können Programme einrichten oder entfernen sowie Windows-Funktionen einschalten. Zudem lassen sich neue Geräte in Betrieb nehmen oder Drucker verwalten.

Geräteinstallation unter Windows

Zum Betrieb von Geräten benötigt Windows eine sogenannte Gerätetreibersoftware. Vor der Inbetriebnahme eines neuen Geräts sollten Sie dessen Installationsanleitung durchlesen und die dort gegebenen Anweisungen befolgen. Bei manchen Geräten kann es nämlich sein, dass zuerst der Gerätetreiber installiert werden muss, bevor das eigentliche Gerät angeschlossen werden darf. Sind dort keine besonderen Hinweise zur Installation angegeben, führen Sie folgende Schritte durch:

1 Schließen Sie das Gerät (z. B. per USB-Buchse) an den Computer an, schalten Sie es ggf. ein und warten Sie, bis Windows das Gerät erkennt und den Treiber installiert.

Windows informiert Sie über QuickInfos im Statusbereich der Taskleiste über den Installationsstatus. Über das angezeigte Symbol lässt sich ein Dialogfeld (hier oben sichtbar) mit Statusinformationen einblenden. Kennt Windows das Gerät, wird zum Abschluss eine QuickInfo erscheinen, dass das Gerät verwendet werden kann.

2 Bei der hier gezeigten Meldung klicken Sie in der Taskleiste auf das zugehörige Symbol und wählen im Dialogfeld den Hyperlink *Wie soll vorgegangen werden, wenn das Gerät nicht korrekt installiert wurde?*

335

3 Klicken Sie im angezeigten Hilfefenster auf die
Hyperlinks mit den Hinweisen zur Problembehebung
und befolgen Sie die entsprechenden Anweisungen.

In manchen Fällen kann die Gerätetreibersoftware per Windows Update
über Internet oder von einer Treiber-CD des Geräteherstellers installiert
werden. Wichtig ist aber, dass die Treiber-CD Gerätetreibersoftware für
Windows 7 enthält. Bei Bedarf können Sie ein Gerät mehrfach an den Rechner anschließen, um die Installation zu wiederholen. Falls es partout nicht
mit der Gerätetreiberinstallation klappen sollte, lassen Sie sich von erfahrenen Personen (z. B. Händler des Geräts) bei der Installation unterstützen.

Drucker und Druckaufträge verwalten

Beim Drucken aus einer Anwendung können Sie im Dialogfeld *Drucken*
zwischen verschiedenen installierten Druckern wählen. Windows leitet
beim Drucken die Daten als Druckaufträge an einen Druckmanager weiter.
Dieser wickelt dann die Ausgabe im Hintergrund ab, während Sie im Vordergrund mit der Anwendung weiterarbeiten können. Haben Sie irrtümlich
den Ausdruck eines längeren Dokuments gestartet oder klappt die Druckausgabe nicht? Dann können Sie die **Druckaufträge in** der **Druckerwarteschlange kontrollieren**, **anhalten** oder **abbrechen**.

Stehen unerledigte Druckaufträge an,
erscheint im Infobereich der Taskleiste ein kleines Druckersymbol.

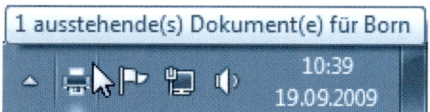

Ist das Symbol verschwunden, müssen Sie am linken Rand des Infobereichs die Schaltfläche *Ausgeblendete Symbole einblenden* anwählen:

- Zeigen Sie mit der Maus auf das Druckersymbol, zeigt Windows die Zahl
  der Druckaufträge in einer QuickInfo an.

- Ein Doppelklick auf das Druckersymbol öffnet das Fenster des zugehörigen Druckmanagers.

Sind mehrere Drucker installiert oder benötigen Sie einen Überblick über
die verfügbaren Drucker, gehen Sie folgendermaßen vor:

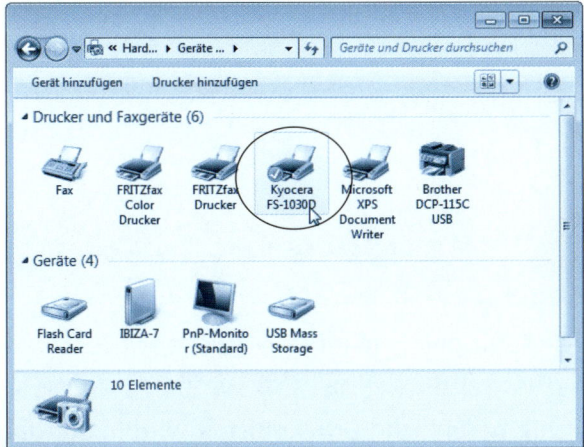

1 Öffnen Sie die Systemsteuerung und klicken Sie in der Kategorie *Hardware und Sound* auf den Befehl *Geräte und Drucker anzeigen*.

Windows öffnet den Ordner mit den Symbolen der vorhandenen Drucker und Geräte.

2 Wählen Sie das Symbol des zu überprüfenden Druckers per Doppelklick an.

Hinweis

Im Fenster *Geräte und Drucker* erhalten Sie übrigens eine sehr schöne Übersicht, welche Geräte (USB-Festplatten, Wechseldatenträger etc.) installiert sind und können per Kontextmenü der betreffenden Symbole auf die Gerätefunktionen (z. B. *Auswerfen*-Befehl) zugreifen.

Wählen Sie in einem Anwendungsfenster die Schaltfläche *Drucken* (oder den Befehl *Drucken* im Menü *Datei*), leitet Windows die Ausgaben an den **Standarddrucker** weiter. Dieser Drucker ist im Ordnerfenster *Geräte und Drucker* mit einem weißen Häkchen in grünem Kreis markiert. Um den Standarddrucker zu ändern, klicken Sie ein Druckersymbol mit der rechten Maustaste an und wählen den Kontextmenübefehl *Als Standarddrucker festlegen*.

Drucker sollten (ähnlich wie oben für Geräte beschrieben) beim ersten Anschließen automatisch installiert werden. In manchen Fällen müssen Sie aber die CD mit den Gerätetreibern des Druckers in ein Laufwerk einlegen und **manuell installieren**. Im Ordnerfenster *Geräte und Drucker* können Sie in der Symbolleiste auf die Schaltfläche *Drucker hinzufügen* klicken. Ein Assistent führt Sie dann in mehreren Schritten durch die Installation und fragt in Dialogfeldern die Druckereinstellungen ab. Lassen Sie sich bei Problemen von erfahrenen Benutzern bei diesem Vorgang helfen.

Windows öffnet anschließend das Fenster der Druckerwarteschlange, in dem die anstehenden Druckaufträge aufgelistet werden.

Der gerade in Bearbeitung befindliche **Druckauftrag** wird in der obersten Zeile aufgeführt. Fehler beim Ausdruck werden in der Spalte **Status** gemeldet. Dort erkennen Sie auch wartende bzw. angehaltene Druckaufträge.

3 Klicken Sie in der Spalte *Dokumentname* mit der rechten Maustaste auf den gewünschten Druckauftrag und wählen Sie im Kontextmenü den gewünschten Befehl.

Über die Kontextmenübefehle können Sie die Ausgabe anstehender Druckaufträge anhalten (Befehl *Anhalten*), später wieder fortsetzen (Befehl *Fortsetzen*) oder abbrechen (Befehl *Abbrechen*). Gab es Probleme beim Ausdruck (z. B. einen Papierstau), können Sie den Befehl *Neu starten* wählen. Windows wiederholt die Druckausgabe ab der ersten Seite.

> **Hinweis**
>
> Bereits begonnene Druckaufträge können Sie nicht mehr anhalten, sondern nur noch abbrechen. Zum endgültigen Abbrechen des aktuellen Druckauftrags muss der Drucker aber eingeschaltet sein. Zudem dauert es einige Sekunden, bis der Status des Auftrags geändert und die aktualisierte Liste der Aufträge angezeigt wird. Um alle Druckaufträge abzubrechen, ist es günstiger, im Menü *Drucker* den Befehl *Alle Druckaufträge abbrechen* zu wählen. In diesem Menü können Sie auch den Befehl *Drucker anhalten* wählen, um die Ausgabe an das Gerät zu unterbrechen (z. B. weil eine Druckerstörung vorliegt). Über den Befehl *Eigenschaften* des Menüs öffnen Sie ein Eigenschaftenfenster, über dessen Registerkarten Sie auf die Druckereinstellungen zugreifen können.

Programme installieren

Unter Windows werden Sie zusätzliche Programme verwenden. Um ein neues (für Windows 7 geeignetes) Programm zu benutzen, müssen Sie dieses in der Regel installieren:

1 Legen Sie ggf. das Installationsmedium ein und starten Sie dann das Setup-Programm. Bei CDs/DVDs wird das Setup-Programm u. U. automatisch gestartet. Bei Downloads müssen Sie das betreffende Setup-Programm (*.exe*- oder *.msi*-Datei) per Doppelklick anwählen.

2 Erscheint das Dialogfeld der Benutzerkontensteuerung, autorisieren Sie die Installation (ggf. durch Eingabe des Administratorkennworts und/oder) über die *Ja*-Schaltfläche.

3 Anschließend befolgen Sie die Anweisungen des Installations- bzw. Setup-Assistenten, der Sie durch die Schritte zur Programminstallation führt.

Konsultieren Sie ggf. die dem Programm beiliegende Dokumentation, um weitergehende Hinweise bezüglich der Inbetriebnahme zu erhalten.

Hinweis

Möchten Sie die **Windows Live Fotogalerie** oder **Windows Live Mail** verwenden, benötigen Sie die **Windows Live Essentials**. Der Befehl *Erste Schritte* im Windows-Startmenü öffnet ein Fenster, über dessen Symbol *Windows Live Essential online erwerben* Sie zur betreffenden Internetseite geleitet werden. Sie können die Installationsdatei auch direkt über die Internetseite *http://download.live.com/wlmail* herunterladen.

Anschließend wählen Sie die Installationsdatei (z. B. *wlsetup-web.exe*) per Doppelklick an. Markieren Sie im Installationsdialogfeld die Kontrollkästchen der zu installierenden Programme und klicken Sie auf die *Installieren*-Schaltfläche.

Warten Sie, bis das Installationsprogramm die benötigten Komponenten aus dem Internet heruntergeladen und installiert hat. Möchte der Assistent die Startseite des Browsers anpassen, können Sie die Markierung der betreffenden Kontrollkästchen im Dialogfeld löschen und auf die *Weiter*-Schaltfläche klicken. Die Abfrage einer Live ID übergehen Sie, da eine Anmeldung bei Windows Live zur Verwendung der Anwendungen nicht erforderlich ist – es fehlen dann lediglich einige Online-Zusatzfunktionen. Im Abschlussdialogfeld beenden Sie den Assistenten über die angezeigte *Schließen*-Schaltfläche.

Verknüpfungen anlegen, Startmenüeinträge anheften und mehr

Viele Programme richten bei der Installation sogenannte Verknüpfungen im Startmenü und auf dem Windows-Desktop ein. Eine Verknüpfung besteht aus einem Symbol und einem Titeltext und enthält die Information, wo das zugehörige Programm auf der Festplatte zu finden ist. Ein Doppelklick auf das Verknüpfungssymbol startet das Programm oder öffnet den verknüpften Ordner bzw. das Dokument. Sie können eine **Verknüpfung** (auf ein Programm, einen Ordner oder ein Dokument) auch manuell auf dem Desktop oder im Startmenü **anlegen**:

■ Ziehen Sie das Symbol der Datei oder des Ordners mit der rechten Maustaste aus einem Ordnerfenster zum Desktop. Nach dem Loslassen der Maustaste wählen Sie im Kontextmenü den Befehl *Verknüpfungen hier erstellen*.

■ Auf die gleiche Weise lassen sich Startmenübefehle zum Desktop ziehen. Sie können den Titel des Verknüpfungssymbols wie jede andere Datei auch über das zugehörige Kontextmenü umbenennen.

■ Ziehen Sie das Verknüpfungssymbol bei gedrückter linker Maustaste vom Desktop zur Schaltfläche *Start*, öffnet sich das Startmenü. Sie können dann bei weiterhin gedrückter linker Maustaste den Zweig *Alle Programme* und dessen Untergruppen öffnen. Lassen Sie die linke Maustaste über einem geöffneten Zweig des Startmenüs los, wird die **Verknüpfung im Startmenü** abgelegt.

Alternativ können Sie **Anwendungen an** das **Startmenü** oder die **Taskleiste anheften**:

■ Klicken Sie in der Taskleiste die Schaltfläche eines geöffneten Programmfensters mit der rechten Maustaste an und wählen den Kontextmenübefehl *Dieses Programm an Taskleiste anheften*, wird ein Symbol dauerhaft eingerichtet.

■ Ziehen Sie Befehle aus dem geöffneten Fenster der Systemsteuerung zur zugehörigen Schaltfläche in der Taskleiste, werden diese sofort angeheftet.

Bei Bedarf lassen sich die Symbole der Taskleiste später per Maus verschieben und neu anordnen. Im Kontextmenü dieser Schaltflächen finden Sie auch einen Befehl, um die Anheftung aufzuheben. Ein Rechtsklick auf ein Taskleistensymbol öffnet ein Menü, über dessen Befehle sich dann direkt auf Funktionen bzw. die zuletzt geöffneten Dokumente zugreifen lässt.

Bei den Symbolen in der linken Spalte des Startmenüs (oder bei Programmdateien) können Sie im Kontextmenü die Befehle *An Startmenü anheften* und *An Taskleiste anheften* wählen, um die Anwendungen als Befehl bzw.

Schaltfläche in das betreffende Element einzutragen. Ein solcher neuer Eintrag lässt sich über einen Kontextmenübefehl auch wieder entfernen.

Programme deinstallieren

Nicht mehr benötigte Programme sollten Sie aus Windows entfernen. Die meisten Anwendungen unterstützen dies über eine Deinstallationsfunktion.

1 Öffnen Sie das Fenster der Systemsteuerung und wählen Sie den Hyperlink Programm deinstallieren.

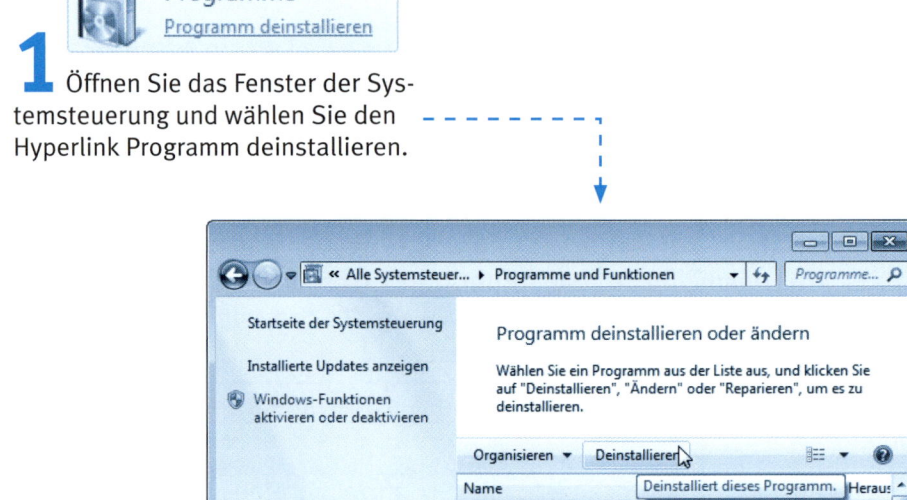

2 Markieren Sie im Fenster *Programm deinstallieren oder ändern* den Eintrag des gewünschten Programms und wählen Sie in der Leiste oberhalb der Programmliste die Schaltfläche *Deinstallieren*.

Anschließend müssen Sie die Sicherheitsnachfrage der Benutzerkontensteuerung bestätigen und die Anweisungen in den angezeigten Dialogfeldern befolgen, um die Anwendung zu deinstallieren.

Hinweis

Über die ggf. angezeigte Schaltfläche *Ändern* der Leiste lässt sich bei manchen Programmen (z. B. Microsoft Office) ein Assistent aufrufen, über dessen Dialoge Sie sowohl den Installationsumfang der Anwendung nachträglich anpassen als auch eine beschädigte Installation reparieren können.

3 Möchten Sie **Windows-Funktionen entfernen** oder hinzufügen, klicken Sie in der Aufgabenleiste (linke Spalte) des Fensters *Programm deinstallieren oder ändern* auf den Eintrag *Windows-Funktionen aktivieren oder deaktivieren* und bestätigen die Sicherheitsabfrage der Benutzerkontensteuerung.

4 Setzen oder löschen Sie die Markierung der Kontrollkästchen der angezeigten Funktionen und wählen Sie die *OK*-Schaltfläche.

Ein markiertes Kontrollkästchen fügt die Funktion zu Windows hinzu, ein Löschen der Markierung entfernt diese.

343

Automatische Wiedergabe anpassen

Beim Einlegen von Medien (CD, DVD, Speicherkarte, USB-Stick etc.) sollte sich das Dialogfeld *Automatische Wiedergabe* zur Auswahl des auszuführenden Programms öffnen (siehe die Kapitel 2, 4 und 5). Haben Sie irrtümlich im Dialogfeld das Kontrollkästchen *Immer ... durchführen* gewählt, wird zukünftig die gewählte Anwendung automatisch aufgerufen.

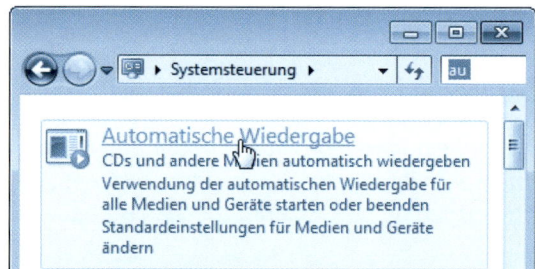

1 Zum Anpassen dieser Zuordnung tippen Sie in das Suchfeld der Systemsteuerung »au« ein und klicken anschließend auf den angezeigten Befehl *Automatische Wiedergabe*.

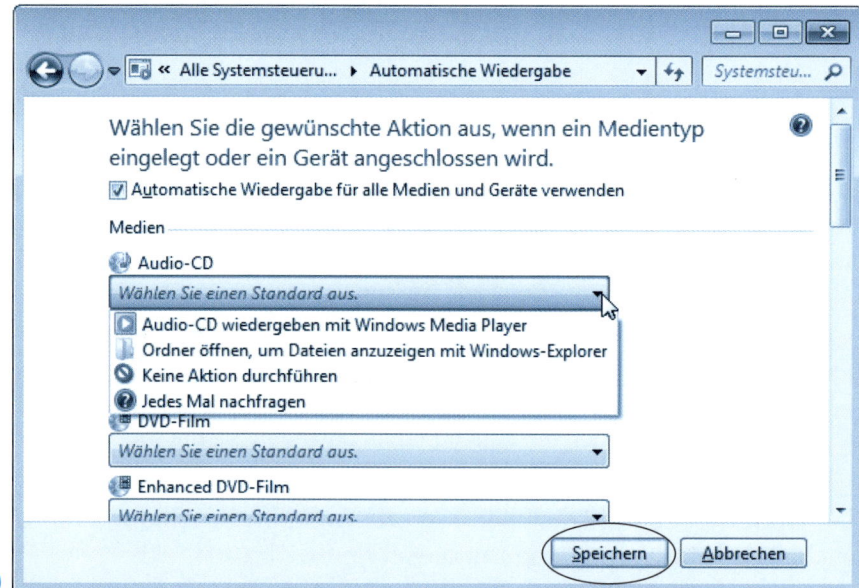

2 Suchen Sie im Fenster *Automatische Wiedergabe* den Eintrag für den Medientyp (z. B. Audio-CD), öffnen Sie das Listenfeld, wählen Sie den gewünschten Wert und klicken Sie auf die *Speichern*-Schaltfläche.

Mit dem Eintrag »Jedes Mal nachfragen« erscheint das Dialogfeld *Automatische Wiedergabe* beim Einlegen eines entsprechenden Mediums.

Benutzerkonten pflegen

In Kapitel 1 wird gezeigt, wie Sie sich zum Arbeiten mit Windows unter einem Benutzerkonto anmelden. Benutzerkonten dienen in Windows zur Verwaltung der Benutzereinstellungen (z. B. Desktop, Mauseinstellungen, Benutzerordner mit den Unterordnern *Dokumente*, *Bilder*, *Musik* etc.). Zudem regeln Benutzerkonten, was ein Benutzer am Computer alles machen darf.

■ Windows unterscheidet zwischen sogenannten **Administratoren** (Benutzern, die das System betreuen und z. B. Programme oder Geräte installieren oder löschen dürfen) und Standardbenutzern.

■ **Standardbenutzer** können sich nur am eigenen Konto anmelden und dort mit den installierten Programmen arbeiten oder im Internet surfen.

Es gibt unter Windows immer ein Administratorkonto. Verwenden mehrere Personen den Rechner, sollten Sie für diese auch getrennte Standardbenutzerkonten einrichten und jeweils mit einem Kennwort schützen.

1 Um Konten anzupassen oder zu verwalten, klicken Sie in der rechten Spalte des Startmenüs auf das Benutzerbild.

Jetzt erscheint ein Fenster mit den verfügbaren Befehlen für das angewählte Konto. Ist ein stilisiertes Schild vor dem Befehl sichtbar, fordert Windows vor Ausführung der Funktion eine Bestätigung über die Benutzerkontensteuerung an.

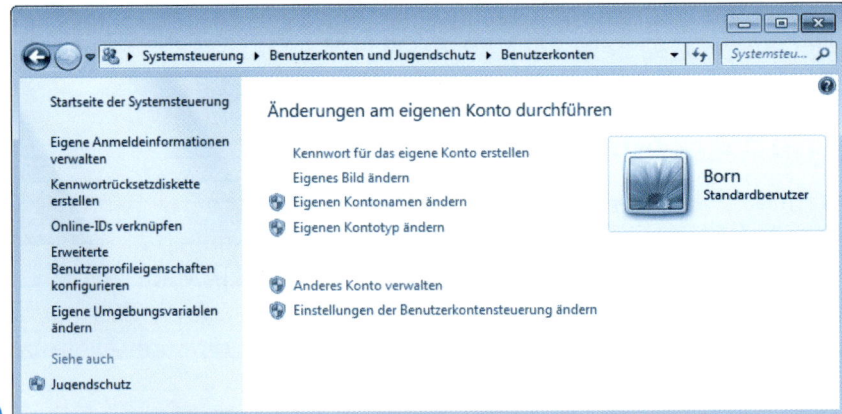

2 Klicken Sie auf einen der angezeigten Hyperlinks und tragen Sie die gewünschten Informationen in das Folgeformular ein.

Um das **Kennwort** zu **setzen**, müssen Sie dieses zweimal in die entsprechenden Textfelder des anschließend gezeigten Formulars eintippen. Daraufhin finden Sie am unteren Rand des Dialogfelds eine Schaltfläche vor,
um die Änderungen zu übernehmen.

Andere Konten verwalten/anlegen

Um andere Benutzerkonten zu verwalten, neue anzulegen, zu löschen oder
vergessene Kennwörter zurückzusetzen, müssen Sie über Administrator-
berechtigungen verfügen.

1 Klicken Sie in der angezeigten Seite *Benutzerkonten* auf den Hyperlink *Anderes Konto
verwalten* und bestätigen Sie die Sicherheitsabfrage der Benutzerkontensteuerung.

Windows öffnet das Fenster *Zu änderndes Konto auswählen* mit einer
Übersicht über alle bereits definierten Konten.

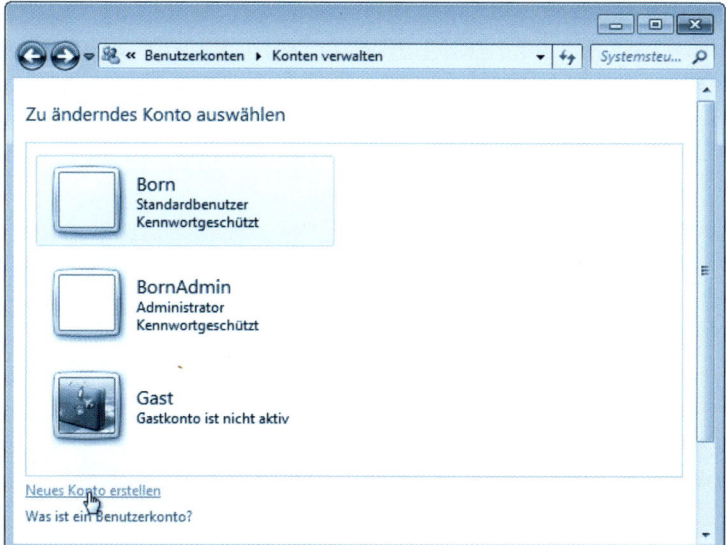

2 Um ein **neues Konto** anzulegen, klicken Sie im Fenster auf den Hyperlink *Neues Konto erstellen*.

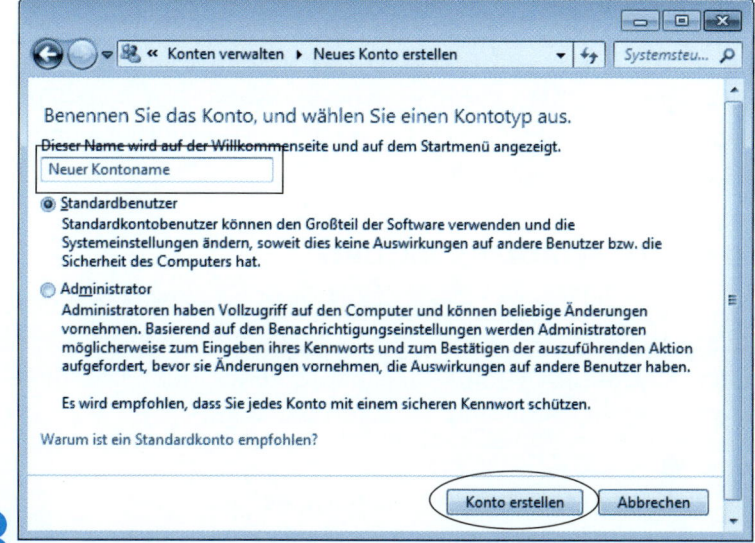

3 Tippen Sie in dem daraufhin geöffneten Dialogfeld den Benutzernamen für das neue Konto in das Feld *Neuer Kontoname* ein, legen Sie über die Optionsfelder fest, ob es sich um einen Standardbenutzer oder einen Administrator handelt, und klicken Sie dann auf die Schaltfläche *Konto erstellen*.

347

Die Benutzerverwaltung legt daraufhin ein neues Konto unter dem angegebenen Namen an. Sie gelangen automatisch zur Kontenübersicht zurück.

Hinweis

Im nächsten Schritt sollten Sie dann den **Konten** noch **ein Kennwort zuweisen** und ggf. die Konteneinstellungen anpassen: Klicken Sie im Fenster *Zu änderndes Konto auswählen* (siehe vorherige Seiten) auf das gewünschte Kontosymbol. Über die angezeigten Hyperlinks im Fenster des Benutzerkontos lassen sich ein Kennwort zuweisen (oder ändern), das Kontobild sowie der Kontoname ändern und der Kontotyp zwischen Administrator und Standardbenutzer umsetzen. Zudem finden Sie einen Befehl, um ein nicht mehr benötigtes **Benutzerkonto** zu **löschen**. Dabei können Sie im betreffenden Dialogfeld über Schaltflächen wählen, ob die Dateien dieses Benutzerkontos erhalten bleiben oder ebenfalls entfernt werden sollen. Die Änderungen werden in Fenstern per Formular abgefragt, sodass die Bedienung kein Problem sein sollte. Konsultieren Sie bei Fragen ggf. die Windows-Hilfe.

Windows-Sicherheit

Über Programme, E-Mail-Anhänge oder beim Surfen im Web besteht die Gefahr, sich Viren, Trojaner oder andere Schädlinge im Computer einzufangen. Daher ist es wichtig, dass das auf dem Computer vorhandene Windows möglichst aktuell und gegen den Befall von Schädlingen gesichert ist. Der folgende Abschnitt zeigt, was Sie in dieser Hinsicht tun können und was es alles zu wissen gilt.

So bleibt Windows aktuell

Microsoft stellt für Windows regelmäßig Programmaktualisierungen, als **Update** bezeichnet, bereit. Ist das System online, prüft Windows in der Standardeinstellung automatisch, ob solche Updates vorliegen, lädt diese automatisch herunter und installiert diese auch.

1 Um manuell zu prüfen, ob Updates vorhanden sind, tippen Sie z. B. in das Suchfeld des Startmenüs den Text »Update« ein und wählen dann den gefundenen Befehl *Windows Update* an.

Im dann angezeigten Dialogfeld *Windows Update* werden Sie darüber informiert, ob und welche Updates vorliegen. Bei Bedarf können Sie über die im Dialogfeld *Windows Update* angezeigten Hyperlinks weitere Informationen zu den Aktualisierungen abrufen. In der angezeigten Detailseite lassen sich ggf. Updates durch Löschen oder Setzen der Markierung auswählen bzw. ausschließen.

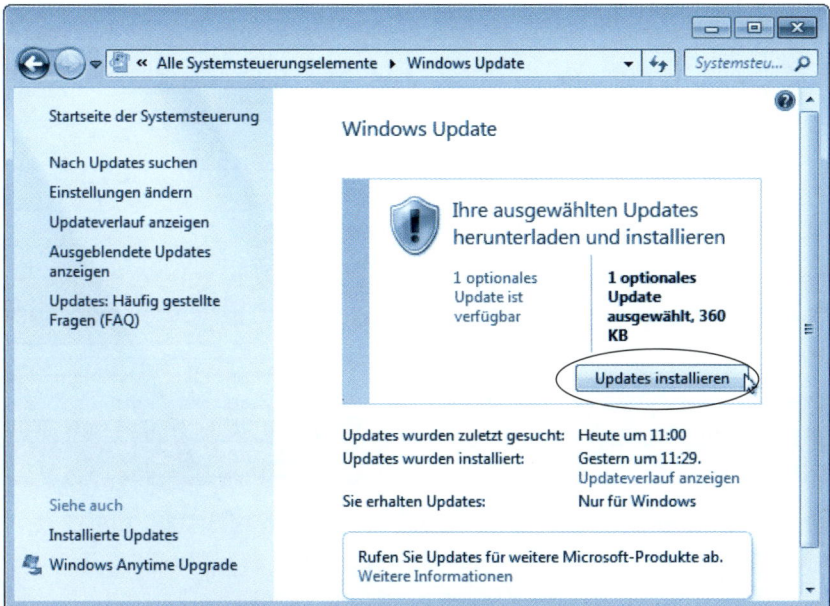

2 Klicken Sie im angezeigten Dialogfeld auf die Schaltfläche *Updates installieren*, um die Aktualisierung anzustoßen, und befolgen Sie dann die angezeigten Anweisungen, um die Updates zu laden und zu installieren.

Sie müssen u. a. die Sicherheitsabfrage der Benutzerkontensteuerung bestätigen. Windows lädt anschließend die benötigten Dateien über die Internetverbindung vom Microsoft-Server herunter und installiert diese. Sie werden über den Ablauf informiert. Je nach Aktualisierung ist anschließend ein Neustart des Systems erforderlich.

Hinweis

Das automatische Installieren von Updates lässt sich abschalten (hilfreich bei langsamer Internetverbindung bzw. zur besseren Kontrolle, wann Updates installiert werden dürfen). Zum Anpassen der Einstellungen klicken Sie in der linken Spalte des Fensters *Windows Update* auf den Befehl *Einstellungen ändern*. Dann erscheint eine Seite, in der Sie den Update-Modus (z. B. manuell herunterladen und

349

installieren, automatisch herunterladen und manuell installieren) einstellen können. Wählen Sie über das Listenfeld ggf. die Option *Updates herunterladen, aber
Installation manuell festlegen*. Die Option *Nie nach Updates suchen* sollte jedoch
keinesfalls gewählt werden. Sie können das Dialogfeld über die *OK*-Schaltfläche
schließen. Bei manueller Festlegung informiert Windows Sie über eine QuickInfo
in der Taskleiste, wenn Updates vorliegen bzw. heruntergeladen wurden. Sie können dann über Dialoge vorgeben, ob das Update installiert werden soll. Falls Sie
Probleme mit dieser Funktion haben, lassen Sie sich durch fachkundige Personen
beim Einrichten und Aktualisieren von Windows unterstützen.

Das Wartungscenter von Windows

Windows 7 überwacht bestimmte Einstellungen und zeigt erkannte Sicher-
heitsmängel durch ein entsprechendes Symbol im Infobereich der Taskleiste an.

Zeigen Sie auf das Symbol, erscheint
eine QuickInfo mit Informationen über
das Problem.

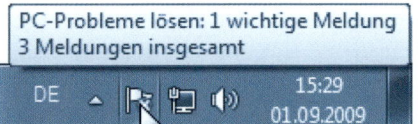

Um das Problem genauer zu analysieren und möglichst zu beheben, müssen Sie das Windows-Wartungscenter aufrufen:

1 Wählen Sie das im Infobereich eingeblendete Symbol per Mausklick an (ggf. müssen Sie die Schaltfläche
Weitere Symbole einblenden vorher anwählen, um die
fehlenden Symbole einzublenden).

2 In der angezeigten Palette können Sie
dann einen der Befehle wählen, um zu den
gewünschten Einstellseiten zu gelangen.

Alternativ können Sie in das Suchfeld des Startmenüs »War« eintippen
und den angezeigten Befehl *Wartungscenter* anwählen. Oder Sie klicken in
der Systemsteuerung im Abschnitt *System und Sicherheit* auf den Befehl
Status des Computers überprüfen.

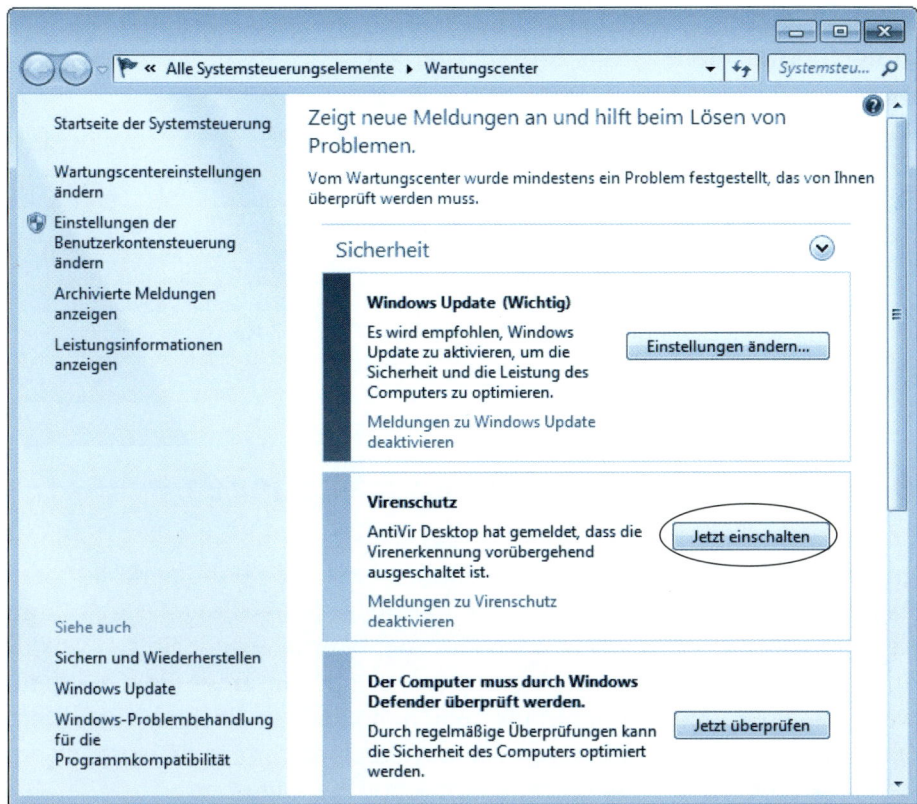

Das Windows-Wartungscenter listet in der rechten Spalte verschiedene Kategorien (Firewall, Automatische Updates, Virenschutz etc.) auf, deren Sicherheitsstatus kritisch ist. Eine **gelb markierte Kategorie** stellt eine **Warnung** vor sich anbahnenden Sicherheitsproblemen (z. B. nicht mehr aktueller Virenscanner) dar, während ein **rot gekennzeichneter Eintrag** auf ein gravierendes **Sicherheitsproblem** (z. B. abgeschaltete Firewall) hinweist. Über die am rechten Rand angezeigten runden Schaltflächen lassen sich die Detailansichten der Kategorien ein- und wieder ausblenden.

3 Analysieren Sie die Ursache für das Sicherheitsproblem und treffen Sie Gegenmaßnahmen.

Eine abgeschaltete Firewall lässt sich direkt im Wartungscenter über die eingeblendete Schaltfläche aktivieren. Bei einem fehlenden Virenschutz sollten Sie einen Virenscanner installieren oder ein vorhandenes Programm aktualisieren. Falls Sie Schwierigkeiten haben, lassen Sie sich durch einen Fachmann unterstützen.

> **Fachwort**
>
> Wenn ein Rechner eine Verbindung zum Internet herstellt, kann er durch Dritte gezielt angegriffen werden. Eine sogenannte **Firewall** filtert alle Zugriffe aus dem Internet nach gewissen Regeln und lässt nur erwünschte Daten durch. Windows 7 ist bereits mit einer Firewall ausgestattet. Die Konfigurierung der Firewall erfordert jedoch einige Erfahrung. Achten Sie darauf, dass die Firewall eingeschaltet ist, und lassen Sie sich ggf. von Experten beim Einrichten der Firewall helfen.

Schutz vor Viren und anderen Schädlingen

Computerbenutzer werden durch **Viren, Trojaner** und andere Schadprogramme gefährdet. Die Schadprogramme nisten sich unbemerkt auf dem Rechner ein. Während Viren Dateien löschen, spähen Trojaner ggf. Ihren Rechner aus und melden Kennwörter etc. per Internet weiter. Solche Schädlinge wie **Viren, Trojaner etc.** können Sie sich **per Internet einschleppen**, wenn Sie Programme herunterladen und dann auf dem Rechner ausführen. Oder die Schädlinge kommen als Anhang zu einer E-Mail und werden vom Benutzer beim Öffnen der betreffenden Datei installiert.

- Um sich vor Viren, Trojanern oder anderen Schädlingen zu schützen, sollten Sie Programmdateien nur von vertrauenswürdigen Webseiten herunterladen. E-Mails mit Anhängen von unbekannten Personen sollten Sie auf keinen Fall öffnen und die Nachricht im Zweifelsfall besser löschen.

- Zusätzlich ist es erforderlich, ein sogenanntes **Virenschutzprogramm** unter Windows zu **installieren und** dieses über das Internet auch **aktuell zu halten**. Die Aktualisierung erfolgt in der Regel automatisch, sobald Sie eine Internetverbindung hergestellt haben.

Auf der Internetseite *www.free-av.de* finden Sie das für Privatanwender kostenlose Virenschutzprogramm Avira AntiVir Personal zum Download. Laden Sie sich das Programm herunter und installieren Sie es unter Windows. Es gibt weitere Anbieter kostenloser und kostenpflichtiger Virenschutzprogramme.

Virenschutzprogramme überwachen den Rechner auf einen Befall durch Viren, Trojaner und andere Schädlinge. Trifft eine E-Mail mit einem verseuchten

Anhang ein oder versuchen Sie eine durch einen Schädling befallene Datei zu öffnen bzw. auszuführen, schlägt das Virenschutzprogramm (bei bekannten Schädlingen) Alarm.

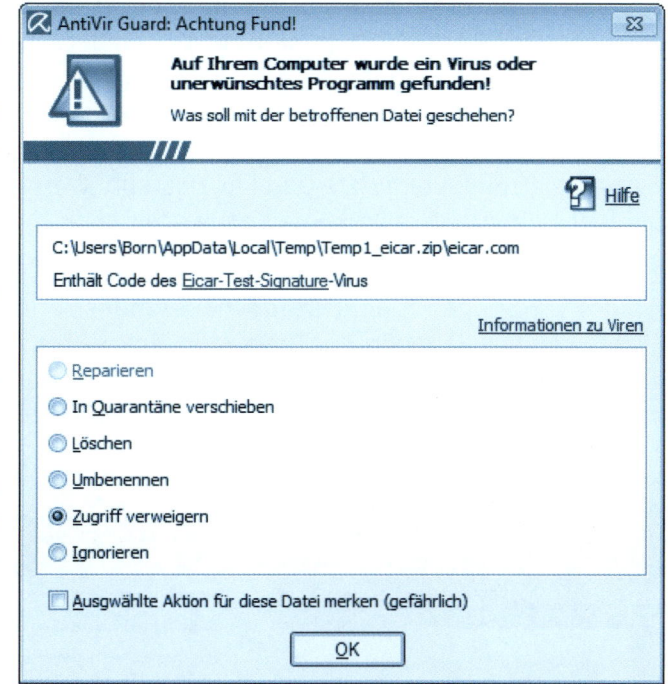

Sie können dann die mit *Löschen* oder ähnlich beschriftete Option wählen, um die infizierte Datei entfernen zu lassen.

Schutz vor Mal- und Adware

Malware ist die Sammelbezeichnung für Programme mit schädlichen oder unerwünschten Funktionen. Vielleicht sind Ihnen die Begriffe **Adware** oder **Spyware** bereits begegnet. Es handelt sich meist um kostenlose, aber **über Werbung finanzierte Programme**, die hilfreiche Funktionen bereitstellen. Meist holen Anwender sich so etwas selbst auf den Rechner, indem sie Programme aus dem Internet herunterladen (und dabei das Kleingedruckte übersehen). Adware blendet beim Start Werbebanner ein, die ggf. über eine Internetverbindung geladen werden. Spyware versucht, Informationen über den Computer (installierte Hard- und Software) oder das Nutzungsverhalten des Anwenders (Nutzungszeiten, angesurfte Webseiten, zuletzt benutzte Dateien, bestellte Waren etc.) weiterzugeben. Die Spyware stiehlt zwar keine Kennwörter, aber die wenigsten Benutzer möchten ihre Daten unbemerkt an Dritte weitergeben.

Windows 7 bringt mit dem **Windows Defender** bereits eine wirksame Abhilfe gegen Malware mit. Das Programm lässt sich z. B. über den Startmenübefehl *Windows Defender* (ggf. »Defender« in das Suchfeld eintippen) aufrufen und meldet sich mit dem hier gezeigten Fenster.

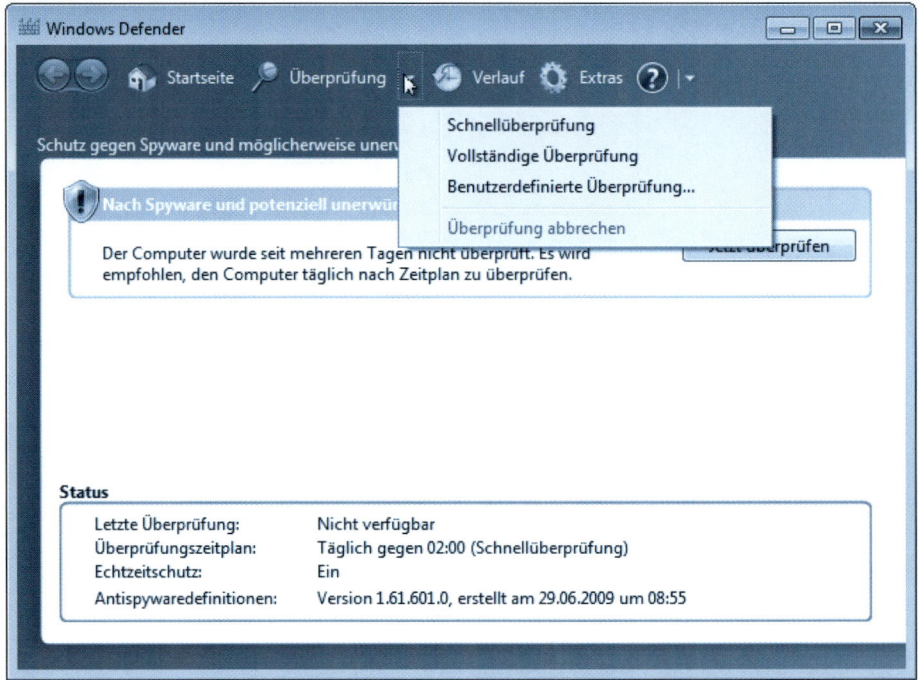

Über die in der Symbolleiste sichtbare Menüschaltfläche *Überprüfung* lässt sich der Rechner auf schädliche oder unerwünschte Software analysieren. Das Menü der Schaltfläche *Überprüfung* stellt Befehle bereit, um die Prüftiefe vorzugeben. Gefundene Adware wird gemeldet und lässt sich entfernen. Der Windows Defender meldet zudem, wenn die zur Prüfung benötigten Signaturdateien nicht mehr aktuell sind. Dann können Sie diese Dateien per Internet automatisch aktualisieren lassen. Informationen zu den einzelnen Programmfunktionen erhalten Sie über die Programmhilfe. Diese lässt sich über die in der Symbolleiste sichtbare Schaltfläche mit dem Fragezeichen aufrufen.

An dieser Stelle soll diese kurze Einführung in die Anpassung der Windows-Einstellungen beendet werden. Sie haben die Vorgehensweise bei Anpassungen sowie die wichtigsten Grundzüge kennengelernt. Falls Sie zusätzliche Informationen benötigen, konsultieren Sie die Windows-Hilfe oder greifen Sie zu weitergehender Literatur. Auf Aufgaben zur Selbstkontrolle wird in diesem Kapitel verzichtet.

Kleine Hilfe bei Problemen

Probleme beim Rechnerstart

Nach dem Einschalten tut sich nichts

Prüfen Sie bitte folgende Punkte:

- Sind alle Stecker an Steckdosen angeschlossen?
- Ist der Bildschirm eingeschaltet?
- Ist überhaupt Strom vorhanden?

Der Rechner meldet: Keyboard Error, Press »F1« Key

Prüfen Sie bitte folgende Punkte:

- Ist die Tastatur angeschlossen?
- Liegt etwas auf der Tastatur?
- Klemmt vielleicht eine Taste auf der Tastatur?

Drücken Sie anschließend die Funktionstaste F1 .

Probleme mit Tastatur und Maus

Die Tastatur funktioniert nicht richtig

Am rechten Rand enthält die Tastatur einen Tastenblock (den sogenannten Zehnerblock), über den Sie Zahlen eingeben können. **Lassen sich** mit diesen Tasten **keine Zahlen eingeben**, drücken Sie die Taste Num . Diese wird auch **NumLock**-Taste genannt und befindet sich in der linken oberen Ecke des Zehnerblocks. Sobald die Anzeige *Num* auf der Tastatur leuchtet oder bei manchen Tastaturen eine entsprechende Meldung am Bildschirm angezeigt wird, können Sie Zahlen eintippen. Ein weiterer Tastendruck auf die [Num]-Taste schaltet die Tastatur wieder um, und Sie können die Cursortasten dieses Tastenblocks nutzen.

Erscheinen beim Eintippen von Text **nur Großbuchstaben**? Dann ist die [CapsLock]-Taste eingerastet. Drücken Sie die [CapsLock]-Taste erneut, um die Tastatur in den normalen Modus zurückzustellen.

Sind die deutschen **Umlaute** (ä, ö, ü) oder der Buchstabe ß **verschwunden**? Dann ist das Tastaturschema vermutlich verstellt. Klicken Sie in der Taskleiste auf die links neben dem Infobereich angezeigte Buchstabenkombination EN. Im daraufhin geöffneten Menü stellen Sie das Tastaturschema von Englisch auf Deutsch zurück.

Erscheinen beim Drücken einer Taste plötzlich mehrere Zeichen? Die Tastatur besitzt eine Wiederholfunktion, die beim längeren Drücken einer Taste aktiv wird. Sie dürfen die Tasten nur kurz antippen. Passiert beim Antippen einer Taste überhaupt nichts? Prüfen Sie in diesem Fall, ob die Taste klemmt.

Funktioniert die Tastatur überhaupt nicht? Prüfen Sie, ob die Tastatur angeschlossen ist. Bei Funktastaturen kann die Batterie leer sein. Nach dem Batteriewechsel müssen Sie die Tastatur an der Empfangsstation anmelden (hierzu gibt es an der Tastatur und der Empfangsstation spezielle Anmeldetasten).

Der Mauszeiger bewegt sich nicht oder nicht wie gewünscht

Prüfen Sie bitte die folgenden Punkte:

- Ist die Maus korrekt am Rechner angeschlossen?
- Liegt die Maus auf einer Mausunterlage (Mauspad)?
- Ist die Kugel an der (mechanischen) Maus vielleicht verschmutzt?

Bei längerem Gebrauch einer mechanischen Maus verschmutzt das Teil zum Erkennen der Mausbewegungen. Entfernen Sie die Kugel an der Unterseite der Maus. Sie sehen einige kleine Rädchen. Sind diese schmutzig, säubern Sie diese (z. B. mit einem Wattestäbchen). Sie sollten die Maus auch nicht auf eine glatte Unterlage stellen, da dann die Kugel nur schlecht rollt. Bei Funkmäusen kann auch eine leere Batterie die Ursache sein. Wechseln Sie die Batterie und melden Sie die Maus an der Empfangsstation neu an.

Die Maustasten sind vertauscht oder Doppelklicks funktionieren nicht

Es ergibt sich folgendes Fehlerbild: Klicken Sie mit der linken Maustaste, erscheint ein Kontextmenü, die rechte Taste markiert dagegen etwas. Oder will der Doppelklick nicht so richtig klappen?

1 Öffnen Sie die Systemsteuerung und klicken Sie in der Kategorie *Hardware und Sound* auf den Hyperlink *Maus*.

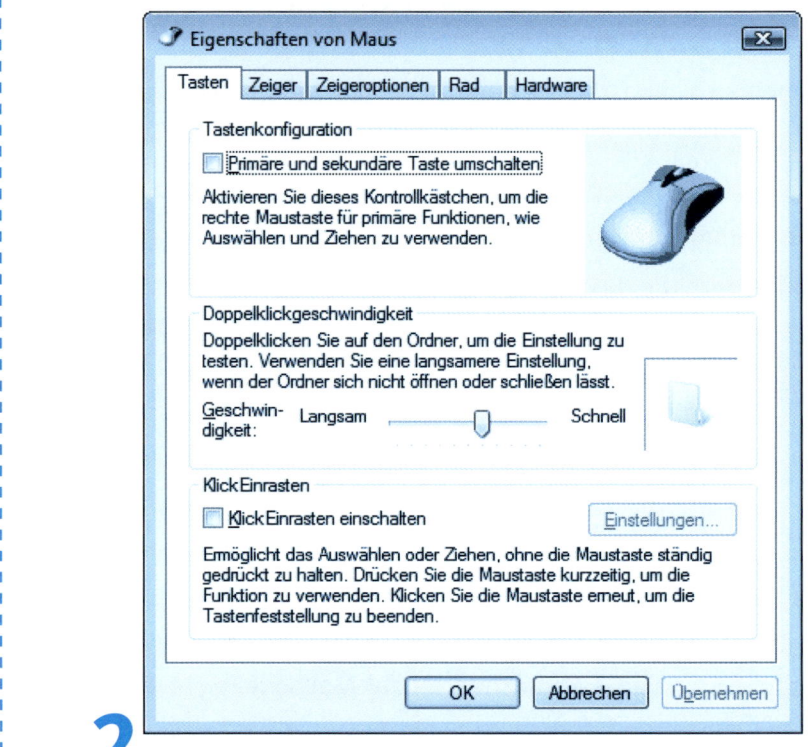

2 Passen Sie auf der Registerkarte *Tasten* die Einstellungen an und schließen Sie das Dialogfeld über die *OK*-Schaltfläche.

Ein markiertes Kontrollkästchen *Primäre und sekundäre Taste umschalten* vertauscht die Maustasten. Die Doppelklickgeschwindigkeit lässt sich über den Schieberegler anpassen. Am angezeigten Ordnersymbol können Sie übrigens die Anpassung der Doppelklickgeschwindigkeit testen. Sobald Sie das Fenster schließen, sollten die Anpassungen wirksam werden.

> **Tipp**
>
> Arbeiten Sie mit einem Notebook, markieren Sie auf der Registerkarte *Zeiger-optionen* das Kontrollkästchen *Mausspur anzeigen*. Weiterhin können Sie auf dieser Registerkarte auch einstellen, wie schnell sich der Mauszeiger bewegt.

Probleme mit dem Windows-Desktop

Eine Verknüpfung wurde irrtümlich gelöscht

Haben Sie eine Verknüpfung irrtümlich gelöscht, können Sie diese aus dem Papierkorb restaurieren (siehe Kapitel 2) oder neu anlegen (Kapitel 9).

Ein Programm fehlt im Startmenü

Sie müssen das Programm in das Startmenü selbst eintragen, indem Sie eine entsprechende Verknüpfung anlegen (siehe Kapitel 9).

Taskleiste und Startmenü sind verändert

Die Taskleiste oder das Startmenü weisen bei Ihnen andere Einträge als hier im Buch auf? Klicken Sie mit der rechten Maustaste auf die Schaltfläche *Start* und wählen Sie im Kontextmenü den Befehl *Eigenschaften*. Auf den Registerkarten des Eigenschaftenfensters lassen sich die Optionen des Startmenüs, der Taskleiste und des Infobereichs anpassen.

Probleme mit Programmen

Ein Programm lässt sich nicht mehr bedienen

Manchmal kommt es vor, dass sich ein Programm nicht mehr bedienen lässt. Es reagiert weder auf Tastatureingaben noch auf Mausklicks.

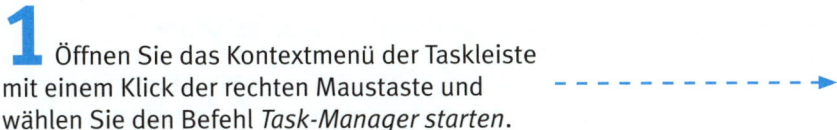

1 Öffnen Sie das Kontextmenü der Taskleiste mit einem Klick der rechten Maustaste und wählen Sie den Befehl *Task-Manager starten*.

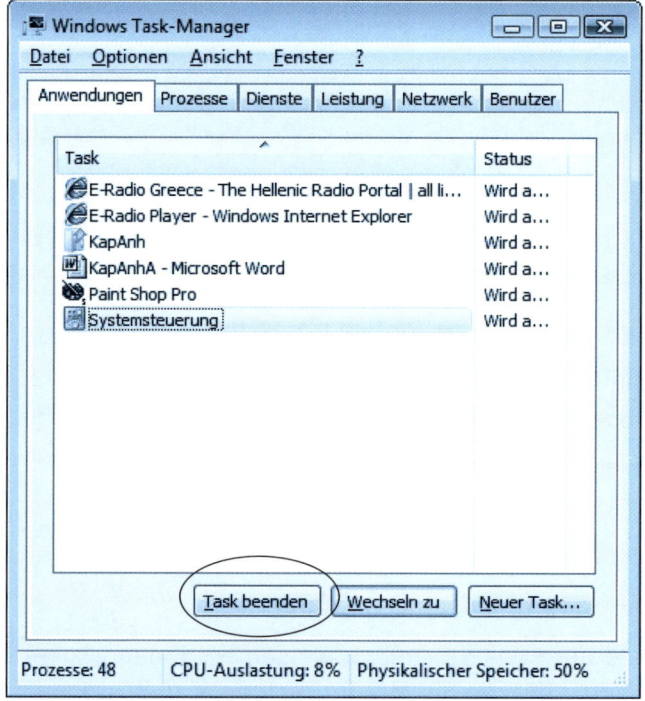

2 Markieren Sie auf der Registerkarte *Anwendungen* die betreffende Anwendung und klicken Sie anschließend auf die Schaltfläche *Task beenden*.

Windows versucht jetzt, das Programm zwangsweise zu beenden. Ist dies nicht möglich, erscheint ein weiteres Fenster mit dem Hinweis, dass das Programm nicht reagiert. Sie müssen dann die Schaltfläche zum Beenden des Programms wählen. Das Fenster des Task-Managers beenden Sie über die Schaltfläche *Schließen* in der rechten oberen Ecke des Dialogfelds.

Fenster, Ordner und Dateien

Im Fenster sind nicht alle Ordner und Dateien zu sehen

Manchmal ist das Fenster zu klein. Sie können dann über die Bildlaufleisten im Fenster blättern und die nicht sichtbaren Ordner/Dateien anzeigen.

Einige Dateien werden nicht angezeigt

Sind Sie sicher, dass eine bestimmte Datei in einem Ordner enthalten ist, erscheint diese aber nicht im Ordnerfenster? Öffnen Sie im Ordnerfenster das Menü der Schaltfläche *Organisieren* und wählen Sie den Befehl *Ordner- und Suchoptionen*. Auf der Registerkarte *Ansicht* muss in der Gruppe *Versteckte Dateien und Ordner* das Optionsfeld *Ausgeblendete Dateien, Ordner und Laufwerke anzeigen* markiert werden.

CD/DVD/BD lässt sich nicht lesen

Beim Doppelklicken auf das Symbol des Laufwerks erscheint ein Meldungsfeld mit dem Hinweis, dass das Laufwerk nicht bereit ist. Überprüfen Sie in diesem Fall, ob eine CD/DVD/BD in das Laufwerk (richtig herum) eingelegt wurde. Versuchen Sie, ein eingelegtes Medium erneut einzulegen. Manchmal erkennt das Laufwerk beim zweiten Versuch das Medium und kann es lesen. Andernfalls ist das Medium leer, nicht mit dem Laufwerk kompatibel oder so beschädigt, dass der Inhalt nicht mehr lesbar ist.

Probleme beim Drucken

Der Drucker funktioniert nicht

Die Ausgabe an den Drucker funktioniert nicht. Zum Beheben der Druckerstörung sollten Sie die folgenden Punkte überprüfen:

- Ist der Drucker eingeschaltet und erhält er Strom?
- Ist das Druckerkabel zwischen Rechner und Drucker richtig angeschlossen?
- Ist der Drucker auf **Online** gestellt?
- Hat der Drucker genügend Papier, Toner, Tinte?
- Gibt es eine Störung am Drucker (z. B. Papierstau)?
- Haben Sie vielleicht einen falschen Drucker gewählt?
- Ist der Druckertreiber korrekt eingerichtet (z. B. Auswahl der Druckeranschlüsse)?

Sie können einen Druckauftrag in der Druckerwarteschlange abbrechen (siehe Kapitel 9).

Lexikon

In diesem Lexikon finden Sie Definitionen zu Begriffen aus Windows 7 und seinen Anwendungsbereichen im weiteren Sinn.

Account

Berechtigung, sich an einen Computer per Datenleitung anzumelden und z. B. im WWW zu surfen.

Adresse

Speicherstelle im Adressbereich (Hauptspeicher) des Computers oder Angabe zur Lage einer **Webseite** bzw. zum Empfänger einer **E-Mail**.

ANSI-Zeichen

ANSI ist die Abkürzung für American National Standards Institute. ANSI-Zeichen definieren die unter Windows verwendeten Zeichen.

Anwendungsprogramm

Programme, die zum Arbeiten am Computer benutzbar sind (z. B. Word, Excel, Access etc.).

Arbeitsspeicher

Dies ist der Speicher (RAM) im Computer. Die Größe wird in Megabyte bzw. Gigabyte angegeben.

Benutzeroberfläche

Darunter versteht man die Art, wie der Rechner Informationen vom Benutzer annimmt und seinerseits Informationen anzeigt. Windows besitzt z. B. eine grafische Oberfläche mit Symbolen und Fenstern.

Betriebssystem

Dies ist das Programm (z. B. Windows 7, Windows Vista), welches sich nach dem Einschalten des Computers meldet.

Bildauflösung

Dieses Maß gibt die Zahl der Punkte zum Aufbau einer Grafik an (die als Punktreihen angeordnet sind). Die Bildauflösung bestimmt die Zahl der Punkte pro Zeile und die Zeilen pro Bild (gilt auch für die Bildschirmauflösung).

Bit

Dies ist die kleinste Informationseinheit in einem Computer (kann die Werte 0 oder 1 annehmen). 8 Bits werden zu einem Byte zusammengefasst.

Bitmap

Format, um Bilder oder Grafiken zu speichern. Das Bild wird wie auf dem Bildschirm in einzelne Punkte aufgeteilt, die zeilenweise gespeichert werden.

Booten

Starten des Computers.

Bug

Englischer Name für einen Software-fehler in einem Programm.

Byte

Ein Byte ist die Informationseinheit, die aus 8 Bits besteht. Durch ein Byte lassen sich bis zu 256 verschiedene Zeichen darstellen.

Chat

Englischer Ausdruck für »schwätzen« oder »plaudern«. Bezeichnet einen Internetdienst, bei dem sich Teilnehmer in sogenannten Chaträumen unterhalten können.

Chip

Allgemeine Bezeichnung für einen elektronischen Baustein.

CPU

Englische Abkürzung für **Central Processing Unit**, die Recheneinheit des Computers.

Datenbank

Programme zur Speicherung, Verwaltung und Abfrage von Daten.

Desktop-Publishing (DTP)

Aufbereitung von Dokumenten (Prospekten, Büchern etc.) am Rechner.

DFÜ

Abkürzung für Datenfernübertragung.

Download

Herunterladen von Daten per Modem, ISDN oder DSL z. B. aus dem Internet auf Ihren Rechner.

Editor

Programm zum Erstellen und Bearbeiten einfacher Textdateien.

Error

Englischer Name für einen Programm-fehler.

Font

Englischer Name für Schriftart.

Freeware

Software, die kostenlos benutzt und nur kostenlos weitergegeben werden darf.

FTP

FTP steht für **File Transfer Protocol**. Dies ist eine Funktion im Internet, mit der sich Dateien zwischen Computern übertragen lassen.

Gbyte

Abkürzung für Gigabyte (entspricht 1024 Megabyte).

GIF

Dateiformat, welches für Grafiken in Webseiten benutzt wird.

Grafikkarte
Steckkarte in einem PC zur Ansteuerung des Bildschirms.

Hardware
Als Hardware werden alle Teile eines Computers bezeichnet, die sich anfassen lassen (Gegenteil ist Software).

Homepage
Startseite einer Person/Firma im World Wide Web. Von der Startseite führen Hyperlinks zu weiteren Webseiten.

Hotspot
Empfangsstation eines öffentlichen Funknetzwerks, die einen Internetzugang bereitstellt.

HTML
Steht für **HyperText Markup Language**, das Dokumentformat im World Wide Web.

Internet
Weltweiter Verbund von Rechnern in einem Netzwerk (siehe Kapitel 7).

Joystick
Ein Joystick ist der Steuerknüppel zur Bedienung von Spielprogrammen.

JPEG
Dateiformat, welches für Grafiken in Webseiten benutzt wird.

Kbyte
Abkürzung für Kilobyte (entspricht 1024 Byte).

LAN
Abkürzung für **Local Area Network**, bezeichnet ein Netzwerk innerhalb einer Firma (Gegenstück ist ein Wide Area Network).

LCD
Spezielle Anzeige (Liquid Crystal Display) auf Notebooks.

Linux
Unix-Betriebssystem, welches von einer internationalen Gemeinde weiterentwickelt wird und frei verfügbar ist. Konkurrenz bzw. Alternative zu Microsoft Windows.

Microsoft Office
Ein Programmpaket (Textverarbeitung, Tabellenkalkulation etc.) der Firma Microsoft für den Büroeinsatz.

Mbyte
Abkürzung für Megabyte (1 Million Byte).

Multimedia
Techniken, bei denen auf dem Computer Texte, Bilder, Video und Sound integriert werden.

Netzwerk
Verbindung zwischen Rechnern, um untereinander Daten austauschen zu können.

Newsgroups
Diskussionsgruppen zu bestimmten Themen im Internet.

OpenOffice.org
Ein alternatives Büropaket (Textverarbeitung, Tabellenkalkulation etc.) zu Microsoft Office.

Parallele Schnittstelle
Anschluss zwischen einem Computer und einem Gerät (meistens einem Drucker).

Path (Pfad)
Gibt den Weg von einer Festplatte zu einer Datei in einem bestimmten Ordner an (z. B. C:\Text\Briefe).

Prozessor
Anderer Name für die CPU.

Public Domain
Public Domain ist Software, die öffentlich zugänglich ist und mit Erlaubnis des Autors frei kopiert oder weitergegeben werden darf (siehe auch Freeware).

QWERTY-Tastatur
Dieser Name bezeichnet eine englische Tastatur (die ersten sechs Tasten der zweiten Reihe ergeben das Wort QWERTY).

RAM
(englisch für Random Access Memory) ist der Name für die Bausteine, aus denen der Hauptspeicher eines Rechners besteht.

Scanner
Ein Zusatzgerät, mit dem sich Bilder oder Schriftstücke in den Computer einlesen lassen.

Serielle Schnittstelle
Schnittstelle zur Anschaltung eines Geräts (Modem, Maus).

Server
Hauptrechner in einem Netzwerk.

Shareware
Software, die kostenlos weitergegeben und zum Prüfen ausprobiert werden darf. Bei einer regulären Benutzung muss die Software beim Programmautor gegen eine meist geringe Gebühr registriert werden. Damit hat der Benutzer die Möglichkeit, die Software vorher ausgiebig zu testen. Der Autor kann auf aufwendige Vertriebswege verzichten und daher die Software meist preiswert anbieten.

Software
Das ist ein anderer Name für die Programme.

Tabellenkalkulation
Dies sind Programme, mit denen sich Berechnungen in Tabellenform sehr einfach durchführen lassen.

Textverarbeitung
Dies sind Programme für das Erstellen von Briefen, Berichten und so weiter (z. B. WordPad oder Microsoft Word).

Unicode

Ein internationaler Standard zur Zeichencodierung, der auch von Windows 7 verwandt wird.

Unix

Unix ist ein Betriebssystem, das insbesondere in der Welt der Großrechner (Mainframes) verbreitet ist.

URL

Abkürzung für **Uniform Resource Locator** (Adresse einer Webseite).

USB

Abkürzung für **Universal Serial Bus**, eine bei Computern benutzte Anschlusstechnik, bei der sich mehrere Geräte (Drucker, Scanner, Mäuse etc.) an einer USB-Buchse gleichzeitig anschließen lassen. USB-Geräte lassen sich während des Windows-Betriebs ein- und ausstöpseln.

VGA

Veralteter Grafikstandard (16 Farben und 640 x 480 Bildpunkte).

Viren

Programme, die sich selbst verbreiten und in andere Programme kopieren, wobei häufig Schäden an anderen Programmen, an Daten oder an der Hardware auftreten. Meist stören Viren den Computer bei einem bestimmten Ereignis (z. B. an einem bestimmten Tag).

WLAN

Kürzel für Wireless LAN, also ein drahtloses Netzwerk (Funknetz).

WMA/WMV

Zwei Microsoft-Formate zur Speicherung von Audio- (*.wma*) und Videodaten (*.wmv*).

WWW

World Wide Web, Teil des Internets, über den sich Texte und Bilder mit einem **Browser** sehr leicht abrufen lassen.

XML

Abkürzung für Extended Markup Language, eine Spezifikation zur Speicherung von Daten in Webseiten.

Zertifikat

Dient im Web zur Bestätigung der Echtheit eines Dokuments.

ZIP-Datei

Eine mit einem speziellen Programm erstellte Archivdatei, die andere Dateien in einem komprimierten Format enthält. Wird häufig benutzt, um viele Dateien kompakt in einem Archiv abzulegen und dann per E-Mail zu versenden oder per Wechseldatenträger weiterzugeben.

Liebe Leserin, lieber Leser,

herzlichen Glückwunsch, Sie haben es geschafft. Windows 7 ist Ihnen nun vertraut. Ist es Ihnen nicht viel leichter gefallen, als Sie am Anfang dachten? Genau das ist das Ziel unserer Bücher aus der easy-Reihe. Sie sollen helfen, erfolgreich die ersten Schritte zu gehen, und den Leser auf keinen Fall mit unverständlichem Fachchinesisch überhäufen.

Als Lektorin hoffe ich, dass Sie durch das Buch die richtige Unterstützung bekommen haben. Denn für Ihre Zufriedenheit stehen alle Beteiligten mit ihrem Namen: der Verlag, die Autoren, die Druckerei.

Aber niemand ist perfekt. Wenn Sie Anregungen zum Buch und zum Konzept haben: Schreiben Sie uns. Und wenn Sie uns kritisieren wollen: Kritisieren Sie uns.

Ich verspreche Ihnen, dass Sie Antwort erhalten.

Denn nur durch Sie werden wir noch besser.

Ich freue mich auf Ihr Schreiben!

Birgit Ellissen
Lektorin Markt + Technik
Pearson Education Deutschland GmbH
Martin-Kollar-Str. 10–12
81829 München
E-Mail: bellissen@pearson.de
Internet: http://www.mut.de

Stichwortverzeichnis

Stichwortverzeichnis

373